新质生产力的战略引擎

蓝迪国际智库年度报告

2023

STRATEGIC ENGINE OF THE NEW QUALITY PRODUCTIVE FORCE
RDI ANNUAL REPORT 2023

荣誉主编　王伟光
主　　编　赵白鸽　马　融
副 主 编　吕红兵　杨　剑　杨林林

·北京·

图书在版编目（CIP）数据

新质生产力的战略引擎 / 赵白鸽，马融主编. --
北京：中国经济出版社，2024.11. -- （蓝迪国际智库
年度报告）. -- ISBN 978-7-5136-7970-1

Ⅰ. C932.82

中国国家版本馆 CIP 数据核字第 2024UE3051 号

责任编辑　姜　莉
责任印制　马小宾
封面设计　任燕飞设计工作室

出版发行	中国经济出版社
印 刷 者	北京富泰印刷有限责任公司
经 销 者	各地新华书店
开　　本	710mm×1000mm　1/16
印　　张	28.5
字　　数	482 千字
版　　次	2024 年 11 月第 1 版
印　　次	2024 年 11 月第 1 次
定　　价	99.00 元

广告经营许可证　京西工商广字第 8179 号

中国经济出版社 网址 http://epc.sinopec.com/epc/ 社址 北京市东城区安定门外大街 58 号 邮编 100011
本版图书如存在印装质量问题，请与本社销售中心联系调换（联系电话：010-57512564）

版权所有　盗版必究（举报电话：010-57512600）
国家版权局反盗版举报中心（举报电话：12390）　　服务热线：010-57512564

编委会

荣誉主编 王伟光

主　　编 赵白鸽　马　融

副主编 吕红兵　杨　剑　杨林林

编　　委 尚李军　陈　璐　温诗琳

　　　　　　李　博　谈　坤　袁颖祺

序　言

2023年，全球政治、经济、科技、军事等领域，变局丛生，风声猎猎。

从全球来看，世界进入"后疫情时代"，"经济复苏"成为各国关键词，但新冠疫情留下的"疤痕效应"却难以完全退去。局部冲突延宕、通胀居高不下、高利率环境下加息后遗症显现、金融脆弱性攀升、极端天气加剧，多重因素叠加，考验着各国的经济韧性与复苏动力。新冠疫情对全球产业链供应链造成了持久的负面影响，尽管各国竭力修复，但在众多政治因素和经济因素影响下，暂未回到疫情前的水平，世界经济健康发展的产业基础和物质保障亟待恢复。贸易分裂特征显现，一些国家的制裁措施和反全球化政策破坏了贸易自由化与各国的协同合作。

从国内来看，我国经济波浪式发展、曲折式前进，外需下滑、内需不足，一些地方房地产、地方债务、中小金融机构等风险隐患加剧，部分地区洪涝、台风、地震等自然灾害频发。重重挑战之下，我国推出一系列稳增长政策，依靠创新引领产业升级，深化改革、扩大开放，宏观政策效应继续释放，产业转型升级稳步推进。

2023年，习近平主席首次提出"新质生产力"的概念。新质生产力代表先进生产力的前进方向，是由技术革命性突破、生产要素创新性配置、产业深度转型升级而催生的先进生产力质态。在一系列新技术驱动下，新质生产力引领带动劳动力、资本、土地、知识、技术、管理、数据等要素便捷化流动、网络化共享、系统化整合、协作化开发和高效化利用，具有强大的发展动能，能够引领创造新的社会生产时代。

2023年，以ChatGPT、Midjourney、Sora等为代表的人工智能应用大模型爆火出圈、席卷全球。截至2023年底，我国累计发布了200多个人工智能大模型，其中有20多个大模型产品获批向公众提供服务。大模型作为一种基础设施，正在加速重构全球软件、硬件和应用生态，重塑产业结构、商业模式以及未来的工作方式，驱动新一轮科技革命和产业变革。

2023年，我们结合全球政治经济新的形势，探讨新质生产力引领下的中国区域、产业的生动实践，以《新质生产力的战略引擎——蓝迪国际智库年度报告2023》为题，系统梳理了蓝迪国际智库2023年度调查研究中的新观察、新发现，以及在智库、国际、城市、企业、媒体五大网络建设中的重大活动和重要成果。希望本报告所呈现的专家学者的真知灼见和多领域的鲜活实践，能为有关部门政策制定、广大企业培育和发展新质生产力提供有益参考。

2023年，蓝迪国际智库继续积极向党和国家建言献策。这8年来已完成百余篇高质量研究报告，内容涉及国际局势、大国外交、区域经济、先进科技及行业发展等领域。在全国政协、统战部、外联及外交部、国家发展改革委、商务部、工业和信息化部、科技部等部门的指导下，在中国社会科学院等机构的支持下，广泛开展智库研究、建言献策、技术研讨、产业调研等活动。积极推动"一带一路"共建国家与国内重要城市的合作联结，推介以第四次产业革命为引领的中国科技创新企业走向国际舞台，在"一带一路"建设与发展中注入中国新科技活力。我们期待蓝迪国际智库进一步深刻学习和领会新质生产力的本质与内涵，进一步积极探索平台建设，开展地方园区、行业协会、研究机构、国际组织的调研与合作，进一步增强服务地方经济和企业发展的专业化能力。

中共第十八届中央委员
中国社会科学院原党组书记、院长　王伟光
蓝迪国际智库专家委员会名誉主席
2024年5月18日

目 录

第一章　国际风云　世界大变局下的确定性与不确定性 …… 1
一、中东炮火、俄乌冲突、亚洲危局，全球安全挑战加剧 …… 1
二、中美元首旧金山会晤，两国关系有对立有缓和 …… 6
三、内外承压，欧洲大陆陷冷战后最大地缘危机 …… 11
四、亚太地区大国博弈，各国加快"向东看、向东行" …… 16
五、"一带一路"倡议10周年，高峰论坛再树里程碑 …… 19
六、金砖历史性扩员，"全球南方"迎来新机遇 …… 27
七、上合组织元首理事会，壮大维护和平稳定进步力量 …… 32
八、RCEP生效实施两周年，释放巨大政策红利 …… 36
九、促成沙伊复交、推动巴以停火，中国勇担大国责任 …… 40
十、2024超级大选年，深刻影响全球安全发展格局 …… 45

第二章　国内发展　把握中国式现代化开局机遇 …… 49
一、高水平对外开放，开启中国式现代化新征程 …… 49
二、坚持科技创新，加快形成新质生产力 …… 56
三、扩大有效需求，推动经济运行整体好转 …… 61
四、提振企业信心，助推经济高质量发展 …… 65
五、发展数字经济，赋能中国式现代化建设 …… 70
六、坚持绿色发展，走可持续发展之路 …… 76
七、护佑人民健康，推动卫生健康事业高质量发展 …… 81
八、建设金融强国，壮大国民经济血脉 …… 88
九、筑牢基建根基，传统基建与新基建双驱动 …… 94
十、区域协调发展，释放更多发展活力与潜能 …… 100

第三章　国际交流　合作主旋律下携手应对全球风险 …… 116

一、聚焦中美关系，推动两国多渠道沟通 …… 116

二、"一带一路"10年，推动高质量发展 …… 122

三、"金砖"机制扩容，开启"全球南方"合作新篇 …… 133

四、加强智库交流合作，促进中日智库对话 …… 142

五、加速重启各领域对话，中德关系稳中求进 …… 146

六、中巴经济走廊启动10周年，密集交流续写友好 …… 149

七、中斯世代友好，智库交流促进经贸发展 …… 152

第四章　区域协调　助力区域经济高质量发展 …… 154

一、京津冀协同 …… 154

（一）北京大兴：树立首都南部新高地 …… 154

（二）邢台清河：羊绒之都的产业新实践 …… 157

二、长江经济带 …… 160

（一）重庆：国家战略腹地建设的"排头兵" …… 160

（二）武汉：布局未来产业，引领中部崛起 …… 168

三、粤港澳大湾区 …… 172

四、长三角一体化 …… 187

（一）宁波北仑：创新发展的长三角关键枢纽 …… 187

（二）苏州昆山：创新赋能高质量发展的先行者 …… 195

五、黄河流域出海口 …… 200

（一）青岛市北：打造RCEP经贸合作示范城市 …… 200

（二）青岛胶州：上合示范区坚持开放引领典范 …… 206

六、海南自由贸易港 …… 211

第五章　智库研究　蓝迪国际智库重点研究成果与重大活动 …… 217

一、《关于将澳门打造成国际科技交流新平台，加快推进澳门"一国两制"新示范建设的建议》 …… 222

二、译著《可避免的战争》 …… 223

三、《关于加强领袖、政党、阶级、社会相互关系研究，推动中美关系发展的建议》 …… 224

四、《关于中国人民抗日战争暨世界反法西斯战争胜利纪念日活动的建议》 ………………………………………………………… 225
五、《美国对外战略传播体系及其与我国外宣工作的比较研究》 ……… 226
六、《新形势下推动中美和谐共处与文明互鉴的建议》 ………………… 227
七、《关于促进我国建筑"芯片"产业发展的建议》 …………………… 228
八、《关于进一步发挥新型智库公共外交积极作用的建议》 …………… 230
九、《印尼参与"印太战略"的考量、影响及应对策略》 ……………… 231
十、《关于中国（浙江）自由贸易试验区宁波片区积极打造"枢纽自贸区"研究报告》 ……………………………………………… 232
十一、会议报告《推动医疗消费高质量发展》 ………………………… 234
十二、会议报告《中国式现代化及横琴粤澳深合区工作的实践》 …… 235
十三、会议报告《陆海联动推动"一带一路"新十年构建新格局》 ……………………………………………………………………… 237
十四、会议报告《集众力，谋发展，激活"金砖+"潜力》 ………… 239
十五、会议报告《和合共生，共探世界现代化之路》 ………………… 242

第六章 平台机构 蓝迪国际智库合作机构 245

一、指导机构 …………………………………………………………… 245
　（一）国家发展改革委推进"一带一路"建设工作领导小组 …… 245
　（二）中联部金砖国家智库合作中方理事会 …………………… 246
　（三）中联部"一带一路"智库合作联盟 ……………………… 247
　（四）中国人民政治协商会议全国委员会民族和宗教委员会 … 251
　（五）中国社会科学院 …………………………………………… 252

二、合作机构 …………………………………………………………… 253
　（一）横琴粤澳深度合作区执行委员会 ………………………… 253
　（二）中国社会科学院国家高端智库理事会秘书处 …………… 256
　（三）中国电子信息产业发展研究院（赛迪研究院） ………… 256
　（四）国家发展改革委城市和小城镇改革发展中心 …………… 258
　（五）中国国际经济交流中心 …………………………………… 259
　（六）中国标准化研究院 ………………………………………… 260
　（七）中国旅游研究院 …………………………………………… 262
　（八）中国信息通信研究院华东分院 …………………………… 263

（九）新华社中国经济信息社 ··· 265
（十）中国基本建设优化研究会 ··· 268
（十一）中国（海南）改革发展研究院 ·· 270
（十二）横琴粤澳深度合作区金融发展局 ··· 271
（十三）中国建筑业协会 ··· 272
（十四）中国开发区协会 ··· 274
（十五）中国市长协会 ·· 275
（十六）中华全国律师协会 ·· 276
（十七）中国人民对外友好协会 ·· 277
（十八）中国医药创新促进会 ··· 278
（十九）中国健康管理协会保健疗养分会 ··· 280
（二十）横琴粤澳深度合作区创新发展研究院 ··································· 281
（二十一）澳门银行公会 ··· 282
（二十二）国浩律师事务所 ·· 284
（二十三）德恒律师事务所 ·· 285
（二十四）澳门商报国际传媒集团有限公司 ······································ 286
（二十五）广东省金融科技协会 ·· 288
（二十六）中欧商业协会 ··· 289
（二十七）澳门科技总会 ··· 292
（二十八）北京标研科技发展中心 ··· 293

三、国际机构 ·· 294
　（一）法国展望与创新基金会 ··· 294
　（二）埃及沙拉夫可持续发展基金会 ··· 296
　（三）沙尔平战略咨询交流股份公司 ··· 297
　（四）巴基斯坦中国学会 ·· 299
　（五）南非塞昆贾洛集团 ·· 299
　（六）巴基斯坦伊斯兰堡战略研究所 ··· 300
　（七）巴基斯坦金环经济论坛 ·· 300

第七章　平台专家　蓝迪国际智库专家委员会成员 ···························· 302
　梁振英（专家委员会名誉主席） ··· 302
　王伟光（专家委员会名誉主席） ··· 303

赵白鸽（专家委员会主席） ······················· 304
黄奇帆（专家委员会联合主席） ····················· 306
蔡　昉（专家委员会联合主席） ····················· 307
陈锡文 ··· 308
龙永图 ··· 309
宋贵伦 ··· 310

一、宏观经济与区域规划 ································· 311
　　张大卫 ··· 311
　　鲁　昕 ··· 312
　　齐　骥 ··· 314
　　仇保兴 ··· 315
　　周　建 ··· 316
　　牛仁亮 ··· 317
　　贾　康 ··· 318
　　陈文玲 ··· 319
　　邓文奎 ··· 320
　　迟福林 ··· 321
　　徐　林 ··· 322
　　史育龙 ··· 323
　　师荣耀 ··· 324
　　冯　奎 ··· 325
　　王　镭 ··· 326
　　汪玉凯 ··· 327
　　王晓红 ··· 328
　　孙晓洲 ··· 329
　　王　磊 ··· 330
　　王　轲 ··· 331

二、金融与数字经济 ····································· 332
　　金立群 ··· 332
　　李礼辉 ··· 333
　　马蔚华 ··· 334

　　　　罗　熹 …………………………………………………………… 335
　　　　曹文炼 …………………………………………………………… 336
　　　　池腾辉 …………………………………………………………… 337
　　　　朱嘉明 …………………………………………………………… 338
　　　　蒋博谦 …………………………………………………………… 339

三、国防安全与地缘政治 …………………………………………… 340
　　　　沙祖康 …………………………………………………………… 340
　　　　金一南 …………………………………………………………… 341
　　　　王郡里 …………………………………………………………… 342
　　　　孟祥青 …………………………………………………………… 343
　　　　王　伟 …………………………………………………………… 344
　　　　叶海林 …………………………………………………………… 345
　　　　柯马凯 …………………………………………………………… 346

四、"双碳"战略与可持续发展 …………………………………… 347
　　　　郑国光 …………………………………………………………… 347
　　　　刘玉兰 …………………………………………………………… 348
　　　　夏　青 …………………………………………………………… 349
　　　　徐锭明 …………………………………………………………… 350
　　　　潘家华 …………………………………………………………… 352
　　　　王宏广 …………………………………………………………… 353

五、新闻传播与话语体系建构 ……………………………………… 354
　　　　周明伟 …………………………………………………………… 354
　　　　周锡生 …………………………………………………………… 355
　　　　匡乐成 …………………………………………………………… 357
　　　　金　雷 …………………………………………………………… 358

六、"一带一路"与国际合作 ……………………………………… 359
　　　　张冠梓 …………………………………………………………… 359
　　　　吴　蒙 …………………………………………………………… 360
　　　　李希光 …………………………………………………………… 361
　　　　黄仁伟 …………………………………………………………… 362
　　　　李永全 …………………………………………………………… 363

张保中	364
王晓泉	365
张陆彪	366
贺建东	367
黄　平	368
裴长洪	369
李进峰	371

七、公共卫生与医疗健康 …… 372

毕井泉	372
张雁灵	373
曾　光	374
宋瑞霖	375
李定纲	376
陆家海	377
段　涛	379

八、工业信息与科技创新 …… 380

张　立	380
乔　标	381
董　凯	382
陈俊琰	382
程　楠	383
王铁宏	384
丁烈云	385
谭晓东	387
孙会峰	388
胡雄哲	389
李　凝	390
于建潮	391
董志毅	393

九、文化旅游与宗教研究 …… 394

单霁翔	394

杨小波 ………………………………………… 395
  郭 旃 ………………………………………… 396
  唐晓云 ………………………………………… 397
  耿 静 ………………………………………… 398
  陈奕名 ………………………………………… 399
  周泓洋 ………………………………………… 400

十、法律、标准与知识产权保护 …………………… 401
  吕红兵 ………………………………………… 401
  李爱仙 ………………………………………… 402
  贾怀远 ………………………………………… 403
  黄宁宁 ………………………………………… 404
  解 喆 ………………………………………… 405

十一、专家型企业家 ………………………………… 406
  刁志中 ………………………………………… 406
  孙 彤 ………………………………………… 407
  钟睒睒 ………………………………………… 408
  杨 剑 ………………………………………… 410
  田耀斌 ………………………………………… 411
  袁正刚 ………………………………………… 412
  李仙德 ………………………………………… 413
  张嘉恒 ………………………………………… 414
  刘家强 ………………………………………… 415
  谭丽霞 ………………………………………… 416
  王丽红 ………………………………………… 417
  孙小蓉 ………………………………………… 418
  张国明 ………………………………………… 420
  张 雷 ………………………………………… 421

十二、国际专家学者 ………………………………… 422
  让-皮埃尔·拉法兰（法国） ………………… 422
  伊萨姆·沙拉夫（埃及） …………………… 423
  鲁道夫·沙尔平（德国） …………………… 424

维尔特·伊恩·利普金（美国） ………………………………… 425
伊克巴尔·苏威（南非） ……………………………………… 426
图尔苏纳里·库兹耶夫（乌兹别克斯坦） …………………… 428
穆沙希德·侯赛因·萨义德（巴基斯坦） …………………… 429
萨利姆·曼迪瓦拉（巴基斯坦） ……………………………… 430
扎尔科·奥布拉多维奇（塞尔维亚） ………………………… 431
德西·艾伯特·马马希特（印度尼西亚） …………………… 432
阿苏拉利耶·拉坦纳（斯里兰卡） …………………………… 433
马凯硕（新加坡） ……………………………………………… 434
格哈德·施罗德（德国） ……………………………………… 435

第八章　展望 ……………………………………………………… 437

第一章 国际风云
世界大变局下的确定性与不确定性

一、中东炮火、俄乌冲突、亚洲危局，全球安全挑战加剧

2023年是全球地区冲突的高发之年，巴以冲突骤然升级，俄乌冲突僵持难解，亚太对抗阵营分明，传统与非传统安全威胁相互交织，激烈的大国对抗和紧张的权力博弈对全球安全格局产生了深远影响，折射出大国战略竞争和地区冲突热点融合互动的复杂严峻态势，凸显了国际安全局势正进入一个复杂、多变、动荡的特殊时期。

（一）巴以冲突骤然升级，中东局势瞬息万变

中东地区一直是全球战争最频繁的地区之一。截至2023年，中东地区的冲突仍在持续。其中，叙利亚内战已经导致数百万平民流离失所，人道主义危机不断加剧。同时，伊朗和以色列之间的紧张关系持续升级，双方在叙利亚、黎巴嫩等地区展开了激烈的军事对抗。

1. 冲突持续不断

2023年10月7日，哈马斯突然向以色列发动袭击，新一轮巴以冲突成为地区安全的最大变量。与以往小规模、分散式袭扰的战法相比，此次哈马斯采取军事行动的烈度与强度有明显提升，海陆空立体渗透打击，多次采用固定阵地、集中式、饱和式的火箭弹发射方式，打乱了以色列的"铁穹"防空系统作战方式，给予以色列不小的打击。作为回应，以色列对加沙地带进行了报复性空袭和地面行动，从加沙地带北部、东北部及加沙城东南方向突入哈马斯控制区。巴以冲突造成了加沙地区极大的人道主义灾难。联合国相关机构数据表明，此次冲突已导致上万人死亡，其中包括大量妇女儿童，数十万人流离失所。巴以冲突升级，不仅对中东战略格局和安全架构产生直接且

深远的影响，其外溢效应也不断发酵：黎巴嫩真主党武装与以色列在边境持续发生小规模冲突；胡塞武装则对以色列发动导弹和无人机远程攻击，多艘商船在阿拉伯海被袭击后，美国宣布建立多国"护航联盟"以应对袭击；美国驻伊拉克的军事基地也在巴以冲突后频繁遭到袭击。

2. 美国对巴以冲突的推波助澜

巴以冲突给巴以双方、中东地区乃至国际局势都带来了严重冲击，其影响已从政治、安全延伸到经济、社会等领域。国际社会要求停火止战、缓解人道主义危机的呼声持续加大，但由于美国继续支持以色列，战事走向仍不明朗。同时，冲突外溢导致黎巴嫩真主党、也门胡塞武装同以色列和美国的冲突明显增多。由于美国支持以色列，而对阿拉伯国家诉求少有顾及，阿拉伯国家和美国之间的裂痕将继续加深。近年来，美国在中东地区进行战略收缩，但仍竭力维护其在中东的霸权，美国中东政策的破坏性作用将进一步凸显。

3. 巴以冲突中蕴含机遇

当前，求和平、谋发展正成为越来越多中东国家的共识。这些国家的独立自主性空前增强，正积极参与塑造国际体系，成为"全球南方"的重要力量。新一轮巴以冲突给中东"和解潮"趋势带来双重影响，一方面，在地中海东部地区，以色列与阿拉伯国家"和解潮"可能出现"退潮"。此轮巴以冲突表明，巴勒斯坦问题不解决，阿拉伯国家和以色列关系改善很难继续推进。巴以冲突势必迟滞美国推动阿拉伯国家与以色列关系正常化的进程，特别是美国近年来大力推动的沙特和以色列建交事宜可能因此而搁置。另一方面，在海湾地区，中东"和解潮"可能继续推进。伊朗和海湾阿拉伯国家在巴勒斯坦问题上发出一致声音，支持巴勒斯坦事业，双方关系可能借此进一步走近。2023年3月10日，中华人民共和国、沙特阿拉伯王国、伊朗伊斯兰共和国三方在北京共同发布联合声明。该声明的核心要义是：沙特和伊朗将达成一份协议，包括同意恢复双方外交关系，在至多两个月内重开双方使馆和代表机构，安排互派大使，并探讨加强双边关系。三国表示愿尽一切努力，加强国际地区和平与安全。"北京和解"标志着沙特和伊朗这两个因历史问题、地缘政治、教派冲突等一系列复杂因素而对立的中东大国重新迎来了发展睦邻友好的契机，中国在沙特和伊朗复交中无疑发挥了建设性作用。推动沙特和伊朗复交是万里长征走完了第一步，从推动两国关系的改善到带动伊朗和整个海湾与阿拉伯国家关系的改善，这次恢复外交对促进中东地区和平具有重要意义。

（二）俄乌冲突陷入僵局，和平解决暂无定期

2023年，俄乌冲突成为全球关注的焦点。俄罗斯和乌克兰之间的紧张关系持续升级，最终爆发了战争。战争导致了大量的人员伤亡和财产损失，对欧洲地区的能源供应和安全形势也产生了深远的影响。尽管双方进行了多次谈判和协商，但目前仍未取得实质性的进展。

1. 战争的硝烟持续蔓延

2023年，俄乌冲突仍然僵持不下，交战双方以沉重的代价换取有限的进展。2023年6月，乌克兰开始实施"夏季攻势"进行反攻，但并未取得预期效果，被迫从10月下旬开始转向防御，再加上巴以冲突的爆发，使得美国等西方国家出现了"乌克兰疲劳症"，支持和援助力度不断下降。德国基尔世界经济研究所发布的报告显示，2023年8月至10月，西方国家承诺对乌援助计划总额21.1亿欧元，比2022年同期减少87%，跌至2022年2月俄乌冲突爆发以来的最低点。12月上旬，由于美国民主党和共和党的分歧，涉及援乌法案的财政预算案未能通过程序性投票，由于乌克兰的国防预算和作战能力严重依赖美西方支持，这些都将严重影响未来乌克兰的作战效果。

虽然俄罗斯目前在俄乌冲突中略占优势，如近期在库皮扬斯克、红利曼、顿涅茨克等方向持续阻击乌军攻势，取得了良好的战场胜绩，但也付出了代价，并没有根本改变战场形势，双方开始更频繁地使用导弹和无人机等远程武器发动攻击。从俄方来看，其希望的"乌不加入北约，军事中立化"等战略目标还没有完成，因此还在加大军事投入。2023年12月，俄罗斯总统普京签署命令，将俄武装力量编制人数增加约17万人，达到220万人，并大幅增加2024年军费开支，增幅达68%，这些都使得俄乌冲突在短期内看不到和平解决的曙光。从未来发展来看，俄乌冲突衍生风险的"蝴蝶效应"还将持续，加速国际局势的大震荡、大分化、大重组，对重塑国际安全格局产生重大的影响和推动作用，从而使得世界安全形势变得越来越脆弱和敏感。

2. 全球地缘政治格局发生重大改变

俄乌冲突升级使大国关系发生变化。一方面，俄欧关系、美俄关系破裂，美欧关系走近。另一方面，美国仍未改变遏制中国的主要战略目标。美国或维持冲突长期化局面。俄乌冲突长期化符合美国军工复合体、石油行业利益，

俄乌冲突升级以来，这些行业已赚得盆满钵满。此外，制裁俄罗斯导致的欧洲能源成本上升也使部分欧洲制造业转移到美国。从维护美国霸权的战略考虑，俄乌冲突长期持续削弱欧盟独立自主，压制俄罗斯崛起空间。俄乌冲突爆发后，北约恢复一定活力，美国阻挠各方和谈努力，并利用冲突造成的危机感进一步将欧盟绑定在其遏华外交战略轨道上。大多数欧盟国家深受俄乌冲突刺激，中东欧、北欧国家是在强烈不安全感的驱动下向美国靠拢，视俄为敌已成为短期内难以改变的欧盟社会主流态度。

3. 全球经济持续受战争影响

美西方全方位制裁虽尚未能拖垮俄罗斯，但已经对全球地缘经济格局产生重大影响。能源、粮食供应紧缩和价格波动一度使很多供应链下游国家出现了困境。能源成本上升，欧洲制造业外流，加剧了全球经济不确定性。

与此同时，印度、土耳其、希腊、斯洛文尼亚、保加利亚等国与俄贸易出现激增，巴西、奥地利、比利时等国与俄贸易增幅也较大。俄乌冲突以来，欧洲经济遭受多重冲击。受欧盟对俄制裁反噬效应影响，欧洲能源价格飙升，通胀高企，企业遭受巨大损失，民众实际工资严重缩水，购买力下降。俄乌冲突一度导致非洲和亚洲多国粮食和能源供应短缺、价格飞涨、通胀飙升。非洲开发银行指出，俄乌冲突导致非洲大陆出现约3000万吨谷物短缺。在中东地区，俄乌冲突带来国际油气价格飞涨，中东产油国财政状况明显改善。但同时，黎巴嫩、伊拉克、伊朗等中东多国遭遇粮食供应短缺、粮价飙升难题。

4. 战争破局寻找机遇

自2022年俄乌冲突爆发以来，中东地区形势在域外大国影响、地区格局与秩序、地区国家发展等层面均发生了深刻的变化。在大国关系层面，中东形势变化突出表现为美国持续进行战略收缩、西方与俄罗斯围绕乌克兰危机的战略博弈持续加深、中国等新兴大国对中东的影响增强，美国战略收缩的理性算计是确保中东相对可控，其理想状态是美国在减少投入的情况下继续控制中东事务的主导权，并使中东不对美国战略重心转向大国战略竞争产生羁绊和掣肘。但是，美国忽视了中东战略收缩面临的内外矛盾。在地区格局层面，在阿拉伯国家、土耳其、伊朗、以色列四大主体民族之间，除以色列与伊朗的关系持续对抗外，其他三种类型的国家之间以及阿拉伯国家内部，特别是伊朗与沙特、土耳其与海湾阿拉伯国家之间的关系持续改善，使中东地区在世界格局持续动荡的背景下出现了难得的"和解潮"。在地区国家层面，在经历"阿拉伯之春"以来的十余年动荡和转型后，大多数地区国家都深刻认识到发展的战略重要性，确立了发展优先的战略思路，阿拉伯国家、土耳其、伊朗都纷纷制定了中长期的发展战略。

未来一段时间，俄乌冲突或经历冷热交替、时缓时急的漫长过程。当前冲突前景仍不明朗，未来如果俄乌冲突无限制持续下去，对世界经济和安全带来的负面效应将不断扩大，这违背了绝大多数国际社会成员的共同利益，越来越多的国家及民众希望这场冲突能早日结束。中国将坚定不移走和平发展道路，并将充分发挥维护全球和平稳定、推动各国合作发展的重要作用。中国积极推动俄乌冲突和平解决，这为中国推动中东多国走向和解，也为今后推动和平解决更多矛盾冲突奠定了基础，同时也使人类命运共同体理念更加深入人心。

（三）亚太地区暗流涌动，各国加大军事投入

在亚洲地区，缅甸、阿富汗、尼泊尔等国也发生了激烈的武装冲突。缅甸政府与少数民族武装组织之间的冲突导致了大量的人员伤亡和财产损失。阿富汗和尼泊尔等国家的武装冲突则主要源于政治和经济利益的不满。这些冲突导致了大量的人员伤亡和财产损失，对当地居民的生活造成了极大的影响。随着全球安全危机的爆发，特别是2022年2月爆发的乌克兰危机，使亚太地区国家出现某种"应激反应"。日本、澳大利亚等国试图借助乌克兰危机渲染紧张气氛，推进自身军事安全政策的重大调整，进而使亚太地区笼罩上军备竞赛阴霾。一是日本寻求突破和平主义路线和"专守防卫"原则，通过实施"海外安全援助计划"等扩展其在亚太地区安全事务中的影响力。近年来，日本以应对钓鱼岛和台湾地区安全危机等为借口，不断增加军费支出。二是韩国持续扩大军费支出，与美国加快构建"全球全面战略同盟关系"，欲在朝鲜半岛之外的地区安全事务中扮演更重要角色。韩国还不断深化与美国其他盟友之间的军事安全关系，这表现在韩日关系升温以及美、日、韩三边军事安全和经济安全协作持续增强上。此外，韩国与澳大利亚的关系也被升级为"全面战略伙伴关系"，双方签署大额武器采购协议，围绕防务工业展开深度合作。三是澳大利亚防务安全战略的"进攻性"趋于增强，其对大国竞争演变为大国冲突的担忧加剧，着重提升"拒止性威慑"能力。美、英、澳三边安全伙伴关系对亚太地区安全的长远影响不容低估，它为北约、"五眼联

盟"等进一步介入亚太安全事务提供了重要接口。除上述国家外，印度、越南、印度尼西亚等亚太地区国家也增加了军费开支，并针对智能化作战等世界军事变革趋势加快推进自身的军力建设。

（四）战争造成严重后果，全球难民人数陡增

战争及灾难让亿万人民遭受苦难，流离失所，成为全球发展的巨大阻碍。2023年，乌克兰战争及苏丹、刚果民主共和国和缅甸国内的冲突，索马里的干旱、洪水和不安全状况，以及阿富汗旷日持久的人道主义危机成为人民流亡的主要原因。被迫流离失所人数创新高，截至2023年6月底，全球共有1.1亿人被迫流离失所，比2022年底增加了160万人。在全世界被迫逃离家园的人民中，超过一半从未跨越过国际边界成功逃离到其他地区。中低收入国家收容了75%的难民和其他需要国际保护的人。在全球范围内，2023年前6个月新提出的个人庇护申请已多达160万份，是历年同期申请人数最多的一次。与此同时，2023年上半年的难民回返人数已超过40.4万人，是2022年同期的两倍多，但其中许多人的回返条件并不安全。还有近270万境内流离失所者返回家园，是2022年同期返回人数的两倍多。另外，重新安置的难民人数有所增加。据难民署估计，从2023年6月到9月底，全世界被迫流离失所者人数增加了400万人，总数达到1.14亿人。

二、中美元首旧金山会晤，两国关系有对立有缓和

2023年，中美关系跌宕起伏。2023年初，中美两国关系遭遇严重挑战，中方表明严正立场，要求美方改变对华错误认知，回归理性务实对华政策。经过努力，双方重构沟通与对话，双边关系实现止跌企稳。2023年11月，习近平主席应邀同拜登总统在旧金山举行历史性会晤，双方就事关中美关系的战略性、全局性、方向性问题坦诚深入交换意见。双方达成20多项成果共识，恢复和建立一系列对话沟通机制，形成了面向未来的"旧金山愿景"。从巴厘岛到旧金山，从旧金山再出发的中美关系正在探索"新常态"。

（一）从巴厘岛到旧金山，处在"十字路口"的中美关系

国与国关系如何发展，很大程度上取决于对彼此的认知。中美关系近年来出现严重波折，矛盾冲突不断，一直徘徊在建交以来的低谷，其根本原因之一就是美国某些政要对中国的认知和定位出现了严重偏差。

自特朗普上台后，美国重新调整国际安全战略，对中国的基本定位进行了重大调整，视中国为首要战略竞争对手，判定自中美关系正常化以来美国历届政府所奉行的对华"接触政策"的"失败"。美国不惜发动贸易战，对华进行科技封锁，打击中国高科技企业；挑起"金融战"，力推中美经济"脱钩"，搞所谓的"产业链、供应链重组"；在南海问题上公然挑事，在涉港、涉藏、涉疆等问题上屡屡干涉中国内政，特别是在台湾问题上挑战"一个中国"的底线。美国对华政策出现了自关系正常化以来最大规模的倒退。

拜登政府《国家安全战略》报告继而视中国为"最严峻的地缘政治挑战"和唯一既有能力又有意图重塑国际秩序的竞争者，提出"竞赢"（outcompeting）中国的战略目标。美方对华战略竞争也在一步步体系化、阵营化、意识形态化。美国联合其他发达国家建立以围堵打压中国为主要目的的盟友体系：牵头"民主峰会"，深化推进"印太战略"和"印太经济框架"，拼凑"三方安全伙伴"，炮制"四边机制"，拉紧"五眼联盟"。美国还试图诱拉或逼迫一些地区国家选边站队。

2022年底，中美元首在印度尼西亚巴厘岛会晤，习近平主席提出新时期中美正确相处的三条原则：相互尊重、和平共处、合作共赢。美方表示：不寻求改变中国体制，不寻求"新冷战"，不寻求通过强化同盟关系反对中国，不支持"台独"，无意同中国发生冲突，即"四不一无意"。但此后，美方却言行不一，在落实承诺上出现严重迟缓和干扰。

2023年，中美关系经历了三个阶段。第一阶段是上半年，双方围绕"气球事件"、台湾问题以及经贸关系激烈博弈。第二阶段是从夏天开始，中美进入恢复高层往来，国务卿布林肯、参议院多数党领袖舒默、财长耶伦、商务部长雷蒙多、加州州长纽森等美国政要相继访问中国；中美经贸和气候变化商谈也取得深入进展。两国各界及民间开展了一系列友好交往活动。外交部部长王毅应邀访美，双方在深入、建设性、实质性沟通的基础上发出了稳定和改善关系的积极信号。最后一阶段是中美元首旧金山会晤开辟"旧金山愿景"。

综合来看，种种迹象显示中美摩擦确实迈入了高风险红线区间，彼此都认为需要适度缓和一下两国关系，进而促成了APEC旧金山峰会期间中美两国元首的会晤。

（二）"旧金山愿景"开辟中美关系新阶段——中美旧金山会晤的意义

中美元首的旧金山会晤，是中国领导人时隔6年后再次访美，此次会晤在两个方面取得了重要进展。一是决定稳定中美关系。双方承认两国关系中存在竞争，但要管控这些竞争因素，从而制止两国关系不断恶化的发展趋势，避免发生直接的军事冲突。二是在有共同利益的领域进行合作，虽然美方没有明确用"合作共赢"来定位中美关系，只是接受了相互尊重、和平共处，但愿意在许多有共同利益的领域进行合作，本身就是"合作共赢"定位的体现。相比之前不断下滑的中美关系，这些变化可以被视为"回暖"。当然，这个回暖的过程能否顺利、持续多长时间，还需要继续观察。

此次会晤有以下几点特别值得关注。

一是这场会晤确认了中美关系的希望在人民，基础在民间，未来在青年，活力在地方。习近平主席利用这次访问的有限时间，除出席 APEC 峰会外，还同美国的工商界人士、地方官员和其他友好人士进行了会面。这意味着中国的对美外交不局限于对美国联邦政府，而是在更多层面同时展开，这种趋势可能成为未来中美关系的新的增长点。

二是中美两国重建军事沟通。从目前来看，中美两国在避免直接的军事冲突方面有着高度的共识。因此，恢复两军对话、建立军事安全的磋商机制，非常有助于避免在南海、台海等区域的偶发性军事冲突。目前，中美双方出现军事冲突的风险主要是轮船、飞机可能出现相撞问题。对于双方在海上和空中相遇引发的冲突问题需要建立更完善的规则，以及一旦出现危机可以有相应的危机管控机制。

三是习近平主席在会晤中深入阐述了台湾问题的原则和立场，并指出美方应该将不支持"台独"的表态体现在具体行动上，停止武装台湾，支持中国和平统一。习近平主席的表述不仅向美方表明了中国的立场，更是从中美关系的角度说明美国在台湾问题上的基本利益。尽管美国可以利用台湾问题为抓手来牵制中国大陆，但是支持"台独"、不断武装台湾，导致"台独"分子铤而走险，那么大陆必将使用武力来维护国家统一。战争一旦爆发，对于美国而言也会是一场灾难。从短期来看，维持台海现状、谋求和平统一，也符合美国在台湾问题上的基本利益。支持中国和平统一，对于美国国内而言，是可以接受的一种立场，也非常有助于缓和中美关系。

四是中美两国元首就事关中美关系的战略性、全局性、方向性问题，以及事关世界和平发展的重大问题，坦诚深入地交换了意见。中美两国都是全球性大国，在重要的国际和地区热点问题上达成一些基本的共识，可以在很大程度上降低冲突的烈度和范围，推动全球治理进程，更好地应对各种全球公共问题。

习近平主席在会晤中提到，中美之间经过50年的交往，得出了一些宝贵的经验，只有在相互尊重、和平共处和合作共赢的原则指导下，两国才能真正友好相处、相互成就。一是共同树立正确认知，认知决定行为，中美两国对各自的战略意图要准确判断，树立正确认知才能行稳致远，这是发展中美关系的前提。二是共同有效管控分歧，这是要求彼此坚守原则底线，承认分歧差异，不要折腾、挑事和越界，尊重对方核心利益，要多沟通、多对话、多商量，共同冷静处理分歧和意外，这是处理中美分歧的原则。三是共同推进互利合作，强调中美扩大共同利益，促进彼此合作，在一些重要领域开展更多合作，这是增进中美共识的合作方向。四是共同承担大国责任，强调中美大国共同在国际和地区问题上协调合作，为全球贡献更多公共产品，这是发挥中美大国担当的时代号召。五是共同促进人文交流，强调两国在民间、地方、旅游、教育等领域开展丰富多彩的人文交流活动，这是夯实中美友好根基的路径方案。五大支柱共同撑起中美关系的新愿景。

中美元首会晤不仅具有双边意义，也具有全球意义。"中美不打交道是不行的，想改变对方是不切实际的，冲突对抗的后果是谁都不能承受的。"中美两国是世界上的第一大、第二大经济体。一方面，双方在经济领域高度相互依赖，经贸合作给双方都带来巨大的利益。以大豆为例，中国是美国大豆的主要买家，而美国也是中国大豆进口的主要卖家。另一方面，中美两国都是全球性大国，一举一动都对彼此、对全球产生重要的影响。尽管存在竞争，但隔绝往来、不实现一定程度的政策协调，给两国、给全球都会带来难以承受的代价。这不仅是因为两国都是核大国、常规军事大国，也是由双方的经济体量和全球影响力所决定的。中美两国作为两种社会制度的代表，维护其制度的合法性关系到双方各自的政治安全，想要改变对方的政治制度和意识形态显然会触及对方的核心利益，因此是不切实际的。最好的方法是求同存异、和平共处，不让意识形态的分歧影响两国关系的稳定和发展。

尽管中美之间仍然存在很多深层次结构性的问题，但旧金山峰会整体来看是一次积极的、全面的、富有建设性的会晤，为改善和发展中美关系指明了方向，中美关系有了回暖的迹象。在中美领导人旧金山会晤之后，中日两国领导人也在旧金山会晤。随后中、日、韩外长又在韩国釜山会面，整体气氛有所改善。从欧盟领导人最近访华时的言论来看，欧盟对中国的态度也有一定程度的积极变化。

（三）历经 45 年风雨，从旧金山会晤出发，中美仍需携手向前

2024 年是中美建交 45 周年。建交 45 年来，中美合作从无到有、从小到大、从少到多，成果丰硕。对于世界而言，中美建交打破了两大阵营之间的坚冰，事实上推动了冷战的结束，成为冷战期间最为重要的战略性地缘政治事件。对于两国而言，中美建交不仅满足了双方在安全领域的共同需要，更在经贸领域开创出举世瞩目的成就。

中美关系是世界上最重要的双边关系。中美确立正确的相处之道，关系到世界和平发展和人类前途命运。中美建交后，很长一段时间里，两国都互为最大单一国家经贸伙伴，两国人民也从中受益良多。正如习近平主席在贺信中所指出的，45 年来，中美关系历经风雨，总体向前发展，不仅增进了两国人民的福祉，也促进了世界的和平、稳定和繁荣。

"以史为鉴，可以知兴替"。纵观历史，中美关系历经曲折坎坷，在跌宕起伏中不断砥砺向前。一方面，过去 7 年美国对华政策发生了巨大变化，乃 45 年间所罕见，其影响仍需更长时间来观察和检验；另一方面，从较长周期来看，尽管中美意识形态、社会和政治制度完全不同，但两国能够求同存异，在维护总体战略和政治稳定的同时，发展出高度复杂的相互依赖关系。与建交前相比，这种相互依赖关系大规模降低了中美两国发生冲突的可能性和冲突的烈度。也正因如此，在过去 45 年中，中美两国经贸关系很长一段时间被誉为"中美关系的压舱石"，且在两国数次出现的严重军事和政治事件中经受住了考验。

但是，这种认知在 21 世纪的第二个十年时，开始遭遇越来越严重的挑战。中国的快速崛起在受到国际舆论持续关注后，逐渐引发美国战略界和政策界的焦虑。尤其是特朗普政府上台后的逆全球化的单边主义和贸易保护主义做法，给中美关系造成巨大伤害，并给世界带来巨大的不确定性。

经过 45 年的发展，中美两国都对对方的战略目标和能力产生不同看法。但历史案例一再证明，"国强必霸"的逻辑并不适用于所有国家，国家间实力相当也不一定会导致冲突。

2023 年的旧金山会晤中，习近平主席强调，中美有两种选择：一种是加强团结合作，携手应对全球性挑战，促进世界安全和繁荣；另一种是抱持零和思维，挑动阵营对立，让世界走向动荡和分裂。两种选择代表着两个方向，将决定人类前途和地球未来。中美能否携手合作、共迎挑战，事关两国人民

利益，影响人类前途命运。中美关系45年的发展历程表明，中美对话比对抗好、合作比"脱钩"好。相互尊重、和平共处、合作共赢当然是中美两国的正确相处之道，理应成为新时期中美双方的共同努力方向。这就需要中美两国积极通过制度、技术和话语来塑造共同预期：以国际制度促进合作和维持双边关系稳定，以技术性手段规避发生冲突或冲突升级，以话语来避免双方民族主义和鹰派言论对两国关系的伤害。

展望2024年中美关系走势，挑战依然不少，但也有一些利好。

挑战方面，首先，1月举行的台湾地区领导人选举，结果是民进党执政，两岸关系进一步趋紧。美国将加大对台湾的支持力度，进而冲击中美关系。其次，美国大选即将拉开帷幕，随着两党打出"中国牌"，美国国内政治将对中美关系产生外溢效应。最后，第三方因素也会干扰中美关系，如菲律宾在南海屡屡生事，显然得到美国支持。

利好方面，第一，拜登政府面临俄乌和巴以两场冲突，拜登本人又忙于竞选、聚焦国内事务，因此他可能力求避免与中国在西太平洋发生严重冲突并希望保持中美关系相对平稳；第二，中国在改革开放方面加大力度，对美国商界具有吸引力。中国经济2023年保持比较好的增长态势，2024年有望延续，加上近期中方采取措施为中美人员往来提供便利，这些对美国商界都是利好。

要推动中美关系"再出发"，美方首先要同中方共同努力，尽快落实中美元首旧金山会晤共识，以实际行动进一步推动中美关系稳定、健康、可持续发展，造福中美两国和两国人民，促进世界和平与发展事业。

三、内外承压，欧洲大陆陷冷战后最大地缘危机

2023年的欧洲内外承压。从外部因素看，乌克兰危机久拖不决，导致欧盟多面承压；巴以冲突异常激烈，加剧欧盟内部立场分歧，一些成员国遭遇恐袭风险上升。从内部因素看，走出经济颓势前路漫漫，实现欧盟扩员目标和解决非法移民等问题面临共识难寻的困境。

（一）内忧外患构成严峻挑战

俄乌冲突进入第三年，但目前仍然看不到"隧道尽头的光亮"。乌克兰危机延宕不止给欧盟带来持续压力。目前来看，俄乌谈判前景依然渺茫，包括

欧盟在内的西方"援乌疲劳现象"日益显现。由于欧盟成员国间的立场分歧，2023 年 12 月中旬举行的欧盟峰会未能就对乌克兰的 500 亿欧元援助达成一致。考虑到美国国会仍未批准新一轮对乌援助，此次欧盟未能通过援乌计划无疑将对乌克兰造成进一步打击。

巴以冲突导致地区紧张局势升级，引发恐怖主义和极端主义活动，增加了欧洲国家面临的安全威胁，尤其是对于那些与西亚、北非有紧密联系的国家。冲突一旦扩大，外溢效应将进一步加重难民危机，引发一波新的难民潮，增加欧洲应对移民和难民挑战的复杂性。巴以冲突的突然爆发，重新引起欧洲国家对中东事务的关注。成员国之间对巴以问题的立场不同，使得欧盟团结再度受到影响。而社会分裂的危害也极其巨大，巴以冲突在欧洲已经引发阵营分化，支持以色列或支持巴勒斯坦的群体越发对立，引发的反犹或反穆斯林情绪不断发酵。此外，中东是欧洲的重要能源供应地区，巴以冲突导致的地区动荡一旦影响石油和天然气供应，必将导致欧洲能源安全危机雪上加霜。

2023 年，赴欧移民数量不断上升，令欧盟头疼不已。移民问题再度成为欧盟国家亟待解决却又难以找到良策的焦点议题。近年来由于恐袭事件频发，不少成员国对安全问题更为谨慎，欧盟各国迟迟无法就接受非法移民问题达成共识。此外，2023 年 12 月的欧盟峰会上成员国亦未能就加沙停火问题达成一致，凸显其内部分歧，一些国家发生极端事件的风险也在上升。

2023 年，欧洲政坛极右翼势力保持崛起势头。在荷兰，极右翼政党自由党在 12 月初公布的议会众议院选举结果中获得最多席位，首次成为众议院第一大政党；在瑞典，极右翼政党瑞典民主党 2022 年已跃升为议会第二大党，对执政联盟多项主要施政领域产生影响；在意大利，极右翼政党兄弟党已上台执政；在德国，极右翼政党德国选择党（AfD）的支持率达 22%，紧随默克尔领导的德国联盟党之后。多国极右翼政党崛起可能影响 2024 年的欧洲议会选举。

面对严峻的战略困境，欧盟试图以扩员"破局"。欧盟峰会在匈牙利缺席投票的情况下通过了启动乌克兰和摩尔多瓦入盟谈判的决定。与此同时，一些西巴尔干国家也都不同程度地开启了加入欧盟的进程。不过，成员国态度不一、候选国自身条件不足以及自身内部改革困境等因素都将成为欧盟扩员进程中的障碍。

2024 年，欧盟委员会主席、欧洲理事会主席、欧盟外交与安全政策高级代表、欧洲议会议长等重要职位都面临换届，这些人事变动将影响欧盟未来政策走向。由于欧洲建制派政党近年来在解决移民、经济增长缓慢等问题上整体表现不佳，民众希望看到变化。在此影响下，欧洲极右翼政治力量不断壮大。2023年，极右翼政党在荷兰、芬兰等国势力大增。随着乌克兰危机和巴以冲突延宕，新一批难民涌向欧洲。2024年，反移民的极右翼势力很可能在欧洲获得更多支持。

（二）走出经济颓势前路漫漫

2024年2月15日，欧盟委员会发布冬季经济预测报告，将2024年欧盟经济增长率预期从1.3%下调至0.9%，欧元区经济增长率预期从1.2%下调至0.8%。这一调整反映出欧盟对2024年经济前景的谨慎态度。从发展现状来看，欧盟下调经济增长预期主要基于高通胀、高利率和外部需求疲软等因素。这些因素共同作用，使得欧洲经济复苏前路漫漫。

近年来，欧洲经济遭遇新冠疫情、乌克兰危机等冲击。尽管2021年欧洲经济有过阶段性反弹，但很快到来的能源危机导致能源密集型产业面临巨大成本压力，大量企业不得不减产、停产，甚至破产。时至今日，地缘局势仍不明朗，能源供应缩减和能源价格上涨的风险依然存在，欧洲经济下行压力未减。

首先，欧元区通胀仍维持高位。尽管欧盟统计局公布的最新数据显示，受能源价格下降及欧洲央行加息影响，欧元区2023年11月通胀率按年率计算为2.4%，降至两年多来最低水平。欧洲央行最新预测认为，欧元区2024年和2025年通胀率分别为2.7%和2.1%，仍高于2%的通胀目标。主要原因是，衡量潜在通胀压力的核心通胀率依然走高，2023年11月剔除能源、食品和烟酒价格的核心通胀率为3.6%。

其次，加息导致的高利率使欧洲银行贷款条件收紧，企业和消费者贷款需求下滑。利率上涨带来的债务压力与投资降低，使得欧洲经济短期内"硬着陆"的风险提高。

最后，世界经济复苏乏力，外部市场需求疲软，欧洲出口呈持续萎缩趋势。2023年第三季度，欧盟进出口贸易额环比分别下降4.6%和1.2%，欧盟出口总额连续三季度下降。此外，欧盟还面临诸多结构性挑战，包括生产率增长缓慢、绿色和数字化转型亟待加速、人口老龄化等问题。唯有有效应对这些挑战，欧盟才能更好保持可持续竞争力。

为应对当前经济压力，欧盟采取了一系列措施。如欧洲国家通过减税、提供贷款、补贴和其他财政手段来支持企业。特别是乌克兰危机以来，欧元区酌情采取了一系列财政和货币政策，控制能源和食品价格上涨，努力在抑制通胀和避免陷入经济衰退之间寻求平衡。同时，欧洲央行通过提供优惠融资条件、购买债券等货币政策措施，刺激经济增长和保持金融稳定。现阶段，为了减少公共赤字，欧盟正在逐步取消与疫情和能源相关的支持措施。

值得注意的是，当前欧洲劳动力市场相对稳定强劲、消费缓慢复苏，这是 2024 年欧洲经济实现温和增长的重要基础。但长期来看，欧洲经济要走出困境，关键还是要推进结构性改革、推动绿色转型和数字经济发展、提高新兴产业竞争力等。正如欧洲央行行长拉加德最近所表示的，欧盟需要推进新的财政规则并在结构性改革方面取得更快进展，以提升地区竞争力。

（三）中欧合作呈现回暖势头

从 2019 年开始，欧盟对华政策出现较大调整，提出了"合作伙伴、经济上的竞争者和制度上的对手"的"三重定位"。2023 年以来，欧盟大力推动对华"去风险"，要求摆脱对中国关键矿产的依赖，并防止欧洲尖端技术落入中国手里，限制欧洲企业投资中国高科技领域等。同时，欧洲对对华贸易逆差也日益不满。为此，欧盟启动了对来自中国的电动汽车反补贴调查，并可能于近期对中国风力涡轮机、太阳能组件、钢铝产业等开展一系列反补贴调查。第三方因素也时常影响甚至冲击中欧关系。前一时期，中欧关系中的竞争性有所增强，欧洲对华政策突出强调政治体制、意识形态、价值观等因素以及双方之间的差异，中欧全面投资协定也受到冲击并陷入停滞。从这些背后都能看到欧洲受到了美国的反复诱导和施压因素的影响。乌克兰危机爆发后，欧洲对不是危机当事方的中国多有无端指责和施压，一度使双方关系变得紧张。

事实上，中欧之间在产业结构、技术水平、市场需求等方面具有很强的互补性，不断深化的多领域务实合作将持续给双方带来巨大利益。发展稳定向前的中欧关系，推动双方各领域持续深入合作，对实现中欧各自的发展和欧亚大陆的稳定繁荣具有十分重大的意义。

作为世界两大经济体，中欧关系对于中欧双方的重要性是不言而喻的。2004—2019 年，欧盟一直是中国最大的贸易伙伴。由于英国"脱欧"等原因，2020 年以后欧盟虽不再是中国最大的贸易伙伴，但 2022 年双方货物贸易额仍高达8473亿美元，中国与欧盟互为第二大贸易伙伴。双向投资不断扩大。2022年，欧盟对华直接投资额100亿美元，同比增长96.7%。2023年，作为欧洲对华投资主要来源，法国、荷兰对华直接投资分别同比增长84.1%、31.5%，继续保持强劲增长。双方新增投资集中在新能源、汽车、机械设备等领域。

中欧经济具有高度互补性。我国超大规模市场，对于欧盟经济增长至关重要。我国推进高质量发展和高水平开放，将为包括欧盟在内的各国经济发展带来新的机遇；而欧盟作为全球主要发达经济体，以及4.5亿人口的统一大市场，对于我国推进中国式现代化同样意义重大。据商务部统计，截至2022年末，我国共在欧盟设立直接投资企业超2800家，覆盖欧盟的全部27个成员国，雇佣外方员工超27万人。

2023年，中欧迎来建立全面战略伙伴关系20周年，欧盟与中国在多领域、多层级交往增多，双方寻求共识、管控分歧、促进合作，双方关系呈现巩固发展的良好势头。欧盟委员会主席冯德莱恩、法国总统马克龙、欧盟外交与安全政策高级代表博雷利等相继访华。中国国务院总理李强于2023年6月访问德国并主持第七轮中德政府磋商、访问法国并出席新全球融资契约峰会。

2023年10月，第三届"一带一路"国际合作高峰论坛在北京举行，多名欧洲国家领导人或领导人高级别代表与会。10年来，中国同欧洲地区参与共建"一带一路"国家间贸易额不断增长，中欧班列驰骋不息，标志性项目开花结果，中欧人员交往更便利。

2023年10月在北京举行了第十二轮中欧高级别战略对话，12月在北京举行了第二十四次中国—欧盟领导人会晤。双方已全面恢复各层级交往，特别是绿色、数字、经贸领域高层会晤成功举行，形成新的共识和成果，展现了中欧关系的韧性和活力。

中欧是推动多极化的两大力量、支持全球化的两大市场、倡导多样性的两大文明，在当前动荡加剧的国际形势下，中欧关系具有战略意义和世界影响，关乎世界和平、稳定与繁荣。新的一年，欧盟如何继续推进欧中互利合作关系，更多地求同存异、求同化异，将考验欧洲领导人的智慧。

四、亚太地区大国博弈，各国加快"向东看、向东行"

亚太地区在世界格局中的重要性毋庸置疑，亚太正成为世界经济、投资、产业和创新中心。地区 GDP 总量占全球 GDP 总和的比例已超过 60%，而且还会继续增加，更多的地区国家正成长为世界主要经济体，全球贸易、投资和产业将继续向亚太地区聚集。与此同时，亚太地区也正成为影响世界格局的中心。随着成为经济中心，亚太地区会吸引越来越多的行为体，也会承受越来越大的地缘政治压力。其中既有地区国家间实力对比变化产生的压力，也有域外国家将地缘政治和地缘经济压力向亚太地区转移的效应。在全球化迅速发展的阶段，亚太国家利用自身优势抓住了发展机遇，但在全球化陷入低潮而地缘政治压力上升的背景下，亚太地区能否经受住地缘政治博弈的考验并能继续保持增长和繁荣，成为摆在面前的重大课题。

亚太地区在冷战时期并非美苏对抗的中心地带，但是也曾长期陷入阵营对立，相继爆发了朝鲜、越南、阿富汗战争，美苏在亚太地区还挑起过多次政局动荡和小型冲突，东盟正是从支持美国的冷战政治集团为前身发展起来的。随着 20 世纪 80 年代中后期美苏关系缓和、越南自柬埔寨撤军，中南半岛局势趋稳，谋和平促发展成为地区国家政策取向的主流，各国纷纷受到亚太次区域、区域合作的吸引，建立起多重对话与合作机制。当前，亚太地区局势总体稳定，区域合作不断取得进展，和平发展、合作共赢是主流。与此同时，世界进入新的动荡变革期，地缘政治紧张与经济格局演变叠加，冲击亚太地区发展环境和合作架构。亚太地区是全球发展稳定之锚和合作高地。重合作、共发展、不在大国之间选边站队是多数亚太国家的基本立场。

预计 2024 年亚太地区仍将保持总体和平和较快经济增长，亚太地区也是全球唯一保持经济快速增长的地区。国际货币基金组织 2023 年 10 月预测，2024 年亚太地区经济增长率将达到 4.2%，高于全球经济 2.9% 的增长率。中国作为亚太地区大国，一贯致力于维护地区和平稳定，促进地区国家合作发展、共同繁荣。

（一）各国面临大选，亚太地区的不确定性增加

2024 年，亚太多国将迎来重要选举，包括日本执政党自民党总裁选举、韩国国会选举、印度人民院（议会下院）选举、印度尼西亚总统选举、巴基

斯坦国民议会（议会下院）选举等。这些选举将对相关国家政局产生重要影响，进而对地区局势产生外溢效应。与此同时，美国在亚太地区不断兜售所谓的"印太战略"，建立各式封闭排他的"小圈子"以延缓地区整体的快速发展，在美国大选年背景下，不排除美方出于国内政治需要加大在亚太地区搅局力度的可能，而台海、南海、朝鲜半岛形势可能因此承压。同时，亚太地区也将迎来新的发展机遇，美西方全方位制裁俄罗斯，引起的地缘经济大震荡，使世界经济三极鼎立格局发生变化，欧洲一极分量减轻，全球经济重心进一步向亚太地区倾斜。发展中国家拒绝追随美西方制裁俄罗斯，也显示"全球南方"的经济自主愿望和能力增强。

（二）保持经济高速发展，亚太地区存在不小挑战

亚太经济合作组织（APEC）发展为亚太地区层级最高、领域最广、最具影响力的经济合作机制，推动贸易投资自由化、便利化和经济技术合作，努力实现优势互补和均衡发展，秉持开放的区域主义，坚持多样性、非歧视原则，构筑了包容普惠的地区合作架构。几十年来，亚太各经济体打破市场分割，拉紧经济纽带，积极拥抱世界，为经济发展开辟了广阔空间。茂物目标实施26年，亚太区域的贸易额增长了5倍，年均增速6.7%；双向投资增长了12倍，年均增速超过10%。

2023年6月，《区域全面经济伙伴关系协定》（RCEP）对15国全面生效，进入全面实施的新阶段。RCEP对区域经济合作的提振作用不断显现，地区发展在世界经济整体承压背景下展现勃勃生机。维护产业链供应链稳定顺畅是亚太经济疫后复苏面临的突出挑战。遵循经济规律，坚持市场原则，促进生产要素自由流动，维护货物服务生产和供应体系，打造便利、高效、安全的亚太产业链供应链，共同反对单边主义、保护主义，反对将经贸关系政治化、武器化。

2024年，尽管面临着全球需求从商品转向服务以及货币政策紧缩等不利状况，亚太地区仍将是全球增长的关键驱动力。随着全球需求从商品转向服务，加之各国同步收紧货币政策，亚太地区面临的环境颇具挑战。尽管如此，该地区的经济活动仍然保持正轨，对2023年的全球经济增长贡献约为2/3。如果中国的经济复苏弱于预期，则可能对其贸易伙伴造成负面溢出效应；如果美国或亚太地区的金融紧缩突然加剧，则将抑制该地区的经济增长——特别是高杠杆的经济体和行业的增长。从好的方面看，亚太地区实现经济"软着陆"的可能性正在上升,并将为2024年放松货币政策提供空间。地缘经济割裂带来的风险使中期前景阴云密布,主要经济体的去风险政策可能会严重拖累经济增长。如果中国能采取一整套全面的改革措施,则将提振亚太地区的中期增长前景,对于规模较小、更开放的经济体尤为如此。

(三)面对全球安全局势,亚太各国的态度

美国通过推进"印太战略",维护美国在亚太地区的霸权地位。一方面,美国认为中国在挑战美国的全球霸主地位,把中国锁定为战略竞争对手。美国对中国的战略竞争态势将持续下去。另一方面,面对中国的快速发展,特别是军事实力不断增强、综合国力不断提高,美国不希望和中国爆发全面冲突,因此必须管控分歧。未来,美国甚至可能主导北约介入亚太事务,实现与"印太战略"的联动,这对于亚太安全局势来说是一个非常危险的趋势。如今,美国将对外战略关注重点转移到亚太地区,强调军事同盟和竞争对抗。近年来,美国收紧双边军事同盟,拼凑三方安全伙伴,完善"四边机制",加强"五眼联盟",同时加强在亚太地区兵力部署,加强与盟友联动,强调一体化威慑能力,不断加剧地区军事化。这与冷战结束后亚太地区追求和平发展的主旋律背道而驰。日、韩、澳尽管在安全利益、价值观和意识形态上与美国捆绑,但仍希望与中国保持务实对话、发展经贸合作。

东盟国家在亚太地区安全局势中居于中心地位,东盟保持相对中立的立场,有利于同亚太地区主要大国和域外大国发展良好关系。东盟也希望在推动地区安全对话方面起一定主导作用,为缓和亚太地区紧张局势、减少大国激烈竞争发挥更多建设性作用。当前,随着美国地缘战略转向亚太地区,东盟国家更担心地区局势变得紧张,甚至发生冲突,影响这些国家和平发展的环境。因此,东盟对美国加剧亚太对抗性的举措并不配合。与此同时,东盟与中国关系一直稳定且友好,在安全、经贸、文化方面关系密切,有许多共同利益,以往也是通过对话协商解决问题,维护了地区的安全稳定。所以,东盟国家希望与中国和美国均保持良好关系,希望中美两国拥有更加和平稳定和富有建设性的格局。

(四)发展依然是主旋律,展望亚太发展

面向未来,亚太发展必须筑牢和平发展的根基。各方共同遵循《联合国宪章》的宗旨和原则,树立共同、综合、合作、可持续的安全观,共同反对冷战思维和阵营对抗,搭建亚太安全架构,才能为亚太经济发展和长治久安

创造条件。各国应尊重彼此主权、领土完整,不干涉别国内政,尊重各国人民自主选择的发展道路和社会制度,重视各国合理安全关切,通过对话协商以和平方式解决国家间的分歧和争端。

一是坚持开放合作。开放是人类社会繁荣进步的必由之路,从宏观经济政策协调到高标准自由贸易区建设,亚太地区保持较长时期快速发展,归根结底,这得益于打造开放型经济格局的努力,得益于构筑互信、包容、合作、共赢的亚太伙伴关系。亚太地区积极主动扩大开放,推进贸易和投资自由化、便利化,维护产业链供应链稳定顺畅,促进资源要素有序流动,推动经济复苏,实现联动发展。中国将坚定不移推进改革开放,为亚太经济发展提供助力。

二是推进绿色转型。亚太地区目前仍有1亿多赤贫人口,部分经济体在基础设施建设、教育医疗等领域面临缺口,粮食安全、能源保障等方面依然脆弱。只有地区发展,才能聚集起绿色转型的经济力量,完成系统性绿色建设,西方的先发展后治理的道路不符合时代发展的趋势,亚太地区的总体发展要协调好经济增长、民生保障、节能减排,在经济发展中促进绿色转型、在绿色转型中实现更大发展。中国将统筹低碳转型和民生需要,处理好发展同减排的关系,如期实现碳达峰、碳中和目标,为亚太地区及全球生态文明建设作出贡献。

三是积极推进创新。亚太地区具有独特智力资源和深厚创新传统,孕育了许多新技术、新产业、新机制,一直是全球创新发展的"领头羊"。当前,新一轮科技革命和产业变革深入发展,信息技术、生物技术、制造技术方兴未艾,为促进经济增长,应对重大疫病、气候变化、自然灾害等挑战提供了保障。

四是促进合作共赢。中国一直积极融入亚太区域合作,始终是亚太开放合作的推动者。中国坚持真正的多边主义,维护以世界贸易组织为核心的多边贸易体制,积极参与全球经济治理,推动建设开放型世界经济。坚定推进高质量共建"一带一路",促进亚太互联互通,为亚太经济复苏和可持续发展注入动力。

五、"一带一路"倡议10周年,高峰论坛再树里程碑

2013年,习近平主席提出共建"一带一路"宏伟倡议,成为人类发展史上具有里程碑意义的事件。10年来,在国内外各方携手努力下,共建"一带一

路"落地生根、蓬勃发展，已成为开放包容、互利互惠、合作共赢、深受欢迎的国际公共产品和国际合作平台，为全球共同发展搭平台、做增量、添动力。

10年扬帆再起航。共建"一带一路"进入高质量发展新阶段，习近平主席在第三届"一带一路"国际合作高峰论坛上阐明了"一带一路"倡议初心，并通过总结过往成果与经验、宣布中方未来行动与计划，对外明晰了高质量建设"一带一路"的路径和方向，开启"一带一路"下一个10年的征程。

（一）"一带一路"倡议10年的四大特征

10年来，共建"一带一路"根植历史、因应现实、展望未来，不是中国一家的独奏，而是共建国家的合唱，已经成为推动构建人类命运共同体的重要实践平台。

近几年，尽管国际上出现了很多倡议以及合作机制，一些国家借鉴甚至模仿中国也相继出台了互联互通的国际倡议，但"一带一路"秉持致力于惠及全人类的理念，吸引了150多个国家和30多个国际组织加入，其独特性源于以下四大特征。

1."一带一路"的核心是"通"

"一带一路"倡议以政策沟通、设施联通、贸易畅通、资金融通和民心相通（"五通"）为主要内容。在世界经济复苏动力不足、经济逆全球化的背景下，作为推动构建人类命运共同体的重要平台，"一带一路"站在推动世界经济可持续的高度，推动全球互联互通，在"通"字上做文章、下功夫，以实现贸易互联互通、提升贸易便利化等为抓手，带动全球国际合作。"一带一路"建设为经济全球化提供了实践路径，带动了全球国际合作，推动世界经济不断实现开放、包容、普惠、平衡、共赢发展。"一带一路"由于高站位和公共属性，得到了国际社会的广泛欢迎和热情参与。

2."一带一路"的关键是"共"

"一带一路"的建设与合作秉持"共商、共建、共享"原则，"共"贯穿"一带一路"的整个实践进程。"一带一路"源自中国，但属于整个世界。在前两届"一带一路"国际合作高峰论坛上，参会的各国领导人，联合国、世界银行、国际货币基金组织的负责人，以及官、产、学各界代表齐聚一堂，共商如何推进国际合作、如何实现共赢发展、如何实现与各国发展规划的对接。在具体项目落地的过程中，中国与沿线国家平等协商，中国企业与沿线国家企业有效互动，中国员工与沿线国家员工并肩工作，"一带一路"已经成为其共同的事业。目前，与中国签署共建"一带一路"合作文件的已有152个国家和32个国际组织，涵盖了全球超过3/4的国家和60%以上的人口。共建"一带一路"已深入人心，成为国际社会的普遍共识。

3."一带一路"的品牌是"实"

"措施实、平台实、项目实"，中国推出了一系列实实在在的政策举措。为促进"一带一路"可持续发展，中国与合作伙伴国家签署了一批实实在在的合作协议和项目，既给予了真金白银的硬支持，又搭建了许多功能性的合作平台，如丝路基金、亚洲基础设施投资银行、金砖国家新开发银行和中欧合作基金等双多边金融合作机构。中国与沿线国家货物贸易额从2013年的1.04万亿美元增加到2022年的2.07万亿美元，年均增长8%。前两届"一带一路"国际合作高峰论坛上提出的成果清单，绝大多数已经落实到位。雅万高铁、中老铁路、瓜达尔港、比雷埃夫斯港等一批标志性项目建设取得进展，共建国家基础设施发展水平明显提升。

4."一带一路"的特征是"暖"

在注重经济合作的"硬联通"的同时，"一带一路"建设更加注重温暖人心的"软联通"。"民心相通"是"一带一路"建设的重要领域之一，是"政策沟通、设施联通、贸易畅通、资金融通"的重要基础。10年来，"民心相通"建设扎实推进，为"一带一路"建设奠定了坚实的民意基础。"一带一路"是政府项目和民众参与的结合，多元化的形式有效促进了各国人民的"民心相通"。10年来，中国具有国际主义情怀的企业家和志愿者纷纷走出国门，走向"一带一路"沿线国家，深入一线，帮扶济困，演绎出大量惠民生、促发展的生动故事和鲜活案例。

（二）"一带一路"倡议10年建设成就

10年来，共建"一带一路"全面实现了从理念到行动、从愿景到现实的转化，引领构建了全球互联互通新模式、引领开辟了共同繁荣发展新道路、引领探索了全球治理体系变革新方案，形成了物畅其流、政通人和、互利共赢、共同发展的良好局面，成为深受欢迎的国际公共产品和国际合作平台。

"一带一路"在中国发展史、世界经济史和人类发展史上具有里程碑意义。

一是"一带一路"是中国向世界提供的第一个完整地解决世界性问题的中国方案，且成为全球的公共产品。它用古丝绸之路文化的精神赋能，成为新时代一个全新的价值符号、取向和追求，这个价值追求既不是霸权主义的，更不是要创造一个单极世界,而是要创造一个有利于发展,有利于世界上绝大多数国家和人民创造更好前途命运的一种新的平台、载体和通道。

二是"一带一路"从"六廊六路""多国多港"开始,现在全球已经有152个国家、32个国际组织和中国签署了一系列合作文本,对"一带一路"高度认同,加入了"一带一路"的具体行动。"一带一路"成为一个由国家提出的在全世界响应度最高的倡议,实现了全球跨国经济行动。

三是在共商共建共享的基础上,"一带一路"现在已经构建了立体化互联互通的格局。所谓立体化互联互通,一方面是原来以"五通"为内容推进进程,形成内涵更为丰富的互联互通。"硬联通"是重要方向,标准规则的"软联通"是重要支撑,民心相通的"心联通"是重要保障,这是软、硬、心方面的联通。另一方面是陆、海、空、网、冰立体化联通空间布局,陆上是丝绸之路经济带;海上是21世纪海上丝绸之路;空中实际上是标准规则对接和空中航线加密,形成空中的网络体系;网上是网络化、数字化的联通;冰上丝绸之路,主要指北极航道(见图1-1)。

四是"一带一路"对推进全球治理发挥了重大作用。共建"一带一路"提出以后,基本原则就是共商、共建、共享。一是建立平等友好的共商机制,二是建立高效系统的共建机制,三是建立公平公正的共享机制。

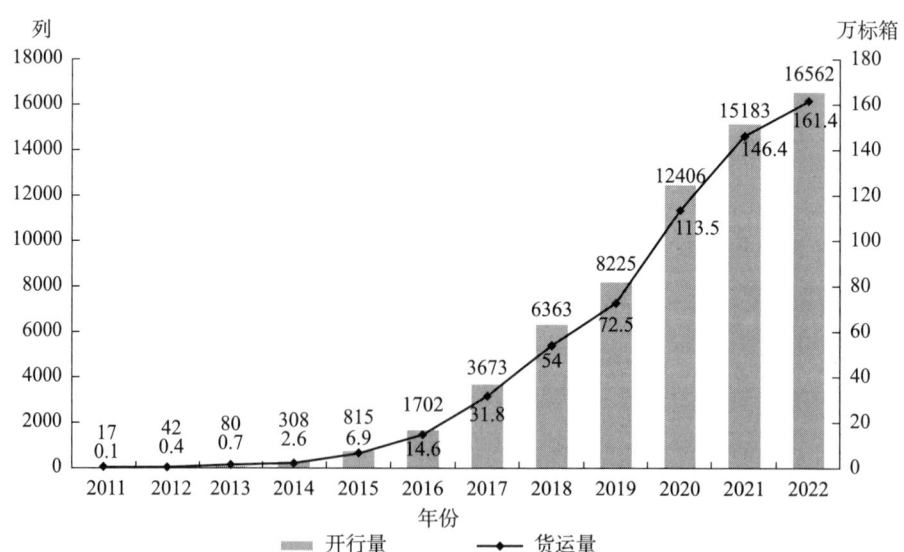

图1-1 2011—2022年中欧班列开行量及货运量

(数据来源:澎湃新闻据公开报道整理,统计时间截至2024年4月23日。)

五是共建"一带一路"为塑造21世纪人类文明新形态提供了愿景,让更多国家看到了中国就是他们的未来。中国的今天就是发展中国家和贫困国家的明天,他们完全可以通过自己的努力在共建"一带一路"中获得发展的机遇。共建"一带一路"的3000多个重大项目,包括园区、港口、机场、通道、能源等项目已经成为现实或者将成为现实。

看待"一带一路"需要从战略上、从长周期、从它对中国全局性的影响来看,而不是仅仅看钱"走出去"了,以及帮助别的国家建设等。实际上,帮助周边国家实现互联互通建设也是帮中国自己打通了国际大通道。

(三)"一带一路"倡议当前面临的挑战

当下是共建"一带一路"发展的关键节点。世界正经历百年未有之大变局,国际环境错综复杂,世界经济陷入低迷,全球产业链供应链面临重塑,不稳定性、不确定性明显增加,各国相互联系、相互依存、相互影响。相较于过去10年,"一带一路"倡议发展的全球政治、经济和社会环境发生深刻变化,面临一系列新的挑战与风险。

一是地缘政治风险上升。美国对我国的战略围堵遏制日趋强化,加剧了共建"一带一路"外部环境不确定性风险。以美国为首的国家对我国的政治挑衅、经济破坏、军事制衡、金融制裁、科技封锁、网络攻击、意识形态渗透、区域安全破坏、舆论抹黑等将成为未来10年共建"一带一路"面临的最大外部风险挑战,一定条件下可能引发"黑天鹅"事件。

二是外部经济环境恶化。其一,"一带一路"共建国家所面临的金融风险明显增加。当前,世界主要经济体增长疲软,全球经济复苏整体乏力。美国采取"以邻为壑"的货币政策以应对持续上涨的联邦债务,美元的国际信用危机加深,以美元为主体的世界金融货币体系的不稳定性加重。"一带一路"共建国家依赖国际金融货币体系,美联储持续大幅加息,国际融资难度上升,这导致部分"一带一路"共建国家本币大幅贬值,债务急剧上升,经济复苏乏力,甚至面临经济危机。其二,全球产业链供应链重构对共建"一带一路"有所冲击。美西方在产供链领域以"去风险"为名推行"去中国化",试图重构全球产供链格局以减少对中国的依赖,巩固美国在全球经济体系中的主导地位。多链化和短链化成为新趋势,国际贸易格局的碎片化将进一步加剧。

三是共建国家内部挑战趋向复杂化。其一,"一带一路"部分共建国家存在结构性发展赤字问题，导致其基建投资难以维系。"一带一路"共建国家大多属于发展中国家，其中一些国家工业化水平与产业发展层次较低，产供链基础较为薄弱，经济发展内生动力不足。尤其是一些能源资源型国家，由于其经济发展对能源路径依赖严重，导致本国经济结构并不合理。其二，部分国家内部长期存在央地矛盾、民族宗教冲突、地方利益竞争等问题，导致国家政治安全隐患增多，影响其实施共建"一带一路"政策的稳定性。

四是中国自身能力和体制机制面临挑战。适应共建"一带一路"高质量发展的要求，未来 10 年国内自身面临的风险也不容小觑。首先是存量风险化解和增量风险防范需要高度关注；其次是重点领域面临"卡脖子"风险加大；加以体制机制跟不上企业"走出去"的步伐，导致中国企业的国际化能力亟须增强。

（四）第三届"一带一路"高峰论坛展现世界谋求合作主基调

共建"一带一路"倡议提出 10 周年之际，第三届"一带一路"国际合作高峰论坛于 2023 年 10 月 17 日至 18 日在北京成功举行，取得丰硕成果，并且向世界发出了"团结合作，开放共赢"的清晰信号。

1. 第三届"一带一路"国际合作高峰论坛成果丰硕

本次高峰论坛是共建"一带一路"进程中一个重要里程碑，来自 151 个国家和 41 个国际组织的代表来华参会，注册总人数超过 1 万人，体现出共建"一带一路"的巨大感召力和全球影响力。本次高峰论坛召开了以数字经济、互联互通、绿色发展为主题的 3 场高级别论坛，还举行了贸易畅通、民心相通等 6 场专题论坛，并且召开了"一带一路"企业家大会。

习近平主席宣布中国支持高质量共建"一带一路"的八项行动：一是构建"一带一路"立体互联互通网络，二是支持建设开放型世界经济，三是开展务实合作，四是促进绿色发展，五是推动科技创新，六是支持民间交往，七是建设廉洁之路，八是完善"一带一路"国际合作机制。这八项行动为"一带一路"高质量发展指明了方向。

高峰论坛期间，各方共形成了 458 项成果，数量远超上一届高峰论坛。成果包括深化互联互通合作北京倡议、"一带一路"绿色发展北京倡议、"一带一路"数字经济国际合作北京倡议、绿色发展投融资伙伴计划、"一带一路"廉洁建设高级原则等重要的合作倡议和制度性安排，以及到 2030 年为伙伴国开展 10 万人次的绿色发展培训、将联合实验室扩大到 100 家等具体的目标，而企业家大会则达成了972亿美元的商业合同，有助于为各国创造更多的就业和增长。一系列实实在在的合作成果，得到与会代表和国际人士的积极肯定与高度评价。

2. "一带一路"高峰论坛的重要意义

此次"一带一路"高峰论坛是承前启后、继往开来的一次会议，总结经验、展望未来、探索新路，其意义是空前的。

首先，此次高峰论坛历经4年再次举办。这4年中，人类社会经历了百年变局、世纪疫情和地缘政治动荡等一系列重大的"天灾人祸"，压力和挑战是史无前例的。这次高峰论坛是在这样的世界动荡大变局刚刚有所平稳、百业待兴之际举办的一个国际多边峰会，反映了"世界要和平、国家要发展、人民要幸福"的国际普遍诉求，真是恰逢其时。

其次，此次高峰论坛为世界带来了10年"一带一路"事业以和平、和解、包容、合作、发展、繁荣、绿色、健康等代表时代方向的"春华秋实"的亮色。

最后，此次高峰论坛正值以美国等为代表的西方世界通过七国集团、北约、美日韩、"五眼联盟"及"印太经济框架"等各种各样不利于和平发展合作的所谓"平台构建"，不断推动"阵营对抗"，煽动、制造国际社会的分裂和对立。在这样的背景下，"一带一路"高峰论坛没有采取"以其人之道还治其人之身"的方法，而是以"反其道而行之"的思路，基于和平而不是基于对抗，立足发展而不是囿于萧条，致力合作而不是制造分裂和"脱钩断链"，"坚持共商共建共享，跨越不同文明、文化、社会制度、发展阶段差异，开辟了各国交往的新路径，搭建起国际合作的新框架，汇集着人类共同发展的最大公约数"。

这样的一种"丝路精神"和作为，使得这次高峰论坛的现实意义和时代价值更为突出、更为重大。

（五）延续丝路精神，共建"一带一路"迈入高质量发展新阶段

10年的"一带一路"建设有很多成就值得总结。同时，我们要在新的起点上，面向未来，走出一条新路。当前国际形势错综复杂、变乱交织，世界经济亦复苏乏力，很多国家都期待着一些国家能够站出来，推动大家共同发展。

一是提高共建"一带一路"的国际化程度。虽然有3/4的国家响应了

"一带一路"倡议，但是响应只能说明一种寻求发展的公约数，并不代表这个行动的国际化程度就特别高。共建"一带一路"的国际化程度需要三个方面的提升。其一，应该纳入国际组织中的重大倡议；其二，投资主体需要更加国际化；其三，以标准规则为主体的"软联通"更加国际化。

二是提升共建"一带一路"的市场化程度。尽管当前市场化程度已经提升了很多，但是还不够。在共建"一带一路"中，特别是一些重大项目一定要有市场的第三方评估、跟踪、评价、反馈、再评价这样一整套的体系，提高运营水平、投资效率，避免一些盲目投资和无效投资。要坚持商业原则，市场主导，企业主体，政府支持或者创造环境。除了重大的战略性项目，国家可以作为投资主体或者国有企业作投资主体，其他商业项目都要坚持企业主体和商业化、市场化的原则。我们共建"一带一路"不是为了赔钱，而是为了营造更大的市场空间和战略纵深。

三是提升共建"一带一路"的安全化程度。安全化程度提升不是要泛化安全，安全的重心一方面是增加人身安全，保障在国外工作的国民的人身安全，这些方面如果没保障，中国的企业在外面就很难持续。另一方面增加对企业权益安全的保障。企业"走出去"以后，投资收益的权益保障实际上也是需要的。另外，要进一步保障全球产业链供应链布局的安全。以上"三大安全"是当前我们共建"一带一路"安全问题中非常重要的。

四是加强企业的参与程度。要充分调动企业的主动性和创造性，发挥市场的潜能和活力，符合商业发展的供需关系。只有这样，才能让企业真正体现其价值与创新性。作为第三届"一带一路"国际合作高峰论坛规模最大的活动之一，"一带一路"企业家大会共有1200余位中外代表参会，其中包括59家世界500强企业代表，达成很多协议。同时，企业的参与以及企业本身的合作共赢，也是对当前世界经济中一些不良现象的坚决抵制，因为有些国家对一些重点企业、关键企业进行打压、断链。此次峰会上通过的《"一带一路"企业家大会北京宣言》，特别强调要维护以世贸组织为核心的多边贸易制度，通过这样的方式，包括企业家积极主动地参与以及对规则的捍卫，势必能够给"一带一路"释放更大红利。

此外，关于"一带一路"的企业参与主体正在转向民营企业，目前已经到了以民营企业为主的阶段。在前10年央企开路先锋（如中铁建、三峡葛洲坝、中石油等）承担了大部分项目，尤其是国家的大项目。接下来，中国企业"走出去"将进入一个新阶段，民企是多数，民企里面产业链集群的方式比较多,"小而美"要大量地做。把"一带一路"的大中小企业基础设施、产业链和民生项目进行平衡发展。

五是把握新兴领域的增长点。新形势下,"一带一路"高质量发展需要把握时代机遇,适应新一轮科技革命和产业变革的发展趋势,以及全球应对气候变化等发展诉求,绿色发展、科技创新、数字经济等新领域的互利合作将成为共建"一带一路"的新亮点和新增长点。例如,深化"一带一路"务实合作的一项重要内容就是发展数字经济。要高度重视科技革命特别是人工智能突破性变革给共建"一带一路"带来的机遇。

百年变局加速演进的时代背景下,发展鸿沟不断拉大、治理赤字有增无减。共建"一带一路"的成功实践启示我们,只有践行真正的多边主义,才能推动全球共同发展进步、推动全球治理体系朝着更加公正合理的方向发展。过去 10 年,共建"一带一路"形成了诸多国内外合作的成功案例,也积累了丰富的经验。面向未来,我们需要从这些经验出发,把握时代发展规律,共同克服全球经济发展面临的困难和挑战,共同把这条造福世界的幸福之路铺得更宽、更远,以实际行动践行人类命运共同体理念。

六、金砖历史性扩员,"全球南方"迎来新机遇

金砖合作机制已走过 17 年风雨历程。17 年来,金砖国家秉持开放包容、合作共赢的"金砖精神",书写了不同制度、不同文化、不同地域国家携手发展的精彩故事,成为"南南合作"的一面金字招牌。当地时间 2023 年 8 月 24 日,金砖国家领导人第十五次会晤宣布沙特、埃及、阿联酋、伊朗、埃塞俄比亚五国正式成为金砖大家庭成员,成员身份将于 2024 年 1 月 1 日生效。此次历史性扩员充分展现金砖这块"金字招牌"的强大生命力和感召力,金砖机制正在加速转动国际秩序齿轮。

(一)金砖扩员的历史经纬

此次历史性扩员表明,金砖这一发展中国家的多边合作组织处在大幅扩员、迅速发展的路上,金砖国家组织正在成为一个全球性的组织。缘何越来越多的国家摩肩接踵叩响"金砖之门"?金砖的历史进程与时代的发展变化给出了答案。

1. 百年变局的重要标志

今天,人类正在经历前所未有的世界格局重构、国际秩序调整以及社会

模式与全球环境巨变,其中包括大国力量对比之变和东西方力量对比之变两个维度。金砖国家组织的形成、发展与扩展,使其成为影响世界格局、改变发展中国家地位的重要力量和百年变局的重要标志。

众所周知,自500年前哥伦布发现新大陆后,西方国家便利用其在科技、军事、经济实力上的绝对优势,开始对包括亚非拉在内的广大发展中国家进行入侵、占领、殖民和掠夺,掌握了对全世界的统治和主导权,广大发展中国家一直处于被统治和支配的地位,东西方力量对比失衡,国际公平正义缺失。然而,历史总是在曲折中前进,由黑暗向光明发展。第二次世界大战以后,经过不懈抗争,广大发展中国家纷纷获得民族解放和国家独立,逐渐摆脱了被占领、被殖民的命运,但由于东西方国家的力量对比仍然悬殊,世界格局和国际秩序仍为西方国家所主导,发展中国家仍处在被欺压和歧视的弱势地位。21世纪以来,随着以中国、印度为代表的新兴经济体的崛起和广大发展中国家的普遍发展,发展中国家与西方国家的实力差距开始缩小,目前东西方经济实力对比已经达到4:6左右,东升西降态势日益明显。东西方力量对比向对等、平衡方向发展是大势所趋,最终将形成东西方力量对比的历史性逆转,这是人类历史上从未有过的变局,是世界百年变局的重要体现。

金砖国家组织是以新兴经济体为主体、由发展中国家组成的多边合作组织。金砖国家组织的形成发展,就是发展中国家实力上升的标志,是发展中国家自发组织起来改变命运的开始。特别是这次大幅扩员后,金砖国家组织在总体实力、代表性和能力上进一步提升,其国际影响力和作用进一步凸显。金砖扩员后,金砖国家国土面积占比由26%增至32%,人口总和占比由42%增至47%,国内生产总值占比由26%增至29%,金砖国家组织在世界力量格局中的分量进一步上升;扩员后的金砖国家,地域分布范围进一步扩大,覆盖了世界上多个重要地区,无论从世界范围看还是从发展中国家自身看,金砖国家组织的代表性得以较大提升。

代表性与合法性正相关,金砖国家组织逐渐成为代表广大发展中国家权益的组织,是一个真正的全球性组织。不仅如此,扩员后的金砖国家组织在国际事务、全球治理中具备更多的能力和资本来维护发展中国家利益。比如,金砖国家的能源和关键矿产储量占世界比重较大,金砖国家中的俄罗斯、沙特、伊朗和阿联酋占全球石油供应量的42%,这足以影响世界能源市场。根据美国战略与国际研究中心(CISIS)的数据,扩员后的金砖国家将拥有全球72%的稀土资源,还将拥有世界上75%的锰、50%的石墨、28%的镍和超过

10%的铜等重要矿产，金砖国家拥有对关键矿产的重要话语权。中国和印度人口数量占全球的35%，金砖国家人口总数接近全球的一半，这也使得金砖国家成为影响世界消费和全球经济的重要力量。

2. 时代发展的必然结果

实力决定权力，格局决定秩序。长期以来，国际事务的处理被西方国家特别是霸权国家所左右，国际秩序存在诸多的不合理、不公正之处，人类的公平正义得不到有效伸张和保障。而随着以新兴经济体为代表的发展中国家的崛起，发展中国家自发成立金砖国家组织，就是为了反制强权和不公，维护自身的合法权益。可以说，金砖国家组织的形成与发展已成为一个影响世界的组织机制，是时代发展的必然结果。

维护和强化世界霸权始终是一些西方国家的全球战略，其凭借强大实力对外推行霸权政策、强权政治和单边主义，企图按照自己的意志"塑造"世界，这成为世界和地区战争、冲突和动荡之源。美西方国家还利用对国际秩序的控制，对异己国家进行政治孤立和打压、经济制裁和封锁，企图通过长期围困和高压逼其就范，这成为一些国家贫困、落后和动乱之源。

金砖国家组织的发展壮大，也是对国际秩序特别是国际经济秩序不公平、不合理的纠偏。个别西方国家凭借其强大的经济实力和对国际经济金融机制的控制，利用在国际货币中的主导地位，通过肆意印钞、控制利率和汇率等方式，收割全世界的财富，也以此转嫁自身的债务风险和通胀压力。比如，美国通过量化宽松政策制造巨量流动性，对外输出低息美元，在发展中国家制造资产泡沫，随后通过激进加息以使全球资金快速回流美国而形成"美元潮汐"，这是美国除利用其强大军事实力通过入侵占领直接掠夺财富之外的，另一种凭借其货币主导地位和对国际金融体制的控制力，通过操弄资本货币等手段掠夺全世界财富的霸权行为，也是导致地区和世界金融危机、经济危机的重要原因。

3. 机制发展的现实动因

从历史宏观看，金砖机制的形成与发展是时代发展的必然结果，但从其发展轨迹来看，这是发展中国家由自觉到自主、自强的过程，国际局势和形势的变化则是金砖机制快速发展的推动器。

2001年，美国高盛公司首席经济师吉姆·奥尼尔首次提出"金砖四国"概念。"金砖四国"特指4个新兴市场国家——巴西（Brazil）、俄罗斯（Russia）、印度（India）、中国（China），各取 4 个国家的首个英文字母组成 BRIC，即"金砖"一词。2006 年，巴西、俄罗斯、中国和印度四国外长在联合国大会期间举行首次会晤，开启了金砖国家合作的序幕。2009 年 6 月，金砖国家领导人在俄罗斯叶卡捷琳堡举行首次会晤，金砖合作机制由外长级升级为元首级，并由此确定年度领导人峰会机制，开始金砖国家战略层次的合作。2011 年，为使金砖机制成为覆盖各大洲的全球性合作机制，金砖国家吸收南非（South Africa）为金砖国家成员国，金砖国家由此扩为 5 个国家，英文名称变为 BRICS。乌克兰危机爆发后，在国际局势发生重大变化形势下，许多发展中国家表达了想加入金砖国家的强烈愿望，金砖机制将迎来大幅扩员、迅速发展的新形势。5 个国家加入金砖机制只是这个过程的开始，不久的将来，金砖国家必将继续扩员发展，成为一个影响历史进程的由发展中国家组成的全球性组织。

虽然金砖机制的形成发展是一个由被动到自觉再到自主的过程，但其中蕴含着深刻的历史逻辑和时代背景。金砖扩员及其迅速发展是历史演进的自然逻辑，但近年来国际格局和局势的剧烈变化则是这一结果的推动力和加速器。乌克兰危机爆发后美西方对俄罗斯采取的极端措施，起到了推动金砖机制加速扩员的重大作用。美西方国家不仅对俄罗斯发动了政治外交战，在国际多边平台将俄罗斯踢出多个组织、机制，在联合国等场所打击、孤立俄罗斯，而且在经济金融领域对俄罗斯采取了极限制裁。制裁范围包括禁止和限制俄罗斯能源、资源出口，将俄罗斯相关银行踢出国际结算系统，没收和冻结俄罗斯海外资金、资产等。美西方将国际公共产品武器化、工具化的极端做法，连同历史上的相似遭遇，极大激励了发展中国家自立自强，建立并依靠自己的组织机制以应对西方控制国际秩序特别是经济金融秩序对发展中国家施以极限打击，成为当前国际形势下广大发展中国家的选择。

（二）12 年来首次扩员，金砖合作迎来新起点

当前，世界之变、时代之变、历史之变正以前所未有的方式展开，人类社会走到了关键当口。在单边主义和保护主义抬头、冷战和零和博弈思维上升、霸权主义和强权政治威胁世界和平稳定的背景下，国际社会更需要坚持开放合作、维护和平稳定、促进发展繁荣、增进交流互鉴的积极力量。这次历史性扩员符合国际社会期待，符合新兴市场国家和发展中国家的共同利益。

近年来，"全球南方"在国际政治上积极发声。面对乌克兰危机，许多

"全球南方"国家敢于伸张正义，表达与西方国家不同的政治主张和诉求，展现了越来越强的政治自主性。在此背景下，中方提出"启动金砖扩员进程"的倡议。2022 年金砖国家北京峰会发表的《北京宣言》明确指出，支持通过讨论推进金砖国家扩员进程，这为金砖机制的发展壮大注入新活力。

在此次金砖扩员官宣前，已有 40 多个国家希望加入金砖国家合作机制，其中 23 个国家已正式提出了加入申请，彰显了金砖国家的吸引力和感召力。

本次加入金砖的 5 名新成员凸显了当前世界格局中新兴市场和发展中国家的崛起，具体体现在：一是这 5 个国家都是当今世界最具代表性的新兴市场和发展中国家；二是他们在经济实力、地区和国际事务上的影响力、人口规模和领土面积方面均有一定优势，综合实力较强；三是这 5 个国家加入后，能够更加有效提升金砖国家的全球和地区代表性，进一步提升和补充了金砖国家在中东、北非、非洲大陆，最南部的美洲等地区的代表性，这些也都是新兴市场和发展中国家比较密集、分布较广的地区；四是近年来，新加入的 5 个国家坚持多边主义，在全球捍卫联合国的中心地位，认同金砖国家"坚持真正的多边主义，采取平等和协商一致的原则进行决策"的原则。

随着沙特、埃及、阿联酋、伊朗、埃塞俄比亚五国的加入，金砖大家庭亚洲成员增加 3 个、非洲成员增加 2 个，在全球的代表性进一步增强。

（三）金砖扩员，开启"全球南方"联合自强的新纪元

在本次约翰内斯堡峰会上，习近平主席强调金砖国家要深化经贸、财金合作，助力经济发展；拓展政治安全合作，维护和平安宁；加强人文交流，促进文明互鉴；坚持公平正义，完善全球治理。这四点主张有助于金砖国家加强合作，推进高质量伙伴关系，推动全球治理变革朝着更加公正合理的方向发展。

当前，世界进入新的动荡变革期，不确定、不稳定、难预料因素增多。作为新兴市场代表，金砖国家打造"高质量伙伴关系"，意味着我国与其他金砖国家之间的合作是高质量的，既能应对当下全球经济复苏动能减弱等挑战，又能契合时代与科技发展潮流、占据发展的主动。怎么做到这一点？中方给出了具体方案。

如今，数字经济、绿色发展成为全球经济增长的新动能。中国社会科学院金融研究所等单位在 2023 年 5 月联合发布的《全球数字经济发展指数报告》显示，这一指数的平均分从 2013 年的 45.33 上升至 2021 年的 57.01，增长幅度达26%。本次峰会上，中方强调聚焦务实合作，特别是数字经济、绿色发展、供应链等领域，促进经贸和财金领域往来与交流，为金砖经济合作指明方向。

中方还提出，将设立"中国—金砖国家新时代科创孵化园"、探索建立"金砖国家全球遥感卫星数据与应用合作平台"等举措，着眼于以科技创新促进金砖合作，推动金砖高质量实现共同发展。

政治安全合作是另一个重要方面。安全是发展的前提，但是现在，冷战思维阴魂不散，地缘政治形势严峻，美西方一些国家"拉帮结派"挑动对抗，让人们产生严重不安全感。"在涉及彼此核心利益问题上相互支持""就重大国际和地区问题加强协调""给热点问题降温去火"，以上关于中方拓展金砖政治安全合作的主张，反映了世界上爱好和平的人们的共同心声，有利于金砖坚持和平发展的大方向，为维护世界和平贡献自己的力量。

与此同时，金砖的高质量合作还体现在提升发展中国家话语权上。"要充分发挥新开发银行的作用，推动国际金融货币体系改革，提升发展中国家的代表性和发言权。"这是中方的一贯立场。截至目前，新开发银行贷款额达到350亿美元，批准了成员国近百个项目，在西方主导的世界金融体系之外提供了新选择。未来，更好发挥新开发银行作用，对于促进更加平衡和包容的国际金融新秩序、践行真正的多边主义具有战略意义。欧洲"现代外交"网站发表文章指出，金砖国家的崛起代表着一种新的世界秩序，在金砖国家引领下，"全球南方"正加速崛起。

七、上合组织元首理事会，壮大维护和平稳定进步力量

10年前，面对世界之变、时代之变、历史之变，习近平主席提出，人类生活在同一个地球村，逐渐成为你中有我、我中有你的命运共同体。10年来，人类命运共同体理念得到国际社会的广泛认同和支持，正在从理念转化为行动、从愿景转变为现实。在这个过程中，上海合作组织（以下简称上合组织）走在时代前列，秉持人类命运共同体理念，弘扬"上海精神"，构建上海合作组织命运共同体。

当今世界正经历前所未有的转型变革，进入技术大发展的新时期，需提升全球体系有效性。世界多极化趋势加强，各国相互依存日益加深，数字化进程加速。与此同时，各类挑战和威胁更加复杂危险，且更具破坏性，现有

冲突加剧，新的冲突层出不穷。全球技术和数字鸿沟日益扩大，金融市场持续动荡，投资萎缩，供应链不稳定，保护主义抬头以及其他国际贸易壁垒增多，全球气候变化和新冠疫情加剧了世界经济的不稳定性和不确定性，对经济增长、社会福祉、保障粮食和能源安全以及联合国2030年可持续发展议程的落实构成新的挑战。为此，需要采取新的综合举措，促进更加公正有效的国际合作。

（一）坚定"上海精神"，上合组织发展取得瞩目成就

"上海精神"是上合组织发展壮大的生命力之所在，蕴含着人类和平共处、共同繁荣的合作密码。互信、互利、平等、协商、尊重多样文明、谋求共同发展的"上海精神"，体现了不同国家交往、不同文明相处的正确之道，彰显了相互尊重、公平正义、合作共赢的新型国际关系。一是致力于建立安全稳定的发展环境。上合组织从成立之初，就致力于维护和加强地区和平、安全和稳定。近年来，上合组织在共同打击"三股势力"、毒品走私、网络和跨国有组织犯罪以及有效应对数据安全、生物安全、外空安全等领域开展高效合作，对维护地区和平稳定发挥了不可替代的作用。二是致力于建立务实合作的发展基础。上合组织坚持共商共建共享原则，强化发展战略对接，积极推动成员国在贸易、交通、能源、科技等领域合作，坚持走互利共赢、共同繁荣之路。随着共建"一带一路"倡议同各国发展战略和地区合作倡议对接，新的合作增长点不断涌现，共同发展的新引擎更加强劲。三是致力于建设文明互鉴的人文基础。得益于文明互鉴和民心相通，上合组织超越意识形态、社会制度、发展道路差异，树立了新型国际关系典范。在上合组织框架内，各成员国以实际行动推动一系列人文交流活动，搭建起各国人民心灵相通的桥梁。

上合组织成立20余年成绩斐然，各国睦邻互信和团结协作达到了新的高度。

一是实现安全共建与共享。成员国签署《上海合作组织反极端主义公约》等法律文件，不断加强地区反恐怖机构及主管部门各层级会议等机制建设。夯实多边务实安全合作法律基础，推动解决边界划分及边境安全等重大问题。确立了安全合作的基本形式，不断探索和完善包括联合反恐军演、情报交流、军事援助、安保合作、防灾减灾和应对突发事件、保障信息安全等方面的合作。搭建起安全合作的基本框架，安全合作的领域主要是反恐合作、执法合

作、防务合作；安全合作机制建设不断完善，建立各层级会议会晤机制。

二是实现经济互惠与互利。经济合作空间延伸覆盖东北亚、东南亚、中亚、南亚、西亚地区，惠及世界约 44% 的人口，构筑起公正、平等、安全、可持续的区域经济发展新平台。2020 年成员国经济总量和对外贸易总额较上合组织成立之初分别增长 11 倍和 8 倍。中国同成员国贸易额持续攀升，2020 年与其他成员国贸易额达 2450 亿美元，比上合组织成立之初增长约 20 倍。上合组织内部多边贸易规则逐渐完善，相继建立运行了上合组织银联体、上合组织经贸部长会议、欧亚经济论坛、上合组织经济论坛、上合组织国际投资贸易博览会等多边贸易与金融机制和服务平台。乘着"一带一路"合作的"东风"，上合组织国家合作更加紧密，地区高质量互联互通格局初现轮廓。

三是实现人文密切交流。各方携手打造上合组织大学、文化节、马拉松赛、青年交流营等一批有影响、有温度、有内涵的品牌项目，取得良好效果。目前参与上合组织大学的成员国项目院校已超过 70 余所，对于促进成员国间人才培养、学术交流和科研合作正在发挥着积极作用。中国自 2015 年起共向其他成员国提供 5000 名人力资源培训名额，邀请数千名中小学生和青年代表来华参加夏令营、青年交流营活动，有力增进了各国青年以及社会各界人士的友好情谊，为组织发展壮大奠定了坚实的民意基础。

（二）全球局势的变化，上合组织发展面临巨大挑战

全球安全局势的巨大改变，各地区频繁爆发战争，上合组织各成员国也面临巨大安全危机。2022 年 2 月爆发俄乌冲突，不仅使百年未有之大变局演变加速，世界进入新的动荡变革期，而且给欧亚大陆地缘政治格局造成巨大冲击，使位居欧亚大陆的上合组织成员国面临的挑战和处境更加艰难和严峻。在新冠疫情和俄乌冲突叠加影响下，国际能源和粮食危机持续蔓延加剧，使原本下行压力就很大的世界经济显得更加低迷和不景气，这对上合组织成员国的民生与发展问题同样产生了巨大压力、消极后果与不利影响。美国大幅调整对中亚战略，将过去遏俄为主战略变为对中俄双重遏制，甚至以制华为主，并将以往以政治安全渗透为主改为政经并重，竭力分化拉拢上合成员国，大大恶化了上合组织发展的外部环境，使上合组织面临巨大的地缘政治压力。

要更大效率发挥上合组织的重要作用，需先解决组织内部存在的弊端。一是公平和效率难以兼顾，"协商一致""不干涉内政"是上合组织决策的基本原则，客观上会对上合组织合作效率形成明显制约，内部差异性越大，对

效率的制约性也越大，对重大突发事件的反应能力有待提升。二是大国目标错位。作为上合组织"双引擎"，中俄在上合组织发展方向、目标等重大问题上尚未达成高度一致，大国目标错位无疑使上合组织的有效合力存在一定的损耗。

（三）秉承发展之精神，做好应对未来之变化

1. 沉着应对外部影响

上合组织需要在欧亚大陆的地缘区域内沉着应对，积极处理美国外在因素的干扰。美国将在新中亚战略框架内加大与各国的接触力度。无论美国在阿富汗的参与程度如何，中亚都是一个对美国国家安全利益至关重要的地缘战略地区。

2. 加强内部机制建设

一是需要积极处理上合组织同其他国际组织有交叉和重叠的问题，上合组织成员国俄罗斯、哈萨克斯坦、吉尔吉斯斯坦、塔吉克斯坦都是独联体成员国，而且都是集体安全条约组织成员国，集体安全条约组织也是协同反恐、经济合作的目标，组织机构的交叉和重叠给上合组织的运行带来一定困难。二是建立上合组织协议执行情况的监督机制，要制定更多刚性制度文件，明确成员国责任和义务，建立监督落实工作机制以及冲突解决、惩戒、退出等机制，力争对成员国形成一定约束力，提高依法行事能力，努力将上合组织从会议机制转化成真正的合作机制。

3. 大力发展经贸合作

上合组织高举区域合作的大旗，催生了强大的凝聚力，激发了积极的合作意愿，为促进地区稳定和繁荣作出重要贡献。上合组织助力"一带一路"与欧亚经济联盟对接，也需要以强大的经济关系为基础。为了明确合作的长远目标和前景，需要在该组织框架内细化长期合作纲要，从而实现其长期稳定的发展。

4. 坚持和平发展理念

在构建更加紧密的上合组织命运共同体理念的指引下，上合组织成员国有效应对全球挑战、化解安全风险、共享发展机遇，在金砖国家、联合国、"一带一路"等多边框架下强化协调合作，共同推动全球发展倡议、全球安全倡议和全球文明倡议"三大倡议"落实，为困境中的全球治理提供"上合方

案"。坚持多边主义及和平发展理念，成为促进世界和平与发展、维护国际公平正义的中坚力量，在全球治理体系变革中发挥更大作用。

5. 推进各领域深度合作

上合组织立足于欧亚地区，积极推动成员国在政治、安全、经济、人文、对外关系等领域的深度合作，尤其是各领域的务实合作，为促进地区安全稳定和发展繁荣发挥建设性作用，构建卫生健康、安全、发展、人文"四个共同体"。

八、RCEP 生效实施两周年，释放巨大政策红利

2024 年 1 月 1 日，RCEP 迎来生效实施两周年。作为亚太区域经济一体化建设的里程碑式成果，RCEP 是区域国家共享发展机遇的生动范例。

RCEP 成员国包括东盟 10 国与中国、日本、韩国、澳大利亚、新西兰。自 2022 年 1 月 1 日起正式生效实施，到 2023 年 6 月 2 日对东盟 10 国和中国、日本、韩国、澳大利亚、新西兰共 15 个签署国全面生效。RCEP 催生了全球人口最多、经贸规模最大、最具发展潜力的自由贸易区，在推动形成更加繁荣的区域一体化大市场方面发挥着越来越重要的作用。

（一）生效实施满两年，持续释放政策红利

RCEP 涵盖贸易和投资自由化、便利化的方方面面，关键内容是减免关税——区域内 90% 以上的货物贸易将逐步实现零关税。原产地累积规则是 RCEP 的一大亮点，根据相关规则，在确定产品原产地资格时，可将各 RCEP 成员国原材料累积计算，来满足最终出口产品的原产地标准，明显降低了关税享惠门槛。区域内国家间关税大幅降低，受益的不仅是货物贸易，还促进了服务贸易和投资的增长，为成员国民众更好享受其他国家旅游、教育、医疗、文化等方面的服务带来更多便利和实惠。

两年来，区域贸易成本大幅降低，产业链供应链联系更加紧密，受益民众范围不断扩大。RCEP 持续推动区域经贸合作向纵深发展，为地区经济一体化和发展繁荣注入强劲动力。

一是货物贸易越发畅旺。受益于关税减免、区域原产地累积规则及易腐货物 6 小时通关等贸易便利化规定，RCEP 成员国优质产品不断拓展中国市场。据中国海关统计，2023 年，中国与 RCEP 其他成员国进出口总额达

12.6万亿元，占中国外贸总额的30.2%，较协定生效前的2021年增长5.3%。其中，农产品贸易表现亮眼，2023年前11个月，中国自泰国、越南等成员国进口鲜榴莲总额达466.1亿元，是协定生效前2021年的1.7倍。

二是投资环境持续改善。RCEP的实施有助于降低关税、开放市场、减少标准壁垒，构建稳定、透明、可预期的政策环境，大多数成员国利用外资呈积极上升态势。2022年，中国实际利用RCEP其他成员国投资235.3亿美元，增长23.1%；东盟外资流入量占全球的17.3%，增长6.3%。截至2023年7月，中国同东盟国家累计双向投资额超过3800亿美元，在东盟设立直接投资企业超6500家。

三是产供链日益融合。RCEP区域原产地累积规则的实施，有助于促进汽车、石化、电子等产业聚集，构建优势互补、包容发展的产业链分工体系，提高区域产业链、供应链的稳定性与韧性。2023年前11个月，中国对RCEP成员国的中间品出口，比2021年同期增长17.4%，成为区域内最大的中间品贸易国；中国电动汽车、锂电池、太阳能电池等产品对RCEP区域的出口总额比2021年同期增长113.6%。

四是互联互通不断提高。为高标准落实RCEP贸易便利化措施，中国等成员国大力推广原产地证书全流程数字化服务，开拓和增加面向RCEP成员国方向的外贸班轮、空运航线、铁路货运班列和站点，不断提升物流综合服务水平和通关运输效率。2023年中老铁路进出口货运量同比增长94.91%；印尼雅万高铁运营3个月累计客量超过100万人次。

五是电子商务合作加深。RCEP电子商务章是首次在亚太区域内达成的范围全面、水平较高的诸边电子商务规则成果，就促进无纸化贸易、推广电子认证和电子签名、保护在线消费者权益、跨境信息传输等达成重要共识，有助于增强各成员电子商务领域的政策互信、规制互认和企业互通。两年来，RCEP成员国积极拓展电子商务领域合作，2023年中国—东盟领导人会议通过了关于加强电子商务合作的倡议。

六是中小企业蓬勃发展。RCEP设置中小企业和经济技术合作两章，推动各国加强对中小企业和经济技术合作的支持和投入，使中小企业、发展中经济体共享成果。两年来，中小企业抓住RCEP制度红利和区域市场空间进一步打开的风口，扩大优势产品出口和优质商品进口，拓展中间产品生产规模，推动设计研发、信息、物流、电子商务、贸易融资等服务业发展，迎来更广阔的发展空间。

（二）成员国高度评价，中国是获益者更是贡献者

RCEP 实施两年来，中国率先完成协定核准，率先提交核准书，高质量实施 RCEP 相关规则，全面落实市场开放承诺和协定义务，持续推动关税减免。中国作为成员国中最大的经济体，既从 RCEP 生效实施中获益，也是 RCEP 合作的重要贡献者，对促进区域贸易投资和经济增长发挥了积极作用。两年来，在各成员国的通力合作下，区域贸易成本大幅降低，产业链供应链联系更加紧密，各成员间的贸易往来更加密切。RCEP 这一全球最大自贸区持续为区域经济合作注入动力，也为推动世界经济实现恢复性增长贡献了力量。

2023 年 9 月发布的《RCEP 区域合作成效与发展前景报告 2023》评估指出，RCEP 实施以来，成员国之间的产业链供应链合作关系显示出较强的韧性，促进区域经贸合作和经济增长红利初步释放，不仅 RCEP 成员国受益明显，也产生了积极的外溢和示范效应，成为多重危机之下带动全球贸易投资增长的有利因素。面对复杂严峻的国际形势，中国与 RCEP 成员国的货物贸易稳中有进、投资合作表现突出，对稳外资稳外贸、稳链固链发挥了积极的促进作用。泰国《世界日报》报道，2022 年泰国与 RCEP 其他成员国的贸易额达 3272.8 亿美元，占泰国对外贸易总额的 55.45%。柬埔寨发布的数据也显示，2023 年 1 月至 11 月，柬埔寨与其他 RCEP 成员国的贸易额超过 265 亿美元，占该国贸易总额的 61%；柬埔寨向其他 RCEP 成员国出口货物价值同比增长了 27.29%。

在贸易方面，RCEP 取消了 90% 的货物贸易关税，简化了许多海关程序，引入了更多贸易友好措施。两年来，从促进货物贸易发展、确保优惠原产地累积规则发挥实效，到高标准实施海关程序和贸易便利化规则、提高服务贸易对外开放水平等，中国同有关各方一道全面高质量实施 RCEP，助推地区经济逆风前行，让这一全球最大自贸区释放更多红利。

在全球产业链供应链方面，基于中国在全球价值链中的重要地位，中国落实 RCEP 有助于提升区域和全球价值链的韧性，深化地区和全球产业链价值链之间的联系，助力区域经济稳健前行。

在全球发展充满不确定性的背景下，RCEP 对于增强各国对多边贸易体系的信心、促进经济复苏、实现互利共赢具有重要意义。随着 RCEP 的全面生效实施，东盟与中国的联系更加紧密，合作范围不断扩大。RCEP 为成员国开放和扩大市场提供了良好机会，有力地促进了成员国之间的经贸合作。

(三) 前景广阔，多举措推动高质量实施

当前，面对日益严峻的国际及地区政经形势，特别是在贸易成本不断上升、产业链供应链稳定畅通面临挑战的背景下，RCEP成员国强化互利合作的必要性和紧迫性愈加凸显。

2024年，RCEP迈入生效实施的第三个年头。RCEP生效实施已经释放初步红利，但仍有巨大的潜在红利亟须释放，RCEP存在进一步升级完善的空间。那么，如何进一步做好高质量实施RCEP工作，让RCEP更快、更好、更全面地惠及各方？

一是加快升级RCEP规则。对此，中国与东盟在推动RCEP全面实施与不断升级中可以发挥更多重要作用：一方面，在RCEP重点领域、关键环节尽快实现有效突破。比如，扩大RCEP覆盖范围，拓展RCEP"零关税"商品覆盖度，提升投资开放度；推动中小企业更有效地融入RCEP供应链产业链，加强相关成员在半导体、生物科学、量子计算、人工智能等领域的核心产业合作。另一方面，推动RCEP规则升级。比如，启动RCEP原产地规则后续协商；提升服务贸易开放度，逐步建设RCEP区域一体化服务大市场。此外，还可支持智库"走出去"，促进RCEP各成员国之间的交流。

二是促进中国与其他RCEP成员国经贸合作的高质量发展。进一步利用好RCEP的贸易投资自由化、便利化以及原产地规则，积极拓展与RCEP成员国之间的中间品贸易，深化投资合作，共同打造互利共赢的产业链供应链合作网络。同时，进一步挖掘与RCEP成员国的服务贸易、电子商务以及数字贸易、绿色贸易等领域的合作潜力，打造新的合作增长点。

三是协同打造高效能的RCEP公共服务体系。首先是发挥好中国自由贸易区服务网、各类RCEP实施与服务机构等平台作用，特别是为民营、小微企业提供充分的信息和咨询服务，加强公益培训与产业对接，引导企业充分利用好RCEP政策。其次是创新建设高水平的RCEP合作平台载体。探索建立RCEP示范区等平台载体，对标RCEP、CPTPP等规则标准加大改革力度，优化政策制度设计，发挥RCEP与其他经贸政策的集成与协同效应，促进RCEP优质合作项目落地和RCEP跨境优势产业集聚发展，为高质量实施RCEP发挥示范引领作用。

下一步，RCEP提质升级可从三个方面着手：一是扩围，即在成员和规则层面进一步扩大范围，适当考虑纳入新成员、增加新规则，同时在应对气候

变化、推进数字经济、加强人工智能监管等领域寻找新的合作空间；二是提质，根据实际情况对现有的制度条款进行动态调整和完善，提升机制质量；三是增效，包括进一步增加成员国之间的政治互信与人文交流、加大向区域内重点企业推介 RCEP 政策红利的力度、不断推进各个层面的机制性安排等，以此提升 RCEP 带来的效益。

作为 RCEP 中最大的经济体，中国始终秉持开放发展理念，推动高质量实施 RCEP，希望让这一全球最大自贸区不断释放红利，实现成员国的共同发展繁荣。

九、促成沙伊复交、推动巴以停火，中国勇担大国责任

2023 年，世界依然不太平。地缘冲突威胁世界和平稳定，全球经济复苏动力不足，现行全球治理体系持续面临变革挑战。沧海横流方显英雄本色，风高浪急更见砥柱中流。2023 年的中国外交领风踏浪，阔步前行，写下了中国与世界相互交融、相互成就的崭新篇章，彰显了中国为不确定之世界带来稳定性和正能量的努力与担当，为全球发展事业注入动力，为改善全球治理、应对全球性风险挑战贡献力量，在构建人类命运共同体的伟大征程上留下浓墨重彩的印记。

（一）为破解国际安全困境贡献中国智慧

2023 年 3 月 10 日北京之夜，一则重磅消息震惊了世界：沙特和伊朗北京对话取得重大成果，双方同意恢复外交关系。3 月，沙伊在中国支持下达成《北京协议》，三方发表联合声明。4 月，在中方见证下，沙伊双方在北京签署联合声明，宣布即日起恢复已中断 7 年之久的外交关系。为什么在北京，为什么是中国？各国观察家不约而同提到当今世界"最重要又最稀缺的资源"——信任。是中国领导人在 7 年前沙伊突然断交之时毅然应约访问两国的魄力，是在一次次交往中同沙伊领导人结下的友谊；是中国与中东国家共建"一带一路"的互惠互利，是在中东热点问题上始终坚守的公平正义，是鼓励中东国家团结自强、倡导不同文明包容互鉴的大国胸襟。点点滴滴，累积了中国在中东的口碑；久久为功，成就了沙伊复交这一大事件。这场举世瞩目的斡旋外交，是中国特色大国外交前进路上的一座里程碑，见证了它在元首外交引领下的探索与发展，也昭示着它的蓬勃活力与无限潜力。

两个中东大国在中国斡旋下握手言和，为动荡不安的世界带来重大利好。沙伊关系迅速回暖，带动中东地区多个国家走向和解，卡塔尔与其他海湾阿拉伯国家关系走向正常化，叙利亚重返阿拉伯国家联盟，长期因外部干涉而陷入动荡的中东地区掀起"和解潮"，求和平、谋发展、反干涉成为地区国家人心所向、大势所趋。"中国成功斡旋沙伊复交开启中东和解新时代。"卡塔尔哈马德·本·哈利法大学副教授史蒂文·赖特这样评价。

2023年的世界，多重矛盾凸显，地区冲突不断，维护和平稳定成为当务之急。中国是全球安全倡议的提出者，更是坚定践行者。中国不断为维护世界和平而呼喊，为实现共同安全而努力。

继2022年提出全球安全倡议后，2023年2月中国发布《全球安全倡议概念文件》，阐释倡议核心理念原则，明确倡议重点合作方向，就倡议合作平台和机制提出建议设想，展现中国维护世界和平的责任担当和守护全球安全的坚定决心。

围绕最新一轮巴以冲突，中国努力推动停火止战。习近平主席出席金砖国家领导人巴以问题特别视频峰会，向联合国"声援巴勒斯坦人民国际日"纪念大会致贺电，阐述中方在巴以问题上的立场；中国外交部发布《中国关于解决巴以冲突的立场文件》；外交部部长王毅同20多个国家和国际组织政要和负责人深入沟通；中国政府中东问题特使访问中东五国并出席开罗和平峰会，开展穿梭外交；中方还向加沙地带提供紧急人道主义援助。作为联合国安理会11月轮值主席，中方主持召开安理会巴以问题高级别会议，并与其他相关方共同努力，推动安理会11月通过冲突爆发以来的首份决议，展现国际社会促和共识。沙特国际问题专家艾哈迈德·易卜拉欣说："中国在巴以问题上站在和平一边，站在公道一边，站在国际法一边。"

2023年2月，乌克兰危机升级一周年之际，中方发布《关于政治解决乌克兰危机的中国立场》文件，既明确解决危机的重大原则，也提出走出危机的清晰路径，得到国际社会的广泛认同。中国政府派出欧亚事务特别代表与各方广泛接触和交流，5月访问俄乌等五国，8月赴沙特吉达出席乌克兰问题国际会议，努力推动危机政治解决。约旦国际问题分析人士赛义卜·拉瓦什德评价，中国积极倡导停火和谈、主张对话谈判，为践行全球安全倡议付出不懈努力。

在阿富汗问题上，中国发布《关于阿富汗问题的中国立场》文件，明确表示中方坚持"三个尊重""三个从不"，就稳定局势、和平重建、反恐禁毒、国际协调、缓解人道危机等提出可行办法。

"天下兼相爱则治，交相恶则乱。"中国积极践行共同、综合、合作、可持续的安全观，坚守公平正义，为动荡世界注入更多稳定性，赢得国际社会广泛认同和支持。美国欧亚评论网站刊文指出，人们正在见证21世纪地缘政治格局的重大转变，中国已成为维护全球平衡与稳定的重要因素。"亚太、非洲和拉美国家都看到了这一点。""中国一直是世界和平发展的坚定支持者、推动者和维护者，是国际社会维护与保障和平的坚定力量，其为世界与地区和平作出的贡献有目共睹。"印度尼西亚智库亚洲创新研究中心主席班邦·苏尔约诺说。

（二）推动构建和平共处、均衡发展的大国关系格局

世界进入新的动荡变革期，大国关系正在发生深刻变化。2023年，中国始终保持战略定力，全面运筹同各方关系，推动构建和平共处、总体稳定、均衡发展的大国关系格局。

2023年3月20日，国家主席习近平乘专机抵达莫斯科。这是习近平主席再次当选国家主席后的首次出访。作为最大邻国和全面战略协作伙伴，中俄关系在各自外交全局和对外政策中都占据优先地位。当前国际形势下，中俄关系如何发展关乎全球战略稳定与安全，关乎未来世界格局演变。两国元首共同签署《中俄关于深化新时代全面战略协作伙伴关系的联合声明》和《关于2030年前中俄经济合作重点方向发展规划的联合声明》。双方重申在涉及彼此核心利益问题上继续相互支持，共同抵御外部势力干涉内政图谋。中俄双方共同努力，不断丰富中俄新时代全面战略协作伙伴关系内涵，必将为两国发展振兴注入更强动力，为推动构建人类命运共同体作出更大贡献。

2023年11月15日，中美元首在旧金山会晤，双方同意继续保持经常性联系，同时两国外交安全团队持续开展战略沟通，跟进讨论的重大问题，落实达成的共识。随后，中美军方高层时隔一年多首次通话。在历史关头，中美元首旧金山会晤取得重要成果，为实现中美关系健康、稳定、可持续发展指明了方向，规划了蓝图，为动荡变革的世界注入确定性、提升稳定性。

中欧关系关乎亚欧大陆繁荣和世界格局稳定。2023年，中欧关系呈现全面复苏和稳中向上的良好态势，再度表明中欧是伙伴不是对手，双方共同利

益远大于分歧。中欧经济具有高度互补性，双方以更深入、更广泛合作拉紧中欧利益共同体的纽带，将为双方发展增添动力，有助于双方更好应对各自发展面临的挑战。

促进大国协调和良性互动，中国意志坚定、步履从容。世界看到中国的清醒与定力、自信与智慧，也看到对历史、对人民、对世界负责的大国格局与担当。

（三）四场盛宴开门迎客，主场外交亮点纷呈

"长安复携手，再顾重千金。" 5月西安，高朋满座。首届中国—中亚峰会，中国与中亚五国达成7份双多边文件，签署100余份各领域合作协议，实现命运共同体在中亚五国的全覆盖。

"来成都，巴适得很！"盛夏蓉城，青春似火。五国政府首脑来华，来自113个国家和地区的6500名运动员相聚成都大运会，聚在一起、赛在一起、融在一起，共享中国式现代化的万千气象、成就构建人类命运共同体的梦想。

潮起亚细亚，欢歌钱塘江。亚奥理事会45个成员近1.2万名运动员共赴杭州亚运会，多国领导人来杭，叙友谊、谈形势、促团结、话合作。叙利亚总统时隔近20年再度访华，"沙漠玫瑰"总统夫人阿斯玛圈粉无数，仅8人的代表团收获全场欢呼。我们向这个面对苦难不凋、面对霸权不屈的国家表达敬意，向世界传递了中国人民对和平、友谊、合作的坚定信念。

忆往昔，古丝绸之路上，驼铃清脆，马蹄声声；看今朝，"带路"之间，班列飞驰，联通万里。第三届"一带一路"国际合作高峰论坛形成458项成果，成立7800亿元人民币的融资窗口，达成972亿美元的商业合作协议。"一带一路"倡议提出10年来，拉动近万亿美元的投资规模，为共建国创造42万个工作岗位，让近4000万人摆脱贫困，铺就共同发展的康庄大道。

（四）周边外交、"全球南方"合作成绩斐然

亚洲家园命运与共。"我们亚洲，树都根连根；我们亚洲，云也手握手。" 2023年周边外交成绩斐然。中越构建具有战略意义的命运共同体，中国同中南半岛国家实现双多边层面命运共同体建设的全覆盖，中国与新加坡关系提升为全方位、高质量的前瞻性伙伴关系，中国—东盟全面战略伙伴关系发展势头强劲，澜湄国家次区域合作渐成"金色样板"，各领域合作有力推进，不断涌现新气象、新活力、新生机。

"全球南方"共续新章。作为发展中国家、"全球南方"的一员，中国始

终同其他发展中国家"同呼吸、共命运"。金砖国家实现历史性扩员、上合组织再度扩员，为维护世界和平与发展注入更多确定性和正能量。中阿合作再上台阶，中国同约旦签署谅解备忘录，至此，中国同全部 22 个阿拉伯国家和阿盟签署了共建"一带一路"合作文件。中非合作硕果累累，中国发起"支持非洲工业化"倡议，实施"中国助力非洲农业现代化计划"和"中非人才培养合作计划"。中拉合作捷报频传，前三季度，中国对拉美进出口增长5.1%，2023 年中国与厄瓜多尔、尼加拉瓜签署自贸协定，同洪都拉斯启动并举行第二轮自贸协定谈判。中国的朋友圈越来越大，新朋友越来越多，老朋友越来越铁。

（五）为世界带来稳定性和正能量的努力与担当

2023 年是中国外交的开拓之年、收获之年。中国特色大国外交开创了新局面，战略自主性和主动性显著增强，中国已成为更具国际影响力、创新引领力、道义感召力的负责任大国。

中共中央政治局委员、外交部部长王毅 2014 年 1 月 9 日在北京出席 2023 年国际形势与中国外交研讨会时指出，2023 年中国外交呈现六大亮点：元首外交精彩纷呈，铸就中国特色大国外交新丰碑；人类命运共同体建设扎实推进，为构建人类美好未来注入新动力；"一带一路"国际合作高峰论坛成功举行，推动共建"一带一路"迈入高质量发展新阶段；金砖机制实现历史性扩员，凝聚了发展中国家团结合作的新力量；中国—中亚峰会成功举办，打造区域睦邻友好合作新平台；促成沙特和伊朗历史性和解，树立了政治解决热点问题新典范。他表示，"2024 年，我们将紧紧围绕推动构建人类命运共同体，全面服务中国式现代化，守正创新，胸怀大局，不断开创中国特色大国外交新局面。始终坚持自信自立、开放包容、公道正义、合作共赢，在以习近平同志为核心的党中央领导下，同各国一道，推动世界走向更加美好、光明的未来"。

放眼全球，国际地缘政治变化加剧，世界进入新的动荡变革期，但人类发展进步的大方向不会改变，世界历史曲折前进的大逻辑不会改变，国际社会命运与共的大趋势不会改变。新征程上，中国特色大国外交将进入一个可以更有作为的新阶段，必将在世界舞台上演奏出新的华彩乐章，为推动构建人类命运共同体作出新的更大贡献。

十、2024超级大选年，深刻影响全球安全发展格局

2024年国际政治舞台的大幕开启。据不完全统计，2024年全球将有78个国家和地区举行总计83场全民性参与的选举，涉及人口数量达42亿人，占全球人口的60%。其中，40个国家和地区将举行以领导人选举为代表的政府选举，或以议会、国会选举为代表的立法机构选举，占世界总人口的41%、GDP规模的42%。2024年或将成为历史上选举最多的一年，成为名副其实的"超级选举年"。

表1-1　2024年全球选举统计表

编号	日期	国家或地区	选举类型
1	1月7日	孟加拉国	第12届国民议会——现任总理哈西娜领导的执政党人民联盟获胜
2	1月9日	不丹	第4届国民议会（第二轮）——人民民主党（PDP）获胜
3	1月14日	科摩罗	总统——现任总统阿扎利实现第三次连任
4	1月28日	芬兰	总统（第一轮）
5	2月4日	萨尔瓦多	总统和国民议会——纳伊布·布克尔胜出连任第47届总统，其领导的新思想党代表的竞选联盟获得国民议会60个议席中的54席
6	2月7日	阿塞拜疆	总统——阿利耶夫实现第四次连任
7	2月8日	巴基斯坦	国民议会——任何政党或独立参选人集团均未单独获得过半数议席，同意组建联合政府
8	2月11日	芬兰	总统（第二轮）——民族联合党候选人亚历山大·斯图布胜出担任第13任总统
9	2月14日	印度尼西亚	大选，总统和议会——现任国防部长普拉博沃胜出担任第8任总统
10	2月25日	白俄罗斯	国民会议——总统办公厅主任谢尔盖延科等110人当选下院议员
11	2月26日	图瓦卢	议会——财政部长潘恩纽等16人当选议员
12	3月1日	伊朗	伊斯兰议会（第一轮）——245人当选议员，剩余议席得票数未达到法定要求，44个议席进入第二轮选举
13	3月3日	巴基斯坦	政府总理——前总理夏巴兹当选第23届巴基斯坦总理

续表

编号	日期	国家或地区	选举类型
14	3月9日	巴基斯坦	总统——人民党联合主席阿西夫·阿里·扎尔达里胜出担任第14任总统
15	3月10日	葡萄牙	议会——蒙特内格罗领导的民主联盟（AD）获胜
16	3月15—17日	俄罗斯	总统——现任总统普京胜出担任第8届总统
17	3月23日	斯洛伐克	总统（第一轮）
18	3月24日	塞内加尔	总统——反对派"迪奥马耶总统"联盟候选人巴西鲁·迪奥马耶·法耶获胜
19	4月6日	斯洛伐克	总统（第二轮）——国民议会会长彼得·佩列格里尼当选
20	4月10日	韩国	国会——最大在野党共同民主党获胜
21	4月17日	克罗地亚	议会——执政党克罗地亚民主共同体赢得议席最多，但未获得单独组建内阁所需的半数以上议席，因此将再次出现多党组成执政联盟的局面
22	4月19日—6月1日	印度	人民院
23	5月5日	巴拿马	总统和国民大会
24	5月8日	北马其顿	总统和议会
25	5月10日	伊朗	伊斯兰议会（第二轮）
26	5月12日	立陶宛	总统
27	5月12日	多米尼加	大选，总统和议会
28	5月29日	南非	总统
29	6月1日	冰岛	总统
30	6月2日	墨西哥	总统（将迎来首位女总统）
31	6月6—9日	欧盟	欧洲议会
32	6月9日	比利时	联邦议会
33	6月29日	毛里塔尼亚	总统
34	7月15日	卢旺达	大选，总统和众议院
35	7月28日	委内瑞拉	总统
36	9月17日—10月17日	斯里兰卡	总统
37	9月	日本	自民党党内选举
38	9月7日	阿尔及利亚	总统
39	10月9日	莫桑比克	总统

续表

编号	日期	国家或地区	选举类型
40	10月13日	立陶宛	议会
41	10月27日	乌拉圭	总统
42	10月	博茨瓦纳	国民议会
43	10月	格鲁吉亚	议会
44	11月5日	美国	大选，总统和国会
45	11月12日	帕劳	大选，总统和参众两院
46	11月30日	毛里求斯	国民议会
47	11月中下旬	罗马尼亚	总统
48	11月	纳米比亚	总统
49	11月	摩尔多瓦	总统
50	12月7日	加纳	大选，总统和议会
51	12月	克罗地亚	总统
52	12月	南苏丹	总统
53	下半年	英国	下议院
54	原定2月7日但未如期举行	海地	大选，总统和国民议会。4月12日成立过渡总统委员会

（数据来源：中国金融四十人论坛。）

"大选"被众多观察家称为"2024年全球最大的风险"。选举过后，一些国家和地区势必将面临发展道路的重新选择或调整。从这一角度来看，2024年是全球发展道路的大分化之年，世界发展正来到"Y"形路口：以中国为代表的部分国家正努力走"以义利促发展""合作共赢"的发展道路，努力为世界发展提供更多稳定习惯与确定性；有很多新兴市场国家和发展中国家正通过进一步扩大对外开放促进自身产业发展，加强国际合作。但仍有部分国家的一些政客为了一己私利，打算走过去"零和博弈""小院高墙"的老路，甚至还有一些试图走"损人害己""鱼死网破"的绝路。

多国民粹势力纷纷抬头，而极右翼势力在政坛的活跃必然会导致贸易活动、外资与移民政策的收紧，"全球化"的理念遭到进一步冲击。剑桥大学公共政策学教授科伊尔表示，这样的政策倾向会把全球环境带入一个"非常不同的世界"，甚至有可能形成恶性循环，进一步削弱世界经济的增长势头。高盛资产管理公司在2024年投资展望中强调，美国、英国、南非、印度等国

2024年举行的大选，很可能导致全球经济偏离当前走势。

美国《纽约时报》称，在大规模冲突与全球主要国家一系列关键选举相互交织的背景下，2024年世界将面临的似乎不是轻微"摇晃"，而是更多的动荡。汤森路透称，新的一年，国际形势很可能像过去几年一样充满变数，但基本可以肯定的是，世界将面临来自地缘政治和经济上的威胁。彭博社称，国际冲突、中美关系以及关键选举前的政治两极分化加剧等因素叠加起来，2024年很可能发生重大变故。英国《卫报》称，调查表明，对当今选举运作方式不满是西方国家民众的普遍情绪，在这些国家，人们普遍认为，当前的选举制度更倾向于富人等群体，而忽略了其他群体。

第二章 国内发展
把握中国式现代化开局机遇

一、高水平对外开放，开启中国式现代化新征程

党的二十大强调要"推进高水平对外开放"。习近平主席在第十四届全国人民代表大会第一次会议上的讲话中指出："中国的发展惠及世界，中国的发展离不开世界。我们要扎实推进高水平对外开放，既用好全球市场和资源发展自己，又推动世界共同发展。"党的二十大报告还指出，从现在起，中国共产党的中心任务就是团结带领全国各族人民全面建成社会主义现代化强国、实现第二个百年奋斗目标，以中国式现代化全面推进中华民族伟大复兴。要实现这一宏伟目标，必须继续走开放发展之路，不断提高对外开放水平。

自20世纪70年代末以来，中国开始实行对外开放政策，这一政策的实施有其深刻的背景和重大的意义。在当时的国际背景下，全球经济一体化趋势日益明显，各国之间的经济联系越来越紧密。因此，高质量的对外开放不仅有助于推动经济发展，还能促进文化交流和社会进步，从而推动中国社会的现代化，在国际合作与竞争中，不断完善社会制度，提高社会管理水平，为构建社会主义现代化国家提供有力保障。

（一）高水平对外开放承载着构建新发展格局的时代使命

党的十九届五中全会公报提出：实行高水平对外开放，开拓合作共赢新局面；坚持实施更大范围、更宽领域、更深层次对外开放，依托我国大市场优势，促进国际合作，实现互利共赢。高水平对外开放是实现高质量发展的重要推动力量。

在迈向全面建成社会主义现代化强国的新征程上，中国对外开放有了新的内涵。随着时代的步伐，我们见证了中国从封闭走向开放，再从开放迈向

更高水平的辉煌历程。当前,我国正处于构建新发展格局的关键时期,高水平对外开放肩负着推动经济高质量发展的重要使命。正如党的二十大报告指出的,要推进高水平对外开放,新时代中国的高水平对外开放,要更加突出自主性、安全性并坚持责任感。要推进高水平对外开放,稳步扩大规则、规制、管理、标准等制度型开放。相较于产品型开放或者要素型开放,制度型开放强调的是一个更深层次的开放,中国的制度开放要与国内国际双循环的新发展格局结合起来。

党的十九届六中全会对高水平对外开放也有其目标要求和改革方向:首先,致力于实现我国对外开放从商品和要素流动型开放向规则等制度型开放的转型,以加速构建与国际通行规则相衔接的制度体系和监管模式。其次,将参与发达经济体的市场竞争及引进高技术高质量的直接投资视为提升对外开放水平的关键方面。再次,推动"一带一路"共建高质量发展,实现高质量"请进来"和高水平"走出去"。最后,推动全球经济治理体系的完善,积极商谈并加入高水平自贸协定,以促进更加紧密稳定的全球经济体系的形成,从而与我国高质量发展形成正反馈效应。

在推动高水平对外开放的同时,也要探寻其深邃的内涵与要求。首先,对外开放的领域不应局限于传统的货物贸易,更应延伸至服务贸易、产业链上下游、沿海内地区域协同开放等多元领域。这需要凝聚各方力量,形成开放型经济的强大合力。其次,在开放型经济建设中,不仅要注重量的扩张,更要追求质的提升。加强统筹协调,提高政策整体效能;推进制度型开放,增强制度竞争力;优化区域开放布局,提升开放平台功能;健全外商投资促进体系,加大吸引外商投资力度;等等。通过这些措施,可以进一步提升开放的质量层次,为经济发展注入新的活力。最后,我国始终秉持共商共建共享的全球治理观,积极参与全球治理体系改革和建设。在开放型经济中,我们应更加注重与世界各国的合作与交流,共同应对全球性挑战。同时,我们要坚持真正的多边主义,推进高质量共建"一带一路",维护以联合国为核心的国际体系和以国际法为基础的国际秩序。通过加强国际合作,我们可以为构建人类命运共同体贡献更多的力量。

(二)迈向新时代的对外开放:探索高水平开放的深远意义

当今世界,全球信息互通,各国经济相通则共进、相闭则各退,开放的发展理念是新发展理念的重要内容,也揭示了世界经济发展的客观规律,指明了新时代我国扩大对外开放的方向，向世界表明了中国始终支持和融入经济全球化的坚定立场。在第三届"一带一路"国际合作高峰论坛开幕式上，习近平主席指出，通过共建"一带一路"，中国对外开放的大门越开越大，内陆地区从"后卫"变成"前锋"，沿海地区开放发展更上一层楼，中国市场同世界市场的联系更加紧密。

面对世界百年未有之大变局的加速演进，时代越是向前，高水平对外开放的重要性就越突出。过去40余年，中国经济发展是在开放条件下取得的，未来中国式现代化的高质量发展需要在更加开放的条件下进行。要胸怀"国之大者"，锚定目标任务，奋发有为推动高水平对外开放，为全面建设社会主义现代化国家、推动构建人类命运共同体作出更大贡献。可见，推进高水平对外开放是实现中国式现代化、建设开放型世界经济的必然要求。

党的二十大报告强调，在全面建设社会主义现代化国家的过程中，我们必须始终坚持"五项重大原则"，其中第四项为"坚持深化改革开放"。中国式现代化秉持和平发展路径，通过坚定奉行互利共赢的开放战略，以实现中国式现代化为目标。虽然部分国家也曾通过战争、殖民、掠夺等手段走向现代化，但其对外开放程度并不对等，未能实现真正意义上的互利共赢。与此同时，中国式现代化具有巨大的人口规模和全体人民共同富裕的特征，然而，仅依靠国内市场和资源难以支撑如此庞大的现代化进程，因此，必须充分利用国内外两个市场和两种资源，通过参与国际市场和国际资源，以解决供给侧资源短缺和需求端市场不足的问题。

推动高质量对外开放，是构建新发展格局的内在要求。新发展格局中"以国内大循环为主体"的论述，并非忽视国际循环，更非排斥参与国际循环。相反，这一格局的核心要义在于实现国内国际双循环的相互促进，构建以国内大循环为主体、国内国际双循环的正向反馈机制。若缺乏国际循环，国内大循环的顺畅运行将受到影响。一方面，高质量开放意味着更高程度地参与国际循环，有助于解决和突破国内大循环中的难题和障碍；另一方面，只有国内大循环更为顺畅，我国才有实力和自信推动高质量对外开放，进而更有信心地参与国际循环。因此，构建新发展格局的重要任务和必然要求便是推动高质量对外开放。

推动高层次的对外开放，是促进构建开放型世界经济的必然选择。自国际金融危机爆发以来，经济全球化进程中的阻碍日益增多，发展步伐明显减缓。一方面，逆全球化思潮涌现，保护主义倾向加剧。全球贸易预警数据显示,近年来,各国实施的贸易保护政策数量大幅增长,而推动贸易自由化政策的成效则远低于预期。另一方面,单边主义、构筑壁垒、"脱钩断链"等行为频繁出现。某些国家公然违反多边规则,试图通过单边制裁和极限施压迫使其他国家屈服,通过"脱钩断链"手段干扰全球产业链供应链的正常运作。此外,个别国家针对特定国家开展阵营化和排他性小圈子,企图人为破坏经济全球化进程。面对这些挑战,我国坚定把握经济全球化的正确方向,坚持真正的多边主义,维护多元稳定的国际经济格局和经贸关系,推动构建开放型世界经济。

(三) 高水平对外开放下,中国式现代化发展硕果累累

在世界紧密联系的新时代背景下,习近平主席深刻洞察全球形势之变,准确把握国内改革发展之需,统筹兼顾国内外两个大局,对开放型经济发展作出了重大战略部署;强调要持续推进商品和要素流动型开放,稳健拓展规则、规制、管理、标准等制度型开放;实施更为积极主动的开放政策,提出共建"一带一路"的宏大倡议,以推动构建人类命运共同体,从而构建更大范围、更宽领域、更深层次的对外开放格局。

中国已经开启全面建设社会主义现代化国家新征程。2023年3月,中国率先完成RCEP核准,推动全球最大自贸协定尽早生效;4月,增设服务业扩大开放综合试点,有序扩大服务业对外开放;2021年6月,《中华人民共和国海南自由贸易港法》实施,对接国际高水平经贸规则,为自贸港建设夯实法治之基;7月,出台重磅措施,支持浦东新区成为更高水平改革开放开路先锋。与此同时,赋予21个自贸试验区更大改革自主权,累计在国家层面推出278项制度创新成果。货物贸易进出口总额从1978年的206亿美元增长到2022年的超过6万亿美元;贸易伙伴从1978年的几十个国家和地区发展到目前的200多个,累计吸引外资已超2万亿美元。中国已成为货物贸易第一大国、第一大外汇储备国,吸引外资和对外投资居世界前列。

纵观2023年,中国对外开放还有以下新举措、新成就。

(1) 2023年11月,在习近平主席的亲自谋划、部署与推动下,第六届中国国际进口博览会成功举办。这一国际贸易发展史上的创新举措,已逐渐成为中国新发展格局的窗口、推动高水平开放的平台以及全球共享的国际公共产品。立足于中国高水平开放和高质量发展的坚实基础,进口博览会的国际采购、投资促进、人文交流和开放合作四大平台功能日益凸显。通过开放

来缓解发展困境、汇聚国际合作力量、激发创新活力以及谋求共享福祉，进而推动经济全球化进程不断向前，为各国注入发展动能，使发展成果更多、更公平地惠及全球人民。

（2）制造业领域外资准入限制措施全面取消。2023年，在第三届"一带一路"国际合作高峰论坛上，中国宣布将全面取消制造业领域外资准入限制措施。此前，制造业领域已有多项对外开放利好政策，在此基础上，2023年中国制造业领域外资准入限制从"不断放宽"迈向"全面取消"。

（3）更有序、更高标准推动服务业扩大开放。除了货物贸易，金融、文旅、医疗健康等服务业领域对外开放，也是积极扩大对外开放中的关键一环。2023年11月，国务院印发《支持北京深化建设国家服务业扩大开放综合示范区工作方案》，提出推进服务业重点领域深化改革扩大开放、探索新兴业态规则规范、优化贸易投资制度安排等举措。作为全国唯一的国家服务业扩大开放综合示范区，北京示范区持续推进创新探索服务业扩大开放，为全国服务业开放提供可借鉴样本作出积极贡献，更好地发挥试点示范对全国服务业开放的示范引领作用。

（4）共建"一带一路"成果丰硕，创造了一批批重大工程项目。2013年，中国提出共建"丝绸之路经济带"和"21世纪海上丝绸之路"的重大倡议。10年间，"一带一路"倡议成为最受欢迎的国际公共产品和最大规模的国际合作平台，共建"一带一路"合作取得了实打实、沉甸甸的成果。相关数据显示，中国企业在共建国家建设的境外经贸合作区已为当地创造42.1万个就业岗位。预计到2030年，共建"一带一路"可使相关国家760万人摆脱极端贫困、3200万人摆脱中度贫困，将使全球收入增加0.7%~2.9%。

（5）2023年11月11日，中国（新疆）自由贸易试验区喀什片区揭牌，并迎来首批35家企业入驻。中国第一个自贸试验区——中国（上海）自由贸易试验区迎来建设10周年。上海自贸试验区实现了一批全国首创项目落地，成为外资进入中国的标志性门户。10年间，上海自贸试验区累计新设企业8.4万户，新设外资项目超1.4万个，累计实到外资586亿美元，意味着平均每分钟有超1万美元实到外资"入账"。

（6）出口"新三样"快速增长。2023年前三季度，中国电动载人汽车、锂离子蓄电池、太阳能电池等产品合计出口同比增长41.7%，表现亮眼。目前，中国新能源汽车产销量已连续8年位居全球第一，全球市场份额超60%。1—9月，中国锂离子蓄电池累计出口额486.05亿美元，同比增长超30%。中国光伏组件产量连续16年位居全球首位，多晶硅、硅片、电池片、组件等产量产能的全球占比均超80%。

（7）随着数字技术与产业变革加快推进，中国游戏、网文等形态丰富的数字产品加速走向全球；数字化货币应用场景更加广泛；借助数字技术买卖商品越来越受全球消费者欢迎。2023年前8个月，中国可数字化交付的服务贸易规模达1.81万亿元人民币，同比增长10.4%。1—9月，跨境电商进出口额达到1.7万亿元人民币，同比增长14.4%，占同期货物贸易进出口比重的5.5%。中国跨境电商的贸易伙伴已覆盖全球，是全球跨境电商生态链最完善的国家之一。

（8）2023年，人民币的国际货币职能持续增强，在拓宽结算、交易、价值贮藏等方面的应用取得丰硕成果。中国人民银行公布的《2023年人民币国际化报告》显示，跨境人民币业务服务实体经济能力增强、人民币融资货币功能提升、离岸人民币市场交易更活跃。在债券投资、股票投资、合格境外机构投资者（QFII）、人民币合格境外机构投资者（RQFII）、跨境理财通等多个投资交易领域实现稳步提升。

（四）构建更高水平对外开放新格局的路径

开放是人类文明进步的重要动力，是世界繁荣发展的必由之路。更高水平的对外开放更是我国经济发展前进的不竭动力，我们要努力形成更大范围、更宽领域、更深层次的对外开放。

（1）加强可持续创新能力与人才培养，建设人才强国，推动创新成果"走出去"。吸引与留住人才对于创新发展具有推动作用，让人才资源与产业结构相匹配对新时代推进中国式现代化至关重要。人才强国建设，不仅有助于在不断推动技术、管理创新中实现中国式现代化，还有助于将成熟的技术推广至其他国家，成为改善当地经济社会发展水平的重要技术路径。中国援建中非共和国首座光伏电站——萨卡伊光伏电站，不仅缓解了当地的用电紧张、提供了约700人次的就业机会，还极大地改善了因为缺电导致的当地晚间治安状况不佳的情况，使地方社区治理水平得到了明显提升。

（2）借助开放理念，提升贸易品质与效益。通过自由贸易试验区，持续进行制度创新，解决高水平对外开放过程中所面临的现实问题。自党的十八大以来，我国陆续设立了21个自由贸易试验区，全国以及自贸区外商投资准入负面清单的限制措施大幅减少，自贸区制造业条目实现清零，金融业外资持股比例限制得以取消，不断实践并推进高水平对外开放。例如，深圳前海蛇口自贸区依托粤港澳大湾区的优势，预示着未来自贸区发展的新趋势。相较于其他自贸区，深圳前海蛇口自贸区更注重金融功能，《粤港澳大湾区发展规划纲要》与《全面深化前海深港现代服务业合作区改革开放方案》结合自贸区政策，在推进跨境贸易的过程中试行数字人民币跨境消费应用、利率及汇率市场化改革。深圳前海蛇口自贸区的成功，彰显了新时代以制度创新为核心，以局部试点方式推进自贸区政策的强大活力，亦成为促进"一国两制"实践的关键推动力。

（3）推动国际贸易与投资以实现普惠共赢发展理念，促使全球经济治理体系越发公正合理。习近平主席强调："携手合作方能为大事、好事、长久之事。发达国家应承担责任，发展中国家应加强合作，南北双方应共同努力，共建团结、平等、均衡、普惠的全球发展伙伴关系，确保无一国家、无一人掉队。"如今，随着我国消费市场规模的持续扩大，中国为信任我国经济的国家提供可持续发展的动力，肩负起消费市场和技术扩散中心的双重职责。一方面，为世界各国提供最为稳定可靠的消费市场，如韩国、印度尼西亚等与中国多次续签货币互换协议的国家，将中国视为第一大贸易伙伴和第一大出口市场；另一方面，为仍处于工业化进程中的经济体提供经济支持、技术援助和就业促进项目等，为加速全球工业化进程贡献中国力量。

（4）推进绿色发展与全球治理。绿色产业与技术的繁荣发展，为环境保护提供了有力支撑，成为推动可持续发展的重要力量。同时，全球治理体系的改革与建设，需要各国的积极参与和共同努力。通过国际合作，共同应对全球性挑战，推动世界的和平与发展。另外，各国在风能产业、化石能源的消耗、气候变化问题、保护生物多样性等方面加强合作，共同保护地球生态平衡，推动全球绿色发展。

时代越是进步发展，开放的重要性越突出，对外开放是中国现代化的必经之路。面向未来，在全球化背景下的新征程上，中国正以更加开放的胸怀拥抱世界；高水平对外开放，不仅是中国现代化进程的强大引擎，更是我们与世界深度互动、共谋发展的坚定信念。中国将持续敞开大门，吸纳与分享全球智慧，以开放促创新，在开放中进步，以更加积极的行动推进高水平对外开放，发展更高层次的开放型经济，为加快推进中国式现代化建设作出更大贡献，为世界经济注入强大力量。

二、坚持科技创新，加快形成新质生产力

创新是引领发展的第一动力，加快科技创新是推动高质量发展的必然要求。2023年9月，习近平主席在黑龙江考察时首次提出"新质生产力"，指出："整合科技创新资源，引领发展战略性新兴产业和未来产业，加快形成新质生产力。""积极培育新能源、新材料、先进制造、电子信息等战略性新兴产业，积极培育未来产业，加快形成新质生产力，增强发展新动能。"习近平主席的重要论述为新时代新征程加快科技创新、推动高质量发展提供了科学指引。

（一）新质生产力的定义与深刻内涵

新质生产力是一个内涵丰富、意蕴深厚的经济范畴，代表着一种生产力的跃迁，是科技创新在其中发挥主导作用的生产力，尤其是关键性颠覆性技术实现突破的生产力，具备高效能，体现高质量，区别于依靠大量资源投入、高度消耗资源能源的生产力发展方式，是摆脱了传统增长路径、符合高质量发展要求的生产力，是数字时代更具融合性、更体现新内涵的生产力。准确理解新质生产力的内涵特征，需要从"新"和"质"两个方面进行把握。

所谓"新"，是指新质生产力不同于一般意义上的传统生产力，是实现关键性颠覆性技术突破而产生的生产力，是以新技术、新经济、新业态为主要内涵的生产力。一方面，新质生产力的"新"锚定在关键性颠覆性技术的突破上。这种关键性颠覆性技术的突破需要放在国家重大战略需求中去理解。当前，我国在战略性新兴产业和未来产业等领域仍然存在技术创新短板，面临着西方发达国家在产业体系中重要产业的关键核心技术"卡脖子"难题，阻碍了现代化产业体系的构建和高质量发展。因此，新质生产力的"新"强调以关键性颠覆性技术突破抢占战略性新兴产业和未来产业的新赛道，进一步提升我国自主自强创新能力，从而打破西方国家的技术封锁。另一方面，新质生产力的"新"以新技术、新经济、新业态为主要内涵。其中，新技术在科学技术是第一生产力的基础上强调关键性颠覆性技术突破，超越了传统意义上的技术创新，代表着新质生产力的关键性技术维度；新经济强调通过科技创新与制度创新形成新的经济结构和经济形态，实现了技术到经济的衔接，代表着新质生产力的经济维度；新业态注重以数字科技推动传统产业的数字化升级和数字技术的产业化发展，完成了先进技术向高端产业的转化，

代表着新质生产力的产业维度。因此，新技术、新经济、新业态构成理解新质生产力的三重维度，为战略性新兴产业和未来产业的发展提供了坚实的着力点和新的增长点。在这种意义上，新质生产力体现了技术新突破、经济新发展、产业新升级的有机统一。

所谓"质"，是强调在坚持创新驱动本质的基础上，通过关键性技术和颠覆性技术的突破为生产力发展提供更强劲的创新驱动力。新质生产力的本质是创新驱动，而这种创新驱动的关键在于关键性技术和颠覆性技术的突破。这种关键性技术和颠覆性技术的突破将通过与劳动者、劳动资料和劳动对象的结合实现其生产中的应用，从而产生新的更为强劲的创新驱动力。无论是将科学技术视为第一生产力、先进生产力的集中体现和主要标志，还是提出新质生产力，其背后的本质都是坚持将科技进步引发的创新动能作为生产力发展的驱动力量，即把经济增长的动力由要素驱动、投资驱动锚定到创新驱动，将科技进步作为实现创新驱动的动力源，推动生产力发展水平的跃升。这种生产力的跃升是一个从量变到质变的过程。当关键性技术和颠覆性技术实现突破、发生质变时，必然引发生产力核心因素的变革，从而产生新质生产力。新质生产力是以科技创新为主导、实现关键性颠覆性技术突破而产生的生产力。因此，没有科技创新的关键性突破，就难以产生新质生产力。可见，先进科技是新质生产力生成的内在动力。在这个生成过程中，新质生产力依靠创新驱动的本质没有发生变化，变化的是关键性、颠覆性技术突破带来的驱动能力的提升。

（二）发展新质生产力的重要意义

近年来，我国经济发展面临复杂的内外部环境，无论是当前提振信心、推动经济回升向好，还是在未来发展和国际竞争中赢得战略主动，同样根基在实体经济，关键在科技创新，方向是产业升级。以创新为引领，与"新兴产业""未来产业"相互关联的新质生产力，将会是引领未来经济进入新增长周期的重要动能。因此，新质生产力的提出，具有重大理论和现实意义。

1. 发展新质生产力是建设现代化强国的关键所在

党的十八大以来，以习近平同志为核心的党中央对全面建成社会主义现代化强国作出了分两步走的战略安排。无论是建设制造强国、质量强国、航天强国、交通强国、网络强国、数字中国，还是实现新型工业化、信息化、城镇化、农业现代化，都要求实现高质量发展，而发展新质生产力是推动我国经济社会高质量发展的重要动力。新质生产力呈现出颠覆性创新技术驱动、发展质量较高等特征。战略性新兴产业和未来产业作为形成和发展新质生产力的重点领域，拥有前沿技术、颠覆性技术，通过整合科技创新资源引领发展这些产业，有助于推动我国经济实力、科技实力、综合国力和国际影响力持续增强。

2. 发展新质生产力是提升国际竞争力的重要支撑

在一定意义上，哪个国家拥有先进科学技术特别是拥有颠覆性技术、拥有处于世界领先地位的战略性新兴产业和未来产业，哪个国家就更有可能居于世界领先地位。第一次工业革命发生在英国，蒸汽机、机械纺纱机等成为当时的颠覆性技术，以这些技术为代表的产业快速发展，促使英国走上世界霸主地位；第二次产业革命时期，美国建立起以电力、石油、化工和汽车等为支柱的产业体系，在科技和产业革命中成为领航者和最大获利者。要把我国建设成为社会主义现代化强国，就要把握好新一轮科技革命和产业变革带来的巨大机遇，依靠自主创新，加快形成新质生产力，大力发展战略性新兴产业和未来产业，开辟新赛道、打造新优势。

3. 发展新质生产力是更好满足人民群众对美好生活需要的必然要求

进入新时代，人民美好生活需要日益广泛，不仅对物质文化生活提出了更高要求，而且对更高层次、更加多元的生态产品、文化产品等需求也更为强烈。加快形成和发展新质生产力，提高科技创新水平，有助于推动产业转型升级，形成优质高效多样化的供给体系，提供更多优质产品和服务，不断满足人民群众对美好生活的需要。

（三）新质生产力的发展重点

当前，我国新兴产业主要聚焦于新一代信息技术、新能源、新材料、高端装备、新能源汽车、绿色环保、民用航空、船舶与海洋工程装备八个领域，未来产业聚焦于元宇宙、脑机接口、量子信息、人形机器人、生成式人工智能、生物制造、未来显示、未来网络、新型储能九个领域。

以战略性新兴产业和未来产业为代表的新制造，以高附加值生产性服务业为代表的新服务以及以全球化和数字化为代表的新业态形成的聚合体就是新质生产力。新质生产力的核心目的是进一步解放生产力发展生产力。要将科技创新根植于产业发展的土壤中，以科技创新促进产业创新，夯实新质生产力发展的产业根基；要坚持人才是第一资源，加快推进我国由人口大国向人才强国转变，为新质生产力提供核心要素保障；要坚持并不断完善社会主义基本经济制度，加快形成与新质生产力相适应的生产关系，为发展新质生产力提供完善的制度保障。

1. 加快实现高水平科技自立自强，为新质生产力提供迭代更新的动力

发展新质生产力，创新是第一动力。马克思曾深刻地指出，社会劳动生产力，首先是科学的力量。在生产力不断迭代升级的进程中，科学技术一直是核心驱动因素。纵观人类文明史上每一次生产力的重大跃升，都得益于科学技术在当时出现了重大突破。

新时代新征程，高水平科技自立自强是发展新质生产力的"先手棋"和必由之路，要坚持创新在现代化建设全局中的核心地位，坚定创新自信，抢抓创新机遇，勇攀科技高峰，加快实现高水平科技自立自强，尽快实现颠覆性技术和前沿技术的重大突破，为发展新质生产力注入强大的内生动力。要充分发挥我国新型举国体制优势，聚焦科技领域的"卡脖子"环节，瞄准颠覆性技术和前沿技术未来发展方向，加大基础研究和科技创新力度，支持顶尖科学家领衔进行原创性、引领性科技攻关，努力突破关键核心技术难关，在重点领域、关键环节实现自主可控，重塑我国科技竞争新优势。同时畅通科技成果转移转化产业化渠道，加快形成现实生产力。

2. 充分把握人力资源，为新质生产力提供核心要素保障

在生产力的要素组成中，人是最为活跃和最为主动的因素，是生产力最为重要的基础性核心支撑。高素质的劳动者是新质生产力的核心要素保障。

发展新质生产力，要牢牢把握人才是第一资源的要求，要不断提高劳动者素质，加快形成素质优良、规模充裕、结构优化、分布合理的新型劳动者队伍，尤其是要加快培育能够创造新质生产力的战略型领军人才和能够熟练掌握新质生产资料的应用型人才，为发展新质生产力提供强有力的人才支撑。要坚持为党育人、为国育才，深入实施人才强国战略，实行更加开放的人才政策，不唯地域引进人才，不求所有开发人才，不拘一格用好人才，加快促进人口红利向人才红利转变。既要着眼于颠覆性技术和前沿技术，加快培育创新型人才，放眼全球加速集聚科技人才，培养具有国际竞争力的青年科技人才后备军，以高水平创新人才为高水平科技自立自强夯基垒台，又要着眼于我国门类齐全的现代化产业体系，大力弘扬劳模精神、劳动精神、工匠精神，营造劳动光荣的社会风尚和精益求精的敬业风气，培养更多高素质技术技能人才、能工巧匠、大国工匠，造就一支有理想守信念、懂技术会创新、

敢担当讲奉献的高素质产业工人队伍，为新质生产力的培育和发展提供坚强的人才支撑。

3. 积极构建现代化产业体系，夯实新质生产力的产业根基

加快构建现代化产业体系是发展新质生产力的内在要求，也是新质生产力的核心支撑。当前，我国已经形成门类齐全、规模庞大的产业体系，但也要看到，与发展新质生产力的要求相比，我国在产业发展领域还存在不少短板和弱项，在关键环节还存在不少"卡脖子"难题。

针对我国产业整体发展水平不高的问题，必须推进产业智能化、绿色化、融合化发展，加快建设具有完整性、先进性、安全性的现代化产业体系，以产业发展的不断迭代升级重塑我国产业综合竞争优势。加大源头性技术储备，加快应用性技术研发，通过科技创新的重大突破促进战略性新兴产业和未来产业发展，推动短板产业加快补链、优势产业加快延链、传统产业加快优链、新兴产业加快建链，提升产业发展效率和效益，抢占战略性新兴产业和未来产业竞争制高点，推动我国产业不断迈上价值链中高端。

产业是科技成果向现实生产力转化的核心载体，要围绕创新链布局产业链，围绕产业链部署创新链，推动创新链与产业链的深度融合，以研优产，以产促研，畅通科技成果转移转化和产业化渠道，加速科技成果向现实生产力转化，为新质生产力提供更多内生动力。要加强应用基础研究和前沿研究，强化企业创新主体地位，顺应产业发展大势，抢抓颠覆性技术和前沿技术催生新产业、新模式、新动能带来的重大机遇，重塑我国产业竞争新优势，加快打破国际产业分工传统路径依赖，通过换道超车开辟产业发展新领域新赛道，重塑我国产业竞争新优势新动能。培育壮大新兴产业，促进生物制造、商业航天、低空经济等战略性新兴产业加快发展，开辟量子技术、生命科学等未来产业发展新赛道。要广泛应用数智技术、绿色技术，加快促进传统产业转型升级，激发传统产业发展新动能。

4. 深化改革开放，加快塑造适应新质生产力的生产关系

发展新质生产力，需要坚持并不断完善社会主义基本经济制度，用好改革开放"关键一招"，让各类优质生产要素向发展新质生产力顺畅流动和高效配置，加快形成与新质生产力相适应的生产关系。

以公有制为主体、多种所有制经济共同发展，以按劳分配为主体、多种分配方式并存，社会主义市场经济体制等社会主义基本经济制度，既体现了

社会主义制度优越性，又同我国社会主义初级阶段的社会生产力发展水平相适应，是党和人民的伟大创造，是新时代新征程发展新质生产力的制度基础。

发展新质生产力，需要与时俱进深化改革开放，坚持并不断完善社会主义基本经济制度。要毫不动摇巩固和发展公有制经济，发挥公有制经济在发展新质生产力方面的"顶梁柱"作用；毫不动摇鼓励、支持、引导非公有制经济发展，保证各种所有制经济依法平等使用生产要素、公平参与市场竞争、同等受到法律保护，发挥民营经济在发展新质生产力方面的主力军作用。坚持按劳分配为主体、多种分配方式并存，构建初次分配、再分配、三次分配协调配套的基础性制度安排，提高劳动报酬在初次分配中的比重，通过"提低、扩中、调高"，逐渐形成中间大、两头小的橄榄型分配结构，激发劳动者参与生产的积极性和主动性。要健全劳动、资本、土地、知识、技术、管理、数据等生产要素由市场评价贡献、按贡献决定报酬的机制，坚持居民收入增长和经济增长基本同步、劳动报酬提高和劳动生产率提高基本同步，持续提高低收入群体收入，扩大中等收入群体规模，建立和完善扩大居民消费的长效机制，夯实消费对我国新质生产力发展的基础性支撑作用。要坚持社会主义市场经济体制，促进有效市场和有为政府的有机结合，发挥市场对资源配置的决定性作用，通过市场机制推进生产要素的优化组合，激发新质生产力的内生动力。推动资源依据市场规则、市场价格、市场竞争实现效益最大化和效率最优化。要更好发挥政府作用，培育市场化、法治化、国际化一流营商环境，进一步完善市场监管职能，保障市场公平有序竞争，为新质生产力营造良好的制度环境。

当今世界，新一轮科技革命和产业变革正在兴起，全球进入一个创新密集时代。历史的经验与现实的趋势都提醒我们，必须提高自主创新能力，加快发展新质生产力。

三、扩大有效需求，推动经济运行整体好转

（一）扩大内需的重要意义

实施扩大内需战略是满足人民对美好生活向往的现实需要。我国经济由高速增长阶段转向高质量发展阶段，发展要求和发展条件都呈现新特征，特别是人民对美好生活的向往总体上已经从"有没有"转向"好不好"，呈现

多样化、多层次、多方面的特点。解决人民日益增长的美好生活需要和不平衡不充分的发展之间的矛盾，必须坚定实施扩大内需战略，固根基、扬优势、补短板、强弱项，通过增加高质量产品和服务供给，满足人民群众需要，促进人的全面发展和社会全面进步，推动供需在更高水平上实现良性循环。

实施扩大内需战略是充分发挥超大规模市场优势的主动选择。大国经济具有以内需为主导的显著特征。内需市场一头连着经济发展，一头连着社会民生，是经济发展的主要依托。我国经济经过改革开放40多年持续快速发展，逐步在市场需求、产业体系、人力资源、软硬基础设施等方面形成了超大规模市场优势，为培育完整内需体系奠定了基础。进一步发挥超大规模市场优势，必须坚定实施扩大内需战略，扩大居民消费和有效投资，增强经济发展韧性，促进经济持续健康发展。

实施扩大内需战略是应对国际环境深刻变化的必然要求。世界百年未有之大变局加速演进，国际力量对比深刻调整，新冠疫情影响广泛深远，世界经济增长不平衡不确定性增大，单边主义、保护主义、霸权主义对世界和平与发展构成威胁。面对复杂严峻的外部环境，必须坚定实施扩大内需战略，以自身的稳定发展有效应对外部风险挑战。

实施扩大内需战略是更高效率促进经济循环的关键支撑。构建新发展格局关键在于经济循环的畅通无阻。促进国内大循环更为顺畅，必须坚定实施扩大内需战略，打通经济循环堵点，夯实国内基本盘；实现国内国际双循环相互促进，也必须坚定实施扩大内需战略，更好依托国内大市场，有效利用全球要素和市场资源，更高效率实现内外市场联通，促进发展更高水平的国内大循环。

（二）扩大内需重要举措

（1）促消费。把恢复和扩大消费摆在优先位置，只有消费"暖起来"，经济才能"热起来"。当前的关键是通过各类政策举措，让消费尽快恢复成为经济增长的主拉动力。国家出台《"十四五"扩大内需战略实施方案》，从提质量、增能力、拓空间、强监管等方面入手，全面促进消费，提高吃穿用消费品质、释放出行消费潜力、促进居住消费健康发展、着力培育文化旅游体育消费、增加养老育幼服务消费、提供多层次医疗健康服务、提升教育服务质量。加快培育线上线下商品消费、"互联网+社会服务"等新型消费。

一是增强消费能力。多渠道增加城乡居民收入，特别是提高消费倾向高、但受疫情影响大的中低收入居民的消费能力，多措并举促进居民想消费、敢消费、能消费。落实重要民生商品价格调控机制，加大保供稳价工作力度。聚焦重点领域，持续推进城乡区域联动、线上线下结合的系列促消费活动，营造良好的消费氛围，不断提振消费信心。

二是改善消费条件。加快推进国际消费中心城市培育建设，积极建设一批区域消费中心，稳妥有序推进现有步行街设施改造和业态升级打造便民生活圈，改善基础设施和服务环境，提升流通循环效率和消费承载力。建立完善县域统筹，构建以县城为中心、乡镇为重点、乡村为基础的县域商业体系。支持住房改善、新能源汽车、养老服务等消费，推动重点领域和大宗商品消费持续改善。

三是创新消费场景。培育壮大新型消费，鼓励发展消费新业态新模式新场景，推动线上线下消费深度融合。引导电商企业培育新消费品牌，支持传统商业企业加快数字化、智能化改造和跨界融合。鼓励有条件的地区积极发展首店经济、首发经济。培育文化和旅游消费新业态新场景，发展夜间文化和旅游经济，支持各地举办文化和旅游消费惠民活动。

（2）稳投资。做好稳投资是扩大国内需求的重要支撑，基础设施投资和制造业投资是两大基础，加快交通基础设施、能源基础设施、水利基础设施、物流基础设施、生态环保设施、社会民生基础设施、市政基础设施等建设，同时加快新型基础设施建设的举措，增强投资对优化供给结构的关键作用，强化战略性前瞻性布局的考量。

强化中小城市基础网络建设。加快5G和宽带网络建设，深入实施中西部中小城市基础网络完善工程，提升云网融合水平，打造更多千兆城市。

完善全国一体化大数据中心体系。继续实施"东数西算"工程，加快国家算力枢纽和国家数据中心集群建设，统筹推进绿色供给站、网络试验线、算力调度网、数据要素场、安全防护盾等建设，加快构建全国一体、绿色高效的算力网络体系。

推广建设5G行业融合应用基础设施。深入实施5G扬帆计划，更好利用5G等新一代信息技术改善民生，服务经济转型，加快智慧医疗、智能养老、智能交通、智慧能源等融合基础设施建设。加快5G在智慧港口、智慧矿山、智慧工厂等领域的规模化推广。

提升重点区域创新基础设施水平。统筹推进国际科技创新中心、区域科技创新中心建设，支持建设一批战略导向型、前瞻引领型、应用支撑型、民生改善型重大科技基础设施，布局建设一批国家技术创新中心、产业创新中心、工程研究中心、企业技术中心。

引导支持加大新型基础设施领域建设投资。强化新型基础设施建设项目储备，加大中央预算内资金、地方政府专项债券、政策性贷款的支持力度，用好基础设施领域不动产投资信托基金（REITs）等新型融资工具，引导企业加大5G、大数据、工业互联网、人工智能等新型基础设施建设投入。

（三）2024年经济发展利好

经济增长势头好。2023年4个季度，国内生产总值同比、环比都实现正增长，经济规模也在逐季扩大。从实物量指标来看，发用电量，主要工业产品的产量、投资、进出口等大多数指标的绝对量都远超2019年的水平。近期，国际货币基金组织、经合组织等都上调了对我国经济增长的预测，表明国际社会看好我国2024年经济发展前景。

经济发展韧性强。我国是唯一拥有联合国产业分类中全部工业门类的国家，产业的配套能力和集成优势突出。同时，交通、通信等基础设施网络日益完善，教育、医疗等短板领域不断补强，人才、资金等要素供给质量显著提升，粮食能源安全、产业链供应链等关键领域的保障能力建设取得实效。这些都增强了我国经济发展的韧性和回旋余地，也是经济行稳致远的底气所在。

高质量发展活力足。经济结构不断优化，动能转换提档升级，经济发展的潜能有望进一步被激发。2023年服务业增加值占GDP的比重为54.6%，对经济增长的贡献率超过60%，制造业技改投资增长3.8%，高技术产业投资增长10.3%，快于全部固定资产投资增速。更为重要的是，我国持续推动形成创新驱动发展的新局面，中国经济在加快培育新质生产力的过程中不断发展壮大。

改革开放红利多。我国坚持和完善社会主义基本经济制度，坚持"两个毫不动摇"，加快建设全国统一大市场，推动建设高标准市场体系，优化营商环境，为各类企业创造了更加公平的竞争环境，这些将不断激发经营主体的积极性、创造性。此外，开放红利持续释放，2023年前11个月，我国新设立外商投资企业同比增长36.2%。

宏观政策空间广。2023年出台的增发国债、减税降费、降准降息等政策效应将在2024年持续释放。2024年还将储备优化一些新的措施，新的增量措施和存量政策将叠加发力，为经济稳定运行保驾护航。当前，我国政府债务水平和通胀率都较低，政策工具箱也在不断充实，财政、货币以及其他政策都有比较大的回旋余地，加力实施宏观政策有条件、有空间。

四、提振企业信心，助推经济高质量发展

中共中央、国务院于 2023 年 7 月 14 日发布《中共中央　国务院关于促进民营经济发展壮大的意见》（以下简称《意见》）。《意见》围绕持续优化民营经济发展环境、加大对民营经济政策支持力度、强化民营经济发展法治保障、着力推动民营经济实现高质量发展、促进民营经济人士健康成长、持续营造关心促进民营经济发展壮大社会氛围六个方面，提出了 31 条政策支持民营经济发展。这是继中共中央、国务院 2019 年 12 月印发《中共中央　国务院关于营造更好发展环境支持民营企业改革发展的意见》后，中央关于民营经济发展的又一重磅文件。

同时，为深入贯彻落实《意见》，中国人民银行、金融监管总局、中国证监会、国家外汇局、国家发展改革委、工业和信息化部、财政部、全国工商联八部门联合印发《关于强化金融支持举措　助力民营经济发展壮大的通知》，提出支持民营经济的 25 条具体举措。多项政策出台都预示着国家将大力促进民营经济发展壮大。

（一）国家经济的中流砥柱：民营经济

民营经济，作为国家经济的活力之源，在国家经济的大潮中扮演着无可替代的角色，它如同一艘巨大的航船，引领着国家经济的航向。民营经济是推进中国式现代化的生力军，是高质量发展的重要基础，是推动我国全面建成社会主义现代化强国、实现第二个百年奋斗目标的重要力量。党的二十大报告中指出："优化民营企业发展环境，依法保护民营企业产权和企业家权益，促进民营经济发展壮大。"民营经济是推动经济增长的重要力量，更是激发创新、创造就业的源泉，在制造业、科技创新、商贸流通、金融等诸多领域，民营经济发挥着举足轻重的作用。长期以来，民营经济在稳定增长、促进创新、增加就业、改善民生等方面发挥了积极作用，已经成为我国经济制度的内在要素、推动经济持续健康发展的重要力量。谈及民营经济，"56789"常被用来概括其在经济社会发展中的重要作用，即民营经济贡献了 50% 以上的税收，60% 以上的 GDP，70% 以上的技术创新成果，80% 以上的城镇劳动就业，90% 以上的企业数量。这也深刻反映出了促进民营经济发展壮大对推进

中国式现代化的重要意义。

促进民营经济发展壮大是一个系统工程，涉及范围广、政策链条长、工作环节多，需要各个部门密切协作配合。结合当前民营经济发展面临的形势和民营经济工作现状，党中央、国务院作出在国家发展改革委设立民营经济发展局的重大决策部署，主要是立足于更好发挥统筹协调、综合施策、促进发展的功能。同时，党中央、国务院的各项举措充分体现了以习近平同志为核心的党中央对民营经济的高度重视和深切关怀，始终坚持"两个毫不动摇"和"三个没有变"，为促进民营经济发展提供了有力的组织保障。

《意见》公开发布以来，国家发展改革委会同相关方面坚决抓好《意见》贯彻落实，推出了系列配套举措，取得初步成效。国家市场监督管理总局发布的数据显示，2023年前三季度，我国新设民营企业、个体工商户数量双双实现两位数增长，全国新设民营企业706.5万户，同比增长15.3%。截至2023年9月底，全国登记在册民营企业数量超过5200万户，较2012年底的1085.7万户增长了3.8倍，民营企业在企业总量中的占比达到92.3%。同时，新设外商投资企业稳步回升，中国市场的机遇依然吸引着全球投资者。经营主体数量增加、活力奔涌，展现出中国经济强大的韧性与活力。同时，前三季度新设民营企业结构更加优化，体现了我国经济高质量发展的大势。

（二）发展前进中，困难阻碍随之相伴

随着我国民营经济在国民经济中的地位与作用持续巩固和提升，民营市场主体得以在更为宽广的舞台上施展才华，前景愈加光明。然而，在规模不断扩张的同时，民营经济发展环境亦发生了一定程度的变迁，导致部分民营企业面临一些问题和困难。

融资难一直是制约民营经济发展的重要问题。由于民营企业相对于国有企业在信用评级、抵押物等方面存在不利条件，导致融资渠道有限、融资成本上涨。相关数据显示，民营企业贷款规模占全部贷款规模的比重不足30%，相对于民营企业的经济贡献以及融资需求而言，融资占比仍然较低，还有进一步提升的空间。此外，金融机构对于民营企业贷款的门槛较高，很多民营企业难以获得足够的抵押物来获得银行贷款；部分金融机构对于民营企业贷款的审批流程比较烦琐，审批时间较长，使得民营企业难以在短时间内获得资金支持。

新兴产业市场准入难。2005年以来，国家出台了一系列鼓励支持和引导个体私营等非公有制经济发展的政策，民营经济的市场准入得到放宽，实现

了由餐饮、建筑、农产品加工等传统产业向金融、电信、航空、铁路等现代产业的进军。随着经济的不断发展，不少地方政府逐步引导传统产业向智能制造、高端装备制造及战略性新兴产业转型升级。然而，政府在产业准入方面存在明显的"国有企业偏好"，一些民营企业很难通过资金投入和技术创新对接国家重大发展战略。由于认识误区和市场扭曲，民营企业与国有企业融合发展受阻，难以实现技术进步和产业转型升级，尤其是战略性新兴产业表现突出。

随着民营经济的发展壮大，人才短缺问题日益凸显。与国有企业相比，民营企业在人才引进、培养和留住方面存在一定困难。很多民营企业缺乏高素质的技术和管理人才，这已经成为制约民营经济发展的重要"瓶颈"之一。例如，在一些地区，由于高素质技术人才和管理人才的供给不足，民营企业难以招聘到合适的人才；此外，部分地区的薪酬待遇和职业发展前景相对有限，也使得一些人才不愿意到民营企业就业。

（三）多措并举联手国际智库，提振企业信心

在当前国际环境纷繁复杂、全球经济普遍不景气的背景下，提升企业信心与勇气显得尤为关键。企业信心乃经济发展之基石，唯有企业家们满怀信心、敢于投资、勇于创新，我国经济才能保持持续健康发展。政府积极采取各种措施，优化商业环境，为民间经济提供更加宽广的发展空间；智库发挥对决策、对社会以及对国际的影响力，开展前瞻性研究，增进企业经验交流，发掘—培育—推介创新技术，推动先进企业"请进来""走出去"。搭建行业交流平台，使企业家们对未来充满信心。在此基础上，民间经济才能充分发挥其推动国家经济持续发展的作用。

1. 多部门联手聚力，打出政策"组合拳"

自 2023 年下半年开始，国家多部门众志成城、齐心协力，共同发布一系列刺激民营经济发展的政策。7 月 19 日，中共中央、国务院发布了《意见》；7 月 14 日，国家发展改革委发布《关于进一步抓好抓实促进民间投资工作努力调动民间投资积极性的通知》；7 月 28 日，国家发展改革委等八部门正式印发《关于实施促进民营经济发展近期若干举措的通知》；7 月 31 日，最高人民检察院印发《关于依法惩治和预防民营企业内部人员侵害民营企业合法权益犯罪、为民营经济发展营造良好法治环境的意见》；8 月 1 日，财政部、税务总局发布《关于增值税小规模纳税人减免增值税政策的公告》；8 月 4 日，国家税务总局发布《关于接续推出和优化"便民办税春风行动"措施促进民营经济发展壮大服务高质量发展的通知》；9月4日，国家发展改革委透露，近日中央编办正式批复在国家发展改革委内部设立民营经济发展局，从组织架构上改变了长期以来民营经济发展中缺乏统筹协调与综合施策的难题。直至2023年11月，中国人民银行等八部门联合印发《关于强化金融支持举措 助力民营经济发展壮大的通知》。

2. 全球科技迅猛发展，企业数字智能化趋势凸显

党的二十大报告指出，当前，世界百年未有之大变局加速演进，新一轮科技革命和产业变革深入发展，国际力量对比深刻调整，我国发展面临新的战略机遇。必须准确理解当下的数字化、智能化发展态势，加快推动战略性新兴产业融合发展，形成与智能时代相适应的发展战略和科技体系。中国必将从经济大国走向科技强国。建筑业数字化发展在中国式现代化中扮演着重要角色。

2023年6月9日，十二届全国人大外事委员会副主任委员、蓝迪国际智库专家委员会主席赵白鸽主持中国数字建筑峰会2023全体大会并致辞。

2023年6月8日至10日，由蓝迪国际智库、中国建设报社、国家数字建造技术创新中心、东南大学智慧建造与运维国家地方联合工程研究中心、全联房地产商会、广联达科技股份有限公司主办，以"系统性数字化 驱动产业链价值升级"为主题的中国数字建筑峰会2023在西安盛大举办。

十二届全国人大外事委员会副主任委员、蓝迪国际智库专家委员会主席

赵白鸽主持全体大会并做总结致辞。赵白鸽主任表示，建筑业企业的数字化涉及建筑学、土木工程、计算机科学、人工智能等多个学科领域，需要整合城市、设计、施工、咨询、财务等不同领域的人才，通过跨学科协作、跨领域整合，可以更好地解决数字建筑领域面临的挑战和问题，推动数字建筑领域的发展和进步。

2023年11月4日，珠海市农业农村局党组成员、副局长熊翔，蓝迪国际智库珠海执行主任陈璐等考察组一行实地考察布瑞克。布瑞克农业互联网董事长孙彤、布瑞克农业大数据执行总裁黄桂恒、副总裁赵庆、售前副总监周颂、农牧人掌柜事业部副总监陈伟陪同接待考察。本次领导的来访旨在深入了解农业数字化的发展趋势以及布瑞克在数字化供应链领域的优秀实践。

布瑞克在农业大数据领域的先进技术和创新应用，包括布瑞克农业大数据、农产品集购网、农牧人三大业务板块运营模式及相关成果。布瑞克利用互联网和大数据通过实时监控农产品生产、加工、运输等各环节的数据，实现了对农产品质量的全面追溯，提高了消费者的信心。同时，通过预测市场需求的算法模型，提前做好货源组织、物流调度等工作，有效缓解了农产品供应短缺或过剩的问题。布瑞克农业大数据的发展历程、创新模式为农业生产带来了巨大的变革。

数字化的进程带动企业的高效快速发展，期待更多的数字化技术落地应用。同时，为推动中国企业"走出去"提供更多的机遇和支持，助力中国企业打造国际品牌，同时也为全球经济发展注入新的动力。蓝迪国际智库将携手广联达等服务平台，搭建行业交流平台，推动建筑业企业数字化转型。

3. 进一步扩大对外开放

深化已有的开放成果，加大对外开放的力度，尤其是制度规则的对外开放与交流，以促进不同制度的互动与互鉴。借助对外开放的交流借鉴机制和各国发展民营经济的制度经验，为民营经济营商环境的优化提供参考。通过对外开放的传导机制，推动政府行政效能革命，提升政府服务能力，优化公共政策，逐步营造自由平等、竞争有序、开放统一的公平竞争环境。借助自由贸易区的建设，改善市场准入条件，以对外开放推动人员、服务、商品、资本、技术等生产要素的自由流动，促进贸易和投资的自由化、便利化，逐步实现营商环境的国际化。

民营经济作为我国经济韧性与就业韧性的重要支柱，关乎整个社会经济发展的全局。一系列政策举措的实施，为民营企业的成长提供了更为充足的阳光、雨露与土壤，真诚地为民营企业鼓舞士气、解决实际问题，必将促使民营经济的创新源泉充分涌动，民营企业创造活力得以迸发。同时，政府与企业应当共同采取一系列措施，激发企业活力，增强信心，促进民营经济的健康发展。只有这样，我们才能共同迎接更加美好的未来。企业自身也需要不断加强自身建设，提高核心竞争力，以适应市场的变化和需求。只有这样，我们才能共同迎接一个更加繁荣、充满活力的未来。

五、发展数字经济，赋能中国式现代化建设

当今时代，数字经济已成为重组全球要素资源、重塑全球经济结构、重构全球竞争优势的关键力量，是抢占未来发展的制高点。与此同时，数字经济已成为中国经济社会发展的稳定器、加速器、倍增器，是应对不确定性的最大确定性。习近平总书记多次强调要"不断做强做优做大我国数字经济"，2023年中央经济工作会议明确提出"发展数字经济"。2023年10月25日，国家数据局挂牌成立。该机构的设立将有利于强化数据要素制度供给、构建数据流通体系、激活数据生产力。数字经济对于构建新发展格局、建设现代化经济体系、构筑国家竞争新优势具有重大意义。

（一）我国数字经济发展成效显著

2012年以来，中国数字经济增速已连续11年显著高于GDP增速。2020—2022年，中国数字经济增速同比高于GDP名义增速分别约为6.7个百分点、3.4个百分点和4.98个百分点。在新一轮科技革命和产业变革持续发展、数据成为重要生产要素、数字技术与经济社会发展深度融合的大背景下，数字经济代表着先进生产力发展的方向，是中国式现代化先进生产力的标志。

1. 数据生产力已成为经济社会发展的核心动力

在以数字技术为核心的新一轮科技革命推动下，数据生产力成为推动经济社会变革和产业转型发展的新质生产力，持续推动经济社会创新发展。

一是提供了认识和改造世界的新能力。数据资源的极大丰富与数字技术的深入应用，给人类劳动工具和劳动方式带来了颠覆性变革，推动了劳动生产力的大幅跃升。一方面是对传统生产力的数字化和智能化改造，提升了劳动者的工作技能和效率，大幅改进了生产工具和生产技术；另一方面是创造

了认识和改造自然的新方法,人类从台前走向幕后,在人工智能技术和海量数据的支撑下,智能黑灯工厂已实现一线工人完全被机器替代,劳动者间接参与改造世界的工作。

二是推动了经济和社会治理的新变革。数字技术推动社会各方主体的组织形式迭代升级,促使整个社会组织管理和治理能力变革。从组织形式来看,随着数据积累越来越丰富,数据已经成为组织形态变革的基础和驱动力,政府、企业等组织逐步从职能驱动到流程驱动再到数据驱动不断迭代升级。从治理能力来看,构建基于数据驱动的自组织模式,可以实现组织内外人、物、知识等资源弹性供给和能力单元的动态协作,为组织适应、利用和驾驭数字经济时代的不确定性环境提供能力支撑。

三是重构了产业和社会分工的新格局。随着人工智能技术的不断成熟和数据应用的不断深入,产业和社会分工逐步变革,对于长期处于低水平国际分工的国内企业而言是一个机遇。在产业分工方面,越来越多的企业从行业领域的具体环节拓展到数据(知识)分工领域,包括数据(知识)的生产、加工、交易等,算法研发、数据运营等企业不断涌现。在社会分工方面,受ChatGPT等人工智能大模型的影响,很多传统职位将被机器替代,同时也催生出数据标注工程师、算法工程师、数据管理师、数据合规师等新兴职业。

2. 中国数字经济发展势头强劲,潜力巨大

近年来,我国高度重视发展数字经济,不断推进数字产业化和产业数字化,打造了具有国际竞争力的数字产业集群。中国信息通信研究院数据显示,2022年,我国数字经济规模达到50.2万亿元,同比增长10.3%,数字经济占GDP的比重相当于第二产业占国民经济的比重,达到41.5%。预计2023年我国数字经济规模达56.1万亿元,2025年有望达到70.8万亿元。同时,以数字技术为代表的新技术应用,促进千行百业加快转型升级,数字经济对我国经济发展的放大、叠加、倍增作用凸显,为中国经济高质量发展注入新动能。截至2023年9月,经营范围涉及云计算、大数据、人工智能等数字技术的企业超过53万家。

2023年,我国数字经济发展亮点纷呈。一是数字新型基础设施持续夯实。5G、千兆光纤宽带、工业互联网、人工智能等数字新型基础设施加快部署,基本建成全球规模最大、技术领先、性能优越的数字新型基础设施体系,整体能力实现跨越式跃升。二是数字科技创新能力不断增强。创新驱动发展战略深入实施,数字科技创新主体加速成长,数字科技创新成果不断涌现,数

字科技自立自强水平提升，加快向全球最具创新性国家行列迈进。三是数字产业集群实力稳步提升。工业、医疗等代表领域数字技术应用程度加深，数字技术与实体经济深度融合进入发展新蓝海；重点数字产业不断壮大，数字技术赋能千行百业的乘数效应持续显现，数字消费牵引作用不断夯实，我国数字产业集群综合竞争力稳步攀升。

3. 人工智能领域实现突破式发展

2023 年，以大模型为代表的生成式人工智能实现突破式发展，成为当前各国科技与产业竞争新的制高点。以大模型为代表的人工智能正加速与实体经济深度融合，赋能千行百业，催生数字经济新业态新模式，展现出强大的"头雁"效应。2023 年，在海量数据资源、先进算力基础设施、丰富应用场景、较高研发投入等优势支撑下，我国新一代人工智能在科技创新、产业生态、融合应用等方面成效显著，已步入全球第一梯队。工业和信息化部数据显示，1—10 月，人工智能等数字新兴产业蓬勃发展，人工智能核心产业规模达到 5000 亿元，企业数量超过 4300 家，为我国加快建设更加完整、更具竞争力的数字经济产业生态体系注入新动力。

我国在智能芯片、开发框架、通用大模型等方面创新成果不断涌现，华为、浪潮信息、希姆计算、壁仞科技、摩尔线程等芯片公司推出了应用于不同场景的 AI 推理和训练任务的芯片加速卡，涉及 CPU、GPU、RISC-V 等不同设计架构；昇思 MindSpore、飞桨 Paddle-Paddle、商汤科技 SenseParrots、腾讯 TNN、阿里 MNN、字节跳动 BytePS、旷视 MegEngine、小米 Mace 等国产人工智能开发框架及应用生态实现快速发展，飞桨开发者数量已超过 800 万名；百度文心一言、阿里云通义千问、华为盘古、科大讯飞星火等 11 个大模型产品通过备案。人工智能已成为科技创新、产业升级和生产力提升的重要驱动力量，其日益融入经济社会发展各领域全过程，对经济发展、社会进步等产生重大深远的影响。

（二）全球数字经济发展与多极化格局

把握全球数字经济发展格局，顺应发展趋势，加强国际合作对推进中国式现代化同样具有重要意义。当前，世界进入新的动荡变革期，经济增长动能不足，不稳定、不确定、难预料因素增多，新一轮科技革命和产业变革为各国高质量发展提供了重要战略机遇。数字经济布局持续完善，发展势头较为强劲、重点领域势头良好、发展潜力加快释放，成为推动各国经济复苏的重要力量和新生动能。

1. 数字经济成为经济复苏的关键支撑

中国信息通信研究院发布的《全球数字经济白皮书（2023年）》（以下简称《白皮书》）指出，2022年，测算的51个国家数字经济增加值规模为41.4万亿美元，同比名义增长7.4%，占GDP的46.1%，数字经济发展活力持续释放。全球数字经济规模持续扩张，数字经济发展创新活跃，新模式新业态持续涌现，持续为全球经济平稳回升注入动力。2022年，全球51个主要经济体数字经济同比名义增长7.4%，高于同期GDP名义增速4.2个百分点，有效支撑全球经济持续复苏。半导体、人工智能、数字基础设施、电子商务、电子政务等数字经济迎来新一轮发展热潮。

2. 数字技术相关产业稳步发展

从细分领域来看，一是数字基础设施建设加快，宽带网络发展水平进一步提升。二是数字技术产业稳步发展释放巨大发展潜力，5G融合应用生态加快形成，技术水平持续提升。《白皮书》显示，2023年全球人工智能产业规模高速增长，全球人工智能市场收入达5132亿美元，同比增长20.7%，到2026年市场规模将达8941亿美元。全球人工智能企业国别分布呈现"中美主导"格局。三是数字技术与实体经济深度融合进入发展新蓝海，数字技术加速向传统产业渗透。例如，以AI为代表的新型分析技术基于数据的收集和分析，在提供量身定制、完善客户管理、进行资产维护、检测潜在欺诈、提高客户满意度等方面发挥着重要作用。

3. 数字经济成为国际合作重要领域

顺应信息化、数字化、网络化、智能化发展趋势，数字经济正在进入国际合作新阶段，成为各国开展合作的重点领域，协作领域不断丰富。整体来看，中国、美国、欧洲基于市场、技术、规则等方面的优势，持续加大数字经济发展力度，数字经济规模持续扩大，全球数字经济三级格局持续巩固。与此同时，新兴国家数字经济发展进一步加速，全球数字经济发展的多极化趋势加强。人工智能等前沿数字技术领域政策导向出现破冰痕迹。

（三）持续释放数字经济赋能效应

发展数字经济是把握新一轮科技革命和产业变革新机遇的战略选择。近年来，一系列"互联网+"经济新业态相继诞生，云计算、工业互联网成为驱动企业数字化转型的重要动力，大型互联网平台企业持续通过互联网、大数据、云计算、人工智能等技术赋能实体经济；数字消费持续释放居民需求潜力；数字技术还在很大程度上摆脱了时空限制，数字贸易等新型贸易模式发展畅通了国内国际经济循环。

中央经济工作会议提出："要大力推进新型工业化，发展数字经济，加快推动人工智能发展。"深入推进数字技术的创新应用，不断催生新产业新业态新模式，是做大做优做强中国数字经济的重要抓手。当前，我国经济已由高速增长阶段转向高质量发展阶段，需要把握数字化、网络化、智能化融合发展的契机，以信息化培育新动能，用新动能推动新发展，加快形成以创新为主要引领和支撑的数字经济。

国家数据局等17部门联合印发《"数据要素×"三年行动计划（2024—2026年）》。该行动计划提出，将在工业制造、现代农业、商贸流通、交通运输、金融服务、科技创新、文化旅游、医疗健康、应急管理气象服务、城市治理、绿色低碳等12个行业和领域展开重点行动，力争到2026年在经济发展领域数据要素乘数效应得到显现，打造300个以上典型应用场景，以坚持价值导向为前提，助推数据要素与经济社会产生深度融合。

数字经济将为中国经济社会发展释放更大潜力，加快数字技术对经济发展的赋能作用需要关注以下四点。

一是加快推进数字产业化、产业数字化，特别是实现数字经济和实体经济的深度融合，进一步释放数字化红利、构建现代化经济体系。实体经济是我国发展的本钱，是构筑未来发展战略优势的重要支撑。像我国这样一个人口规模巨大的国家，没有实体经济提供的坚实物质基础和支撑，中国式现代化和高质量发展都无从谈起，全面建成社会主义现代化强国的奋斗目标也就成了空中楼阁。当前我国实体经济发展中存在大而不强、供给质量和效益不高、创新能力不强等突出问题，尤其是与西方先行国家相比，我们的工业化和制造业基础都相对薄弱，我们必须走出一条与西方"串联式"的现代化道路不同的"并联式"的发展路径，即同步推进新型工业化、信息化、城镇化和农业现代化，深化现代数字技术在各行业各领域的应用，发挥数据要素潜力和网络平台的赋能效应，推动传统产业生产方式变革和产业结构优化升级，全面提升经济发展质量和效率。这是在内外环境发生复杂变化的新发展阶段，决定我们的经济发展能否持续"做大蛋糕"的关键所在。正如习近平总书记强调的，要"把握数字化、网络化、智能化方向，推动制造业、服务业、农业等产业数字化，利用互联网新技术对传统产业进行全方位、全链条的改造"，这为我国全面推进经济社会数字化转型指明了方向。

二是构建适应数字时代发展趋势的政府治理体系，提升中国式现代化的政府治理效能。《习近平谈治国理政》（第三卷）中强调，"通过发展数字经济、促进互联互通、完善社会保障措施等，建设适应未来发展趋势的产业结构、政策框架、管理体系，提升经济运行效率和韧性，努力实现高质量发展。"利用数字技术全面提升政府治理效能是发展数字经济的应有之义。中国式现代化是人口规模巨大的现代化，如何实现对人口规模巨大国家的有效治理堪称世界性难题。在这个领域，一方面，我国具有比较好的基础，如拥有海量的数据资源支撑、持续深化的政务数据共享和平台支撑体系建设、不断丰富的政府数字化履职经验和不断完善的政策体制保障等；另一方面，当前我国政府治理体系和治理能力现代化水平与中国式现代化的要求之间还存在不小的差距，如在平台经济治理领域，现行监管制度、治理手段和治理方式面对新业态的不适应性日益凸显，亟须构建由政府、平台企业和其他相关组织共同参与的、覆盖事前事中事后全链条的、多种治理方式相结合的现代化治理体系。同时，要更好满足数字时代企业和公众对高效政务服务的需求，还需要继续加强统筹设计和整体布局，全面推进数字政府建设，充分释放数字技术和数据要素在完善政府治理和公共服务中的潜能，构建协同高效的政府数字化履职能力体系。

三是以数字技术应用赋能共同富裕，打破时空阻隔，提高有限资源的普惠化水平，促进教育、医疗、服务等的均等化，确保中国式现代化的普惠共享性。作为一种新型经济形态，数字经济对数字基础设施、数字技术水平、数字能力素养等都有着较高的要求。在数字经济发展过程中，受经济基础、技术条件、自身能力等多种因素影响，信息技术在不同地区之间、不同社会群体之间普及应用水平存在明显差异。从不同社会群体的角度来看，年轻人对新技术的学习和接受能力普遍较快，数字化生活的习惯已经养成，而很多老年人则受生理和身体因素、传统观念、学习和接受能力偏弱等影响，成为数字化社会里的弱势群体。习近平总书记曾明确指出，"相比城市，农村互联网基础设施建设是我们的短板。"尤其是近年来，在疫情防控常态化形势下，各种智能终端、在线服务的应用更加普遍，由数字鸿沟引发的各类经济社会问题也越发凸显。在经济社会全面加速数字化转型过程中最大限度地促进和实现社会公平，化解数字经济时代由技术应用带来的社会公平困境，是中国式现代化道路的内在要求。因此，需要从信息基础设施普及、全民信息素质提升、数字设施适老化改造等多个方面采取措施，提高互联网服务的均等化水平，"让亿万人民在共享互联网发展成果上有更多获得感"。

四是积极拓展数字经济国际合作，以中国式现代化推进各国互利共赢。当前，不同国家和地区在数字技术普及、信息基础设施建设、数字技术创新和应用、公民数字技能与素养水平等方面的发展还很不平衡，许多发展中国家的数字经济发展和数字化转型进程受限。同时，各国都面临着共同的网络安全挑战，强化关键信息基础设施保护、加强数据安全保障、有效协调处置重大网络安全事件、严厉打击网络恐怖主义和网络犯罪是各国的共同责任。因此，要把数字经济领域的国际交流与合作作为新发展阶段我国参与经济全球化的重要内容。一方面，要积极推进高水平对外开放，深化数字经济领域国际合作，通过构建开放型数字经济体系来增强我国国际经济合作和竞争新优势，促进国际国内两个市场有效联动，尤其要强化数字经济规则、治理和标准等方面的制度型开放。另一方面，还要统筹发展和安全两件大事，对内不断完善数字经济治理体制机制，对外积极推动全球数字经济领域的治理变革，参与全球数字经济治理体系建设。

2023年的中国经济通过全面深化改革、不断扩大开放，加大宏观调控力度，着力扩大内需、优化结构、提振信心、防范化解风险，整体经济形势保持着稳健发展态势。数字经济不仅是新的经济增长点，而且是改造提升传统产业的支点。2024年将是中国社会经济系统全面强化数据要素的一年，是各产业全面开展数字化转型的一年，也会是我国社会开始全面走向数字治理的一年。

六、坚持绿色发展，走可持续发展之路

"中国将力争2030年前达到二氧化碳排放峰值，努力争取2060年前实现碳中和。"2020年9月22日，习近平主席在第七十五届联合国大会一般性辩论上向国际社会作出碳达峰碳中和的郑重承诺。随后，这一"3060"目标被纳入"十四五"规划建议。实现碳达峰碳中和是经济社会一场广泛而深刻的系统性变革。

"3060"目标开启了低碳新时代，正在带动整个社会的巨大热情，并成为社会转型的巨大动力。政府机构、专家学者、企业决策者纷纷为这个目标积极行动，出台政策、投身研究、投资布局。我国相继制定的《中共中央　国

务院关于完整准确全面贯彻新发展理念做好碳达峰碳中和工作的意见》《2030年前碳达峰行动方案》共同构成中国推进碳达峰碳中和工作的顶层设计，与能源、工业、交通运输、城乡建设、钢铁有色金属、水泥等重点领域、重点行业碳达峰实施方案，以及科技、财政、金融、标准、人才等支撑保障方案，共同构建起碳达峰碳中和政策体系。

（一）绿色发展的趋势不可阻挡

绿色发展是顺应自然、促进人与自然和谐共生的发展，是用最少资源环境代价取得最大经济社会效益的发展，是高质量可持续的发展，已经成为各国共识。当前，绿色发展已成为世界经济增长，尤其是推动当下经济复苏的重要动能。中国具有巨大的经济体量，在持续推进绿色发展过程中，将为其他国家带来大量的绿色投资和绿色贸易机会，为全球经济发展提供重大机遇。尤其是中国已将碳达峰碳中和确立为国家战略，将完成全球最高强度的碳排放降幅，用全球历史上最短时间实现碳达峰到碳中和，在大力发展新能源、推动传统产业绿色转型等方面有巨大的技术和产业合作需求。

对于广大发展中国家，如中国也将通过绿色贸易、绿色投资和绿色技术转移，提升相关国家节能降碳、环境治理等方面的能力和水平，实现经济增长与环境保护协同发展。过去10年，中国的绿色发展取得了举世瞩目的成就，但资源、生态、环境等领域结构性、根源性、趋势性压力总体上尚未根本缓解，实现经济社会发展全面绿色转型任务仍然艰巨。

中国坚定不移走绿色发展之路，推进生态文明建设，推动实现更高质量、更有效率、更加公平、更可持续、更为安全的发展，让绿色成为美丽中国最鲜明、最厚重、最牢靠的底色，让人民在绿水青山中共享自然之美、生命之美、生活之美。中国秉持人类命运共同体理念，坚定践行多边主义，提出全球发展倡议、全球安全倡议，深化务实合作，积极参与全球环境与气候治理，为落实联合国2030年可持续发展议程，推动全球可持续发展，共同构建人与自然生命共同体，共建繁荣清洁美丽的世界。

（二）我国绿色发展成绩显著

党的十八大以来，坚定不移地走绿色发展道路，我国经济发展的"含金量"和"含绿量"显著提升。中国是全球能耗强度降低最快的国家之一，为全球可持续发展贡献了中国智慧和中国力量。

1. 产业结构持续优化

传统制造业在加快调整优化，"十三五"期间累计退出钢铁过剩产能1.5亿吨以上、水泥过剩产能3亿吨；先进制造业不断发展壮大，2021年，我国高技术制造业、装备制造业增加值占规模以上工业增加值的比重分别达到了15.1%和32.4%，较2012年分别提高了5.7和4.2个百分点。互联网、大数据、人工智能、5G等新兴技术与传统产业深度融合，先进制造业和现代服务业融合发展步伐加快，产业结构的不断优化，推进绿色制造体系建设。

2. 绿色能源全面推广

百万千瓦水轮发电机组顺利投产发电，多晶硅、硅片、电池、组件产量全球占比均超过70%，2022年新能源汽车产量超过了700万辆，新能源汽车产销量连续8年位居全球第一，LNG、甲醇等绿色动力船舶的国际市场份额接近50%。截至2022年底，全国风电、光伏发电装机突破了7亿千瓦，风电、光伏发电装机均为世界第一，2022年风电、光伏发电新增装机占全国新增装机的78%，新增风电、光伏发电量占全国当年新增发电量的55%以上，我国风电、光伏发电设备生产规模以及2021年清洁能源投资总额均居世界第一位。

3. 蓝天、碧水、净土保卫战成效显著

2022年，全国地级及以上城市细颗粒物（$PM_{2.5}$）年均浓度从2015年的46微克/立方米降到了29微克/立方米，我国成为全球空气质量改善最快的国家；全国地表水水质优良断面比例达到87.9%，实现了固体废物"零进口"的目标，人民群众生态环境的获得感、幸福感、安全感显著增强。

4. 绿色空间格局基本形成

划定生态保护红线，其中陆域生态保护红线面积占整个陆域国土面积的比例超过30%；优化国土空间发展格局，推进山水林田湖草沙一体化保护和系统治理。10年来，我国累计完成造林9.6亿亩，防沙治沙2.78亿亩，种草改良6亿亩，新增和修复湿地1200多万亩，土地荒漠化趋势得到了有效扭转。

5. 绿色市场机制不断完善

市场机制是形成绿色增长机制的重要手段，也是保障绿色发展成果的长效措施。我国围绕绿色发展设计了多元化市场机制，包括绿色发展价格形成

机制、自然资源资产产权制度、多种环境权益交易制度等，基本形成了多层次的市场工具和政策机制，成为中国绿色发展的强大动力，有效促进了降碳、减污、扩绿、增长。

（三）新时代需求的绿色发展

党的二十大报告提出"以中国式现代化全面推进中华民族伟大复兴"，特别在关于"中国式现代化"的内涵表述中着重提出"促进人与自然和谐共生"。新时代新征程上的绿色发展如何实施、方向在哪里、怎样体现"现代化"特征，都将成为新的命题。

1. 健全绿色低碳循环发展的生产体系

一是推动工业绿色升级。加快实施钢铁、石化、化工、有色、建材、纺织、造纸、皮革等行业绿色化改造。大力发展再制造产业，加强再制造产品认证与推广应用。建设资源综合利用基地，促进工业固体废物综合利用。二是推行绿色农业。鼓励发展生态种植、生态养殖，加强绿色食品、有机农产品认证和管理。发展生态循环农业，提高畜禽粪污资源化利用水平。三是提高服务业绿色发展水平。促进商贸企业绿色升级，培育一批绿色流通主体。有序发展出行、住宿等领域共享经济，规范发展闲置资源交易。四是壮大绿色环保产业。加快培育市场主体，鼓励设立混合所有制公司，打造一批大型绿色产业集团；引导中小企业聚焦主业、增强核心竞争力，培育"专精特新"中小企业。五是提升产业园区和产业集群循环化水平。科学编制新建产业园区开发建设规划，依法依规开展规划环境影响评价，严格准入标准，完善循环产业链条，推动形成产业循环耦合。六是构建绿色供应链。鼓励企业开展绿色设计、选择绿色材料、实施绿色采购、打造绿色制造工艺、推行绿色包装、开展绿色运输、做好废弃产品回收处理，实现产品全周期的绿色环保。

2. 健全绿色低碳循环发展的流通体系

一是打造绿色物流。积极调整运输结构，推进铁水、公铁、公水等多式联运，加快铁路专用线建设。加强物流运输组织管理，加快相关公共信息平台建设和信息共享，发展甩挂运输、共同配送，推广绿色低碳运输工具。二是加强再生资源回收利用。推进垃圾分类回收与再生资源回收"两网融合"，鼓励地方建立再生资源区域交易中心。加快落实生产者责任延伸制度，引导生产企业建立逆向物流回收体系。三是建立绿色贸易体系。积极优化贸易结构，大力发展高质量、高附加值的绿色产品贸易，从严控制高污染、高耗能产品出口。

3. 健全绿色低碳循环发展的消费体系

一是加大政府绿色采购力度，扩大绿色产品采购范围，逐步将绿色采购制度扩展至国有企业。加强对企业和居民采购绿色产品的引导。二是倡导绿色低碳生活方式。厉行节约，坚决制止餐饮浪费行为。因地制宜推进生活垃圾分类和减量化、资源化，开展宣传、培训和成效评估。扎实推进塑料污染全链条治理。

4. 加快基础设施绿色升级

一是推动能源体系绿色低碳转型。坚持节能优先，完善能源消费总量和强度双控制度。提升可再生能源利用比例，大力推动风电、光伏发电发展，因地制宜发展水能、地热能、海洋能、氢能、生物质能、光热发电。加快大容量储能技术研发推广，提升电网汇集和外送能力。二是推进城镇环境基础设施建设升级。推进城镇污水管网全覆盖。推动城镇生活污水收集处理设施"厂网一体化"，加快建设污泥无害化、资源化处置设施，因地制宜布局污水资源化利用设施，基本消除城市黑臭水体。加快城镇生活垃圾处理设施建设，推进生活垃圾焚烧发电，减少生活垃圾填埋处理。三是提升交通基础设施绿色发展水平。将生态环保理念贯穿交通基础设施规划、建设、运营和维护全过程，集约利用土地等资源，合理避让具有重要生态功能的国土空间，积极打造绿色公路、绿色铁路、绿色航道、绿色港口、绿色空港。四是改善城乡人居环境。相关空间性规划要贯彻绿色发展理念，统筹城市发展和安全，优化空间布局，合理确定开发强度，鼓励城市留白增绿。

5. 构建市场导向的绿色技术创新体系

一是鼓励绿色低碳技术研发。实施绿色技术创新攻关行动，围绕节能环保、清洁生产、清洁能源等领域布局一批前瞻性、战略性、颠覆性科技攻关项目。培育建设一批绿色技术国家技术创新中心、国家科技资源共享服务平台等创新基地平台。二是加速科技成果转化。积极利用首台（套）重大技术装备政策支持绿色技术应用。充分发挥国家科技成果转化引导基金作用，强化创业投资等各类基金引导，支持绿色技术创新成果转化应用。

（四）聚焦塑料污染治理与创新技术，助力可持续发展

国家塑料污染治理及中国创新技术是全球可持续发展中的重大问题。

2021年9月，国家发展改革委、生态环境部印发的《"十四五"塑料污染治理行动方案》提出，塑料污染治理要从源头抓起，建立全链条治理体系。目前，诸多国家正力图获得塑料处理相关技术。2023年6月20日，《商务领域经营者使用、报告一次性塑料制品管理办法》开始实施，中国禁塑限塑开启新生面，特别是中国塑料创新降解成果将为全球"塑战速决"作出贡献。

自2021年1月，中国社会科学院"一带一路"国际智库、蓝迪国际智库和中国产学研合作促进会在北京联合召开"生态塑料产业发展专题研讨会"起，蓝迪国际智库一直关注塑料技术产业发展。

2023年，蓝迪国际智库关注《中华人民共和国固体废物污染环境防治法》《商务领域经营者使用、报告一次性塑料制品管理办法》等相关政策，对生态塑料技术的研创和鉴定、开发和推广、机遇与竞争，以及氢能技术的现状和发展趋势等行业情况展开研究。同时，蓝迪国际智库调研和评估天壮环保、绿能粒子、山联股份、ECO-妙元素、天罡助剂等企业自主研发的塑料降解产品技术，以加快推动我国塑料污染问题，以及生态塑料技术创新、相关政策的实施与落地，共同解决全国乃至全球环境污染问题，为推动可持续发展作出贡献。

七、护佑人民健康，推动卫生健康事业高质量发展

"十四五"时期，立足新发展阶段、贯彻新发展理念、构建新发展格局、推动高质量发展，对卫生健康标准化工作提出新的需求。全面推进健康中国建设、实施积极应对人口老龄化国家战略；以高标准提升质量水平，为人民群众提供全方位全周期健康服务；推动标准化战略与卫生健康事业深度融合。

（一）卫生健康事业发展现状

在全球化的背景下，卫生健康事业的发展呈现齐头并进的态势。随着科技的进步和全球化的推进，各国在卫生健康领域取得了显著的成效。"十三五"期间，卫生健康行业大力推进健康中国、数字中国两大战略融合落地，深入实施"十三五"全民健康信息化发展规划，加快健康医疗大数据规范应用和"互联网+医疗健康"创新发展，顺利完成各项任务，对支撑卫生健康事业高质量发展发挥了重要作用，取得了显著成效。

一方面，在卫生基础设施、医疗技术和公共卫生方面进行了大量的投入。医院、诊所和卫生中心的数量不断增加，医疗设备和技术也在不断更新和升级。此外，各国政府还加强了对公共卫生的监管和管理，提高了人民的健康水平。另一方面，全球卫生组织也在积极推动卫生健康事业的发展。世界卫生组织等国际组织在传染病防控、疫苗接种、健康教育等方面发挥了重要作用。同时，国际卫生合作也日益加强，各国在卫生领域展开广泛的交流与合作，共同应对全球卫生挑战。

我国的卫生健康事业，一直以来都在努力满足庞大的人口需求，同时也在不断探索和推进卫生健康服务的创新。面对全球卫生健康领域的变革，我国积极应对，既立足本国，又放眼全球，努力提升卫生健康服务的品质和效率，医疗卫生服务能力不断提升。卫生健康委数据显示，2023 年上半年，我国基本公共卫生服务已为 8988 万名 65 岁及以上老年人、1.1 亿名高血压患者、3763 万名 2 型糖尿病患者提供健康管理服务，较 2022 年同期分别提高 40%、3.3%、6.9%。服务效率也持续提升。同时，卫生健康委 2023 年 1—9 月数据显示，我国医疗卫生机构总诊疗人次达到了 51.1 亿，老百姓的看病就诊需求得到进一步释放，分季度来看，第一季度总诊疗人次是 15.9 亿，第二季度总诊疗人次是 17.5 亿，第三季度总诊疗人次是 17.7 亿。从三个季度的变化情况来看，就诊人次逐步增加。前三季度和 2019 年同期相比，总诊疗人次增长了 12.4%，与上年同期相比增长了 6%。同时，近年来我国在持续健全城乡基层医疗卫生服务体系方面也作出了努力，目前，全国已有 7100 多所基层医疗卫生机构达到国家标准，占比超过了 68%；建成 3800 多所社区医院，方便群众就医。

（二）深化医疗建设，推动卫生健康高质量发展

卫生健康政策如明灯照亮前行的道路，国家实施多项有力措施，旨在为人民的健康护航。卫生健康标准是实施卫生健康法律法规、落实卫生健康政策规划、维护人民群众身体健康和生命安全的技术保障。健康连着千家万户的幸福，关系国家和民族的未来。人民健康是社会主义现代化的重要标志。2023 年 11 月 1 日，国务院新闻办就"推动卫生健康事业高质量发展 护佑人民健康"举行发布会。卫生健康委、国家疾病预防控制局、国家中医药管理局等有关负责人围绕高质量健康事业发展主题提出开展新时代爱国卫生运动，持续推进健康中国行动，是倡导文明健康生活方式、建设健康中国的重要载

体；开展爱国卫生运动是我们党成功地把群众路线运用于卫生防病工作的伟大创举和成功实践，对于改善人居环境质量、提升群众健康素养、提升老百姓健康水平发挥了积极作用。

"十四五"时期是全民健康信息化建设创新引领卫生健康事业高质量发展的重要机遇期，也是以数字化、网络化、智能化转型推动卫生健康工作实现质量变革、效率变革、动力变革的关键窗口期。科技的飞速发展为卫生健康事业注入强大动力。数字化、智能化技术正在医疗领域缔造神奇，引领新型医疗服务模式的探索与实践。中国医生对公共卫生的重视程度也是全球最高的。77%的中国医护人员认为，预防疾病更重要，而重视疾病管理的患者也会获得更好的健康回报。近年来，国家出台了一系列医疗卫生政策，特别是《"健康中国2030"规划纲要》将医疗卫生提升到国家战略层面，其中就强调要发展以创新技术为基础的智慧医疗。

拥有《柳叶刀》和《细胞》等医学学术期刊的信息分析公司——爱思唯尔发布了《未来医生白皮书》。《未来医生白皮书》分析提出全球医疗发展离不开数字技术与医疗手段的深度融合，患者健康素养的全面提升、多元化医疗场景对医护人员能力提出全新挑战。

数字技术将与医疗深度融合，数字医疗技术将为医护人员的诊疗决策提供重要支撑。在多种数字化技术中，大数据和人工智能备受关注。全球80%的受访者医护人员认为，大数据将深度融入人口健康管理，科研数据、电子病历和医疗设备互联后采集信息的不断积累，将有助于医生制定更精准的诊疗方案，提高决策效率。医生将更多使用由人工智能辅助的临床决策工具进行决策，实现更精准和科学的诊断和治疗。《未来医生白皮书》显示，中国医护人员对数字技术的应用与创新持更加开放和乐观的态度，在整合电子病历推进医疗信息化建设、人工智能技术提供临床决策支持、基于大数据的个性化诊疗等诸多方面的认同程度均高出全球平均水平10%以上。此外，92%的受访中国临床医护人员认为，随着个性化治疗方案和大数据的重要性与日俱增，临床科研将更好地与临床实践相结合。

"医疗机构绩效评价"与临床实践密不可分。作为医疗机构绩效评价的关键指标之一，患者就医体验同时受到医疗机构提供的服务质量以及患者自身的健康素养两方面因素的影响，患者健康素养的提升能够帮助其获得更好的就医体验。随着远程医疗设备的普及和个人医疗记录的完善，患者将更主动地进行自我健康管理，理解并选择更好的治疗方案，并能够积极地配合医生实现最理想的治疗结果。同时，患者健康素养的提升也能够帮助医生和患者依据健康状况的变化，尽早采取干预措施，推动医疗健康产业逐步实现从"专注于疾病治疗"向"预防、治疗和康复并重"转型。

多元化医疗场景对医护人员提出新挑战。随着数字技术与医疗手段的深度融合以及患者健康素养的全面提升，多元化的医疗和健康服务模式可以为医生和患者提供便利，提高诊疗效率。远程诊疗在未来将进一步占据主导地位。为了更好地适应未来多元化的医疗和健康服务模式，未来临床医生须具备的最重要的两项技能分别为数据分析能力和技术素养；此外，临床知识、沟通技能等依然是未来医生的核心能力。

实际上，近年来我国在智慧医疗发展上，在推进电子病历、智慧服务、智慧管理"三位一体"的智慧医院建设上，加强了持续性的服务体系。同时，我国医疗领域也发布了一系列聚焦人工智能、健康医疗大数据、"互联网+"、远程医疗等关键词的政策，如《关于加强全民健康信息标准化体系建设的意见》《关于促进"互联网+医疗健康"发展的意见》《关于进一步完善预约诊疗制度加强智慧医院建设的通知》《互联网诊疗管理办法（试行）》等。另外，大量医学人工智能产品实现了从研发走向应用，推动云计算、大数据、物联网、区块链、第五代移动通信（5G）等新一代信息技术与医疗服务深度融合，从而推进智慧医院建设和医院信息标准化建设。

（三）智库持续关注卫生健康，推动加强医疗全面发展

在这个全球化日益加深的时代，国际交流与合作变得越发重要。在科技引领医疗与健康消费新趋势下，医疗健康产业迎来了新的机遇。通过推动健康经济中的医疗健康消费和覆盖全生命周期的健康产业链的发展，既能满足人们对日益增长的高端医疗服务和健康管理的需求，也将成为扩大消费的新的增长点。蓝迪国际智库持续关注医疗健康发展，加强国际合作与交流，共享智慧，共谋发展，为构建人类命运共同体贡献力量。

2023年4月10日，由商务部和海南省政府共同主办的2023年中国国际消费品博览会在海口隆重开幕。11日，2023年消博会重要国际性配套论坛——第二届全球医疗消费论坛成功举办。蓝迪国际智库受邀作为全球医疗消费论坛联合主办单位帮助和指导论坛在促进"一带一路"沿线国家的合作机会和全球医疗健康消费领域的发展，将海南打造成世界领先的国际医疗与康养旅游目的地发挥更大作用。

第二届全球医疗消费论坛以"科技赋能健康消费"为主题,邀请了各级政要、世界华人医学界精英、世界 500 强企业领袖、知名医疗专家及医院管理专家等重磅嘉宾,以主题演讲、圆桌会议、专题论坛等形式,聚焦"高品质医疗服务",展望"健康产业前景",共同探索医疗消费发展的"全程路径"。此次论坛以居民保健支出持续增长为市场契机,以社会办医仍是医疗健康消费的主力框架为抓手,促进消费升级和推动中国成为全球医疗健康领域高品质消费的引力场。

2023 年 4 月 10 日,十二届全国人大外事委员会副主任委员、蓝迪国际智库专家委员会主席赵白鸽出席第二届全球医疗消费论坛并发表主旨演讲。

十二届全国人大外事委员会副主任委员、蓝迪国际智库专家委员会主席赵白鸽出席论坛并致辞。她指出,中国国际消费品博览会将打造全球消费精品展示交易平台,全球医疗消费论坛为优质医疗消费资源提供重要交流互动平台,期盼与各方携手,推动共建人类卫生健康共同体。同时,赵白鸽表示,健康产业贯穿一、二、三产业,产业链长、带动性强,发展空间和潜力巨大。从发展前景来看,美国健康产业占 GDP 的比重超过 15%,加拿大、日本等国健康产业占 GDP 的比重超过 10%,而我国健康产业仅占 GDP 的 4%~5%,说明增长空间较大;从宏观政策来看,人民健康已提升至国家发展战略高度;从产业发展来看,大数据和人工智能技术赋能大健康产业,提高了诊疗水平,改善了就医体验,拓展了大健康产业的服务疆域,降低了服务成本;从消费趋势来看,医疗消费呈现消费群体年轻化、消费进程前置化、消费场景线上化、医疗器械家居化等特征。

2023年4月15日，由中国国际经济交流中心和威海市人民政府联合指导，中国卫生健康发展评价报告课题组和威海市发展改革委共同主办，中国医药集团有限公司、飞利浦（中国）投资有限公司、《财经》杂志联合支持，社会科学文献出版社出版的《中国卫生健康发展评价报告（2022）》蓝皮书发布会在山东威海召开。

第十四届全国政协常委、经济委员会副主任，中国国际经济交流中心常务副理事长毕井泉，威海市委书记闫剑波作大会致辞，第十三届全国政协常委、农业农村委副主任、中国国际经济交流中心副理事长、国家发展改革委原副主任张勇，十二届全国人大外事委员会副主任委员、蓝迪国际智库专家委员会主席赵白鸽，第十三届全国政协人口资源环境委员会副主任、中国计划生育协会常务副会长、原国家卫生计生委副主任王培安，威海市委常委、常务副市长林强，中国医药集团有限公司副总经理、新闻发言人晋斌，飞利浦大中华区集团副总裁李涛，中国研究型医院学会副秘书长刘义强，通用技术集团总经理助理、中国医药健康产业股份有限公司党委书记、董事长李亚东，威高集团总裁龙经作主旨演讲。中国国际经济交流中心副理事长兼秘书长、河南省原副省长张大卫主持会议。

十二届全国人大外事委员会副主任委员、蓝迪国际智库专家委员会主席赵白鸽在《中国卫生健康发展评价报告（2022）》蓝皮书发布会上致辞。

赵白鸽指出，党的十八大以来，以习近平同志为核心的党中央坚持以人民为中心，把人民健康放在优先发展的战略地位。在全球公共卫生领域"黑天鹅""灰犀牛"事件接连发生的背景下，《中国卫生健康发展评价报告（2022）》蓝皮书提出卫生健康发展指标体系，测算和评估我国卫生健康发展水平，形成政策建议，意义重大。《中国卫生健康发展评价报告（2022）》蓝皮书对全国、省级地区及重点城市卫生健康领域进行评估，为党和政府提供决策参考，为社会各界提供经验参照，具有重要的理论意义和实践意义。未来，期待各方聚焦"推进健康中国建设"各项任务，深化交流、优势互补，携手推动卫生健康事业高质量发展，推动构建人类卫生健康共同体。

《中国卫生健康发展评价报告（2022）》蓝皮书的发布，呈现了丰富的内容和鲜活的案例。2023年6月28日，《中国卫生健康发展评价报告（2023）》蓝皮书开题会在中国国际经济交流中心顺利开展。会议总结和回顾了《中国卫生健康发展评价报告（2022）》蓝皮书研究和发布情况，同时对《中国卫生健康发展评价报告（2023）》蓝皮书研究框架、研究计划以及推广宣传等提出建议。中国国际经济交流中心常务副理事长毕井泉，原国家卫生计生委副主任陈啸宏，十二届全国人大外事委员会副主任委员、蓝迪国际智库专家委员会主席赵白鸽等专家出席。赵白鸽在《中国卫生健康发展评价报告（2023）》蓝皮书开题会上发表讲话。

2023年6月28日，《中国卫生健康发展评价报告（2023）》蓝皮书开题会现场。

在新时期，卫生健康事业发展面临新形势，课题组在《中国卫生健康发展评价报告（2023）》蓝皮书中重点关注以下五个方面：一是助推信息化高质量发展，开启"医疗+AI"在卫生健康领域的应用。从人工智能技术深入挖掘检验大数据的价值，通过技术牵引和场景驱动应用，提高医疗服务的精准性、便携性。探索 AI 与医疗健康的深度融合，提高医疗信息化程度。二是构建优质高效医疗服务体系，推动优质医疗资源的均衡布局。通过设置国家医学中心和国家区域医疗中心，为相对薄弱地区的相关专科的诊疗水平提供优质资源，缩小其与先进地区的差距，为当地患者提供就近看医的途径，减少跨省、跨区域就医。三是加速发展中药产业，推动中医药的创新与传承发展。坚持创新和传承相结合，深化循证研究，保持和发挥中医药的特色和优势，积极落实政府发展中医药事业的主体责任。四是建立多学科融合发展的人才培养体系，加强产学研融合。通过整合政府、院校以外的行业资源，探索数字医疗学科的人才培养模式，以数字链推动人才链的发展。加强人才发展机制方面的动态调整，创造发挥人才作用的良好条件和机会。五是加强养老服务保障，完善生育支持政策体系。加快完善生育支持体系，建设生育鼓励制度，释放生育潜能，与此同时要关注妇幼的健康状况，保障人口发展。

中国式现代化是卫生健康事业蓬勃发展的现代化，实现卫生健康事业的高质量发展，需要坚持不懈地努力，希望能够继续加大研究力度，吸引更多人和更多机构关注卫生健康发展事业，推动卫生健康发展事业做得更好、走得更远。未来，期待各方聚焦"推进健康中国建设"各项任务，深化交流、优势互补，携手推动卫生健康事业高质量发展，推动共建人类卫生健康共同体。要全面贯彻落实党的二十大决策部署，聚焦"推进健康中国建设"各项任务，扎实推进卫生健康事业高质量发展。蓝迪国际智库作为新型应用型平台型智库，将充分利用自身在重大研究课题、重要智库专家和研究机构、重点创新技术和先进企业、重要国别等方面的发掘—培育—推介优势，与各方共同为"健康中国"建设贡献力量，携手推进卫生健康事业发展，推动共建人类卫生健康共同体。

八、建设金融强国，壮大国民经济血脉

金融是国民经济的血脉，是国家核心竞争力的重要组成部分。金融活，经济活；金融稳，经济稳。在百年未有之大变局下，推动金融高质量发展，牵一发而动全身。

近年来，我国金融服务实体经济的质效不断提升，已成为名副其实的"金融大国"，拥有全球最大的银行体系，银行业金融机构数量多达4000多家，5家大型商业银行入选全球系统重要性银行。我国还建成了全球最大的银行体系以及第二大保险、股票和债券市场，普惠金融也走在世界前列。

中国人民银行数据显示，对实体经济发放的人民币贷款余额从2014年的81.43万亿元攀升至2023年9月的230多万亿元，年均增速保持在10%以上，与名义GDP增速基本匹配。直接融资渠道也在不断畅通。从2012年的不到30万亿元，到如今逾150万亿元的托管余额，中国债券市场不断发展壮大。在超5200家A股上市公司中，战略性新兴产业上市公司近2900家，赋能实体经济高质量发展。人民币国际化稳中有进，环球银行金融电信协会（SWIFT）数据显示，2023年9月，人民币在全球贸易融资中的占比为5.8%，同比上升1.6个百分点，排名上升至第二位。

（一）2023年，我国金融事业高质量发展

2023年3月，中共中央、国务院印发《党和国家机构改革方案》。其中，金融监管迎来重磅改革。在党中央机构改革方面，组建中央金融委员会、中央金融工作委员会；在国务院机构改革方面，组建国家金融监督管理总局、深化地方金融监管体制改革、中国证券监督管理委员会调整为国务院直属机构、统筹推进中国人民银行分支机构改革。金融管理部门的机构改革变迁，体现出我国金融工作与金融监管体制改革随时代而变、随金融安全需要而变、随人民群众需求而变的特点。

2023年10月30日至31日，中央金融工作会议在北京举行。习近平总书记在重要讲话中总结党的十八大以来的金融工作，分析金融高质量发展面临的形势，部署当前和今后一段时期的金融工作。会议强调，金融是国民经济的血脉，是国家核心竞争力的重要组成部分，要加快建设金融强国，全面加强金融监管，完善金融体制，优化金融服务，防范化解风险，坚定不移走中国特色金融发展之路，推动我国金融高质量发展，为以中国式现代化全面推进强国建设、民族复兴伟业提供有力支撑。

2024年1月16日，习近平总书记在省部级主要领导干部推动金融高质量发展专题研讨班开班式上的重要讲话，以推动金融高质量发展为主题，为全党高级干部讲授了"新年第一课"。这是习近平总书记继2023年中央金融工作会议之后，在短短3个月之内再次专题阐述金融问题，充分体现了他对金融工作的高度重视。在研讨班上,习近平总书记强调,金融强国应当基于强大的经济基础,具有领先世界的经济实力、科技实力和综合国力,同时具备一系列关键核心金融要素,即拥有强大的货币、强大的中央银行、强大的金融机构、强大的国际金融中心、强大的金融监管、强大的金融人才队伍。

(二) 首次提出"金融强国"概念

回顾历史,"全国金融工作会议"作为我国金融领域最高规格的会议,自1997年以来每5年召开一次,第五次全国金融工作会议于2017年7月召开,距2023年已时隔6年。此次会议再度召开,且会议提格变为"中央金融工作会议",为未来我国金融事业发展作出新的指引。这也是中央金融委员会、中央金融工作委员会组建后,首次召开的我国金融领域最高规格的一次会议。

相较于上一次(2017年)全国金融工作会议对金融工作的定调——"金融是国家重要的核心竞争力,金融安全是国家安全的重要组成部分,金融制度是经济社会发展中重要的基础性制度",2023年10月,中央金融工作会议首次提出"金融强国"概念,强调"以加快建设金融强国为目标"。继党的二十大报告明确列出教育强国、科技强国、人才强国、文化强国、体育强国、制造强国、质量强国、航天强国、交通强国、网络强国、农业强国、海洋强国、贸易强国13个强国目标后,中央金融工作会议进一步确立"金融强国"目标,无疑是在"以中国式现代化全面推进中华民族伟大复兴"这一历史新征程中增加了金融发展的战略维度,也使得中国崛起过程中的要素支撑更加立体、牢固。

为何要在此时提出"金融强国"战略?

从数据上看,我国金融业增加值占GDP的比重逐年增长,至今已达到8%左右,这一数字已与美国等金融业比较发达的国家基本持平。可以说,我国金融体系已经初步完成了"从小到大"的量变。

但从客观上看,我国金融体系仍然存在金融行业结构不够均衡、基础设施建设有待完善、市场机制不够成熟、中介机构水平有待提高等问题,仍然处于"大而不强"的状况,与我国已经多年位居世界第二大经济体的经济发展阶段之间存在匹配度的差距。而纵观世界历史发展经验,大国的崛起与世界金融中心之间存在密切关系,金融作为一种高效的资源整合方式,常常能够以较小的成本撬动大量的资源,正在逐渐成为一种非常重要的国家能力。因此,党中央在此时提出"金融强国"战略,是高瞻远瞩且切合实际的正确战略选择，特别在当前经济下行环境下，防控金融风险、维护金融安全，具有重要的方向"稳定器"意义。

（三）做好科技、绿色、普惠、养老、数字金融五篇文章

中央金融工作会议明确提出，做好科技金融、绿色金融、普惠金融、养老金融、数字金融五篇大文章，体现了当前我国经济领域的五大工作重点，同时也点明了未来经济增长的方向与动力所在。

科技金融是经济新动能的源头。要推动经济高质量发展，首先要激发科技创新活力，增强自主创新能力。在现代经济发展中，科技创新已经成为经济增长的动力。促进金融服务实体经济的关键是科技，科技企业通常因其具有专业性强、成长迅速、风险较高等特点而难以获得相应的资金支持。科技金融则可将科技资源与金融资本有效对接，推动科技创新成果转化为现实生产力。其核心是以人工智能、区块链等金融科技为基础，以创新金融产品、服务模式、业务流程为手段，以服务科技企业、推进科技创新进程为目标的金融活动，不仅可有效缓解科技企业融资问题，更是一种推动科技与经济结合并持续创新发展的重要机制。

绿色金融是经济高质量发展的新方式。绿色金融是支持环境改善、应对气候变化和资源节约高效利用的经济活动，即对环保、节能、清洁能源、绿色交通、绿色建筑等领域的项目投融资、项目运营、风险管理等所提供的金融服务。随着全球人口的快速增长以及经济快速发展，能源的消耗也随之增长，全球生态问题加剧，实现经济绿色增长成为各国关注的重点经济议题之一。我国经济发展已由高速增长阶段转向高质量发展阶段，要求我们在推动经济发展，创造满足人民多种需求的物质财富和精神财富基础上，还要提供更多优质绿色生态产品，满足人民对良好生态环境和生态可持续发展的需求。这就需要绿色金融服务与协调，将对环境保护和资源利用效度作为活动成效的标准之一，通过自身活动引导各经济主体在自然生态中的平衡，重视金融活动与生态平衡的协调发展，形成以绿色创新为主要机制的现代化产业体系。

普惠金融是共同富裕的实现途径。长期以来，我国区域间、城乡间的金融资源配置存在较大差异。普惠金融既是一项经济活动，也蕴含着"共享"的发展理念，目的就是要提升金融服务的覆盖率、可得性、满意度，以可负担的成本为有金融服务需求的社会各阶层和群体提供适当、有效的金融服务。小微企业、农民、城镇低收入人群和残疾人、老年人等特殊群体是当前我国

普惠金融的重点服务对象。从本质上来说，普惠金融就是帮助低收入群体和小微企业获得公平发展而致富的权利。大力发展普惠金融，有助于把更多金融资源配置到社会发展的重点领域和薄弱环节，以金融的普惠性缓解发展不平衡、不充分的问题，不断满足经济社会发展和人民群众日益增长的金融需求。

养老金融是老有所养的重要支撑。第七次全国人口普查结果显示，预计"十四五"末期，我国将进入中度老龄化阶段，2035年前后进入重度老龄化阶段。人口老龄化既是挑战，也是机遇。随着我国老龄人口不断增加和养老需求的不断扩张，养老产业的市场规模将不断扩大，养老产业链将逐渐完善。大力发展养老产业，对于大力拓宽内需市场、实现国内国际双循环的新发展格局，以及解决就业总量压力大、结构性就业矛盾突出等问题，都具有现实意义。应对人口老龄化离不开金融的媒介融通作用。在2023年中央金融工作会议中，养老金融首次被正式提出，也是首次被列入国家金融的重点工作。养老金融是为应对老龄化挑战、围绕社会成员的各种养老需求所进行的金融活动的总和，包括养老金金融、养老服务金融、养老产业金融三部分内容。

数字金融是未来经济运行的新形态。数字金融是与数字经济相匹配的金融形态。数字金融降低金融服务门槛和成本，是更高效支持实体经济、服务数字经济的金融形态，更是金融创新和金融科技未来发展的方向。当前，数字金融已经渗透到生产和生活中，数字银行、数字货币、数字支付、数字供应链金融、数字普惠金融、数字保险、数字证券发行等是我国金融机构实现数字金融创新的主要切入点。作为金融创新与科技创新叠加融合形成的一种高级金融形态，数字金融具有数字与金融的双重属性，能够加速资金、信息、数字等要素的自由流通与有效配置，矫正传统金融因信息不对称引发的市场失灵和金融割裂问题，助力加快构建全国统一大市场。我国数字金融通过发展先进金融科技、创新商业模式，使金融行业整体效率得以提升，在用户规模、应用场景等方面已经位居全球前列。在数字经济的大背景下，从传统金融转向数字金融势在必行。

（四）金融强国背景下，横琴金融产业迎机遇

中央金融工作会议提到的"金融强国"战略为横琴粤澳深度合作区的现代金融产业提供了重要的发展机遇。现代金融产业是横琴粤澳深度合作区最主要的支柱产业之一。横琴粤澳深度合作区挂牌成立以来，金融的发展始终

契合中央金融工作会议提到的重要精神，致力于发挥金融支持实体经济的作用，打造我国金融业扩大对外开放的新高地。

一是金融扶持政策的持续出台。现代金融产业是横琴粤澳深度合作区重点发展的四大产业之一。为促进现代金融产业的发展，合作区成立以来已经出台了多项支持金融发展的措施。2023年2月23日，中国人民银行、银保监会、证监会、外汇局、广东省人民政府联合印发《关于金融支持横琴粤澳深度合作区建设的意见》（以下简称金融30条）。4月，国家发展改革委发布《横琴粤澳深度合作区鼓励类产业目录》，细化了横琴粤澳深度合作区金融产业的发展方向。同时，横琴粤澳深度合作区业也逐步建立起了金融政策体系促进金融产业的发展，其中包括促进金融产业发展的综合性政策，实施外商投资股权投资、上市挂牌扶持、对中小企业扶持、企业赴澳发债等多个专项政策。

二是横琴粤澳深度合作区金融产业持续增长。横琴粤澳深度合作区成立以来，金融产业发展迅速，已成为合作区的支柱性产业。2023年前三季度，金融产业增加值136亿元，同比增长0.3%，占横琴粤澳深度合作区GDP的比重高达39.9%。截至2023年9月末，横琴粤澳深度合作区金融类企业共656家，已经形成了涵盖银行、证券、保险、私募、融资租赁、商业保理等多种细分领域的金融业态。横琴粤澳深度合作区中外资金融机构本外币各项贷款余额达1840亿元，同比增长3.5%。

三是金融支持实体经济取得显著成效。截至2023年9月底，区内私募基金管理人管理基金规模达6655亿元，同比增长7.7%，较横琴粤澳深度合作区成立时增长1500多亿元，多只私募股权投资基金"以投带引"，为合作区引入人工智能、信息技术、生物医药及集成电路领域等项目。2023年1—9月，横琴粤澳深度合作区地方金融组织累计服务客户超9000户，提供融资服务达400亿元。

四是金融开放持续推进。在金融开放层面，横琴粤澳深度合作区着力构建与澳门一体化高水平开放的新体系，不断健全粤澳共商共建共管共享的新体制，在居民跨境投资、推进外商投资、打造金融合作平台等方面取得了显著的成效。2023年上半年，横琴粤澳深度合作区跨境人民币结算金额累计达2163亿元，同比增长40.1%。

蓝迪国际智库自成立以来，高度关注横琴发展，与横琴政府保持密切沟通，积极参与合作区建设。2023年，蓝迪国际智库应邀出席第一届横琴粤澳深度合作区咨询委员会，蓝迪国际智库专家委员会主席赵白鸽受聘成为第一届横琴粤澳深度合作区咨询委员会委员；定期举办金融高层咨询会，助力横琴粤澳深度合作区金融稳步发展；应邀出席第二届中国（澳门）国际高品质消费博览会暨横琴世界湾区论坛，为横琴粤澳深度合作区迈向世界级湾区建言献策；应邀出席2023年横琴全球招商推介会，推动横琴粤澳深度合作区加速构建产业生态；参加第三届BEYOND国际科技创新博览会，以科技创新驱动产业发展。

横琴粤澳深度合作区作为金融开放的前沿，在金融开放的过程中承担"桥头堡"的重要责任。下一步，横琴粤澳深度合作区将在推动琴澳特色金融发展、深化金融市场和基础设施互联互通、深化金融对实体经济的支持作用等方面发力，打造我国金融业扩大对外开放的新高地和粤港澳大湾区金融市场互联互通的示范区。

九、筑牢基建根基，传统基建与新基建双驱动

建设数字中国是数字时代推进中国式现代化的重要引擎，是构筑国家竞争新优势的有力支撑。2023年，中共中央、国务院印发《数字中国建设整体布局规划》，提出到2025年，基本形成横向打通、纵向贯通、协调有力的一体化推进格局，数字中国建设取得重要进展。其中夯实数字基础设施和数据资源体系是数字中国建设整体框架的两大基础。习近平总书记指出："基础设施是经济社会发展的重要支撑。"

如今，以新型数字基础设施为核心的信息高速公路已成为数字经济的主引擎，并加速赋能行业数字化转型、变革未来产业模式。顺应第四次工业革命的浪潮，面对机遇，中国正在积极加强数字基础设施建设。

（一）数字基础设施是加快建设数字中国的基础支撑

数字基础设施是推动我国经济社会高质量发展的战略基石，是生产方式、生活方式和治理方式数字化变革，加快推进数字中国建设的基础支撑。

一是数字基础设施加快生产方式变革，助力"数实融合"进程。当前，数字基础设施已深度融入我国新型工业化发展，以工业互联网为代表的基础设施已全面融入45个国民经济大类领域，重点行业的网络、算力、数据等基础设施正加快改造升级。数字基础设施加快赋能传统农业，全国建设运营益农信息设施46.7万个，装备北斗导航设备作业面积超过6000万亩，新模式加快推广普

及,物联网、机器人在农业生产加工各环节得到深度融合应用。数字基础设施有力保障数字消费升级,涌现出直播电商等一批网络消费新业态新模式。此外,数字基础设施的规模部署正形成全新的创新环境,推动大数据、人工智能、数字孪生等新技术与现有产业深度融合,为经济发展注入新的驱动力量。

二是数字基础设施加快生活方式变革,提升公共服务均衡性、可及性。数字基础设施与数字技术正全面融入公共服务、社会运行和日常生活,显著提升数字社会服务均衡普惠性。近年来,我国提速降费成效显著,国际电信联盟(ITU)报告显示,我国固定宽带价格占人均 GDP 的比例为 0.5%,远低于全球平均水平(3.5%),为数字公共服务切实触达全域全民提供了先决条件。2022 年,全国累计 51.2 万个行政村全面实现"村村通宽带",5G 网络覆盖全国所有县城城区以及 92% 的乡镇镇区,远程医疗协作网络覆盖全国所有地市和国家级贫困县县级医院,为数字民生服务惠及全民创造了有利条件。

三是数字基础设施促进治理方式变革,支撑构建现代化政府治理体系。数字基础设施有力支撑政务运行与社会治理网络化协同、一体化运行,助力构建横纵联动的现代化政府治理体系。《2022 联合国电子政务调查报告》显示,我国电子政务排名从 2012 年的第 78 位上升至 2022 年的第 43 位,成为全球增幅最高的国家之一。政务网、政务云加速融通整合,国家电子政务外网实现县级以上行政区域 100% 覆盖、乡镇覆盖率达到 96.1%;政务云平台实现省级 100% 覆盖、地级市覆盖率超过 70%,有力支撑和保障了各地政务服务"一网通办"、政府运行"一网协同"建设。目前,我国移动物联网连接数达到 18.45 亿户,占全球总连接数的 70% 以上,成为全球主要经济体中率先实现"物超人"的国家。基于物联网等数字技术的智能化改造,交通、能源、水利、城乡等领域应用基础设施升级建设成为数字基础设施建设热点,为"一网统管"提供了先决条件。

(二)数字化智能化时代对数字基础设施建设提出新要求

基于数字经济的阶段性特征可以发现,全球数字经济发展仍处于起步阶段,数字经济呈现强大的发展潜力。我国的数字基础设施建设在 5G 通信、大数据中心、工业互联网等多个领域取得了积极成效,但短板与发展不足依然明显,发展不均衡现象较为突出。一是地区差异性和结构性问题。新型基础设施在经济欠发达地区的覆盖率和人均占有量远低于发达地区水平,数字产业仍具有较大发展空间,未能充分发挥新型基础设施对内需的促进作用。二是重建设轻应用，重独立发展轻融合协同。新基建"一点接入，全网服务"特性使其投资规模可视需求变化而弹性增加，显著降低初始投资门槛，但也带来盲目投资、重复建设、技术标准难以统一等问题。数据中心、人工智能等发展相对独立，尚未形成协同发展、优势互补的建设格局。三是关键核心技术有待突破，"卡脖子"风险依然存在。科技是新基建的核心所在，我国在诸多领域关键核心技术的对外依存度高，急需解决"卡脖子"难题。新基建推动万物互联互通，但一些新技术、新产品和新业态的安全模式和规则难免存在漏洞，各种数据平台的安全防护能力有待进一步提高。

当前数字基础设施的建设情况和全球数字化、智能化的时代浪潮，赋予中国高质量建设数字基础设施更高的要求。

一是数字基础设施建设要实现数字化与智能化的结合。基于数字经济背景下对数据这一关键生产要素的开发与利用，高质量数字基础设施建设需要以5G、云计算、人工智能、物联网等新技术作为基础设施的核心支撑，以数字前沿技术的广泛应用推动基础设施建设的数字化、智能化转型，在技术层面适应数字经济发展需求，为经济高质量发展提供基础支撑。区别于传统的物理基础设施通过改善地理空间的可达性促进生产要素的自由流动，高质量数字基础设施建设需要在这一基础上通过基础设施的数字化与智能化，推动数据资源的自由流动，强调这一核心生产要素在我国经济发展的新旧动能转化中的关键作用，在中国式现代化新征程中实现数据资源的安全存储、快速传输与有效利用，以数据安全保障国家安全，以数据传输提高经济效率，以数据应用满足人民多样化需求，并通过数字技术与基础设施的有效结合推进数字产业化与产业数字化，形成基础设施建设与数字经济部门的正向反馈，为数字中国快速发展奠定基础。

二是数字基础设施建设需要以全局视角进行统筹布局。数字经济作为全球第三次工业革命的核心内容，是各国实现现代化的基本动力，具有推动经济快速增长与产业结构优化的诸多潜能，也是突破地理条件限制，为区域、城乡提供公平发展机遇的关键突破口。根据数字经济的普遍特质，与其相匹配的高质量数字基础设施也需基于协调发展的战略方向，针对区域和城乡协调中的现实问题，利用数字经济背景下政府统筹成本下降、管理难度降低、协调效率提升等基本优势，从全局视角为中国式现代化新征程中高质量数字基础设施建设提供统筹规划。

在中国式现代化新征程中，高质量数字基础设施需要以全局视角进行布局，以共绘、共建、共管、共享为基本要求。从区域协调的视角出发，针对传统基础设施建设过程中技术相对落后、建设经验不足或区域沟通不畅等因素导致的区域衔接问题，数字技术的大规模利用有利于降低区域沟通与协调成本，通过全局视角的统筹布局实现高质量数字基础设施的共绘；通过邻近区域的协同布局发挥区域比较优势，降低建设成本，推进高质量数字基础设施共建；通过数字政府建设推进高质量数字基础设施的共管；基于全局统筹视角下的高质量数字基础设施标准化，推进高质量数字基础设施共享。

三是高质量数字基础设施建设必须具有节能环保的特征。回顾我国基础设施建设的历程，煤—蒸汽机—铁路"三位一体"的工业结构，推动了以重工业为主导的第二次工业革命，传统物理基础设施的大规模建设与利用在实现经济高速增长的同时，也带来了较为明显的环境问题。面对当前第四次工业革命，高质量数字基础设施应符合经济高质量发展的节能环保特征，构建"新能源—数字技术—高铁"的高质量数字基础设施框架，开启人与自然和谐共生的中国式现代化新征程。

就具体内容而言，高质量数字基础设施首先需要通过新能源新材料的应用逐步实现低碳清洁的基础设施建设，通过大规模建设新能源配套基础设施推动能源利用效率的提高，实现能源结构的转型。其次，节能环保属性意味着高质量数字基础设施建设必须具有低污染、低排放的特征，为我国实现低碳发展奠定物质基础。最后，高质量数字基础设施建设应提供控制水质污染、提高空气质量、缓解自然灾害等基础生态服务，通过构建具有环保属性的基础设施体系维持社会经济运行，以便吸收一定程度的自然风险冲击。

四是数字基础设施建设需要为国际标准的制定作出积极贡献。面对全球化发展的必然趋势，数字经济背景下，各国信息技术交流与生产分工合作不断加强，高质量数字基础设施建设需要着眼于国际发展态势，以国际标准化作为关键要求；基于数字经济带来的时代机遇，可以通过高质量数字基础设施建设中对于数字技术的大规模应用来促进技术成熟，增强我国在国际标准体系构建中的话语权。

一方面，在中国式现代化新征程中高质量数字基础设施建设需要遵守国际标准，融入国际市场，推动形成以国内大循环为主体、国内国际双循环相互促进的新发展格局。新发展格局强调以国内大循环为主体，但绝非关起门来封闭运行，从世界大势来看，经济全球化仍是历史潮流，各国分工合作、互利共赢是长期趋势。高质量数字基础设施建设也应在满足内需的基础上遵循对外开放的基本国策，强调国际标准化要求，进一步开拓国际市场，通过畅通国内国际双循环带动世界经济复苏，共同培育全球发展新动能。另一方面，在中国式现代化新征程中高质量数字基础设施建设也可以通过数字技术的大规模开发与利用促使其成熟发展，推动新技术标准的确立，提升我国在国际标准化组织中的影响力，通过积极参加国际标准化活动维护本国利益，同时提升我国国际影响力、感召力、塑造力。

五是数字基础设施建设应以共享发展逐步推进共同富裕。在中国式现代化新征程中，基于经济高质量发展的转型要求，高质量数字基础设施需要发挥基础设施的正外部性与数字经济的普惠性，以共享推动共同富裕。想要充分发挥数字经济的普惠性，就需要借助高质量数字基础设施为数字经济发展提供物质载体，以具有共享属性的高质量数字基础设施规模化建设为共同富裕奠定基础。

（三）发挥智库力量，助力建筑业数字化开启新篇章

蓝迪国际智库高度关注以建筑业为代表的产业数字化转型。2023 年，蓝迪国际智库先后应邀出席中国数字建筑峰会 2023、工业和信息化部建筑信息模型软件产业发展座谈会等会议，拜访中国建筑业协会，深入交流数字基础设施建设，推动建筑业数字化转型。

2023 年 6 月 9 日，中国数字建筑峰会 2023 全体大会在西安召开。知名智库专家、院士学者、行业主管部门负责人、企业家及企业代表、媒体记者共计 3000 余人出席全体大会。与会专家就如何实现数字经济与建筑业深度融合、新格局下数字化转型的发展前景、智能技术和元宇宙等在建筑和城市数字化的前沿思考、全方位系统性开展建筑业数字化转型、建筑业务平台的重要作用等议题进行了深入交流与探讨。十二届全国人大外事委员会副主任委员、蓝迪国际智库专家委员会主席赵白鸽主持全体大会。

在全体大会上，研究员、重庆市原市长黄奇帆围绕"人工智能时代的城市数字化发展路径与治理模式"主题进行主旨报告时指出，人工智能成为数据要素开发的重要生产工具，激活数据要素是城市数字化发展的核心。城市智能化需要全空域泛在、全流程持续、全场景打通、全智能解析和全价值叠加"五全信息"的开发，城市要通过万物万联走向智能化发展。他表示，城市走向全面智慧化的标志是对人的智慧的深层次释放，并形成经济、社会、政务、文化、生态"五位一体"的智慧城市系统。同时，AI 时代的城市是由实体空间和数字空间组成的数字孪生城市，要充分重视对数字空间的治理。

2023年6月9日,在中国数字建筑峰会2023全体大会上蓝迪国际智库平台企业广联达建筑业务平台发布仪式现场。

蓝迪平台企业广联达科技股份有限公司董事长、总裁袁正刚作《系统性数字化与建筑业务平台——探寻建筑行业数字化转型的本质》的主题报告。他认为,回归工作方式和生活方式的需求、生产方式颠覆式变化、绿色发展与全链条低碳转型,是建筑业变革的推动力,以数字化技术带动的数字化转型是全球众多行业、众多国家共同的选择。就数字化而言,其本质层面的三大演变体现在数据、连接、算法;就建筑业而言,其业务本质是"点线面体",且具有高度专业、高度协同、高度独特、高度动态的特点。因此,要回归业务本质,推动数字化在开发定位、规划设计、招标采购、施工建设、运营管理等方面的业务融合。由于建筑业的本质造成的高度的系统复杂性、高度的系统不透明性,需要以系统性数字化破局,打造透明"数立方"。袁正刚表示,数字化最大的陷阱是由业务不融合、应用的割裂、软件的割裂造成的数据孤岛。解决数据孤岛问题,需要系统性数字化落地,并以"平台+组件"模式,支撑多业务开展。其中,建筑业务平台是核心业务多年的沉淀,是建筑行业数字化的关键支撑。可以认为,建筑业务平台是数据平台、协作平台、决策平台的集大成者。企业的数字化转型落地根基就是建筑业务平台加专业应用。数字化转型的价值是提高效率、提高效益、提高竞争力、提高品质。而数字化转型的关键,一是认知升级,需要系统性数字化推进;二是落地根基,是建筑业务平台加专业应用。

赵白鸽在总结致辞时表示，全球数字化、网络化、智能化、绿色化发展势不可挡，中国必将从经济大国走向科技强国。建筑业数字化发展在中国式现代化中扮演着重要角色，要不断增强多学科协同、跨领域整合，培养数字人才，加强全球合作。积极推动数字建筑技术在"一带一路"沿线落地，有助于中国企业打造国际品牌，同时也为全球经济发展注入新的动力。蓝迪国际智库将发挥新型应用型平台优势，携手推动建筑业数字化转型。

2023年11月13日，蓝迪国际智库应邀出席工业和信息化部建筑信息模型软件产业发展座谈会，就国产建筑信息模型（BIM）软件产业发展现状及趋势进行交流研讨，加快推动BIM软件迭代创新和规模商用，畅通供需大循环，构建新发展格局。赵白鸽主任发表主旨讲话，她表示，数字经济已上升为我国国家战略，建筑业是国民经济的支柱产业，加快推动建筑业数字化转型是落实我国数字经济整体发展战略的重要举措，建筑信息模型软件扮演着十分重要的角色，应进一步加强政策激励、标准协同、人才培养、生态建设等。

工业和信息化部信发司、住房城乡建设部科技司、住房城乡建设部质安司及信通院、住房城乡建设部信息中心、中建集团、广联达科技、建工集团、奥格科技、超图软件、中国电子工程设计院、清华大学、构力科技、中国图学学会、中设数字、中望龙腾、中信集团、中电建华东院等机构和企业相关负责人40余人出席座谈会。

本次座谈会是蓝迪国际智库深入促进产业数字化发展，发掘、培育和推介先进技术的重要举措。愿同平台企业一道，继续携手促进更多区域和行业高质量发展。

十、区域协调发展，释放更多发展活力与潜能

对于区域协调发展，习近平总书记强调："我们必须牢牢把握中国特色社会主义事业总体布局，正确处理发展中的重大关系，不断增强发展整体性。"高质量发展是协调成为内生特点的发展。实施区域协调发展战略，是关乎我国经济发展全局的重要战略举措，是贯彻新发展理念、建设现代化经济体系的重要组成部分。

（一）下好全国"一盘棋"，区域协调发展深入推进

2023年5月，工业和信息化部会同国家发展改革委、科技部等有关部门

以及京津冀三地政府共同编制《京津冀产业协同发展实施方案》；9月，中共中央、国务院印发《关于支持福建探索海峡两岸融合发展新路　建设两岸融合发展示范区的意见》；10月，国务院印发《中国（新疆）自由贸易试验区总体方案》。

2023年，习近平总书记深入各地考察调研，多次主持召开座谈会，就推动区域协调发展作出一系列重要部署，指出粤港澳大湾区应成为"新发展格局的战略支点""高质量发展的示范地""中国式现代化的引领地"；雄安新区已进入大规模建设与承接北京非首都功能疏解并重阶段，应努力使京津冀成为中国式现代化建设的先行区、示范区；东北要努力走出一条高质量发展、可持续振兴的新路子；要进一步推动长江经济带高质量发展，更好支撑和服务中国式现代化；勉励长三角区域在中国式现代化中走在前列，更好发挥先行探路、引领示范、辐射带动作用。

2023年12月11—12日，中央经济工作会议召开，习近平总书记发表重要讲话。会议强调"推动城乡融合、区域协调发展""充分发挥各地区比较优势，按照主体功能定位，积极融入和服务构建新发展格局"。协调发展注重的是解决发展不平衡的问题。只有实现了城乡、区域协调发展，国内大循环的空间才能更广阔、成色才能更足。这一重要部署为促进城乡融合发展、区域协调发展向更高水平和更高质量迈进指明了努力方向。

下好全国"一盘棋"，协调发展是制胜要诀。区域经济协调发展，实际上是一个与内外部环境及系统各结构间互动的过程。当前，我国区域经济发展的内外部环境有了很大变化，国际上受到价值观及地缘政治冲突、科技与供应链脱钩断链等因素的消极影响，国内面临供给冲击、预期转弱、需求收缩三项压力。另外，还有一些基础性矛盾和长期性制约因素，成为我国区域经济发展必须面对并需要通过不断改革予以破局和解决的问题。

一是行政区划与经济区划的矛盾问题。我国幅员辽阔、人口众多，自然条件迥异，区域与城乡差异大，出于社会治理、民族团结和国家安全的客观需要，现行的行政管理体制与层级结构、空间结构必须保持一定的稳定性，一些制度性管控规定仍有很强的合理性（如土地资源的空间管制与用途管制），这在某种程度上会影响要素按市场规律自由流动和高效配置，在推进区域一体化发展、同城化发展、城乡融合发展时，这些都是绕不过去的坎儿。

二是胡焕庸线所揭示的规律性特征与国土开发战略的矛盾问题。1935年至今，胡焕庸线所揭示的我国人口分布及密度情况并无大的改观。胡焕庸线东南地区的城镇化水平、产业集聚度还在不断提升，新要素、新技术、新产业和新就业机会仍然在向线东南方向倾斜。但线西北方向却承担着国家能源安全、资源安全和国土安全等重要责任。如何提升线西北方向的城镇化水平，特别是如何使线西北地区的产业发展更健康和可持续，是对区域经济协调发展战略的重大考验。

三是绿色低碳发展的需要和各区域承担的发展任务之间的矛盾。我国的优化开发区域和重点开发区域，既要继续为国家长期稳定发展提供动力，又要下力气首先解决自己的绿色转型问题。粮食生产区在地力、水利、土壤条件不断退化的情况下，亟须通过休养、涵养和修复，走上绿色集约发展的路子，但当前还要承担起提高单产、扩大总产的任务以确保国家粮食安全。在环境容量（环境承载力）严重不足的情况下，我们既需要在城乡社区及产业部门建立起循环畅通的生态系统，又需要在大尺度空间甚至全国范围内进行绿色、生态资源的腾挪和互助协作。如何在这一协作中使东北和中西部地区的优势得以发挥并从中受益，仍是需要认真研究探索的问题。

四是全国统一大市场和构建国内国际双循环发展新格局的需要与现行政策体系造成的利益不平衡问题和矛盾。我们在改革、开放、创新的制度设计与安排上，以及一些财税制度和公共品供给的安排上，仍需做深刻调整，并建立起体现区域公平、科学合理的利益补偿机制，这样才能真正促进实现区域经济协调发展。

然而，在复杂多变的背景下，区域经济发展仍有三个重大利好因素。一是基于自由贸易的全球化和国际经贸合作仍在持续发展。我国加入 RCEP 和申请加入 CPTPP 等各种国际多双边自贸协定，必然会给区域经济发展带来许多新的机会。二是国家深化改革、扩大开放、坚持新发展理念、构建国内国际双循环新发展格局、建设统一大市场、促进消费升级等战略举措的实施，为区域经济发展带来了新的增长动力。三是科技革命引领的产业变革，促进产业组织发生了深刻变化，形成了新的市场和市场关系，也形成了新的要素生成机制。它的显著特征就是互联网平台形成全球性生产与贸易网络，而其每时都在产生的大数据及其巨大的信息流量则成为新的生产要素，成为国家和地方未来的基础性资源。

科技革命带来的产业变革正在重新定义区域经济，使我们对自然禀赋、空间位置及产业形态这些区域经济的基础结构产生新的判断，赋予我们以新的竞争手段和协同方式，也给区域经济带来新的公平竞争环境。许多地区这几年的发展实践，正在证实这一点。作为创新动力，我国经济转型和产业升级正在形成几个新的风口，包括生命科学与生物技术产业、绿色低碳产业、数字经济和智能产业等。这些新产业形态的发展，在各区域发展中都很强劲，这也是看好区域经济高质量发展前景的重要原因。

为真正实现高质量发展，区域经济发展评价体系也应及时调整。过去看重经济规模、增长速度、投资增长、产业结构等，而现在更应看重的是开放程度、营商环境、绿色增长水平、社会创新能力、新要素集聚能力、供应链畅通能力、增进民生福祉和促进人的发展的能力等。

（二）蓝迪国际智库聚焦区域高质量发展

实现中国式现代化，必须推进区域协调发展。在新的发展阶段下，推动区域协调发展，必须坚持充分发挥市场在区域间资源配置中的决定性作用的原则，这是我国完善社会主义市场经济体制、建设高水平市场经济体系的必然要求。具体而言，需要把握以下几点：一是把改革、开放、创新和治理能力现代化作为区域经济协调和高质量发展的持续动力、持久动力；二是把建设现代化产业体系作为区域协调与高质量发展的重要内容，产业发展是区域经济的核心；三是重视区域发展规划的战略定位和功能塑造；四是重视平台经济发展在区域高质量发展中的支撑作用；五是营造突破地理界划分的经济空间和数字空间，在数字化时代，我们的想象力所达之处，就是区域的边界所在，而区域生成的数据流动到哪里，哪里就是区域发展的溢出空间或外延空间，对于区域经济发展来讲是千载难逢的历史机遇。

2023年，蓝迪国际智库作为新型平台型应用型智库，高度关注区域高质量发展，密集赴粤澳深度合作区及海南、上海、重庆、武汉、深圳、厦门、宁波、昆山、邢台等地实地走访、座谈研讨。过去一年，蓝迪国际智库持续聚焦粤港澳大湾区的对外开放与产业创新，与横琴政府保持密切联系，在研究报告、招商服务、专项咨询等方面开展深度合作；积极参与宁波开发区、昆山开发区、青岛市北、青岛胶州的产业发展，统筹举办多场专家咨询研讨会，并立足发展新形势为开发区提供发展建议；持续关注北京大兴、河北邢台清河、武汉等地的新赛道发展与产业布局；持续把握重庆、福建等地的城市发展特色与重要战略意义，应邀出席多场活动。

蓝迪国际智库将持续高度关注地方与区域的高质量发展，依托自身对决策、对社会、对国际的影响力，充分发挥科学技术、人才、服务、金融、创新资源、外交等优势，积极组织资源性平台，为区域经济的高质量发展赋能。

（三）2023 中国开发区高质量发展大会隆重举行

2023 年 12 月 11 日，以"平台+数字 赋能开发区高质量发展"为题的 2023 中国开发区高质量发展大会在河北省举行。大会由中国开发区协会、邢台市人民政府、蓝迪国际智库主办，河北省开发区协会、清河县人民政府承办，北京市开发区协会、天津市开发区协会、上海市开发区协会、重庆市产业园区协会、浙江省开发区研究会、安徽省开发区协会、湖南省开发区协会、山东省开发区协会、山西省开发区协会、云南省工业园区协会、陕西省开发区协会、广东省工业园区协会、福建省开发区协会、黑龙江省开发区协会、新疆维吾尔自治区园区（开发区）协会、厦门市自贸区暨海关特殊监管区协会等地方开发区协会联合协办。

2023 年 12 月 11 日，2023 中国开发区高质量发展大会现场。

重庆市原市长、研究员黄奇帆，十二届全国人大外事委员会副主任委员、蓝迪国际智库专家委员会主席赵白鸽，中国科学院院士、中国科学院原副院长、中国科学院大学原党委书记、校长李树深，国家发展改革委办公厅原主任、中国开发区协会首席顾问、原会长师荣耀，中国开发区协会副会长王磊，中国国土经济学会理事长、中国宏观经济研究院国土开发与地区经济研究所原所长肖金成，工业和信息化部中小企业发展促进中心副主任周平军，中央党校（国家行政学院）教授、博士生导师汪玉凯，中国国际经济交流中心科研信息部原副部长、高级研究员王晓红，国务院发展研究中心信息中心研究员李广乾，邢台市人民政府市长宋华英，邢台市委常委、常务副市长郑传记，铁岭市委常委、副市长、开发区党工委书记张世伟，重庆两江新区党工委委员康光荣，邢台市人民政府秘书长张立军，清河县委书记、清河经济开发区党工委书记张剑，清河县人民政府县长、清河经济开发区管委会主任闫恒卓等出席活动。

蓝迪国际智库秘书长马融，清河县政府副县长尚瑞，清河羊绒产业发展服务中心负责人郑春雨，清河汽车研究院院长夏玉强，开发区党工委委员高华珍，新华羊绒、宇腾羊绒、维力斯羊绒、中航上大、永昌、株冀、德科斯等企业负责人参加会议。

来自中国工业报社、中国经济改革研究基金会等单位，上海市浦东新区商务委、吉林省商务厅、广西壮族自治区投资促进局、邢台市商务局、泰安市商务局、烟台市商务局、洛阳市商务局、曲靖市工业和信息化局等部分省（区、市）、市开发区主管部门，以及天津、上海、重庆、昆山、广州等地部分重点国家级经济技术开发区、高新技术产业开发区、海关特殊监管区域、省级开发区共计130余家单位的260余名业界代表参加活动。

会前，十二届全国人大外事委员会副主任委员、蓝迪国际智库专家委员会主席赵白鸽组织了园区实地调研。赵白鸽深入考察了园区厂房及规划展馆，现场观摩了开发区一站式服务中心、人才产业协同中心、开发区产业馆、金融科技产业园、新华国际羊绒高端针织产业园以及河北南冠科技有限公司等单位，对清河特色产业的发展态势以及清河开发区在服务理念、服务平台建设等方面所取得的显著成果给予了高度评价。

赵白鸽表示，清河在积极探索和发展羊绒、汽车及零部件、战略性稀贵金属和耐火材料四大特色产业方面取得了显著成效。清河政府将企业置于区域发展核心地位，推行企业公园、企业家咖啡吧、规划馆企业家展厅、企业"一企一策"等服务模式，不断创新举措，助力企业蓬勃发展。当地政府进一步加快产业转型升级步伐，着力提升品牌附加值，搭建对外宣传清河产业的平台，助力企业向产业链中高端迈进。同时，希望清河企业在未来持续保持强劲发展势头，推进产业基础高级化和产业链现代化，进一步提升企业核心竞争力。

2023年12月11日,赵白鸽走访调研河北清河"中国羊绒智能针织第一工厂"。

实地考察之后,赵白鸽主持了关于清河特色产业高质量发展座谈会。与会企业代表根据自身发展状况,就企业概况、规模、前景、市场营销、品牌价值等方面展开了热烈的讨论。赵白鸽主任有针对性地为企业提供诊断和建议,助力其链接资源。参会者还就清河特色产业高质量发展的优势、未来规划、国际合作,以及如何进一步对接创新要素和服务资源等议题进行了深入交流。

2023年12月11日,赵白鸽与清河特色产业高质量发展座谈会与会代表合影。

清河县人民政府县长、清河经济开发区管委会主任闫恒卓在致辞中对蓝迪国际智库专家及各界代表的到来表示热烈欢迎。他表示，清河是一方活力十足、未来可期的投资热土、创业沃土。2023 中国开发区高质量发展大会的召开，为全国各地开发区搭建起了深化合作交流、促进共同发展的平台。诚挚希望各位领导、专家畅所欲言、多提宝贵意见。我们将全力支持清河经济开发区强化与全国各地开发区的对接沟通，不断优化营商环境，提高产业层次，加快把开发区打造成改革创新的高地，为全国开发区高质量发展贡献清河力量。

清河县人民政府县长、清河经济开发区管委会主任闫恒卓为
2023 中国开发区高质量发展大会致辞。

邢台市人民政府市长宋华英指出，近年来，邢台市把制造业作为第一支撑，把开发区作为第一平台，努力在集群化、专业化、数字化上下功夫，持续推动邢台综合经济实力实现新提升。希望中国开发区协会把邢台作为试验田，开展更多创新性、试点性工作，共同为中国开发区高质量发展作出新的更大贡献。

中国开发区协会副会长王磊在致辞中指出，现代化产业应与科技、国际接轨打造数字化新发展。他强调，开发区作为我国经济发展主阵地，更要率先领跑、冲锋在前，要充分用好制造业与现代服务业基础优势，继续深度嵌入全球产业链条、对接国际尖端制造环节、强化核心技术研发合作。一是坚持以数字经济引领建设现代化产业体系，促进数字经济和实体经济深度融合，打造具有国际竞争力的数字产业集群。二是坚持以数字经济引领促进区域协调发展。三是坚持以数字经济引领推进高水平对外开放。四是坚持以数字经济引领推动绿色低碳发展。同时，数字经济时代，平台型创新生态系统是大国竞争的重要载体。应统筹工业互联网、消费互联网、人工智能、跨境电商四类平台协同推进，促进数字技术与实体经济深度融合，为经济回升向好注入数字新动能。

邢台市人民政府市长宋华英为 2023 中国开发区高质量发展大会致辞。

中国开发区协会副会长王磊为 2023 中国开发区高质量发展大会致辞。

中国科学院李树深院士表示，多次来清河参观考察，深刻感受到了清河的创新进步、清河的开拓精神、清河的包容精神，清河走出了一条具有鲜明特色且高质量产业发展的创业之路。希望更多的人能够更进一步认识清河、了解清河、融入清河，在清河这片热土上能够收获更多友谊、收获更多合作、收获更多成功。

中国科学院院士，中国科学院原副院长，中国科学院大学原党委书记、校长李树深为2023中国开发区高质量发展大会致辞。

在主题报告中，重庆市原市长黄奇帆以"筑牢开发区高质量发展之基"为题，围绕开发区的科学内涵、如何做好高水平招商引资、按照国家高质量发展目标提升开发区新质生产力等方面，分享了关于新时期开发区高质量发展的系统性思考，为开发区转型升级的重大意义、路径选择和方向指引提供了宏观指导，从战略层面为我国开发区在高质量发展新征程上争当表率，在推进中国式现代化中走在前、做示范提供了极具价值的智慧与参考。

赵白鸽作题为《为中国式现代化贡献开发开放创新创业伟力》的主题演讲。她指出，开发区的发展是我国改革开放事业的缩影，是中国式现代化积极探索的集中体现。在发展建设中，开发区完善了我国自主培育和开放引进双向发力的完整工业体系，从战略层面提供了丰富的经验与参考价值。在全球经济科技格局剧烈调整的新形势下，开发区不断开拓、稳步发展的重要意义越发凸显，开发区要继续在改革创新、推动高质量发展上争当表率，在推动高质量发展、践行中国式现代化方面扮演新角色，释放新价值。

重庆市原市长、研究员黄奇帆在 2023 中国开发区高质量发展大会上作专题报告。

十二届全国人大外事委员会副主任委员、蓝迪国际智库专家委员会主席赵白鸽在 2023 中国开发区高质量发展大会上作主题演讲。

中央党校（国家行政学院）教授、博士生导师汪玉凯为代表们带来了题为《释放数据价值　推动数字经济发展》的精彩分享。他从中国经济增长中的数字经济崛起、开发区将成为数字经济的主战场、围绕"四化"释放数据价值等方面展开演讲，对开发区激活数据要素潜能，释放数据要素价值，推动数字经济高质量发展提供了指导意义。

中国国土经济学会理事长、中国宏观经济研究院国土开发与地区经济研究所原所长肖金成指出,建立开发区是改革开放的重要战略举措。新时期,我国开发区要进一步发挥体制创新的功能,在大力引进和利用外资、不断进行各种超前的改革和试验等方面作出更多尝试和更多贡献,要持续推动区域经济的高质量发展,真正建设成为所在区域经济发展新的增长极、技术与管理的创新点和现代化城市的重要标志。

中央党校(国家行政学院)教授、博士生导师汪玉凯为
2023中国开发区高质量发展大会作精彩分享。

中国国土经济学会理事长、中国宏观经济研究院国土开发与地区经济研究所
原所长肖金成为2023中国开发区高质量发展大会作主题交流。

工业和信息化部中小企业发展促进中心副主任周平军指出，专精特新中小企业在我国提升产业链供应链稳定性、推动经济社会发展中发挥着十分突出的重要作用。开发区要明确梯度培育、动态管理、分类指导、协同发展、精准服务、强化创新的工作思路，通过构建培育机制、加大财税支持、完善服务体系、强化人才支撑、优化政策环境等举措，切实完善优质企业梯度培育体系，激发涌现一批协同配套能力突出的专精特新中小企业，推动形成协同、高效、融合、顺畅的大中小企业融通创新生态。

工业和信息化部中小企业发展促进中心副主任周平军为
2023 中国开发区高质量发展大会作专题演讲。

国务院发展研究中心信息中心研究员李广乾为代表们分享了"企业数字化转型顶层设计方法"的有关内容。他谈到，当前，各领域的数字化转型势在必行，但从近年来的具体建设实践来看，实际效果依然不够理想。开展数字化转型，必须首先进行顶层设计。对于开发区而言，构建科学合理的（电子）政府数据结构，建立政府数据参考模型，对海量政府数据进行科学分类而建立的高效、合理的管理框架，有效开展政府数据共享、开放，加快政府数据资产化管理尤为重要。

中国国际经济交流中心科研信息部原副部长、高级研究员王晓红为大家带来了《数字化赋能"双循环"与商品市场发展》的专题演讲。她指出，当前，我国经济进入高质量发展阶段，正加快构建以国内大循环为主体、国内国际双循环相互促进的新发展格局，通过大数据、云计算和区块链等技术应用，畅通国民经济循环，打通生产、分配、流通、消费各环节，补齐产业链短板、增强产业链韧性、打通供给约束堵点,推动中国经济高质量发展尤为重要。广大开发区要深入学习贯彻习近平总书记关于发展数字经济的重要论述,把握新一轮科技革命和产业变革新机遇,促进数字经济和实体经济深度融合,更好助力高质量发展。

国务院发展研究中心信息中心研究员李广乾为2023中国开发区高质量发展大会作专题演讲。

中国国际经济交流中心科研信息部原副部长、高级研究员王晓红为
2023中国开发区高质量发展大会作专题演讲。

中国开发区协会与蓝迪国际智库全面深化战略合作，深度聚焦国家重大战略部署，充分研讨开发区发展问题，共同丰富开发区发展内涵，总结新经验、选树新典型，引导和助力我国开发区全面驱动高质量发展。鉴于河北清河经济开发区在平台建设、数字赋能方面的示范引领作用，以及典型经验与显著成效，经河北省开发区协会推荐，中国开发区协会、蓝迪国际智库共同研究决定，授予河北清河经济开发区"平台+数字经济示范园区"的荣誉。

2023 中国开发区高质量发展大会"平台+数字经济示范园区"授牌仪式，蓝迪国际智库秘书长马融参与授牌。

中国开发区协会联合蓝迪国际智库共同开展《中国开发区营商环境百佳案例》（2024）征集活动，旨在充分展现开发区优化营商环境的新担当、新作为，积极营造开发区优化营商环境的新气象、新氛围，探索提出开发区优化营商环境的新方向、新路径，不断为全国范围优化营商环境工作形成新经验、深化新认识、贡献新方案。

中国开发区协会副会长王磊，蓝迪国际智库秘书长马融，中国国土经济学会理事长、中国宏观经济研究院国土开发与地区经济研究所原所长肖金成，中国工业报社执行总编辑朱宇清，中国国际经济交流中心科研信息部原副部长、高级研究员王晓红，中国经济改革研究基金会公共服务改革与发展专项基金副主任、研究员刘非等嘉宾共同上台，启动《中国开发区营商环境百佳案例》（2024）征集工作。

《中国开发区营商环境百佳案例》(2024)征集启动仪式。

本次大会在全国开发区全面贯彻落实党的二十大精神的开局之年召开,具有重要意义。与会领导和嘉宾们展现出了政策宏观视野与理论实践深度的结合,其专业、深刻且具有前瞻性的演讲,系统阐述了开发区高质量发展的相关经验、面临的问题、创新探索及改革思路。这将对开发区准确把握政策走向、改革方向和重点任务产生积极影响,并助力开发区聚焦高质量发展重点,提升发展的系统性、集成性。

回顾2023年,中国经济发展平衡性持续增强。展望新的一年,尊重客观规律、发挥比较优势,推动城乡融合发展、促进区域协调发展,将会释放更多发展活力与潜能,为推动经济回升向好、加快构建新发展格局、着力推动高质量发展提供有力支撑。

第三章 国际交流
合作主旋律下携手应对全球风险

一、聚焦中美关系，推动两国多渠道沟通

2023年是中美关系在不断探索竞争边界的过程中重寻合作之道的一年。从年初"无人飞艇"事件对巴厘岛会晤之后的两国关系构成新的危机，到年终两国元首旧金山会晤为中美关系导航定向，形成了面向未来的"旧金山愿景"，近年来波折不断的中美关系迎来阶段性缓和的新契机。

2023年，蓝迪国际智库聚焦中美关系，就加强中美对外战略传播体系比较研究、新形势下推动中美和谐共处与文明互鉴等议题开展智库研究，形成智库报告；参加美国驻华大使馆晚宴活动、史迪威将军诞辰140周年纪念活动等多场国际交流活动，为推动新时代中美关系建言献策；积极发挥智库作用，组织参与民族文化交流与传播国际研讨会、中西方文明交流与互鉴研讨会等多轨交流，促进各国间多层级对话与合作。

（一）积极开展重大课题研究，助力中美文化交流互鉴

近几年，俄乌冲突引发的舆论大战，美国涉华战略传播动作频繁，展现出数字化技术在战争和国际关系中的应用。第二次世界大战后，美国出于争夺、维持和扩张其世界霸权的需要，形成了当今世界最庞大、最高效且覆盖面最广泛的对外传播体系。美国战略传播是美国国家安全战略的重要支撑，其核心是维护美国国家利益。

2023年，蓝迪国际智库以中国的对外传播工作为切入点，重点关注美国对外战略传播体系、涉美舆论应对和中西方文明交流互鉴等议题，通过高层交往、资料分析、研讨交流、调研考察等方式，形成《关于加强领袖、政党、阶级、社会相互关系研究，推动中美关系发展的建议》《关于中国人民抗日战

争暨世界反法西斯战争胜利纪念日活动的建议》《美国对外战略传播体系及其与我国外宣工作的比较研究》《新形势下推动中美和谐共处与文明互鉴的建议》四份重要报告。

（二）应邀出席多场国际交流活动，共探中美两国正确相处之道

2023年，蓝迪国际智库先后应邀参加美国驻华大使馆晚宴活动、史迪威将军诞辰140周年纪念活动等，以"共商共建共享"原则为核心，为推动构建中美新型大国关系作出积极贡献。

1. 蓝迪国际智库应邀出席美国驻华大使馆晚宴活动

2023年5月17日，十二届全国人大外事委员会副主任委员、蓝迪国际智库专家委员会主席赵白鸽受邀出席美驻华大使馆晚宴活动，并作主旨演讲。美国驻中华人民共和国大使尼古拉斯·伯恩斯，亚洲基础设施投资银行行长兼董事会主席金立群，中国证券监督管理委员会副主席、党委委员方星海，中国证券市场设计研究中心总干事、财讯传媒董事局主席、《证券市场》周刊社长、《财经》杂志总编辑王波明等嘉宾出席晚宴活动。

晚宴上，到场嘉宾就中美两国各领域合作当前存在的机遇与挑战交流探讨，分享彼此的经验和见解，为进一步巩固中美友谊和合作共赢贡献智慧。

赵白鸽在题为《人为本，和为贵，推动构建中美新型大国》的发言中指出，中美两国到了加强对话、更好协作的时候了，双方需要进一步就中美合作的规则秩序、切入点和"尺与度"的把握展开讨论。她表示，了解习近平主席的成长历程、思想内核、抱负决心，可以更好地理解当下的中国，理解中美关系走向。

2. 蓝迪国际智库应邀出席史迪威将军诞辰140周年纪念活动

2023年8月8日，史迪威将军诞辰140周年纪念活动在重庆举办，来自中美两国政府官员、专家学者、企业和媒体代表等150余人参会。

本次纪念活动以"铭记共同抗战岁月 传承中美人民友谊"为主题，由史迪威研究中心主办，北京大学中外人文交流研究基地协办。史迪威将军曾外孙女苏珊·科尔、南希·米尔沃德，美国驻华大使馆代表陆杰新，美军太平洋司令部前副司令丹尼尔·立夫，美中贸易全国委员会前会长罗伯特·柯白，重庆市人大常委会副主任、重庆市对外友好协会会长赵世庆，全国对外友好协会副会长姜江，中国人民外交学会副会长张吉明，外交部美大司副司长邱文星等出席纪念活动。

2023 年 8 月 8 日，赵白鸽主任与史迪威将军的后代们合影。

十二届全国人大外事委员会副主任委员、蓝迪国际智库专家委员会主席赵白鸽应邀出席研讨会并发表主旨演讲。赵白鸽表示，当前，追忆史迪威将军一生的贡献，见证中美共同抗战岁月和中美合作与交流的历史，具有重要的历史与现实意义。这一历史让我们深刻地思考，在全球大环境中、在新科技革命的大潮下、在新型全球化的进程中，我们如何看待和处理中美竞合关系，特提出以下三点建议。

一是建立平等友好的共商机制。本着对当代负责任的态度，相互认同、相互尊重、相互信任，让中美两国人民，特别是中美两国的新生代，不是生活在贫困、恐惧和战争中，而是生活在繁荣、自由与和平之中。

二是建立高效系统的共建机制。美国具有极强的创新能力和极强的综合国力，中国具有五千年的历史。中美之间具有极强的互补性，可以在今天的发展环境中共同应对战争与冲突、气候变化等给人类带来的挑战。这需要我们共同挖掘、贡献和应用所有的资源，如科技、市场、人力资源，特别是信息与服务资源。

三是建立公平公正的共享机制。这种共享机制不仅包括两国经济发展，更应该包括多元的文化、治理模式、知识体系、信息资源和人力资源的共享。

以上机制的建立应基于在相互尊重、相互信任的基础上，而建立人类命运共同体应作为我们的最终目标。

本次活动取得积极效果。2023年8月29日，习近平主席复信美国史迪威将军外孙约翰·伊斯特布鲁克。习近平主席指出，感谢伊斯特布鲁克在来信中分享史迪威将军及史迪威家族几代人同中国友好交往的故事，从史迪威家族身上，我感受到了美国人民对中国人民的友好情谊。习近平主席强调，回望过去，中美两国为抗击日本法西斯、争取世界和平并肩战斗；展望未来，中美两国也完全可以相互成就、共同繁荣。

（三）积极发挥智库力量，组织参与多场多轨交流研讨会

近年来，美国对华政策始终以遏制打压为主，但在实践中面临许多问题，很大程度上导致中美关系面临巨大的不确定性，走向严重冲突的风险加剧。多层次对话有助于两国达成一些原则性共识，确定中美博弈的边界，从而灵活处理双边关系，推动中美关系向前发展。2023年，蓝迪国际智库依托智库平台，积极发挥资源聚合能力，组织多场交流研讨会，加强中美多轨交流。

1. 蓝迪国际智库参加中西方文明交流与互鉴国际研讨会

2023年8月22日，中西方文明交流与互鉴国际研讨会在京成功举办。研讨会由中国社会科学院国家高端智库理事会秘书处主办。与会专家围绕应用"共商共建共享"理念，推动中美两国文化交流、友好对话展开热烈讨论。

2023年8月22日，中西方文明交流与互鉴国际研讨会与会专家合影。

中国社会科学院相关专家与来自加拿大、美国和英国的专家学者进行了坦诚的、建设性的讨论。与会嘉宾就以下问题达成共识。

一是要建立科学有效的对话机制。特别需要关注人民群众的感受，即我们的决策和行动必须对民众负责，特别是对我们的新生代负责。让民众真正生活在和平、自由和繁荣之中，而非生存在贫困、恐惧和战争之下。

二是在新的全球化环境下，必须不断优化交流和对话的方式与技巧。因为我们不仅要面对人类不同国别、种族、意识形态的差异，还将面临由第四次工业革命所带来的如人工智能、机器人等新兴科技的挑战。我们应该促进交流与互鉴，特别是在和平共处、求同存异方面下功夫。

三是我们面临全球大变局的环境，也面临新型全球化的挑战。我们现在要做的事情是团结世界上大多数的国家和人民，保卫和平，保卫每个人自由而全面发展的权利。

四是认真总结中国在新型全球化实践中取得的成功案例。这样成功的案例有很多，例如上海合作组织、亚洲基础设施投资银行和金砖国家等，目前已经形成较为完整的沟通与合作机制。它们将为世界未来的发展提供可借鉴的案例，特别有助于中国在人类共同面临的战争冲突、气候变化等系列挑战中能够真正发挥重要的作用。

五是这种坦诚的、理性的有效对话具有重要的现实意义。与会者期待持续参与这种交流与对话，并能够对政府决策层、社会各阶层及国际社会产生积极影响。

2. 民族文化交流与传播国际研讨会在北京召开

2023年9月6日，民族文化交流与传播国际研讨会在北京民族文化宫成功举办。二十届中央委员、中央统战部副部长、国家民委主任潘岳出席研讨会。

研讨会上，十二届全国人大外事委员会副主任委员、蓝迪国际智库专家委员会主席赵白鸽，十二届全国政协委员、中国外文出版发行事业局原局长、蓝迪国际智库专家委员会成员周明伟，中国工合国际委员会主席、中华人民共和国"友谊勋章"获得者伊莎白·柯鲁克之子柯马凯，"中国政府友谊奖"获得者、中央民族大学美籍教授马克·力文等专家，围绕如何准确认识中华文明突出特性、如何铸牢中华民族共同体意识、如何推动民族文化国内国际传播、如何讲好中国故事促进中西交流对话等热点议题，展开深入的建设性讨论。国家民族事务委员会有关司局负责人列席会议，蓝迪国际智库秘书长马融等参与座谈。

2023年9月6日，民族文化交流与传播国际研讨会在北京民族文化宫召开，与会专家合影。

与会专家一致认为：

一是在当前全球变局下，世界和平是全世界人民的共同期望。团结世界上大多数的国家和人民，保卫和平是迫在眉睫和至关重要的。需要从"人民"出发，关注民生问题，一同关注和推动战争冲突、气候变化、卫生健康等全球共识性问题的解决。

二是各国间需要建立科学有效的对话机制。不仅是决策层的高层交流，更需要民间交流，主动排除相互之间的对立，化解相互之间的隔阂。不同层级的对话要分众化、精准化，丰富中国话语体系建设。特别需要关注人民群众的感受，以文化推动各国人民间的关系更加紧密。

三是国际传播需要不断优化交流和对话的方式与技巧，将单向宣传转为双向交流。尤其需要关注各国青年人的交流与互动，聚焦青年人群关注的议题与表达方式，使世界青年人之间的关系更加紧密与团结。

蓝迪国际智库专家一行还参观了"铸牢中华民族共同体意识文物古籍展"，通过浏览"大一统""大交融""大团结"三个单元1500余件文物古籍，聆听各民族交往交流交融的故事，回顾波澜壮阔的中华民族发展史，感悟中国共产党百年民族工作的伟大成就，感受博大精深的中华优秀传统文化。

参观结束后，与会专家就如何进一步完善文物古籍展、如何更好地向世界展示中华民族多元一体格局与如何推动中华优秀传统文化对外交流展开讨论。

2023 年 9 月 6 日，与会专家一行在北京民族文化宫调研
铸牢中华民族共同体意识文物古籍展。

与会专家指出，中国共产党与中国特色社会主义具有很强的独特性与包容性。中国在历史上对少数民族的尊重与支持和解决民族问题的方法与策略是极具价值的，是"讲好中国故事"、做好国际传播的重要切入点。中国需要在国际舆论场上主动设置话语权，用事实向世界展现中华民族共同体，将全人类共同价值观与中国历史相结合，与世界接轨，向世界人民阐释人类命运共同体，推动世界的和平发展与交流互鉴。

2024 年 1 月 1 日是中美建交 45 周年纪念日。45 年来，中美关系走过风风雨雨，总体保持稳定发展势头。在世界经历百年未有之大变局的当下，中美关系何去何从，举世关注。2023 年，中美重启和新建了一系列对话磋商机制，合作潜力逐步累积，但仍需面对"分裂的美国"带来的挑战。2024 年，在新的选举周期影响下，中美来之不易的合作势能仍然面临被打断的风险。

蓝迪国际智库将持续关注美国大选、台湾问题、中美气候合作等两国双边关系核心议题，积极发挥智库力量，聚焦战略性、全局性、趋势性问题，以问题、需求和结果导向为原则，建言献策。

二、"一带一路" 10 年，推动高质量发展

2023 年是共建"一带一路"倡议提出的第 10 年。10 年来，我国已与 150

多个国家、30多个国际组织签署了200多份共建"一带一路"合作文件，形成3000多个合作项目，拉动近万亿美元投资规模，打造了一个个"国家地标""民生工程""合作丰碑"，为共建国家发展注入强劲动力，成为最受欢迎的国际公共产品和最大规模的国际合作平台。10月，第三届"一带一路"国际合作高峰论坛在北京圆满落幕，取得丰硕的经贸成果。

蓝迪国际智库积极推动"一带一路"工作，积极参与理论与实践创新，就其中战略性、全局性问题进行交流研讨，推动"一带一路"相关合作与交流。

（一）以发挥智库平台优势，推动"一带一路"高质量发展

2023年，蓝迪国际智库依托平台形成的智库、国际、城市、企业、媒体五大网络，充分发挥资源整合与组织能力，围绕推动"一带一路"倡议的研究与实践开展相关工作。

1. 积极参与"一带一路"国际交流，发挥好智库咨政建言功能

2023年5月17日，"一带一路"智库合作联盟和重庆市人民政府主办、中联部当代世界研究中心和重庆市人民政府外事办公室承办的2023"一带一路"陆海联动发展论坛在重庆召开。中共中央政治局委员、重庆市委书记袁家军出席开幕式并致辞。老挝人民革命党中央书记处书记、国会副主席顺通·赛雅佳，印度尼西亚专业集团党专家委员会主席、前国会议长阿贡·拉克索诺，中联部副部长郭业洲致辞。重庆市委副书记、市长胡衡华主持开幕式。

2023年5月17日，蓝迪国际智库应邀出席2023"一带一路"陆海联动发展论坛。

十二届全国人大外事委员会副主任委员、蓝迪国际智库专家委员会主席赵白鸽应邀出席论坛并发表主题演讲。赵白鸽表示，"一带一路"倡议已成为深受欢迎的国际公共产品、不可或缺的国际合作平台。中国式现代化和"一带一路"高质量发展目标相同、本质相同、标准相同，将相互促进，推动"一带一路"更大范围、更高水平、更深层次发展。

2023年5月27—28日，第五届中国战略论坛暨"新时代新征程上的中国特色大国外交"高端研讨会在同济大学成功举办。来自全国人大、中共中央对外联络部等政府机关，以及北京大学、清华大学、复旦大学、中共中央党校和中国社会科学院、新华社等35家高校和智库的70余位专家学者齐聚一堂，展开跨学科对话、交流、讨论，共同促进对中国外交战略布局问题的深入研究和讨论。

2023年5月27—28日，第五届中国战略论坛暨"新时代新征程上的中国特色大国外交"高端研讨会与会嘉宾合影。

十二届全国人大外事委员会副主任委员、蓝迪国际智库专家委员会主席赵白鸽作了题为《以中国式现代化推动"一带一路"新十年发展》的主旨演讲。她认为，认识"新时代新征程上的中国特色大国外交"，要深刻理解新型全球化和"人类命运共同体"理念的内涵意义，深刻领会"中国式现代化"的世界意义，深刻认识"一带一路"是中国智慧对全球化的重大贡献，它不仅为全球发展提供了重要的公共产品，也为新型全球化提供了最佳实践。未来 10 年，需要综合应用跨学科、跨领域的手段，整合全球资源，推动"一带一路"高质量发展，促进全球治理体系的升级变革。

2023 年 9 月 22 日，以"'一带一路'十周年展望：新机遇新发展"为主题的第三届沪江公共外交论坛在上海理工大学大礼堂二楼会议厅隆重举行，来自学界、政界、企业界的 80 余名代表围绕"一带一路"、公共外交等相关议题展开深入研讨。本次论坛由上海理工大学和上海公共外交协会联合主办、上海公共外交研究院承办。论坛分别由海峡两岸关系协会副会长李文辉、上海公共外交协会副会长祝伟敏、上海理工大学副校长蔡永莲担任主持人。

十二届全国人大外事委员会副主任委员、蓝迪国际智库专家委员会主席赵白鸽在题为《以发展的视角共话"一带一路"下一个十年》的报告中表示，针对当前"一带一路"的新形势、新挑战，需要深刻理解"共商共建共享"机制的内涵，加强应用，从搭建平等对话平台、坚持科技创新、聚焦国际议程出发，让更多的人享受到新型全球化带来的利益和机遇，让各国人民真正分享到"一带一路"的成果。

12 月 1 日，2023"看中国 听世界"论坛在深圳举行。此次论坛以"中国式现代化与高质量共建'一带一路'"为主题，由中共中央对外联络部和中共深圳市委联合主办，中联部部长刘建超，广东省委副书记、深圳市委书记孟凡利出席。来自亚洲、非洲、欧洲、大洋洲 30 个国家的政要、智库负责人、企业代表和媒体人士等约 150 人现场参会。中联部副部长、"一带一路"智库合作联盟共同理事长郭业洲主持开幕式。

2023 年 9 月 22 日，第三届沪江公共外交论坛与会嘉宾在上海理工大学合影。

蓝迪国际智库作为"一带一路"智库合作联盟理事单位，应邀参加2023"看中国 听世界"论坛。十二届全国人大外事委员会副主任委员、蓝迪国际智库专家委员会主席赵白鸽出席全体会议并作主旨演讲。蓝迪国际智库秘书长马融一同参会。赵白鸽围绕"看中国 听世界"论坛主旨，从如何看待中国、如何倾听世界及如何采取下一步行动三个方面进行阐释。她表示，中国式现代化用几十年走完西方发达国家几百年的历程，与西方发达国家的现代化进程有很大不同，突出体现在中国始终坚持解放和发展生产力、坚持"天下大同"的中华文化、坚持维护最广大人民的利益，这是中国战略管理的巨大成功。

2023年12月1日，2023"看中国 听世界"论坛与会嘉宾合影。

2. 把握发展新形势，展望"一带一路"新十年

2023年，蓝迪国际智库积极参与交流研讨，把握"一带一路"发展最新动向，坚持在理论与实践互动统一中推进创新，以"中国式现代化指引'一带一路'高质量发展"为核心，形成以下创新性观点。

第一，深刻理解"共商共建共享"原则。"共商共建共享"是"一带一路"各国共同遵循的原则，用发展的眼光理解"共商共建共享"理念的深刻内涵对"一带一路"新十年发展具有启示作用。一是建立平等友好的共商机制。要建立科学有效的对话机制，着重关注摆在全世界人民面前的共识性问题，优化交流和对话的方式与技巧。二是建立高效系统的共建机制。"一带一

路"沿线国家互补性强、合作点多,要抓住新一轮科技变革和产业革命的机遇,加强科技创新的引领作用,一道发掘、贡献和应用所有的资源,提升全球生产要素的有序流动和高效配置,建立"创新、协调、绿色、开放、共享"的合作机制。三是建立公平公正的共享机制。作为人类命运共同体,我们必须共同面对挑战,同时也应建立合理、公平、公正的共享机制。在相互信任和尊重的基础上,加强在经济发展、文化知识、治理模式以及人才资源等方面的共享。

第二,理解中国的战略管理经验。自改革开放以来,中国坚定了其现代化进程的宏伟蓝图,包括先进生产力的提升,以及文化维度的深刻变革。中国在现代化的道路上塑造了有别于西方发达国家的全新的价值体系,不仅服务于个体和家庭的福祉,更致力于国家的整体利益和全人类的共同发展,这在中国取得成功的发展战略中占据举足轻重的地位。

通过实践,中国已塑造了独特的现代化发展模式,并为全球提供了典范。中国式现代化是在庞大的人口基数上实现全面繁荣,不仅追求全民的共同富裕,更强调物质与精神文化的双重丰富,倡导人与自然的和谐相处,并且坚持和平发展的原则。在当前全球化的大背景下,中国强调尊重各国的差异,倡导国际社会通过对话和合作来共同应对挑战,解决诸如气候变化、贫困、疾病和冲突等全球性问题,实现共赢。

中国在全球化的大潮中始终保持自身的特色和优势,深圳的发展就是中国式现代化的集中体现,后发国家要始终秉承抓住"发展才是硬道理"。战略管理的成功是中国为全球发展贡献中国智慧和中国方案的关键,展现了中国对于可持续发展的深刻理解和坚定承诺。

第三,深刻领会中国式现代化的世界意义,引领"一带一路"发展。首先,中国式现代化道明了"国"的高质量发展。中国式现代化的显著特征是人口规模巨大的现代化,本质要求是全体人民共同富裕的现代化,崇高追求是物质文明和精神文明相协调的现代化,鲜明特点是人与自然和谐共生的现代化,突出特征是走和平发展道路的现代化。这五大方面,既是对过去我国成功经验的概括总结,也是对新时期高质量发展的更高要求。中国将持续构建现代化的市场体系、产业体系、科技创新体系、"沿海—内陆""城市—乡村""国内国际双循环"均衡发展体系等,不断开辟社会主义发展新境界。其次,中国式现代化凸显了"人"的全面现代化。中国式现代化突出体现了中华民族的人本思想,不仅关乎经济社会发展,更是要构建基于更高要求的社会文明形态,这将带来包括经济发展方式、现代社会体系以及人民的生活方式、生存方式、生产方式、生命方式等的新发展。注重继续释放人口红利,在不断实现人的现代化过程中推进国家现代化。在注重保持个体创造财富的激情和动力的前提下,通过优化制度安排走向共同富裕。注重创造更多的精神文明供给,包括创造精神文明财富的制度供给、产品供给和行业供给。最后,中国式现代化体现出"人类与世界"意义。中国式现代化打破了"现代化=西方化"的迷思,为全球提供了一种全新的现代化模式,为人类社会实现长治久安、消除极端贫困、促进共同发展、应对气候变化等挑战提供了中国方案。中国式现代化的成功实践,使广大发展中国家在单一的"西天取经"水土不服之后,看到了新的希望,有了新的选择。更重要的是,中国式现代化始终站在人类命运共同体的视角下,不搞"本国优先",坚持"世界大同",推动世界文明群星闪耀、人与自然相融共生。

第四,从中国学视角理解"一带一路"的独特性。10年探索,参与"一带一路"建设的国家越来越多,"一带一路"展现了其独特性,有创新、有务实合作、有韧性,而这离不开其中蕴含的中国文化、历史与哲学智慧。"一带一路"因何不同,核心是其中蕴含的中华优秀传统文化"和合之道"。一是以和为贵。"一带一路"一直以来追求的都是和平、和睦、和谐的发展之道,这是世界各国的期望,尤其是在地区冲突加剧的当下。二是和而不同。认识和尊重差异,尊重不同国情,从各国真实需求出发,以问题和结果为导向,为现代化发展的模式提供了更多的可能,使沿线国家可以克服各种阻力不断深入交流,促成务实合作。三是兼容并蓄。无论是不断完善和探索的中国式现代化道路,还是从古丝绸之路延续至今的"一带一路"都不是一成不变、至善至美的,而是一直在发展的,其中汇集了世界智慧与力量。因此,"一带一路"真正为志同道合的伙伴提供了能贡献力量、发挥所长的平台,奠定了合作共赢的主旋律。

(二)持续关注中巴经济走廊,助力中巴高质量共建"一带一路"

中巴经济走廊是共建"一带一路"的重要先行先试项目。10年来,在中巴双方的共同努力下,中巴经济走廊在交通基础设施、能源、瓜达尔港等领域形成了一批早期收获,有力地推动了巴基斯坦的经济社会发展和地区的互联互通,为两国构建新时代更加紧密的中巴命运共同体提供了重要支撑。蓝迪国际智库一直以来高度关注中巴经济走廊,积极发挥智库力量,助力深化中巴合作、加强中巴人文交流，为中巴友谊注入新动力。

1. 蓝迪国际智库应邀出席巴中学会"迈向更环保未来：来自中国的经验"高层论坛

2023 年 2 月 22 日，由巴中学会、巴基斯坦可持续发展政策研究所联合主办的"迈向更环保未来：来自中国的经验"高层论坛在巴基斯坦伊斯兰堡举行。巴基斯坦参议院国防委员会主席穆沙希德出席，巴中学会执行主任穆斯塔法为此次论坛开幕式致欢迎词。

2023 年 2 月 22 日，巴中学会"迈向更环保未来：来自中国的经验"
高层论坛与会嘉宾合影。

十二届全国人大外事委员会副主任委员、蓝迪国际智库专家委员会主席赵白鸽应邀发表视频演讲。她表示，政府机构、创新企业和智库平台积极投身低碳绿色事业，取得显著成效，愿同各方携手，共同为促进中巴两国经济社会可持续发展汇聚更多智慧和力量。

第一，政府依托"双碳"国家战略，全面布局推进。中国提出"3060"目标，意味着要完成全球最高强度和最大幅度的碳排放强制减降，用历史上最短的时间实现从碳达峰到碳中和两连跳。中国科学部署，已构建"1+N"政策体系，各地方城市积极行动，结合各地资源禀赋，形成配套措施，政策举措逐步显现成效。

第二，企业应勇于担当社会责任，加速绿色转型。中国企业既积极面对"双碳"带来的责任与挑战，更积极从中寻找发展新机遇。一是战略性新兴产业快速发展，新一代信息技术、生物技术、新材料、高端装备、新能源汽车、绿色环保、航空航天、海洋装备等战略性新兴产业，以及风能、太阳能、生物质能、海洋能、地热能等清洁能源相关产业快速发展，将成为未来经济发展中的新产业力量；二是绿色技术改造火热进行，企业大量采用大数据、新型通信模式等新技术，推进工艺革新、数字化转型，提升生产效率和竞争力；三是碳汇产业爆发式增长，企业积极参与生态修复，提高生态固碳能力，壮大碳汇交易市场，产生了新的经济效益。

第三，平台应聚合先进技术资源，助推持续发展。蓝迪国际智库作为新型应用型平台型智库，将长期关注可持续发展议题，将积极开展以下三方面工作。一是将低碳节能、绿色发展作为重要研究课题，会聚专家学者适时形成研究成果；二是发挥智库外交、国际交往优势，推动中国绿色理念、绿色技术"走出去"；三是理论结合实践，持续发掘、培育、推介第四次产业革命浪潮中涌现的低碳相关数字化、智能化、绿色化先进技术与创新企业，助力新技术落地应用。

2. 蓝迪国际智库与巴基斯坦金环经济论坛座谈会顺利召开

2023年6月20日，十二届全国人大外事委员会副主任委员、蓝迪国际智库专家委员会主席赵白鸽，中国社会科学院亚太与全球战略研究院副院长、中国南亚学会会长叶海林与巴基斯坦金环经济论坛主席西坎德·阿夫扎尔座谈，就中巴经济走廊建设进展情况、实施过程中的具体问题与瓶颈、瓜达尔港的国际化和可持续发展等问题展开讨论。

会上，双方表示，积极发挥各自优势，整合政府、智库、企业、媒体等各界资源，加强在各个领域的交流与合作，为中巴关系发展注入新的活力。双方期待以项目导向务实推动中巴企业开展实际项目合作，增进两国企业的了解与信任，为双边经贸关系发展创造更多机会。

3. "中巴经济走廊十周年"中国—巴基斯坦新能源汽车技术服务合作论坛成功举办

2023年7月5日下午，由巴基斯坦驻上海总领事馆、"一带一路"信息产业发展联盟主办的"中巴经济走廊十周年"中国—巴基斯坦新能源汽车技术服务合作论坛在"中国网+"金桥产业体验中心成功举办。巴基斯坦商务部首次以官方会议室形式与中国举办活动，巴基斯坦商务部与工业部官员以及数十家巴基斯坦新能源汽车企业参与会议讨论。

巴基斯坦驻上海总领事侯赛因·海德，十二届全国人大外事委员会副主任委员、蓝迪国际智库专家委员会主席赵白鸽，巴基斯坦商务部中国联合秘书 Ms. Nudrat Hussain Khan，"一带一路"信息产业发展联盟秘书长李凝发表致辞。巴基斯坦工业部工程发展委员会主任 Mr. Usman Ali，东风汽车股份原董事、都灵理工大学机械工程博士李祥平，巴基斯坦汽车制造协会主席 Mr. Saqib H. Shirazi，龙创设计董事长王珣，纳瓦电子（上海）总监朱雯婷发表主题演讲。巴基斯坦驻上海副总领事纳瓦布·阿里·拉胡乔主持会议。

"一带一路"信息产业发展联盟秘书长李凝向各位来宾表示诚挚的欢迎，并开启了"中巴经济走廊产业链合作平台"。该平台旨在构建一个覆盖中巴两国新能源、智能制造、数字经济等重点产业链合作领域的综合服务体系，以弥补信息不对称、增强国际诚信、促成务实合作为主要任务，助力中巴经济走廊向更高水平发展。

"中巴经济走廊产业链合作平台"启动仪式由巴基斯坦驻上海总领馆总领事侯赛因·海德先生、"中国网+"全球贸易服务平台首席运营官石磊女士、东风汽车股份原董事李祥平先生、上海龙创汽车设计股份有限公司西南区总经理黄雪峰先生以及中青旅（上海）会议展览有限公司副总经理郝清华先生共同启动。

侯赛因·海德总领事介绍了中巴经济走廊10周年的成就和未来的发展方向。其中，第一阶段专注于能源和基础设施建设，第二阶段则专注于工业和农业发展。本次研讨会聚焦于新能源汽车领域的合作，巴基斯坦为汽车行业的扩张提供了巨大机遇，特别是在新能源汽车领域。他邀请中国企业投资巴基斯坦的新能源汽车产业，并从政府提供的激励措施和一个庞大而不断增长的市场中获得利益。

赵白鸽在致辞中就中巴经济走廊、新能源汽车技术以及相关产业的高质量发展发表了观点。她认为，中国式现代化将为中巴经济走廊的新十年发展提供助力。首先，中国将新能源汽车视为国家战略性新兴产业，并采取了一系列支持其加快发展的政策措施。其次，新能源汽车技术已成为第四次工业革命的重要领域，预计将在未来20年成为万亿美元规模的新兴产业之一。中国连续8年成为全球最大的新能源汽车产销国。最后，实现新能源汽车产业的高质量发展需要政策和生态配套。中国已经从多个方面构建了一整套支持新能源汽车加快发展的政策体系，包括发展规划、消费补贴、税收政策、科研投入、政府采购以及标准制定。她呼吁企业和社会组织积极参与，推动新能源汽车技术创新和国际交流对接。

4. 蓝迪国际智库代表出席巴基斯坦驻华大使告别花园派对

2023年10月28日，巴基斯坦驻华大使馆大使官邸为即将离任的巴基斯坦驻华大使莫因·哈克举办了一场告别花园派对。蓝迪国际智库专家委员会委员沙祖康、秘书长马融作为代表受邀出席此次活动。

2023年10月28日，蓝迪国际智库秘书长马融与巴基斯坦驻华大使莫因·哈克及其夫人合影。

中巴友谊源远流长。巴基斯坦驻华大使莫因·哈克担任驻华大使期间为促进中巴关系发展作出积极贡献。近年来，中巴携手抗击新冠疫情，应对特大洪灾，共同庆祝两国建交70周年，巴基斯坦领导人多次访华，两国合作取得全方位进展。

巴基斯坦驻华大使莫因·哈克在讲话中感谢了他在任期间得到的所有朋友的支持和帮助。他表示自己在任期内亲自访问了中国的28个省份和许多城市，深切感受到了中国在政治、经济、宗教和文化方面的底蕴和魅力。莫因·哈克表示，中巴之间的友谊是心与心的交流，中巴友谊长存。他希望无论身在何处，中巴友谊都能继续下去，并为此作出贡献。

过去十年，中巴"一带一路"合作取得丰硕成果，中巴是全天候战略合作伙伴和铁杆朋友。蓝迪国际智库将与巴基斯坦和其他友好人士保持紧密的合作关系，持续推动中巴之间的友好交流合作。

巴基斯坦驻华大使告别花园派对是一次重要的交流活动，展示了中巴友谊的坚定和持久。蓝迪国际智库将积极发挥智库力量，在"一带一路"新征程下，助力深化中巴合作、加强中巴人文交流，为中巴友谊注入新动力。

2024年是共建"一带一路"奔向下一个金色十年的开局之年，也是实现"十四五"规划目标任务的关键一年。蓝迪国际智库将秉持初心，积极参与"一带一路"国际交流，助力"一带一路"合作，并保持国际视野，把握新业态新赛道，提升智库研究能力，为高质量共建"一带一路"贡献力量。

三、"金砖"机制扩容，开启"全球南方"合作新篇

"金砖"合作机制已走过17年历程。17年来，金砖国家不断筑牢务实合作基础，积极发挥各自比较优势，通过农业、资源、制造、技术等方面的资源互补、合作共赢，拓展双边贸易和投资领域深入合作。2023年8月，沙特、埃及、阿联酋、阿根廷、伊朗、埃塞俄比亚六国成为金砖大家庭成员。金砖合作逐渐走向成熟，凝聚"全球南方"力量，深化同其他新兴市场国家和发展中国家的团结合作，共同践行和维护公平正义的多边主义。

2023年，蓝迪国际智库把握"全球南方"的深刻内涵，洞悉新兴市场和发展中国家的重要性，当选为金砖国家智库合作中方理事会共同理事长单位，积极参与"金砖"活动，发挥智库作用，为"全球南方"合作作出贡献。

（一）蓝迪国际智库当选为金砖国家智库合作中方理事会共同理事长单位

2023年11月1日，金砖国家智库合作中方理事会理事长会议在福建厦门召开。蓝迪国际智库当选为金砖国家智库合作中方理事会共同理事长单位，赵白鸽担任中方理事会共同理事长。

金砖国家合作机制成立以来，各方均展现出了推动合作深入发展的强烈意愿，金砖国家合作领域不断扩大，合作内容不断深化，合作机制不断完善。

随着金砖国家合作的不断发展，各方对获取智力支持和推动知识分享的需求不断扩大，期待通过深化智库合作带动共同发展。2017 年，金砖国家智库合作中方理事会应运而生，由中共中央对外联络部作为金砖国家智库合作的牵头单位，联合国内高校、研究机构以及企事业单位参与其中，主要负责并参与金砖国家合作框架下的学术和智库对话交流与合作，旨在更好地整合国内研究力量，服务金砖国家合作，发挥中方在推动金砖国家智库合作中的作用。

中方理事会成立以来，主动响应金砖国家领导人达成的"金砖+"共识，不仅同金砖各国智库开展联合研究与学术交流，而且致力于同其他新兴市场国家和发展中国家智库交流合作，为深化金砖国家合作和推动新型"南南合作"作出积极贡献。

（二）发挥智库作用，助力"金砖+"合作机制

在当今加速演变的世界格局下，金砖国家的崛起已成为国际事务中不可忽视的力量。"金砖+"模式作为新兴市场国家和发展中国家合作的重要途径，凝聚了各国力量，是推动"全球南方"进一步合作发展、携手推进现代化的重要实践。2023 年，蓝迪国际智库增加对"全球南方"的关注，把握"金砖"扩容的深刻内涵，积极开展"全球南方"国家间的交流与合作。

1. 蓝迪国际智库应邀出席首届全球南方智库对话会理事会年会系列活动

2023 年 11 月 2 日，以"全球南方：携手推进现代化"为主题的全球南方智库对话会在厦门开幕。此次对话会由中共中央对外联络部、福建省人民政府、金砖国家智库合作中方理事会联合主办，中联部部长刘建超、福建省委副书记、省人民政府省长赵龙出席。

十二届全国人大外事委员会副主任委员、蓝迪国际智库专家委员会主席赵白鸽应邀出席全球南方智库对话会暨金砖国家智库合作中方理事会年会系列活动。蓝迪国际智库秘书长马融一同参会。来自巴西、俄罗斯、印度、南非等 50 多个新兴市场和发展中国家智库学者、政党代表、企业界人士代表以及国内高校和智库代表等 300 余人现场参会。

刘建超在主旨讲话中表示，当前世界百年未有之大变局最重要的特征之一就是发展中国家群体性崛起，实现现代化是"全球南方"国家共同的追求。"全球南方"是百年变局的希望所在。"全球南方"是新兴全球化的主导力量、世界多极化的基础、国际关系民主化的关键力量。携手推进现代化是"全球南方"联合自强的必然之路。"全球南方"要进一步团结起来，破解"弱者恒弱"的现代化"魔咒"，摆脱"现代化＝西方化"的现代化迷思，发出"大道之行、天下为公"的现代化强音。

2023年11月2日，中联部部长刘建超在全球南方智库对话会上发表主旨讲话。

中联部部长刘建超表示，习近平总书记明确指出，中国是"全球南方"的一员。中国出身南方、心系南方、扎根南方，始终与南方国家"同呼吸、共命运"。面对风云变幻的国际形势，中国将坚持"亲诚惠容""真实亲诚""平等互利、共同发展"等发展理念，坚持同"全球南方"国家站在一起，共同探索符合本国国情的新型现代化道路，推动高质量共建"一带一路"，落实全球发展倡议、全球安全倡议、全球文明倡议，践行真正的多边主义，倡导国际关系民主化，为实现世界现代化和人类命运共同体汇聚磅礴力量。

福建省委副书记、省人民政府省长赵龙表示，中国作为世界上最大的发展中国家和"全球南方"的一员，在以习近平同志为核心的中共中央坚强领导下，成功推进和拓展了中国式现代化，创造了人类文明新形态。新时代福建的发展是中国式现代化的生动缩影，也为全球南方智库研究现代化提供了有益范本。福建愿发挥地方优势，依托厦门金砖创新基地智库合作联盟平台，促进全球南方智库深化合作，推动教育、文化、体育、旅游等领域合作，为高质量共建"一带一路"、构建人类命运共同体贡献更多力量。

2023年11月2日,福建省委副书记、省人民政府省长赵龙在全球南方智库对话会上作主题演讲。

与会外宾高度评价中国共产党带领中国人民在经济社会发展尤其是消除绝对贫困方面取得的巨大成就,习近平主席提出的"一带一路"倡议,更是通过促进国际合作带动沿线国家发展,为全球经济增长和互联互通提供了强大的推力。愿推动落实三大全球倡议,共同创造更加美好的未来。

2023年11月2日,南非非洲人国民大会第一副总书记莫科尼亚内在全球南方智库对话会上作主题演讲。

南非非洲人国民大会第一副总书记莫科尼亚内表示，我们正处在一个不断发展的时代，地缘政治快速调整，力量平衡发生变化，"全球南方"在全球事务中的发言权增大。不久前，金砖国家第十五次领导人会晤在南非成功召开，作出了一系列开创性决定，有利于推动建立一个更加平等、公正和更具代表性的世界秩序，确保"全球南方"的声音不再被压制、静音或排挤。非洲的命运与世界尤其是"全球南方"的命运息息相关，愿深入学习中国的经验，努力化解政策实施中的局限性，实现持久和平、安全、可持续发展。

塔吉克斯坦人民民主党第一副主席阿济济表示，"全球南方"国家的实力与日俱增，到2030年，全球前四大经济体中将有三个是"全球南方"国家，G7国家的经济主导地位已经成为过去。"全球南方"作为一股崛起的经济和政治力量对传统的力量平衡提出了挑战。面对新的形势，各国应调整战略，因应变化，推动发达国家与发展中国家经验互鉴，促进共同繁荣和发展。

2023年11月2日，塔吉克斯坦人民民主党第一副主席阿济济在全球南方智库对话会上作主题演讲。

巴西佩尔塞乌·阿布拉姆基金会埃尔科里表示，我们生活在一个相互关联的世界，各国之间加强合作不是一道选择题，而是一道必答题。"全球南方"将亚非拉发展中国家团结在一起，共同发出时代强音，开启实现现代化的进步、繁荣和民主的新时代。传统的南北发展范式总是将"全球南方"描述成从北方接受帮助的受援方，这一范式现在已发生巨大变化。"全球南方"应抓住机遇，加强团结，共享知识、技能和资源，共同建设繁荣、平等、可持续的世界。

2023年11月2日，巴西佩尔塞乌·阿布拉姆基金会埃尔科里在全球南方智库对话会上作主题演讲。

赵白鸽出席理事会年会并发表主旨演讲，她表示，"金砖+"模式作为新兴市场国家和发展中国家合作的重要途径，凝聚了各国力量，是推动"全球南方"进一步合作发展、携手推进现代化的重要实践。在世界、区域、经济、科技等综合变局下，应进一步坚持需求导向、发挥智者作用，携手应对挑战、推动发展。

11月2日上午，赵白鸽在首届全球南方智库对话会全体大会上发表主旨讲话，深度阐述了"全球南方"的重要意义，从智库角度出发为"金砖+"合作机制下一步发展提出建议：中国与"全球南方"国家形成更加紧密的伙伴关系，对于共同经济增长、社会进步和文化发展具有至关重要的意义。赵白鸽呼吁与会中外嘉宾，从全球发展、安全、文明倡议和"共商共建共享"理念出发，本着相互尊重、相互合作的态度"共商"，形成共同价值观认同下的价值取向、合作准则及行动规划；在政治、经济、社会、文化、生态等多方面"共建"，而非仅关注经济总量、硬件设施，从而全面造福"南南合作"国家乃至全世界；遵照文明倡议所提出的模式开展全面"共享"，关注每个人、每个国家的自由、平等而全面的发展，以实现全球人类命运共同体愿景。

与会中外代表还围绕"建设金砖合作机制，释放南南合作潜力""推动文明交流互鉴，守护人类多元文明""塑造南方国家发展环境，改革全球治理体系""打造绿色南方，推进低碳转型""打造健康南方，深化卫生合作"等议题进行了深入研讨。

2023年11月2日，十二届全国人大外事委员会副主任委员、蓝迪国际智库专家委员会主席赵白鸽在全球南方智库对话会上作主题演讲。

中联部副部长、金砖国家智库合作中方理事会理事长郭业洲主持开幕式，福建省委常委、厦门市委书记崔永辉，福建省委常委、省人民政府常务副省长郭宁宁等出席对话会。

2023年11月2日，首届全球南方智库对话会与会嘉宾合影。

2. 蓝迪国际智库应邀出席首届全球南方智库对话会卫生分论坛

11月2日下午，十二届全国人大外事委员会副主任委员、金砖国家智库合作中方理事会共同理事长、蓝迪国际智库专家委员会主席赵白鸽出席首届全球南方智库对话会卫生分论坛并发表主旨演讲。

2023年11月2日，十二届全国人大外事委员会副主任委员、金砖国家智库合作中方理事会共同理事长、蓝迪国际智库专家委员会主席赵白鸽出席首届全球南方智库对话会卫生分论坛并发表主旨演讲。

卫生分论坛以"打造健康南方，深化卫生合作"为主题，赵白鸽在发言中深度阐述了"金砖+"合作机制的重要意义，从智库角度出发为"全球南方"继续深化卫生健康合作提出建议。她呼吁各方，深刻认识和把握卫生健康领域的新趋势、新场景、新应用，从全球发展、安全、文明倡议和"共商共建共享"理念出发，加强医、药、械各领域统筹协作，加强国际标准和认证认可体系建设，发挥专家智库力量深化"全球南方"卫生健康合作，携手共建人类卫生健康共同体。

赵白鸽表示，健康产业贯穿一、二、三产业，产业链长、带动性强，发展空间和潜力巨大。大数据、人工智能等技术赋能卫生健康产业，提高了诊疗水平，改善了就医体验，拓展了大健康产业的服务疆域，降低了服务成本。卫生健康领域呈现出消费群体年轻化、服务进程前置化、诊疗场景线上化、医疗器械家居化等新特征。

赵白鸽强调，"全球南方"的合作应不限于经济领域，更应在社会、科技、文化、医疗、生态等多方面"共商共建共享"。她指出，"全球南方"合作在医疗领域具有三大重要意义，一是促进全球卫生资源共享，二是有助于加强全球疾病防控，三是推动医学研究和人才培养。

赵白鸽认为，"全球南方"在医疗健康领域拥有巨大的合作空间和潜力。中国具有历史悠久的医药文明和有特色的疾病治疗及预防方法，并且在医疗器械现代化和医疗产业数字化领域取得了一定成果。"全球南方"国家需要在医学研究、技术应用、产品研发等领域深入开展合作，共享成果，推动全球医疗健康产业的发展。

针对医疗领域的新变化和"全球南方"的合作需求与机遇，赵白鸽提出重新规划卫生健康产业、建立新的医疗质量标准体系、利用数字化和人工智能推动医疗发展，并在金砖国家内建立医药健康产业委员会等建议。

卫生分论坛上，中国工程院院士张运，中联部研究室副主任、金砖国家智库合作中方理事会副秘书长丁文超，福建省卫生健康委党组成员、副主任张国安，厦门大学附属心血管病医院院长王焱，国家卫生健康委卫生发展研究中心副主任甘戈等中方嘉宾，世界卫生组织驻华代表马丁·泰勒、白俄罗斯国家科学院院士奥列格·鲁莫、巴西塞阿腊州福塔莱萨市梅塞亚纳医院院长卡洛斯·桑托斯、印度工商会联合会执行董事阿都尔·达拉果地等外方嘉宾共聚一堂，围绕全球性卫生健康问题展开深入交流，为进一步深化"全球南方"卫生合作、构建人类卫生健康命运共同体建言献策。

2023 年 11 月 2 日，首届全球南方智库对话会卫生分论坛现场。

丁文超表示，构建人类卫生健康共同体顺应全球和平发展期望，是我国为全球健康事业发展提供的中国方案，也是人类命运共同体理念的实践延伸。

马丁·泰勒在视频致辞中表示，健康是实现其他可持续发展目标的基础，新冠疫情给全球健康事业带来了挑战，导致实现健康目标的进展受阻。最新的 UHC 全球监测报告指出，全球有超过一半的人口未能获得基本健康服务，强调有必要进行健康投资，加强卫生体系建设。

论坛还举行了心苗访问学者计划开班仪式，将加快开展与"全球南方"国家在心血管领域的合作，共同应对全球心血管专科医师紧缺的问题。

2023 年 11 月 2 日，首届全球南方智库对话会卫生分论坛
心苗访问学者计划开班仪式。

"金砖+"合作机制自启动以来，其影响力和吸引力持续增强，充分证明了其所倡导的开放、包容、互利共赢的合作理念，正在得到国际社会的广泛认同和支持。"全球南方"国家与广大发展中国家民众强烈期望通过加强国际合作，来实现共同的国家安全、经济繁荣与人类进步。未来，蓝迪国际智库将担负起金砖国家智库合作中方理事会共同理事长单位的责任，发挥好桥梁和纽带作用，积极倡导和助力金砖国家智库合作，为金砖国家的战略对话、政策研究和问题解决提供重要智力支持。

四、加强智库交流合作，促进中日智库对话

中日两国一衣带水、一苇可航。进入新时代，作为永远的近邻，理应以

史为鉴，共创未来，理应和平共处、互利合作。作为地区主要国家和位居世界前列的经济体，中日共同肩负着维护地区和平稳定的重要责任。

（一）中日领导人会晤，重新确认战略互惠关系定位

2023年11月16日，习近平主席在美国旧金山出席亚太经合组织领导人非正式会议期间，会见了日本首相岸田文雄。这是中日两国领导人时隔一年再次会晤，意义重大。两国领导人围绕两国关系战略性、方向性问题深入交换意见，达成了不少重要共识。双方重申恪守中日四个政治文件的原则和共识，重新确认全面推进战略互惠关系的两国关系定位，致力于构建契合新时代要求的建设性、稳定的中日关系，对外释放了努力推动中日关系止跌促稳的重要积极信号，为两国关系改善发展提供了关键政治引领。

中日战略互惠关系的定位于2008年被写入两国发表的第四个政治文件之中。此次两国领导人再次确认这一双边关系定位，重申恪守中日四个政治文件的原则和共识受到各方高度评价。日本外相上川阳子表示，重新确认全面推进战略互惠关系的两国关系定位，有利于双方扩大共同利益、推动两国关系向新的高度发展，极具意义。2023年是中日和平友好条约缔结45周年，中日关系正处于承前启后的关键时期。双方应该顺应时代潮流，把握正确方向，重温缔结和平友好条约初心，客观理性看待彼此发展，妥善管控矛盾分歧，将"互为合作伙伴、互不构成威胁"的政治共识体现到具体政策和实际行动中，推动两国关系沿着正确轨道健康稳定发展。

此次会晤取得一系列积极成果。双方均强调发展中日关系应顾全大局和着眼长远，不应囿于一时一事，同意开展包括高层在内的各层级对话沟通，加强各领域交流合作，建设性管控矛盾分歧，共同应对气候变化等全球性挑战。习近平主席在会晤中强调，中日经济利益和产业链供应链深度交融，搞"小院高墙""脱钩断链"对谁都没有好处。中国正在推进高质量发展和高水平对外开放，这将给包括日本在内的世界各国带来前所未有的机遇。岸田文雄表示，日方无意同中国"脱钩断链"，希望继续推动民间往来和人文交流，深化数字经济、绿色发展、财政金融、医疗养老等各领域务实合作。

事实上，中、日同为世界经济大国，两国经济互补性很强。截至2022年，中国已连续15年成为日本最大贸易伙伴。"脱钩断链"明显不符合日本自身利益，日本内部也承认日中不可能"脱钩"。2023年7月，日本实施半导体出口管制措施。经双方主管部门密集沟通，在此次亚太经合组织会议期

间中国商务部与日本经济产业省负责人举行会谈,正式宣布中日建立出口管制对话机制,两国领导人会晤时均对此表示欢迎。

两国领导人还围绕当前两国关系的重大敏感和突出问题进行深入沟通。日方发布的消息稿强调其坚持日中联合声明处理台湾问题的立场没有丝毫改变。双方同意本着建设性态度通过磋商谈判找到解决福岛核污染水排海问题的合适途径。同时也要看到,中日关系改善发展依然任重道远。日本有关方面需要端正对华认知,摒弃对抗思维,妥善管控矛盾分歧,为两国关系稳定改善发展积累更多有利条件。

展望未来,双方需重点推进相关领域对话与合作。一是加强高层互动,引领两国关系发展方向。二是积极开展外交、政党、议会、经济、防务等各部门、各层级对话沟通,增信释疑、防止误判。三是深化务实合作,利用现有的中日经济高层对话、宏观经济政策对话等机制加强沟通,持续打造中日互利合作新亮点。四是加强人文交流,广泛开展两国文化、体育、媒体、地方、青少年等友好交流,积极改善国民感情。五是加强地区和国际事务协调。双方作为亚洲主要国家和全球第二、第三大经济体,要立足更高站位、秉持更广阔视野,弘扬以和平、合作、包容、融合为核心的亚洲价值观,携手推动区域一体化进程,切实维护全球自由贸易体系,共同应对全球性挑战,为当今世界注入更多稳定性和正能量。

(二) 中日经贸投资合作密切,惠及两国人民

2022 年是中日实现邦交正常化 50 周年。自中日恢复邦交以来,两国分别于 1972 年发表《中日联合声明》、1978 年签署《中日和平友好条约》、1998 年发表《中日联合宣言》及 2008 年发表《中日关于全面推进战略互惠关系的联合声明》。这四个政治文件巩固了两国关系发展的政治基础,成为护航中日合作的"定海神针"。50 年来,中日总体上保持和平共处,实现互利共赢,特别是在经贸投资领域密切合作,惠及两国人民。

日本是中国第五大贸易伙伴、第三大贸易对象国、第二大出口对象国、第二大进口来源国。我国是日本最大贸易伙伴、出口对象国和进口来源国。相关数据显示,1972 年,中日贸易额仅为 10.3 亿美元,2022 年,这一数字已达到 3574 亿美元,其中,中国进口额达 1845 亿美元,出口额达 1729 亿美元。截至 2023 年 5 月,日本累计在华投资设立企业 55805 家,实际使用金额 1300 亿美元,在利用外资总额国别中排名第二。截至 2022 年底,中国对日本

直接投资累计约50亿美元，主要涉及制造业、金融服务、电气、通信、软件等领域。

2022年1月1日，覆盖全球人口最多、经贸规模最大的贸易协定——RCEP正式实施，同为成员国的中日之间首次达成关税减让承诺，促进两国贸易稳中提质，增强韧性。此外，中方还在加快推进中日韩自贸区谈判，力图继续扩大自贸伙伴的"朋友圈"，为深化中日经贸投资合作不懈努力。

2023年10月19日，中共中央政治局委员、中央外办主任王毅在第19届北京—东京论坛开幕式上发表视频致辞。王毅表示，中日同为亚洲和世界重要国家，拥有广泛共同利益和广阔合作空间，和平、友好、合作是双方唯一正确选择。王毅建议，要重振友好，改善两国关系民意基础，要发扬以民促官的传统，让两国民众特别是年轻一代更多开展面对面交流，增进相互理解和信任，为中日关系发展打造坚实的民意基础，推动中日友好重整行装再出发。

2023年10月23日，国务院总理李强同日本首相岸田文雄就中日和平友好条约缔结45周年互致贺电。李强表示，45年前，两国老一辈领导人和政治家作出缔结中日和平友好条约的战略决断。条约以法律形式为中日这两个邻国确立了和平共处、世代友好的大方向，强调反对霸权主义，成为两国关系发展进程中的重要里程碑。45年来，中日关系取得了来之不易的发展成果，增进了两国人民福祉，也为地区乃至世界的和平、稳定与繁荣作出积极贡献。

（三）加强智库交流合作，促进中日智库对话

中日两国经贸往来深度交融，互利合作成果丰硕。中国正积极推进高质量发展和高水平对外开放，给中日经贸合作提供更多新机遇。加强人文交流，推动媒体、智库、民间团体尤其是年轻人相互往来，推动两国民众从"居相邻"到"心相近"，具有特别重要的意义。

2023年11月9日，十二届全国人大外事委员会副主任委员、蓝迪国际智库专家委员会主席赵白鸽在北京会见日籍华人坂本麻美一行。蓝迪国际智库秘书长马融陪同交流。

坂本麻美任中信出版日本董事长、日本商品银行CEO、IG全球创业创新大赛日本代表、日本澳门大湾区友好协会副会长。坂本麻美熟悉日本政界动态，并致力于推动中日经贸合作与文化交流。成功推动和参与永旺（AEON，日本及亚洲最大的百货零售企业之一）、唐吉诃德（DONDONDONKI，日本最

2023年11月9日，蓝迪国际智库专家团与日籍华人坂本麻美一行合影。

大连锁便利店和折扣店，隶属上市公司环太平洋零售）进军亚洲等大规模项目，后逐步深入商业地产亚洲布局、跨国企业市场拓展、科技创新项目孵化等领域，在日本政商界拥有广泛资源网络和社会影响。2015年因促进中日文化民间外交被授予日本皇室东久迩宫文化奖章，2016年被广东省评为"优秀跨国企业CEO"。

会谈中，双方围绕科技创新领域全球化品牌赛事——IG全球创业创新大赛对科创产业的推动及与粤港澳大湾区的联动，日本汉方医学与中国中医药产业城市、园区、企业的交流合作，日本在商贸、机器视觉、元宇宙等领域先进企业与技术在中国的发展等问题开展了深入交流。

五、加速重启各领域对话，中德关系稳中求进

2023年，中德高层互访频繁，尤以第二十四次中国—欧盟领导人会晤、第七轮中德政府磋商的成功举办为标志。中德经贸合作稳固，与此同时，疫情后中德人员往来逐步恢复，各种人文交流活动丰富多彩。

（一）中德关系发展呈现新特征

一是政治互信得到增强。在过去几年，由于新冠疫情的阻隔，叠加俄乌冲突的爆发，中德之间的沟通受到一定程度的影响。2023年，首次以线下方式举行了中德政府磋商和中欧领导人会晤，各层级对话交流也迅速恢复，双

方得以就双边乃至全球层面的各类议题进行深入沟通,达成了诸多共识。其中,在德国柏林举行的第七轮中德政府磋商,是两国新一届政府首次全面对接,这一被誉为中德关系"超级发动机"的政府磋商的举行,对统筹推进中德各领域务实合作具有重要意义;而中国—欧盟领导人会晤是双方领导人年度会晤机制,本次会晤恰逢中欧建立全面战略伙伴关系 20 周年和中欧领导人会晤机制建立 25 周年,会晤达成的成果为中欧关系注入了新的动力。

二是务实合作得到深化。2022 年,中国已连续 7 年成为德国最重要的贸易伙伴,并且中国目前是欧盟的第二大贸易伙伴;2023 年,中德经贸合作势头稳固。这得益于双方高层的政治引领。为了进一步深化气候保护、绿色转型、环境治理、生物多样性保护等领域合作,中德双方在举行第七轮政府磋商期间,决定在现有对话机制之外,建立气候变化和绿色转型对话合作机制,表明在已有的汽车、自动驾驶、化工等领域的合作基础上,中德双方积极开拓新的利益交汇点。而且,尽管欧洲方面时有对华"去风险""降依赖"的论调,但实际情况是,德国企业继续看好中国市场的未来发展前景,很多德国大企业进一步加大了对中国市场的投资。双边经贸关系依然在中德、中欧关系中发挥着"压舱石"的作用。

三是全球治理共识得到强化。在国际形势发生剧烈变化,冷战思维回潮的大背景下,中德加强合作更显示出其世界意义。双方都表示愿意携手应对粮食安全、气候变化、公共卫生等全球性挑战,以及在推动全球和地区危机的政治解决中发挥积极作用。中国将欧洲视为全面战略伙伴和多极化中的重要一极。德国及欧盟机构领导人也在多个场合重申,反对世界陷入阵营对抗,反对和中国"脱钩"。面对全球产业链供应链不稳定性增加,中德均表示愿意加强协调,维护产业链供应链稳定,为全球经济早日复苏作出贡献。

必须看到的是,2023 年中德关系也存在一些隐忧。2023 年 11 月 3 日,习近平主席在同德国总理朔尔茨举行视频会晤时指出,中德关系已经步入第二个 50 年。中德作为全方位战略伙伴,双方秉持互利共赢、相互成就的精神共同前进,本着取长补短、交流互鉴的态度共同成长,这是中德关系过去几十年顺利发展的宝贵经验,值得双方珍惜和传承。当前国际形势正在发生深刻而复杂的变化,地缘冲突加剧,经济复苏乏力,冷战思维回潮。中国和德国都是负责任的大国,不仅要发展好双边关系、做合作共赢的表率,更要捍卫国际秩序和多边主义,携手应对全球性挑战。中欧关系关乎世界格局稳定和亚欧大陆繁荣,值得双方全力维护好、发展好。中国将欧洲视为全面战略伙伴和多极化中的重要一极。希望德国推动欧盟秉持市场化和公平原则，同中方一道，维护公平市场竞争和自由贸易，维护全球产业链供应链稳定。

展望 2024 年，国际动荡局势依然有加剧可能。不仅俄乌冲突、巴以冲突等还在延宕，而且，在新的一年，全球多个国家和地区将迎来大选，欧盟也将举行新一届欧洲议会选举。德国自身在能源短缺、通货膨胀等因素的影响下，经济也陷入了衰退之中，数字和绿色转型进程受到拖累。面对这一系列内外挑战，对于德国和欧洲而言，保持在对华政策上的独立自主性，不受外在因素干扰，坚持发展互惠互利的双边关系，对其尽快走出经济困境，从而避免内部的政治和社会问题，具有重要意义。如果德国和欧洲能摒弃将经贸合作泛政治化、泛安全化的做法，和中国一道，将彼此视为伙伴而非对手，双向扩大市场开放，携手挖掘合作的新增长点，那么，中德关系在新的一年稳中求进值得期待，中欧关系也能迎来稳中回暖的良好发展格局。这也意味着中德、中欧将为不确定的 2024 年注入更多确定性和稳定性。

（二）中德产业合作迸发新活力

德国制造业发达、创新能力全球领先，与中国在技术、资金、市场等方面互补性强，合作前景广阔。近年来，产业合作特别是科技产业合作逐渐成为中德全方位战略伙伴关系的重要内涵。一批基础前沿、新兴产业技术以及应对全球性挑战的务实合作成果为两国经济社会发展注入重要推动力。

以汽车产业合作为例，2023 年以来，中德多个新能源汽车合作项目落地：1 月，德国博世集团宣布在苏州投资约 10 亿欧元打造新能源汽车核心部件及自动驾驶研发制造基地，主要服务中国市场；4 月，德国大众宣布在华斥资 10 亿欧元建立纯电动智能网联汽车研发、创新和部件采购中心；7 月，德国大众与小鹏汽车签署长期合作技术框架协议。2023 年 12 月 14 日商务部例行记者会上发布的数据显示，汽车产业是中德经贸合作的亮点和标杆，汽车及零部件是中国自德第一大进口商品。2023 年前 10 个月进口额近 200 亿美元，占中国自德进口总额的 21.9%。过去 40 多年来，德国主要整车企业和零部件供应商纷纷来华投资设厂，与中方合作伙伴"双向奔赴"，开展了卓有成效的合作，实现了互利共赢、共同发展。

2023 年 4 月 13 日，十二届全国人大外事委员会副主任委员、蓝迪国际智库专家委员会主席赵白鸽在北京会见来华交流的德国国防部原部长、德国社会民主党原主席、沙尔平战略咨询董事长鲁道夫·沙尔平一行。蓝迪国际智库秘书长马融陪同交流。

2023年4月13日，蓝迪国际智库专家团与德国国防部原部长、德国社会民主党原主席、沙尔平战略咨询董事长鲁道夫·沙尔平一行合影。

赵白鸽感谢鲁道夫·沙尔平对蓝迪国际智库专家委员会相关工作的关注与支持。她表示，中德产业关联日趋紧密，区域合作热情高涨，科研人员交流密切。期望通过双方交流合作，促进两国相关机构及科技创新企业的交流对接，增强优势领域交融互补，合作推进成果转化。双方围绕中欧绿色产业示范园区、示范项目在中国相关城市的落地建设等展开深入交流。

六、中巴经济走廊启动10周年，密集交流续写友好

中巴两国山水相连、世代友好。建交72年来，无论国际风云如何变幻，中巴始终肝胆相照、患难与共，在涉及彼此核心利益问题上相互理解、相互支持，结下了"铁杆"情谊。2015年4月，习近平主席对巴基斯坦进行历史性国事访问，双方将两国关系提升为全天候战略合作伙伴关系，开启了中巴关系发展新篇章。此后，习近平主席多次同巴领导人会面并达成重要共识，为中巴关系发展提供了根本遵循和行动指南。中巴关系保持高位运行，焕发出旺盛的生机与活力。

2023年，中巴双方互动频繁，增强互信。2023年1月，李克强总理同巴总理夏巴兹通电话。4月，李强总理同巴总理夏巴兹通电话。6月，李强总理

同巴总理夏巴兹在出席新全球融资契约峰会期间举行双边会见。7—8月，习近平主席向中巴经济走廊启动10周年庆祝活动致贺信，习近平主席特别代表、国务院副总理何立峰赴巴出席庆祝活动。10月，巴总理安瓦尔·哈克·卡卡尔来华出席第三届"一带一路"国际合作高峰论坛。

（一）中巴务实合作取得丰硕成果

中巴经贸合作保持高水平。据中国商务部统计，2022年中巴双边贸易总额265亿美元，其中中国对巴出口230.9亿美元，自巴进口34.1亿美元。据巴方统计，中国自2015财年起连续8年保持巴最大贸易伙伴、第一大进口来源国和第二大出口目的地。巴对华农产品出口增长迅速。

中巴经济走廊是共建"一带一路"先行先试项目，启动10年来取得丰硕成果，进入高质量发展新阶段。双方决心共同建设增长走廊、民生走廊、创新走廊、绿色走廊、开放走廊，将中巴经济走廊打造成高质量共建"一带一路"的示范性工程。中巴经济走廊从蓝图变为现实，成为中巴全天候友谊的生动诠释，为两国构建新时代更加紧密的中巴命运共同体提供了重要支撑。

（二）紧密智库交流续写中巴友好

蓝迪国际智库深入参与中巴智库交流合作，积极助推中巴经济走廊项目建设。多年来，与巴基斯坦相关政要、驻华使领馆及智库机构等紧密互动，积极为促进两国经济社会可持续发展汇聚智慧和力量。蓝迪国际智库专家委员会主席赵白鸽2020年获巴基斯坦"卓越新月奖"国家荣誉勋章。

2023年2月22日，"迈向更环保未来：来自中国的经验"高级别会议在巴基斯坦伊斯兰堡举行。

2023年2月22日，由巴基斯坦中国学会、巴基斯坦可持续发展政策研究所联合主办的"迈向更环保未来：来自中国的经验"高级别会议在巴基斯坦伊斯兰堡举行，巴基斯坦参议院国防委员会主席穆沙希德出席，巴基斯坦中国学会执行主任穆斯塔法为此次论坛开幕致欢迎辞。巴基斯坦中国学会一直致力于中巴两国民间外交，自2009年成立以来，在诸多中巴关系重要领域开展深入研究与交流，旨在全面促进中巴关系发展。十二届全国人大外事委员会副主任委员、蓝迪国际智库专家委员会主席赵白鸽发表视频演讲。她表示，政府机构、创新企业和智库平台积极投身低碳绿色事业，取得显著成效，愿同各方携手，共同为促进中巴两国经济社会可持续发展汇聚更多智慧和力量。

2023年6月20日，巴基斯坦金环经济论坛主席、巴基斯坦陆军三星上将西坎德·阿夫扎尔到访蓝迪国际智库。

2023年6月20日，巴基斯坦金环经济论坛主席、巴基斯坦陆军三星上将西坎德·阿夫扎尔到访蓝迪国际智库。十二届全国人大外事委员会副主任委员、蓝迪国际智库专家委员会主席赵白鸽，中国社会科学院亚太与全球战略研究院副院长、中国南亚学会会长叶海林，蓝迪国际智库秘书长马融等参与交流。

2023年7月5日，由巴基斯坦驻上海总领事馆、"一带一路"信息产业发展联盟主办的"中巴经济走廊十周年"中国—巴基斯坦新能源汽车技术服务合作论坛在上海举办。蓝迪国际智库受邀参加。巴基斯坦驻上海总领事侯赛因·海德,十二届全国人大外事委员会副主任委员、蓝迪国际智库专家委员会主席赵白鸽等在大会上发表致辞。赵白鸽指出,随着全球可持续发展目标的推进,新能源汽车预计将在不远的未来形成万亿美元规模。中国将新能源汽车视为国家战略性新兴产业,并从多个方面构建了一整套支持新能源汽车加快发展的政策体系,包括消费补贴、税收优惠、政府采购等,推动新能源汽车产业迅速发展,连续多年成为全球最大的新能源汽车产销国。强调创新驱动、绿色发展、开放合作和共享繁荣的中国式现代化,将以其独特的发展理念和实践经验,推动中巴经济走廊在未来十年的发展焕发新生活力。

七、中斯世代友好,智库交流促进经贸发展

中斯友好交往历史悠久。斯里兰卡在中国典籍中被称为"师(狮)子国"或"僧伽罗国"。410年,晋代高僧法显赴斯游学,取回佛教经典并著有《佛国记》一书。明代航海家郑和下西洋时多次抵斯。15世纪,斯一王子访华,回国途中在福建泉州定居,被明朝皇帝赐姓为世,其后代现仍在泉州和台湾定居。1950年,斯里兰卡(时称锡兰)成为南亚第一个正式承认中华人民共和国的国家,并始终无条件奉行一个中国政策。

(一)中斯真诚互助、世代友好

斯里兰卡位于印度洋中部,是季风和洋流的交汇点,拥有重要战略地理位置。历史上,中国商人很早就来到斯里兰卡,并将其视为古代海上丝绸之路一个繁荣的重要节点。斯里兰卡的华人社区是深化斯中贸易及其他领域关系的重要纽带。1952年,斯中冲破西方国家的强烈反对和干扰,签署著名的《米胶协定》,成为两国友谊的重要标志。目前,中国从斯里兰卡主要进口产品有橡胶及其制品、红茶、宝石和椰油等,主要出口产品有纺织品、机电产品、建材、小五金、医药等。中国一些名牌产品,如海尔家电、华为手机、轻骑摩托车等已进入斯里兰卡市场。

斯里兰卡是最早欢迎并加入"一带一路"倡议的国家之一。斯里兰卡从一开始就高度重视并积极参与共建"一带一路",看好其潜力和前景。共建"一带一路",特别是"21世纪海上丝绸之路"极大促进了斯里兰卡经济社会发展。科伦坡港口城和汉班托塔港项目是双方共建"一带一路"的标志性项目。中企承建的汉班托塔港曾被《经济学人》杂志认为将成为南亚的主要港口,中企建设的普特拉姆燃煤电站已成为斯里兰卡电力的主要贡献者,中企承建的科伦坡莲花电视塔是南亚迄今最高的电视塔。

2023年6月，斯里兰卡外长萨布里访华并出席夏季达沃斯论坛。8月，斯里兰卡总理古纳瓦德纳访华并出席中国—南亚博览会。10月，斯里兰卡总统维克拉马辛哈来华出席第三届"一带一路"国际合作高峰论坛。11月，谌贻琴国务委员访问斯里兰卡。

（二）加强民间交流，推动经贸发展

2023年2月22日，斯里兰卡国会议员、南亚佛教论坛主席阿苏拉利耶·拉坦纳到访蓝迪国际智库。十二届全国人大外事委员会副主任委员、蓝迪国际智库专家委员会主席赵白鸽，中国社会科学院亚太与全球战略研究院副院长、中国南亚学会会长叶海林，蓝迪国际智库秘书长马融等参与交流。此次会见为后期蓝迪国际智库开展"一带一路"对斯合作项目奠定了基础。

2023年2月22日，斯里兰卡国会议员、南亚佛教论坛主席阿苏拉利耶·拉坦纳到访蓝迪国际智库。

会谈中，赵白鸽介绍了蓝迪国际智库在过去几年与斯里兰卡政府的交往与合作情况。她建议，应加强两国中小企业的商贸活动，加强民营企业的对接合作，形成可持续的商业发展模式，尤其需要关注新兴产业业态，包括跨境电商、数字经济、清洁能源、生物医药、文旅康养等。

第四章　区域协调
助力区域经济高质量发展

一、京津冀协同

(一) 北京大兴：树立首都南部新高地

"十四五"时期是我国全面建成小康社会、实现第一个百年奋斗目标之后，乘势而上开启全面建设社会主义现代化国家新征程、向第二个百年奋斗目标进军的第一个五年，也是大兴区落实首都城市战略定位、加快建设"新国门·新大兴"的关键时期。

1. 大兴区树立首都南部新高地

大兴区是首都城市战略定位的重要承载区，也是京津冀协同发展的重要节点。大兴区拥有北京大兴国际机场、临空经济区、自贸区、综保区等一批重大平台，是北京国际交往中心的重要窗口和国际科技创新中心的重要支撑。

北京市对大兴区的定位为"三区一门户"，旨在将其打造成链接全球的高端产业枢纽。大兴区处在对外开放的前沿，既是科技创新引领区，又是京津冀协同发展的示范区，同时也是首都国际交往的新门户和城乡发展改革的先行区。大兴区正以"新国门·新大兴"为目标，加快建设开放型经济高水平发展的示范区、生态文明建设的先行区、城乡发展深化改革的先行区、社会治理现代化的示范区，努力成为首都南部发展新高地。

大兴区打造开放型经济高水平发展的示范区。作为我国新一轮改革开放的重要试验田，大兴区发挥着开放型经济的重要引擎作用。以北京大兴国际机场为核心，该区域致力于打造具有全球影响力的临空经济区，集国际航空枢纽、国际物流枢纽、国际商贸枢纽以及国际会展中心等多重功能于一身，构建国际一流的航空产业集群。这一举措吸引了国内外优质资源，形成了开放型经济的新优势。同时，大兴区依托自贸区平台，深化制度创新，推动贸易投资便利化，逐步打造高端产业集聚区、国际合作示范区和对外开放新高地，为全市的高质量发展提供了有力的制度支撑。

大兴区肩负重要使命，建立生态文明建设的先行区。作为首都生态安全屏障的关键组成部分，大兴区坚定不移地秉持绿色发展理念。通过严格执行生态保护红线、永久基本农田、城市开发边界等控制性指标，优化国土空间布局，推进生态修复和环境治理，大兴区致力于构建生态宜居新区。在推进节能减排措施的同时，积极实施碳达峰碳中和行动计划，致力于打造低碳循环发展的新模式。在此基础上，大兴区还大力发展绿色产业，尤其是生物医药、新能源、新材料等战略性新兴产业，努力打造中国"药谷"，引领生物医药产业发展，为全市创新驱动提供强大动力。

大兴区既是城乡发展深化改革的关键试验区，也是首都城市功能疏解的重要承接地。大兴区秉持改革创新的原则，深入推动农村集体经营性建设用地改革试点，力求构建城乡一体化的建设用地市场，为我国土地管理制度改革提供了"大兴模式"。大兴区积极推动营商环境改革，创建了大兴营商服务中心，实现了"一网预约""一网申报""一天领照""当天领票"等一系列创新服务举措，为全市优化营商环境提供了有益经验。大兴区主动承担城六区非首都功能疏解的任务，加速发展教育、医疗、文化、体育等公共服务产业，旨在提升城乡居民的生活品质，为全市城市治理提供有力支撑。

2. 大兴区紧抓机遇，创新实践成果丰硕

"十四五"规划之际，习近平总书记提出"扩大开放新举措，给北京市的改革创新、促进服务贸易不断升级赋予新使命"。北京市将推进"两区"[国家服务业扩大开放示范区、中国（北京）自由贸易试验区]建设作为发力点、重头戏，大兴区也吹响了"两区"建设蹄疾步稳的发展号角。大兴区以制度创新为核心，以项目落地为抓手，全面推动"两区"建设，与国际接轨的开放政策体系进一步健全，在北京率先探索构建新发展格局的进程中取得了重要的阶段性成效，创新实践硕果累累。

一批具有标志性的重点项目落地大兴区，招商引资提质增效。截至2023年10月，"两区"建设项目累计入库1435个，已落地856个，落地率达59.7%。其中，中日示范区引入了世界500强日企伊藤忠纤维、意大利数字化医疗影像设备引领者康达GMM、米诺发源、龙俊科技等重点项目。

临空经济区建成自贸创新中心、综保公共库、孵化器等产业载体，目前瑷格干细胞、北京细胞等 8 家企业已入园投产，产业园区扩能提级。生物医药基地南扩区取得开发授权，启动编制《土地征收成片开发方案》，生物药质量检测、生物信息智算中心等一批关键性服务平台顺利搭建，希济生物等 4 个重点项目开工建设。

营商环境评价连续 3 年位列平原新城第一，实现迭代升级。全面实施营商环境 6.0 版改革，大力推动 78 项任务落地落实。以创建全市唯一"企业服务创新示范区"为契机，全方位支持企业成长，切实提高政策服务效率。

全产业链开放更进一步。在离岸贸易领域，上线全市首个数据安全与治理公共服务平台——"京贸兴"，与中、农、工、建、交等银行签署合作协议，已为 40 多家企业提供服务，累计金额达到 13 亿美元，并在大连自贸区推广应用。全区有效发明专利拥有量达 4464 件，科技服务业收入完成 31 亿元，同比增长 4.7%，增速位列全市第四。

3. 智库之力赋能大兴区高质量发展

"十四五"时期，在北京进一步强化区域产业协同，引导北京企业在津冀布局带动力强的项目的背景下，大兴区高度重视同国际智库的交流与合作。为不断拓展大兴区招商引资的全球"朋友圈"，2023 年 4 月 18 日，北京市大兴区人民政府主办召开了以"兴伙伴"之约为主题的 2023 大兴区全球招商合作伙伴大会暨政策发布会向世界发布"兴伙伴"全球合作计划，会议邀请蓝迪国际智库相关专家、学者及各行业领域企业家广泛参与，共同推进大兴区高质量创新招商引资。

在"兴伙伴"全球合作计划环节，大兴区委书记王有国携手与会领导和嘉宾，共同开启了"兴伙伴"全球合作计划启动仪式。同时展开了"兴伙伴之星"（X-partner）授牌仪式和大兴区与全球招商合作伙伴签约仪式，蓝迪国际智库作为新型应用型平台型智库，以其较为完善的智库、国际、城市、企业和媒体网络，被授予"X-partner"。

大兴区作为链接全球的高端产业枢纽、首都对外开放的前沿阵地，以及全市实体经济和"两区"建设的重要承载地，正面临着千载难逢的发展机遇；要以"高端的产业"广邀天下之客。着力打造生命健康、临空产业、先进制造 3 个千亿级产业集群，将为企业家大展宏图搭建广阔的舞台；要以"优质的服务"广揽天下之客。自贸政策、服务业扩大开放政策、综保区政策、中关村政策、大兴区"1+N"产业政策五重政策红利，能够为国内外企业切实提供五重发展支持。

中国国际贸易促进委员会副会长于健龙充分肯定了大兴区近年来招商引资工作的成绩，鼓励大兴区吸引更多优质外资项目落地。区长刘学亮表示，要让企业在大兴区安心创业、顺心发展，并期待与海内外优秀企业家、投资人同舟共济、合作共赢，一起共享大兴发展，携手开创美好未来。

本次签约、授牌的机构和个人均为全球知名商协会和专业服务机构大咖，将在信息共享、宣传推介、活动支持、项目对接和专业服务等方面助力大兴高质量发展，推动大兴区产业转型升级，促进全球科技型企业落地大兴。未来，大兴区将持续推进"两区"建设，创新招商方式，打造国际化、专业化招商团队，搭建全球招商网络，将投资促进工作推向全球，为打造首都南部发展新高地和新的经济增长极，建设宜居宜业新大兴、繁荣开放新国门作出重要贡献。

（二）邢台清河：羊绒之都的产业新实践

党的二十大报告提出，要加快发展数字经济，促进数字经济和实体经济深度融合，打造具有国际竞争力的数字产业集群。2023年是全面贯彻党的二十大精神的开局之年。年初，中共中央办公厅、国务院办公厅印发《关于深化开发区管理制度改革推动开发区高质量发展的意见》，对开发区在深化管理制度改革、强化科技创新、推动产业转型、优化营商环境、提升发展能级等方面提出了新的更高要求。同时，为深入贯彻落实文件精神，助力全国开发区在中国特色社会主义新时代进一步解放思想，厚植创新思维，破解瓶颈制约，从而谱写开发区更高质量、更有效率、更加公平、更可持续、更为安全的发展新篇章。

邢台市是河北省政府批复确定的京津冀城市群节点城市、冀中南先进制造业基地和物流枢纽。邢台市常住人口 702.56 万人，城镇人口 388.16 万人，城镇化率为 55.25%。清河县作为邢台市的重点产业县，位于京津冀一体化经济发展区、环渤海经济发展区和中原经济发展区交会处，是京九经济发展带和晋冀鲁经济发展带交集点；是中华张氏起源地，隋唐古运河、京杭大运河的流经地。改革开放以来，清河县培育出在国内外具有较大影响力的羊绒、汽车及零部件、战略性稀贵金属等特色产业。同时，清河县还是一方发展沃土，是全省重点培育的34个中小城市之一，并获评"国家卫生县城""新时代文明实践中心全国试点县""省级文明县城""省洁净城市",获得"省人居环境奖"等。

1. 清河持续创新发展新优势,开发区全力构建高质量产业体系

开发区建设是我国改革开放的成功实践,在促进体制改革、改善投资环境、引导产业集聚、发展开放型经济等方面发挥了不可替代的作用。我国首个开发区于1984年成立,近40年来,从最初的试点推行到如今的全面覆盖,开发区在促进地方经济发展、加快外资引入、推动产业升级等方面取得丰硕成果。同时,随着我国经济的快速发展和全球化进程的不断深入,开发区的角色也在不断演变。从经济集聚区到高科技园区,从传统产业转型升级到绿色可持续发展,开发区正经历深刻变革。2022年,230家国家级经开区、177家国家高新区和23家自创区贡献了全国1/4的GDP,在全面建设社会主义现代化强国的伟大进程中发挥了重要的示范引领、带动辐射作用。

"十四五"时期,我国将迈入全面建设社会主义现代化国家的新征程,此阶段亦为深度融入京津冀协同发展、追求高质量赶超发展的关键阶段。《邢台市战略性新兴产业发展"十四五"规划》指出,将壮大战略性新兴产业规模,构筑产业体系新支柱,进一步谋划全市战略性新兴产业发展布局、确定目标定位、明确发展任务。

清河经济开发区作为清河县的主要产业聚集区,始终全力扩大产业规模,发展新兴产业,推动高质量产业持续发展,并且聚焦系统性数字化转型,推动开发区在现代数字浪潮中奋楫争先,以高水平数据与实体新兴产业经济的融合赋能高质量建设发展,为我国进一步推进改革开放,构建国内国际双循环新发展格局,贡献强大的"开发区力量"。

清河经济开发区始建于1999年12月,2003年6月被批准为省级开发区,规划面积40平方千米,入驻市场主体2600余家、企业560余家。清河经济开发区坚持持续创新发展模式和机制,创新构建"管委会+平台公司"双轨运营机制,实施开发区市场化运营和资本运作;建成青阳广场、城南湿地公园、青年驿站、国际会展中心、羊绒产业研究中心、企业家上市交流中心等一批集"商、游、购、娱、学"于一体的配套设施建设,深入推进产城融合发展;引进康佳创投中心、机器人研究院等创新平台以及天达晶阳碳化硅晶片、睿维视车载抬头显示等高新技术项目,以人才、技术、资本等创新要素赋能产业焕新,全面厚植高质量发展新优势。

2. 清河经济开发区特色产业集群，发展强劲

清河经济开发区特色产业鲜明，培育形成了羊绒、汽车及零部件、战略性稀贵金属和耐火材料四大特色产业。

（1）羊绒产业。清河羊绒产业享有"世界羊绒看中国、中国羊绒看清河"的美誉。目前，清河经济开发区正全力打造"羊绒之都""世界绒谷"，形成了从原绒分梳、纺纱、织布到成衣制品的完整产业链条，年加工无毛绒5万吨，其中山羊绒5000吨，占全国总量的60%、占世界总量的40%，织衫2000万件以上。

（2）汽车及零部件产业。清河是中国汽车零部件制造优秀基地，主导产品空气滤清器、密封条、雨刮器、操纵钢索分别占全国的20%、30%、30%、40%。清河先后荣获"中国汽车零部件制造优秀基地""河北省汽车及零部件产业名县"等称号。

（3）战略性稀贵金属产业。清河是"全国硬质合金制造基地""全国城市矿产示范基地"、我国军工和高端装备制造业关键性基础材料的重要生产研发基地。硬质合金产量占全国的20%，废旧合金经销量占全国的50%以上。

（4）耐火材料产业。清河耐火材料产业拥有20多个系列120多个品种，远销欧美、东南亚等20多个国家和地区。

近年来，清河经济开发区先后被授予"国家级绿色园区""国家新型工业化产业示范基地""国家级水效领跑者园区""全国改革创新示范园区""全国营商环境先进开发区""河北省开放发展十佳开发区""河北省服务贸易和服务外包示范基地""河北省'双创'示范基地""河北省外贸出口先进开发区""河北省汽车及零部件名区""河北省智能制造示范（园）区""河北省特色产业示范开发区"等称号，是首批唯一入围京津冀"2+4+46"协同创新平台的县域省级开发区，是20个省领导重点联系开发区之一。2023年，清河开发区被工信部授予国家级"水效领跑者"，全省唯一创新"五新四化一机制"做法，被中国开发区协会、省商务厅推广。

3. 清河经济开发区携手智库，共建新发展格局下的高质量产业

清河经济开发区高度重视与高端智库平台的交流与合作。充分发挥智库力量，助力开发区高质量发展。2023年12月11日，由中国开发区协会、蓝迪国际智库和河北省邢台市人民政府主办的"2023中国开发区高质量发展大会"在河北省邢台市清河县隆重举行，大会以"平台+数字 赋能开发区高质

量发展"为主题，旨在探讨如何通过数字化手段推动开发区高质量发展。

近年来，清河经济开发区积极对标先进、聚焦理念更新，突出经济发展主业主责，深入推进平台化运营、产城融合、创新要素驱动，积极探索经济高质量发展新模式、新路径。2023年1—9月，清河经济开发区实现营业收入586亿元，同比增长19.9%；税收13.4亿元，同比增长25.1%；固定资产投资24.4亿元，同比增长39.3%。

为了打造千亿级开发区，清河县首先探索实施了"管委会+平台公司"并轨运营机制，组建"1+2+N"集团化平台公司，统筹资产管理、基础设施、招商引资等专业化服务，全力打好做大做强开发区盘子的"组合拳"。2023年，清河经济开发区将打破常规发展思路，做强主引擎，做好全局规划，全力构建新机制、建设新平台、开辟新赛道、发展新产业，全面释放新活力。

二、长江经济带

（一）重庆：国家战略腹地建设的"排头兵"

《中华人民共和国国民经济和社会发展第十四个五年规划和2035年远景目标纲要》明确提出，"必须强化国内大循环的主导作用，以国际循环提升国内大循环效率和水平，实现国内国际双循环互促共进"。2023年12月举行的中央经济工作会议强调，优化重大生产力布局，加强国家战略腹地建设。在国内国际双循环的新发展格局下，重庆作为连通国内国际的重要节点，具有重要战略意义。2023年，蓝迪国际智库持续关注重庆在共建"一带一路"中发挥的联通作用。此外，蓝迪国际智库发挥智库外交作用，从重庆出发开展中美关系研究。

1. 重庆：西部高质量发展的先行者与引领者

重庆是国家战略腹地建设的"排头兵"，承担国家战略使命，在推进新时代西部大开发和高质量发展中发挥着支撑作用，在推进共建"一带一路"中发挥带动作用。

（1）衔接"一带"与"一路"，重庆构建西部出海新格局。

共建"一带一路"作为我国在新的历史条件下实行高水平对外开放的重大举措，是我国加快构建新发展格局的重要内容和重要平台。位于"一带一路"和长江经济带交会点的区位优势使重庆在新时代全面开放新格局中具有重要战略地位。2019年，国务院批复的《西部陆海新通道总体规划》明确指出，充分发挥重庆位于"一带一路"和长江经济带交会点的区位优势，建设运营组织中心，标志着该通道上升为国家战略。2023年2月，商务部亚洲司复函重庆，同意将推进国际陆海贸易新通道建设合作工作机制秘书处设立在重庆。该工作机制主要负责通道的国际经贸合作，秘书处则要承担其日常工作，重要性不言而喻。

近年来，借助"一带一路"和长江经济带的"东风"，重庆的交通枢纽功能得到全面提升。重庆内陆国际物流枢纽展示中心的交通图显示，东有长江黄金水道通达世界各地，南有西部陆海新通道连接东南亚，西有中欧班列辐射亚欧多国，北有渝满俄班列直达西伯利亚。

西部陆海新通道连接中国西部各省市，将货物通过铁路、海运、公路等运输方式，经广西、云南等沿海沿边口岸通达世界各地。迄今为止，西部陆海新通道通达全球120个国家和地区的473个港口，已成为中国西部地区联通全球的快捷通道。官方数据显示，2023年1—9月，重庆经西部陆海新通道共运输货物12.6万标箱，运送货值193.3亿元人民币。

从进出口货品不难看出，重庆已经深度参与到国际产业分工体系当中。据《重庆统计年鉴2022》，计算机、通信和其他电子设备制造业是重庆第一大产业，汽车制造业位居第二。鲜明的产业特色吸引了319家世界500强企业落地重庆，所形成的产业集群也成为重庆进一步对外开放的内生动力。

2023年初，《重庆市加快建设西部陆海新通道五年行动方案（2023—2027年）》印发。其中提出，到2027年，重庆通道网络和物流体系更加完备，要素集散效益更加凸显，综合服务能级显著提高，对经济和产业发展的带动作用显著增强，跨区域合作共建水平显著提升，为建成经济、高效、便捷、绿色、安全的西部陆海新通道作出更大贡献，更好地在西部地区带头开放、带动开放。通道发展指数达到170。重庆经西部陆海新通道运行的货运量、货值、与中欧班列和长江黄金水道的联运箱量均实现倍增，与东盟的进出口额占比稳定在70%以上。数字陆海新通道基本建成，通道综合物流成本下降20%，全程物流运行时间压缩30%。重庆在国家口岸综合绩效评估中位居中西部前列，跨境贸易便利化水平达到全国前列。

重庆正在积极扩大"一带一路"朋友圈，加速拓展通道辐射范围。

（2）加速打造西部金融中心，重庆引领西部现代化发展。

拥有一个辐射周边地区、全国乃至全球的金融中心，对城市能级的提升有着巨大的促进作用，谁能够坐拥金融核心地位，谁就能够在区域经济发展中占据主导地位。

中国广阔的内陆腹地需要一个新的金融中心，同时兼具安全备份与带动西部发展的双重作用。重庆作为中西部地区唯一的直辖市、国家重要中心城市、成渝地区双城经济圈核心城市、西部陆海新通道物流和运营组织中心，向北连通"一带一路"，向南成为东南亚新通道，向西、向东辐射广阔的内陆腹地，无论是从战略区位还是辐射西部，都是最佳选择，有着历史必然性。

金融是构建现代化产业体系的关键变量。金融越发达，资金流动速度越快，企业运转才能更顺滑，产业发展才能有乘数效应，经济发展才能更快壮大。

近年来，重庆统筹推进金融服务实体经济、防控金融风险、深化金融改革等重大任务，西部金融中心建设实现了良好开局。

在产业金融方面，搭建科创企业全样本的银企对接平台。人民银行重庆分行数据显示，2023年上半年，重庆地区金融机构推送科技型企业、高新技术企业、专精特新企业超过5万家；积极支持企业登陆资本市场，上半年新增上市企业数和首发融资额均位居西部第一。截至2023年6月末，重庆制造业中长期贷款余额同比增长24%，比上年同期高出4.6个百分点。其中，汽车制造业、软件和信息技术服务业中长期贷款同比分别增长39.6%、49.9%。

在贸易金融方面，重庆市金融监管局数据显示，截至2023年7月，中新金融合作跨境融资超200亿美元，带动中西部10个省（区、市）赴新融资65亿美元，跨境人民币结算量突破3000亿元，保持中西部第一。组建西部陆海新通道金融服务联合体，形成覆盖新通道全域的金融服务网络体系。落实自贸金融改革创新试点任务，发行全国首笔"点心债"，创新信保白名单融资、铁路电子提单质押融资等一批跨境金融创新首笔首单。

在绿色金融和普惠金融方面，依托"长江渝融通"货币信贷大数据系统和"长江绿融通"绿色金融大数据系统，搭建重大建设项目、制造业、科技创新、绿色低碳、乡村振兴等重点领域债券融资项目对接平台。人民银行重庆分行数据显示，2023年上半年，重庆金融机构累计运用支农、支小再贷款、再贴现资金482亿元，同比增长22.8%，惠及市场主体6.6万户。

重庆建设西部金融中心对西部地区带动作用明显。多式联运"一单制"等创新性金融服务在西部陆海新通道中逐步推开，减少货物运输换单环节，沿线省市参与通道物流效率得到极大提升。重庆市金融监管局数据显示，截至2022年末，重庆市金融机构已累计为西部陆海新通道基础设施项目、贸易物流企业发放贷款近 5000 亿元。

2. 10 年来,重庆积极融入共建"一带一路"

过去 10 年,位于"一带一路"和长江经济带联结点上的重庆推动共建"一带一路"取得了实实在在的成效,已经形成东、南、西、北四向开放通道格局,以西部陆海新通道建设为抓手打造"一带一路"倡议枢纽,并在人文交流、贸易往来等方面发挥重要作用。

(1) 政策沟通引领作用不断提升。

重庆加强与"一带一路"共建国家多层次战略对接,不断拓展"朋友圈"。高标准实施中新(重庆)战略性互联互通项目,开创性策划建设陆海新通道并推动其上升为国家战略,成为中新双方高质量共建"一带一路"的标志性项目。目前,中新双方累计签约政府和商业合作项目 265 个,总金额达 256.5 亿美元。与"一带一路"共建国家开展各领域交往活动 400 余场,先后邀请多国政要来渝访问,重庆市领导率团出访新加坡、斯里兰卡、尼泊尔等国。重庆市已与"一带一路"共建国家结成国际友好城市 29 个、国际友好交流城市 84 个。

(2) 基础设施互联互通布局不断完善。

重庆坚持把四向通道基础设施"硬联通"作为重要共建方向,陆、海、天、网"四位一体"互联互通布局加快形成。

向东,建设长江黄金水道智慧物流工程,常态化运行沪渝直达快线、渝甬沿江铁海联运国际班列,有效推动长江经济带发展。向西,在全国率先开行中欧班列(渝新欧),开行量率先突破 1 万列重箱折列,并整合川渝两地资源开行中欧班列(成渝),已累计开行超 1.4 万列重箱折列,近 50 条稳定运行线路联通欧亚大陆上百个节点城市,干支网络覆盖亚欧大陆全境。向南,推进西部陆海新通道建设,通道网络覆盖全球 120 个国家和地区的 473 个港口,实现内陆地区"一带"与"一路"战略闭环,形成铁海联运班列、国际铁路联运班列、跨境公路班车三种运输组织方式。截至目前,已累计运输 54.6 万标箱,货值 906.5 亿元。向北,常态化开行渝满俄班列,串联中蒙俄经济走廊。

空中,开通国际航线 110 条,构筑通达共建"一带一路"国家的空中走廊。网络,依托中新互联互通项目,启动运行全国首条面向单一国家点对点的国际数据专用通道,打造渝新合作信息高速路。加快推进国际性综合交通枢纽城市建设，推动重庆成为全国首个兼有港口型、陆港型、空港型、生产服务型、商贸服务型"五型"国家物流枢纽的城市。

（3）贸易投资合作渠道不断拓展。

重庆市大力促进与"一带一路"共建国家的贸易往来，贸易规模不断扩大，贸易结构持续优化。2022年重庆与共建"一带一路"国家进出口贸易额达到3331.4亿元，10年间年均增速9%。2013年以来，重庆市累计吸引外资293.5亿美元，在渝世界500强企业累计达319家。深入实施自由贸易试验区提升战略，培育形成147项重点制度创新成果，其中7项在全国复制推广，89项在全市复制推广。开立全球首份"铁路提单国际信用证"，其背书转让效力获司法审判实践支持，目前已累计签发铁路提单6834笔，货值约33.5亿元。

加快推进内外贸一体化试点、进口贸易促进创新示范区等试点示范建设工作，推动万州综保区、江津综保区、永川综保区封关运行。全面实施全国通关一体化改革，深入实施"两步申报""两段准入"等海关重大业务改革，推广应用国际贸易"单一窗口"，全面推行铁路快速通关模式，创新"保税+"系列外贸新业态，探索"关银—KEY通"川渝一体化监管模式，成为全国海关第一项跨关区自贸协同创新举措。深入对接RCEP经贸规则，制订高质量发展行动计划。出台重庆市首个帮扶企业通过高级认证的地方政策，培育94家重庆企业通过AEO高级企业认证，居西部地区首位。

（4）资金融通支撑作用不断发挥。

重庆市持续优化银行保险机构金融服务供给，强化政府、银行、信保、商协会多方合作机制，金融服务体系不断完善。市内银行业支持"一带一路"融资余额由2017年末的1701亿元提升至2022年末的2968亿元。积极扩大出口信用保险覆盖面，截至2023年9月，累计为重庆企业向"一带一路"共建国家出口提供信用保险支持143亿美元。中新互联互通项目累计实施金融服务项目259个、总金额达305.6亿美元，惠及西部10个省（区、市），亚洲首个奥特莱斯不动产投资信托（REITs）、新加坡企业在渝合格境内有限合伙人（QDLP）试点等落地。推动"区块链+跨境金融"试点，拓展跨境金融服务平台场景应用，上线全国唯一西部陆海新通道物流融资结算应用场景。推动汇率避险服务创新突破，创新建立市、区两级汇率避险财政政策支持体系。

（5）积极深化"一带一路""心联通"。

重庆将"小而美"项目作为对外合作优先事项，推动实施一批"心联通"项目,切实提升"一带一路"共建国家民众获得感。在教育领域,持续实施外国留学生市长奖学金丝路项目,累计举办培训班61个,涉及65个国家2000余名高管和人才。重庆高校发起成立中波(兰)大学联盟、陆海新通道职业教育国际合作联盟等国际合作平台,覆盖欧洲、非洲、东盟等国家和地区的451所中外院校。

在科技领域,共同推动全国首个"一带一路"科技创新合作区正式获批建设,国家级国际科技合作基地累计达到19个,合作国家达32个,与60余个国家开展了科技交流与合作。

在卫生领域,重庆共派出援巴布亚新几内亚、巴巴多斯医疗队员共19批183人次,涵盖20个临床专业,累计诊治当地患者超19.9万人次,开展手术近1.2万台,培训外方人员1.2万人次,开展"春苗行动"接种新冠疫苗超2.1万剂次,建成中国巴新友好微创外科中心和中国—巴巴多斯中医药中心。

在文旅领域,发挥重庆国际文旅之窗对外交流服务平台作用,与30余家外国驻渝蓉领事机构、境外旅游推广机构建立合作关系,搭建中新(重庆)文旅产业联盟,挂牌"上合智慧旅游中心""重庆版权贸易基地",构筑起与"一带一路"共建国家开展广泛交流的桥梁。

3. 蓝迪国际智库:从重庆共探"一带一路"发展与中美竞合关系

2023年,蓝迪国际智库在山城应邀出席2023"一带一路"陆海联动发展论坛和史迪威将军诞辰140周年纪念活动,见证重庆的对外交流历史,深刻认识重庆新时代的重要战略地位,积极发挥智库作用,开展智库外交。

(1)蓝迪国际智库应邀出席2023"一带一路"陆海联动发展论坛,平台专家谈陆海联动。

2023年5月17日,"一带一路"智库合作联盟和重庆市人民政府主办、中联部当代世界研究中心和重庆市人民政府外事办公室承办的2023"一带一路"陆海联动发展论坛在重庆召开。中共中央政治局委员、重庆市委书记袁家军出席开幕式并致辞。老挝人民革命党中央书记处书记、国会副主席顺通·赛雅佳,印度尼西亚专业集团党专家委员会主席、前国会议长阿贡·拉克索诺,中联部副部长郭业洲致辞。重庆市委副书记、市长胡衡华主持开幕式。

本次论坛以"共创陆海联动发展新未来"为主题,还举行了全体会议、平行论坛、成果发布、座谈交流等活动。来自17个"一带一路"合作伙伴国的100余位政党政要、智库学者、工商界人士出席会议。

2023 年 5 月 17 日，2023"一带一路"陆海联动发展论坛与会嘉宾合影。

作为"一带一路"与长江经济带的联结点、西部陆海新通道的运营组织中心，近年来重庆市在推动"一带一路"陆海联动发展方面取得了显著成效，得到了与会专家们的广泛认同。

十二届全国人大外事委员会副主任委员、蓝迪国际智库专家委员会主席赵白鸽应邀出席全体会议并发表主题演讲。赵白鸽指出，重庆最重要的，不仅仅是在硬件技术上有它很独特的地方，更重要的是它的软实力，包括营商环境、产业企业的匹配等。她表示，"一带一路"倡议已成为深受欢迎的国际公共产品、不可或缺的国际合作平台。中国式现代化和"一带一路"高质量发展目标相同、本质相同、标准相同，将相互促进，推动"一带一路"向更大范围、更高水平、更深层次发展。

蓝迪国际智库专家、复旦大学"一带一路"及全球治理研究院常务副院长黄仁伟表示，随着世界产业链重组、全球物流变革等因素叠加，发展陆海联运成为必然趋势。陆海联运具有长远战略意义，重庆前途广阔、空间无限。作为西部中心城市和唯一的直辖市，西部陆海新通道打通后，重庆中心枢纽地位将更加突出。未来，全球市场和中国市场增量部分，将聚集在中国西部及其连接的周边地区，这给重庆创造了巨大的发展空间。希望重庆进一步扩大金融开放，打造成为"一带一路"融资中心，持续在新兴技术领域发挥龙头作用，实现跨越式高质量发展。

2023年5月17日，十二届全国人大外事委员会副主任委员、蓝迪国际智库专家委员会主席赵白鸽应邀出席全体会议并发表讲话。

国家开发银行研究院副院长曹红辉表示，在当前的国际格局下，落实"一带一路"倡议，促进陆海新通道建设，对于推动构建和重塑安全稳定的产业链、供应链具有重大意义。新西兰中国友好协会主席黎开盛表示，希望在陆海新通道南端之外，搭建中国通向南美洲和太平洋岛国潜在转运通道，进一步加强中新互联互通倡议中的各种连接。

（2）蓝迪国际智库应邀出席史迪威将军诞辰140周年纪念活动，在重庆见证中美友谊。

2023年8月8日，史迪威将军诞辰140周年纪念活动在重庆举办，来自中美两国政府的专家学者、企业和媒体代表等150余人参会。

本次纪念活动以"铭记共同抗战岁月 传承中美人民友谊"为主题，由史迪威研究中心主办，北京大学中外人文交流研究基地协办。史迪威将军曾外孙女苏珊·科尔、南希·米尔沃德，美国驻华大使馆代表陆杰新，美军太平洋司令部前副司令丹尼尔·立夫，美中贸易全国委员会前会长罗伯特·柯白，重庆市人大常委会副主任、重庆市对外友好协会会长赵世庆，全国对外友好协会副会长姜江，中国人民外交学会副会长张吉明，外交部美大司副司长邱文星等出席纪念活动。

2023 年 8 月 8 日，史迪威将军诞辰 140 周年纪念活动与会嘉宾合影。

出生于 1883 年的约瑟夫·史迪威是美国陆军四星上将，1941 年太平洋战争爆发后，他曾任同盟国中国战区参谋长、中缅印战区美国部队最高司令官等职。在史迪威将军的一生中，他曾 5 次来华，在中国一共生活了 12 年，为中国人民抗日战争暨世界反法西斯战争的胜利作出了积极贡献。2015 年 9 月 2 日，史迪威将军获得中国人民抗日战争胜利 70 周年纪念章。

2023 年，适逢史迪威将军诞辰 140 周年，曾与其有着深厚渊源的重庆市举行一系列活动纪念，包括纪念史迪威将军诞辰 140 周年开幕式和研讨会。中外嘉宾出席该活动，围绕史迪威将军生平事迹、中美民间交流合作、促进中美关系等方面进行了广泛交流。此外，还特别举办了"伟大的朋友——史迪威将军生平图片展"、种植友谊树、市内参访等多项活动。

十二届全国人大外事委员会副主任委员、蓝迪国际智库专家委员会主席赵白鸽应邀出席研讨会并发表主旨演讲。她表示，当前，追忆史迪威将军一生的贡献，见证中美共同抗战岁月与中美合作与交流的历史，具有重要的历史与现实意义。在新科技革命浪潮下、在新型全球化进程中，应发扬史迪威将军精神，探寻其当代价值，理性看待中美竞合关系，构建中美新时代正确相处之道。

（二）武汉：布局未来产业，引领中部崛起

武汉处于中部地区，是建设中的国家中心城市，顺长江黄金水道可西上

巴蜀，东下吴越，向北溯汉水而至豫陕，经洞庭湖南达湘桂，自古有"九省通衢"之说。城市圈据地利之便，占交通之要，链接东、中、西三大地带，是长江经济带和中部崛起两大国家战略区域叠加的中心位置，也是中部地区承接长三角一体化发展能级的重要载体，更是长三角辐射带动长江上游乃至广大中西部的战略链接，在全国发展大局中占据重要地位。

武汉是中国内陆最大的水陆空交通枢纽、长江中游航运中心，其高铁网辐射大半个中国，是华中地区唯一可直航全球五大洲（亚洲、欧洲、非洲、大洋洲、北美洲）的城市。武汉是长江经济带核心城市、中部崛起战略支点、全面创新改革试验区，是全国三大智力密集区之一，中国光谷致力于打造具有全球影响力的创新创业中心。根据国家发展改革委的要求，武汉正加快建成以全国经济中心、高水平科技创新中心、商贸物流中心和国际交往中心四大功能为支撑的国家中心城市。

2023年，蓝迪国际智库与武汉市及青山区紧密互动，围绕中欧绿色产业合作园区建设等展开深入交流。

1. 中部崛起，武汉当仁不让

过去10余年来，国家先后出台《关于促进中部地区崛起的若干意见》《关于大力实施促进中部地区崛起战略的若干意见》《促进中部地区崛起规划（2016—2025年）》等重磅政策文件，为中部地区高质量发展谋篇布局。特别是在最近8年里，习近平总书记前往长江上、中、下游调研，先后在重庆、武汉、南京、南昌4次主持召开座谈会，为推动长江经济带高质量发展把脉定向。作为建设中的国家中心城市、长江经济带核心城市，国家战略聚焦叠加，武汉使命重大。武汉在2022年全市GDP总量超过1.88万亿元的基础上，奋力一跃，跻身"2万亿俱乐部"，2023年，武汉市GDP为20011.65亿元，比2022年增长5.7%。

（1）区位交通优势。武汉是国家综合立体交通网"6轴7廊8通道"主骨架的"十字"主轴交会点，是全国省会城市中唯一获批的交通强国建设试点城市。武汉将"打造交通强国建设示范城市"，构建武汉城市圈1小时通勤、长江中游城市群2小时通达、全国主要城市3小时覆盖的综合交通网，建设新时代"九省通衢"。

（2）人才资源优势。2022年，武汉有两院院士76名，市级以上高层次人才1.5万余名；在武汉的高校有92所，在学研究生19.76万人，在校大学生超过130万人，2017—2022年留汉大学生累计人数205.9万人，大学文化程度人口占比在千万级城市中排第3位。

（3）科技创新优势。大量的人才带来强劲的科技创新能力，武汉光谷在光电科学技术方面一直处于世界领先水平；武汉有全国（国家）重点实验室33家，国家实验室1家，国家级工程技术研究中心19个，国家级企业技术研究中心41个，国家级创新平台152个（区域创新能力居全国第5位、全球第11位），国家级众创空间68家，国家级孵化器51家，拥有创谷13家，省级大学生创业孵化示范基地36家；武汉有超1.2万家高新技术企业。

2. 大力发展高新产业，打造"965"产业集群

武汉提出"965"产业集群发展思路，形成"九大支柱产业、六大新兴产业、五大未来产业"架构的产业格局。九大支柱产业为"光芯屏端网"新一代信息技术、汽车制造和服务、大健康和生物技术、高端装备制造、智能建造、商贸物流、现代金融、绿色环保、文化旅游。六大新兴产业为网络安全、航空航天、空天信息、人工智能、数字创意、氢能。五大未来产业为电磁能、量子科技、超级计算、脑科学和类脑科学、深地深海深空。

（1）九大支柱产业区域布局。汽车制造和服务产业主要由车谷副城建设，以经开区为核心，蔡甸区和江夏区为两翼，聚集汽车制造和服务产业发展；光谷副城则成为高端装备和先进基础材料等高端技术类产业的核心区域，并且以东湖高新区为主要核心，协同江夏区和洪山区两大核心区域，打造"光芯屏端网"产业聚集地；主城区则是围绕江岸、汉阳、江汉、武昌、硚口等区域构建现代金融中心、智能建造聚集地等。

（2）六大新兴产业细分。网络安全主要聚焦网络安全硬件、软件和服务，开展网络安全核心技术攻关，构建网络安全培训体系，布局区块链产业，打造网络安全创新引领区、产业集聚区；航空航天主要聚焦运载火箭、卫星、发射的产品、服务和应用，飞行器研发设计、生产、维修，推动通用航空产业大力发展，大幅提升市场化、商业化航天发射能级，打造全国商业航天产业高地；空天信息主要聚焦高精度北斗芯片、北斗导航与位置服务、地理空间信息、天基物联网等，丰富定时、定位和遥感观测的综合应用服务，构建覆盖"空、天、地、海"的产业链，打造成为我国空天信息产业的创新发展新高地；人工智能主要聚焦智能芯片计算与系统、人工智能云服务、智能机器翻译、智能机器人、虚拟现实、智能家居等，高标准建设国家新一代人工

智能创新发展试验区，人工智能产业进入全国第一方阵；数字创意主要聚焦动漫、游戏、电竞、直播等，建设中部文化创意之都、全国泛娱数字文化高地；氢能主要聚焦氢能源、燃料电池等，构建氢能研发、制备、储运、试验测试、应用等完整产业链条，加快国家氢能示范基地建设。

（3）五大未来产业。电磁能主要聚焦电磁装备制造、高端舰船制造、高速轨道交通等，打造世界一流的电磁能产业；量子科技主要聚焦量子导航、量子通信基础应用网络、量子通信装备研制、量子计算等，打造国内量子技术及产业发展新高地；超级计算主要聚焦高性能计算、云计算等，积极布局超算产业链，提升海量数据存储、数据挖掘、数据交易、信息管理分析能力，建设以云计算平台和云服务为关键支撑的数字生态，打造"科技算盘"，建设"算力城市"；脑科学和类脑科学主要聚焦脑重大疾病诊治、类脑计算与脑机智能等，积极开展脑科学与类脑研究，推动脑科学与人工智能有效结合，成为"中国脑计划"的领军者；深地深海深空主要聚焦地球深部勘探开发、深海装备和传感网络开发、深空对地探测等，形成"三深"运载探测装备系列化和配套能力，增强作业支持能力和资源开发能力，带动"三深"技术与装备的自主产业发展。

3. 布局国家中心，奠定武汉大城格局

加快打造"五个中心"，建设现代化大武汉。"五个中心"分别为全国经济中心、国家科技创新中心、国家商贸物流中心、国际交往中心和区域金融中心。

（1）全国经济中心。进一步做大经济总量，力争到 2025 年，GDP 达到 2.4 万亿元，在全国城市中实现进位。同时，产业结构进一步优化，服务业增加值占 GDP 的比重达 62% 左右，工业增加值占比达 27% 左右，数字经济占比超过 50%。

（2）国家科技创新中心。武汉将围绕"国家科技创新中心—东湖综合性国家科学中心—以东湖科学城为核心的光谷科创大走廊—国家、省级实验室—大科学装置"创新体系，加快推进湖北实验室建设，大力支持武汉光电国家研究中心申报国家实验室，加快布局建设生物医学成像、武汉光源等重大科技基础设施，全力创建东湖综合性国家科学中心。争取到 2025 年，全市高新技术企业突破 1.2 万家、全社会研发经费投入占 GDP 的比重提升到 3.5%。

（3）国家商贸物流中心。将重塑新时代"货到汉口活"和"货经汉口活"，力争到 2025 年社会消费品零售总额突破 1 万亿元，社会物流总额达 5.5 万亿元。

（4）国际交往中心。到 2025 年，实现进出口总额 5400 亿元，国际及地区航线 60 条，入境旅游人次达 360 万人次，驻汉境外机构达到 30 个。

（5）区域金融中心。力争每年新增金融机构 10 家以上；同时，深化政银企多方合作，鼓励引导银行业金融机构加大信贷投放力度，力争通过努力，2025 年金融业增加值突破 2500 亿元，存贷款余额突破 10 万亿元。

三、粤港澳大湾区

● 横琴合作区："一国两制"实践重大部署

2021 年是横琴粤澳深度合作区建设的开局之年，2023 年 9 月 5 日中共中央、国务院发布《横琴粤澳深度合作区建设总体方案》（以下简称《总体方案》），9 月 17 日合作区管理机构揭牌运作，合作区建设正式步入全面实施、加快推进的新阶段。

1. 横琴四大战略定位

《总体方案》强调，建设横琴新区的初心就是为澳门产业多元发展创造条件。新形势下做好横琴粤澳深度合作区开发开放，是深入实施《粤港澳大湾区发展规划纲要》的重要举措，是丰富"一国两制"实践的重大部署，是为澳门长远发展注入的重要动力，有利于推动澳门长期繁荣稳定和融入国家发展大局。《总体方案》明确了横琴的四大战略定位：一是促进澳门经济适度多元发展的新平台；二是便利澳门居民生活就业的新空间；三是丰富"一国两制"实践的新示范；四是推动粤港澳大湾区建设的新高地。《总体方案》提出，要大力发展科技研发和高端制造、中医药等澳门品牌工业、文旅会展商贸以及现代金融产业四大新产业，以此促进澳门经济多元发展。

2. 共商共建共管共享，推动琴澳一体化发展

2023 年 12 月 21 日，经国务院批复同意，国家发展改革委印发了《横琴粤澳深度合作区总体发展规划》（以下简称《规划》），旨在进一步推动横琴与澳门的深度合作，打造世界级城市群，共同谱写新时代粤港澳合作新篇章。《规划》紧紧围绕"促进澳门经济适度多元发展"的初心使命，聚焦推动解决合作区发展面临的现实问题，对琴澳空间、产业、民生、高水平开放等全

方位各领域一体化发展作出了系统谋划、整体规划，推动《总体方案》战略定位和发展目标如期实现，为澳门"一国两制"实践行稳致远注入新动能。

3. 蓝迪国际智库深度参与合作区建设

蓝迪国际智库自2016年到横琴考察后，与横琴政府保持密切的联络与沟通，是横琴粤澳深度合作区概念萌发、推动设立、顶层规划、建设举措、生态搭建全过程的重要参与者，通过智库报告、高层咨询、专项咨询和招商服务、品牌会议、产业对接、国际峰会等场景，为横琴粤澳深度合作区建设发挥重要智库支持。

从新区到自由贸易试验区，再到粤澳深度合作区，横琴战略地位不断提升，GDP从2009年的2.85亿元快速增长至2022年的461.79亿元，年均增长31.4%。2024年3月1日，横琴封关后，将加速琴澳一体化发展，开启"开放"新篇章。

2023年3月，蓝迪国际智库与合作区政府（横琴粤澳深度合作区金融发展局）签订了新一轮的合作协议，助力合作区高质量发展。过去一年，蓝迪国际智库在琴澳参与和组织的活动繁多、成果丰硕。

（1）蓝迪国际智库专家委员会主席赵白鸽受聘成为第一届横琴粤澳深度合作区咨询委员会委员。

2023年9月27日，第一届横琴粤澳深度合作区咨询委员会第一次会议在横琴召开。会议围绕合作区2024年第一阶段"创新要素明显集聚，特色产业加快发展，促进澳门经济适度多元发展的支撑作用初步显现"的发展目标，邀请专家、学者共同探讨如何坚守"一国之本"发挥"两制之利"、化解"两制之异"，推动合作区高质量建设。横琴粤澳深度合作区咨询委员会是根据《横琴粤澳深度合作区咨询委员会暂行管理办法》，围绕《总体方案》重点咨询任务，充分发挥决策咨询机构在横琴粤澳深度合作区开发开放中的智力支撑作用而设立。

会议听取了横琴粤澳深度合作区建设发展情况介绍。合作区执委会主任李伟农，广东省委横琴工委副书记、省政府横琴办主任、合作区执委会副主任聂新平，执委会副主任苏崑，省委横琴工委副书记李军晓，省政府横琴办副主任魏以军等为第一届横琴粤澳深度合作区咨询委员颁发聘书。十二届全国人大外事委员会副主任委员、蓝迪国际智库专家委员会主席赵白鸽受聘为横琴粤澳深度合作区咨询委员会委员，任期3年。

2023年9月27日，第一届横琴粤澳深度合作区咨询委员会第一次会议现场。

2023年9月27日，第一届横琴粤澳深度合作区咨询委员会为与会专家颁发聘书。

与会专家全国政协副主席何厚铧作为主任委员，十二届全国人大外事委员会副主任委员、蓝迪国际智库专家委员会主席赵白鸽，广东省原副省长陈云贤等与会咨询委员围绕合作区发展新产业、建设新家园、构建新体系、健全新体制等重点问题发表了富有建设性的咨询意见。

赵白鸽表示，祝贺合作区取得全面的综合性阶段成果，作为首届咨询委员会委员不仅是荣誉，更是责任。赵白鸽提出咨询委员会要头脑先行，发挥精力、聪明、才智、知识，分专业类别开展工作，形成结果导向的工作模式，并就如何落实共商共建共管共享机制提出了建议。她强调，合作区应该坚持中国特色社会主义，在两种现代化管理体制相融合的情况下打造"一国两制"的成功案例；要促进澳门多元化发展，大力发展现代金融、新型制造、大健康、旅游、会展五大产业；要抓住区域基础和特色，做好平台建设，构建三大平台——金融平台、大健康平台、国际交流平台。赵白鸽最后表示，蓝迪国际智库作为新型应用型平台型智库，将继续发挥智慧力量为合作区建言献策。

第一届横琴粤澳深度合作区咨询委员会所有委员均是宏观政策、经济产业等领域专业性和权威性的代表人士，既涵盖高校专家学者，又包括行业领军人才和社会知名人士，整体保持与实现合作区"四新"战略定位、助推琴澳一体化重点咨询任务相对应。

（2）定期举办金融高层咨询会，助力合作区金融稳步向前迈进。

①2023年5月10日，以"琴澳金融高质量发展，助力澳门产业多元化"为主题的横琴粤澳深度合作区金融高层咨询会在澳门召开。会议集聚经济、金融领域高级别专家，围绕世界政治经济发展趋势及金融业发展的新机遇、新挑战，横琴粤澳深度合作区金融业未来发展重点，合作区如何助力澳门发展绿色金融、融资租赁、私募创投基金等话题展开了深入讨论。

2023年5月10日，横琴粤澳深度合作区金融高层咨询会在澳门召开。

十二届全国人大外事委员会副主任委员、蓝迪国际智库专家委员会主席赵白鸽主持会议，横琴粤澳深度合作区执委会主任李伟农出席会议并致辞，横琴粤澳深度合作区执委会副主任苏崑作总结发言。亚洲基础设施投资银行行长兼董事会主席、蓝迪国际智库专家委员会委员金立群,十三届全国政协经济委员会委员、中国证券监督管理委员会原主席、蓝迪国际智库专家委员会委员肖钢,香港特首经济高质量和持续发展顾问、中国银保监会首席顾问、香港证监会原主席沈联涛,国家发展改革委发展规划司原司长、中美绿色基金董事长、蓝迪国际智库专家委员会委员徐林,香港国际金融学会副会长、UNSDG 数字健康全球行动基金会联席主席、康付保集团创始人蒋忠远,兴业证券企业金融部副总经理、兴证国际金融集团资本市场部董事蒋博慊在会上作主题分享,合作区金融发展局、经济发展局相关同志,蓝迪国际智库秘书长马融及蓝迪平台企业代表列席会议。

2023 年 5 月 10 日,横琴粤澳深度合作区金融高层咨询会与会专家合影。

横琴粤澳深度合作区执委会副主任苏崑在总结发言中表示,高层咨询会聚焦金融、碰撞思想,与会专家围绕金融业发展所需的基础设施建设、监管模式创新、体制机制建设、国际标准衔接等问题,为合作区发展提供了丰富的策略启发和举措建议。

②2023 年 12 月 14 日,由蓝迪国际智库与横琴粤澳深度合作区金融发展局共同举办的合作区金融高层咨询会在合作区政府大楼召开。会议集聚经济、金融领域高级别专家,围绕如何聚集金融资源,促进科技金融、绿色金融、普惠金融、数字金融可持续发展等话题展开了深入讨论。

横琴粤澳深度合作区执委会主任李伟农出席会议并致辞,横琴粤澳深度合作区执委会副主任符永革、横琴粤澳深度合作区执委会副主任苏崑出席会议。国家科技成果转化引导基金理事长、招商银行前行长马蔚华,华夏新供给经济学研究院首席经济学家、国家开发银行研究院原副院长黄剑辉,中国人民大学中国普惠金融研究院秘书长、前标普信用评级(中国)有限公司首席执行官兼总裁陈红珊在会上作主题分享,广东省金融科技协会秘书长朱明春,中华(澳门)金融资产交易股份有限公司执行董事魏立新参与讨论交流。十二届全国人大外事委员会副主任委员、蓝迪国际智库专家委员会主席赵白鸽主持会议并作会议总结。合作区金融发展局副局长鲍伟春、合作区经济发展局副局长黄中坚、合作区财政局副局长郭日海、合作区统计局副局长郑文福以及合作区金融发展局、经济发展局、财政局、统计局相关同志,蓝迪国际智库秘书长马融及蓝迪珠海秘书处相关负责人等列席会议。

2023年12月14日,横琴粤澳深度合作区金融高层咨询会在合作区政府大楼召开。

与会专家围绕"科技+金融推进高质量发展,打造琴澳可持续金融新生态""加快建设全面与国际接轨的高质量金融营商环境""普惠金融高质量发展的机遇和实践"等话题发表精彩演讲。合作区金融发展局、经济发展局、财政局分别就合作区金融行业的现状和合作区产业发展面临的挑战作了介绍并发表了意见,现场嘉宾积极反馈,深入交流,建言献策。

(3)参与第二届横琴世界湾区论坛,共话世界级湾区引领开放型经济。

①2023年12月13日,第二届中国(澳门)国际高品质消费博览会暨横琴世界湾区论坛在横琴举行。论坛以"共创繁荣:世界级湾区引领开放型经

济"为主题，由澳门特别行政区政府、广东省人民政府、国务院国有资产监督管理委员会、中央人民政府驻澳门特别行政区联络办公室、中国国际贸易促进委员会指导，南光（集团）有限公司、中华人民共和国商务部外贸发展局、广东省商务厅主办，南方财经全媒体集团特邀联合主办。十二届全国人大外事委员会副主任委员、蓝迪国际智库专家委员会主席赵白鸽应邀出席并作题为《迈向世界级湾区的路径与价值》的主旨演讲。蓝迪国际智库秘书长马融一同参会。

2023 年 12 月 13 日，第二届中国（澳门）国际高品质消费博览会暨横琴世界湾区论坛在横琴举行。

赵白鸽表示，具备代表性的世界级湾区包括以科技引领为主导的旧金山湾区、以金融著称的纽约湾区、以产业而闻名的东京湾区，这些湾区都是粤港澳大湾区对标发展的方向。粤港澳大湾区应致力于打造世界级城市群、国际科技创新中心、"一带一路"建设的重要支撑、中国式现代化的引领地。

赵白鸽认为，粤港澳大湾区最大的独特性是金融与科技融合，通过持续的制度创新，促进低税务成本、低制度成本、低物流成本、低管理成本、低劳动力成本。粤港澳大湾区作为我国开放程度最高、经济活力最强的区域之一，在迈向世界级湾区的新征程上，其成功经验可以总结为"改革、开放、创新、平台"。

改革是现在所有湾区体制机制和政策有效融合的一个关键点，改革最重要的是要营造出最好的营商环境、创造出最重要的发展要素，包括推动人力、

2023年12月13日，赵白鸽在第二届横琴世界湾区论坛主论坛作主旨演讲。

财力和信息资源的流动。开放是指共建"一带一路"倡议及金砖国家、上合组织、亚投行等平台和机构，为我国参与全球合作交流创造了条件，而粤港澳大湾区将在新开放中创造新价值。创新包括制度创新、科技创新、产业创新。平台包括两部分，即交通的互联以及人才的互通。

第二届中国（澳门）国际高品质消费博览会暨横琴世界湾区论坛延续首届"一会展两地"形式，通过"以会带展""以展招商"的模式，充分释放集聚高端资源要素引力，加快澳门"旅游+"跨界融合，助推中医药大健康、现代金融、高新技术、会展商贸及文化体育产业高质量发展。开幕式上，南光（集团）有限公司董事长傅建国，澳门特别行政区行政法务司司长、横琴粤澳深度合作区管理委员会常务副主任张永春，广东省人民政府副省长张新，国务院国资委副主任苟坪出席并致辞。2011年诺贝尔经济学奖得主、纽约大学经济学教授托马斯·萨金特（Thomas Sargent），深圳市金融稳定发展研究院理事长、全国社保基金理事会原副理事长王忠民作主旨演讲。旧金山湾区委员会全球项目副总裁邹艳玲、纽约证券交易代表王宽、澳门大学社会科学学院院长兼粤港澳大湾区研究中心主任胡伟星、广东中科安齿生物科技有限公司董事长陈贤帅、得力集团总经理刘仁参与圆桌讨论。活动最后，南方财经全媒体集团、南光（集团）有限公司联合发布了《粤港澳大湾区高品质消费报告（2023年）》。

②2023年12月14日，蓝迪国际智库联合主办第二届横琴世界湾区论坛

金融主题论坛，聚焦新格局下的湾区建设与金融合作。此次论坛邀请了政府部门、金融机构、行业专家等各方代表嘉宾，围绕"全球新发展　湾区新机遇——新格局下的湾区建设与金融合作"主题，共话湾区金融赋能大湾区高质量发展。

2023 年 12 月 14 日，第二届横琴世界湾区论坛金融主题论坛在横琴顺利举办。

作为中国经济最具活力、国际化水平最高的区域之一——粤港澳大湾区在全国经济中发挥着重要的引擎作用。在我国提出"加快建设金融强国"的目标下，粤港澳大湾区以推动金融高水平对外开放为重点，打造金融高质量发展的高地。

澳门特别行政区金融管理局行政管理委员会委员刘杏娟；国家金融监督管理总局珠海监管分局党委书记、局长周轩；中国人民银行珠海市分行党委委员、副行长李剑；横琴粤澳深度合作区金融发展局副局长鲍伟春；南方财经全媒体集团副总编辑，21 世纪报系党委书记、总编辑邓红辉参会并发言。

蓝迪国际智库专家委员会委员、国家科技成果转化引导基金理事长、招商银行前行长马蔚华，香港中文大学（深圳）高等金融研究院政策与实践研究所所长、香港国际金融学会主席肖耿，招商基金研究部首席经济学家李湛，华夏新供给经济学研究院首席经济学家、国家开发银行研究院原副院长黄剑辉，珠海华发投资控股集团有限公司副总裁杨振宇等分别作了主题演讲。

2023年12月14日,马蔚华在第二届横琴世界湾区论坛金融主题论坛作主旨发言。

马蔚华认为,从大湾区ESG合作的角度出发,绿色低碳本质上是一场前所未有的科技革命,对于我国实现高质量发展、全球经济走出困境都具有深刻的内涵。粤港澳大湾区以跨境金融为抓手,推动大湾区ESG合作,把握大湾区发展新机遇。一是大力推动绿色金融、转型金融业务合作;二是从立法层面着手推动大湾区数据共通,降低企业运营障碍、降低合规成本;三是以大湾区为核心,建立辐射"一带一路"共建国家ESG的发展新中心。

此外,该论坛还开设了主题为"多元化金融生态赋能跨境金融创新"圆桌对话环节,邀请了华金证券研究所所长助理、宏观经济/金融首席分析师秦泰主持。对话嘉宾包括澳门特别行政区立法会议员、澳门银行公会主席、中国银行澳门分行副行长叶兆佳,华南理工大学经济与金融学院原执行院长王仁曾,腾讯金融研究院执行院长王志峰,横琴人寿保险有限公司总裁助理谭明星,横琴华通金融租赁有限公司副总经理杨国华等粤澳两地金融业多个领域的嘉宾,为粤澳两地共同打造跨境金融多元化、多业态的金融生态圈建言献策。

论坛期间,还发布了"2023年度湾区金融创新优秀案例"。26个入围案例分别从跨境创新、金融助力制造业、金融助力"百千万"、金融助力绿色发展等方面展示了湾区金融创新的最新趋势。此外,广东南方财经控股有限公司与广东粤澳合作发展基金管理有限公司、"一带一路"建设(澳门)促进会签订战略合作协议,共同启动"2024(首届)湾区科技独角兽企业竞争力案例研究"项目,通过案例评选研究以及相对应的系列活动,构建湾区科技创新及创投生态有机发展的科创新生态。

(4)应邀出席 2023 横琴粤澳深度合作区全球招商推介会,开启集群式招商模式。

5 月 9 日,2023 横琴粤澳深度合作区全球招商推介会在横琴隆重开幕。十二届全国人大外事委员会副主任委员、蓝迪国际智库专家委员会主席赵白鸽受邀出席会议并发表演讲。赵白鸽表示,横琴粤澳深度合作区全球招商推介会的举办,将打造交流交易窗口,体现重要平台价值。期盼与各方共同携手,积极参与合作区建设,共享粤港澳大湾区发展红利。

2023 年 5 月 9 日,2023 横琴粤澳深度合作区全球招商推介会在横琴隆重开幕。

赵白鸽表示,选择中国,就是选择最大的增长引擎;投资横琴,就是投资开放红利。"中国式现代化"对于推动中国发展、世界繁荣具有积极贡献。经济数据及国际观点表明,"中国仍是全球增长最大引擎"。横琴所在的粤港澳大湾区,是中国经济活力最强、开放程度最高、国际化水平领先的区域之一。立足广东珠海南端,与中国澳门仅一水一桥之隔的横琴,经济实力、科技竞争力不断提升,将全面彰显"一国两制"强大生命力和优越性,促进澳门经济适度多元发展。经各方努力,合作区营商环境、创新环境、生活环境大幅改善,政策配套、服务配套、国际配套持续升级。因此,投资横琴,就是投资创新机遇;聚焦横琴,就是聚焦开放红利。

2023年5月9日，赵白鸽受邀出席2023横琴粤澳深度合作区全球招商推介会并发表演讲。

赵白鸽认为，全球招商活动的举办对合作区加速构建产业生态具有重要意义。一是有助于合作区"四新"建设，是落实整体目标的具体实践；二是有助于搭建资源整合平台，汇聚包括集群式、链条式的全球创新企业，以及各国商会、智库等多领域资源；三是有助于形成新型招商机制，提升招商工作的成效和可持续性；四是有助于构建新型产业集群，加速形成新业态、新经济、新产业的活力生态。

赵白鸽介绍，蓝迪国际智库作为新型应用型平台型智库，将充分发挥其对决策、对社会以及对国际的影响力，积极建言献策，创品牌、搭平台、"链资源"、落项目，助力琴澳深度合作。

据悉，2023横琴粤澳深度合作区全球招商推介会以"在这里，看见更好的彼此"为主题，由横琴粤澳深度合作区执行委员会指导、合作区经济发展局主办，邀请了广东省、澳门特别行政区、珠海市政府机构代表，以及驻澳驻港总领事参访团、澳门商协会、海内外重点企业代表等超过400位嘉宾，海外企业代表来自法国、葡萄牙、加拿大、日本、澳大利亚等38个国家及地区。本次推介会旨在展现合作区高水平对外开放的营商环境，聚焦琴澳一体化高质量发展，着力吸引更多国内外优质项目聚集横琴，共享发展机遇。同时，合作区将积极探索"展会+招商"琴澳联动模式，并举行跨境合作模式——BEYOND国际科技创新博览会。此外，本次活动还进行了"全球招商合伙人"和"全球招商大使"的授牌仪式。

2023 横琴粤澳深度合作区全球招商推介会重要嘉宾合照。

（5）组团参加第三届 BEYOND 国际科技创新博览会，以科技创新驱动产业发展。

党的二十大报告将"坚持和完善'一国两制'，推进祖国统一"作为以中国式现代化全面推进中华民族伟大复兴的重要内容。建设粤港澳大湾区，是以习近平同志为核心的党中央作出的重大战略部署，是丰富"一国两制"实践的重大创举，是进一步深化改革、扩大开放的有力举措，有利于支持和推动香港、澳门更好融入国家发展大局。

BEYOND 国际科技创新博览会紧抓历史机遇，在横琴粤澳深度合作区成立后，对标美国拉斯维加斯消费电子展（Consumer Electronics Show，CES）和英国伦敦科技周（London Tech Week）等国际知名科技平台，率先举办国际顶级年度科技盛会，力争搭建全球最具影响力的科技交流平台，以促进澳门经济适度多元发展，加快建设澳门"一国两制"新示范。

第三届 BEYOND 国际科技创新博览会（BEYOND Expo 2023）持续关注三大子品牌：可持续发展、生命科学、消费科技。在澳门威尼斯人金光会展中心设立近 10 万平方米的展区，围绕三大子品牌设立独立展区，展区汇聚来自全球的世界 500 强企业、大型跨国企业、独角兽创新企业以及新型初创企业等超 600 个展商参与，海外展商占比 30%。邀请到中央广播电视总台、CGTN、CNN、雅虎、彭博、腾讯科技、新浪科技、凤凰科技、澳门日报等

200家来自全球的媒体参与和报道大会盛况。活动内容包括"科技创新行"、盛典活动、主题峰会、新品发布会、媒体巡展、榜单发布、项目路演和国际资本对接等。

第三届BEYOND国际科技创新博览会重要嘉宾巡展。

蓝迪国际智库作为大会战略合作伙伴，一直以来为会议的顶层设计、资源链接、组织专家、企业推荐助力。在BEYOND Expo 2023上，赵白鸽带领秘书处团队全程参与大会，并在大会欢迎晚宴上发言。赵白鸽表示，科技进步成为变革时代的最大增量、最大杠杆和最大机遇。BEYOND 面向国际、聚焦科技、博览创新，具有十分重大的意义。BEYOND 超越传统、超越科技、超越边界乃至超越时代的价值观，与蓝迪国际智库的发展宗旨高度契合。蓝迪国际智库将继续发挥其对决策、对社会以及对国际的影响力，与各方共同携手，推动BEYOND向国际顶级年度科技盛会坚定迈步。

5月10日上午，BEYOND Expo 2023在威尼斯人剧院隆重举行。世界级科学家、各行业顶级嘉宾和领导出席开幕式，推动以科技创新驱动的产业发展。

蓝迪国际智库专家委员会委员、亚洲基础设施投资银行行长兼董事会主席金立群先生应邀出席开幕式并发言。金立群表示："在这次博览会上，我看到了一个梦想，一个更具包容性的亚洲，特别是一个更具金融包容性的亚洲。"金立群认为，金融服务可以通过发放信贷来帮助人们摆脱贫困，让人可

第三届 BEYOND 国际科技创新博览会开幕式发言嘉宾。

以投资教育，购买保险，经营业务，以及抵御气候变化带来的冲击。此外，数字化的基础设施非常关键，能保持人们的联系和韧性。亚洲基础设施投资银行重点优先考虑两种类型的基础设施投资：第一种是支持数字经济扩展的基础设施发展，例如 5G 基站和光纤电缆；第二种是将现有基础设施转化为数字化的智能基础设施。金立群补充道："这意味着我们不仅关注基站、数据中心，也关注智能城市、智慧增长、智能道路和智能车辆。"

蓝迪国际智库专家委员会委员、亚洲基础设施投资银行行长兼董事会主席金立群先生作主旨发言。

中国科协副主席，中国科学技术大学常务副校长、教授，中国科学院量子信息与量子科技创新研究院院长，中国科学院院士，发展中国家科学院院士潘建伟；中国银保监会首席顾问、香港证监会前主席、香港特首经济高质量与持续发展顾问沈联涛；新加坡国立大学李光耀公共政策学院创院院长、联合国安理会前主席Kishore Mahbubani；阿里巴巴集团联合创始人兼董事会执行副主席、NBA布鲁克林篮网队、WNBA纽约自由人队拥有者蔡崇信先生齐聚BEYOND Expo 2023，围绕BEYOND Expo 2023开幕式主题——"What's Next?"，立足产业发展浪潮，探讨科技创新产业前沿，激发科技创新价值链，共同展望全球的科技创新未来。BEYOND Expo联合创始人贺建东首先进行本次大会的开幕致辞。澳门特别行政区行政长官贺一诚、中国科学技术协会主席万钢、广东省人民政府省长王伟中在开幕式致辞。中央人民政府驻澳门特别行政区联络办公室主任郑新聪，十二届全国人大外事委员会副主任委员、蓝迪国际智库专家委员会主席赵白鸽，中华医学会会长、中国科学院院士、北京协和医院名誉院长教授赵玉沛，中华人民共和国外交部驻澳门特别行政区特派员公署特派员刘显法，澳门特别行政区政府经济财政司司长李伟农，运输工务司司长罗立发，BEYOND Expo联合创始人卢刚列席开幕式。

蓝迪国际智库代表团携组委会官方媒体团进行了蓝迪专场巡展活动，并向参展嘉宾和组委会官方媒体团介绍推广了蓝迪平台企业及产品。巡展企业及机构包括中国土木工程集团有限公司港澳分公司、布瑞克农业、洛阳顺势药业、科大讯飞旗下讯飞听见公司、泰豪创意科技集团、中国水环境集团、浪潮云洲等蓝迪平台企业。会后，形成了《关于将澳门打造成国际科技交流新平台，加快推进澳门"一国两制"新示范建设的建议》报告，希望助力会展提级增效。

四、长三角一体化

（一）宁波北仑：创新发展的长三角关键枢纽

2022年，经深度整合"开发区+自贸区+保税区"功能，新的宁波经济技术开发区（以下简称宁波开发区）正式挂牌运作，集聚众多国家级开放平台优势以及自由贸易试验区发展机遇，加快打造国内一流、国际知名的高能级战略平台，为浙江省"勇当中国式现代化先行者，奋力谱写中国式现代化新篇章"贡献力量。近几年，蓝迪国际智库高度关注宁波开发区的创新建设与高质量发展，全方面助力宁波开发区综合竞争力提升。

1. 宁波：长三角一体化发展和长江经济带发展的重要枢纽

（1）深刻认识长三角区域在国家经济社会发展中的地位和作用。

放眼中国经济版图，长三角地区以4%的国土面积，集聚了全国约17%的人口，创造了全国近1/4的经济总量，是经济最活跃、开放程度最高、创新能力最强的区域之一。长三角区域在国家经济社会发展、国家现代化建设大局和全方位开放格局中具有举足轻重的地位，推动长三角一体化发展迈向纵深是重要的国家战略。

2018年11月5日，在上海举行的首届中国国际进口博览会开幕式上，习近平总书记郑重宣布，"支持长江三角洲区域一体化发展并上升为国家战略"，赋予长三角重大历史使命，为长三角一体化发展注入强大动能。

2019年5月13日，习近平总书记主持召开中共中央政治局会议，在审议《长江三角洲区域一体化发展规划纲要》时指出，长三角一体化发展具有极大的区域带动和示范作用，要紧扣"一体化"和"高质量"两个关键，带动整个长江经济带和华东地区发展，形成高质量发展的区域集群。

同年11月3日，习近平总书记在上海考察时指出，长三角"三省一市"要增强大局意识、全局观念，抓好《长江三角洲区域一体化发展规划纲要》贯彻落实，聚焦重点领域、重点区域、重大项目、重大平台，把一体化发展的文章做好。

党的十八大以来，习近平总书记关于长三角一体化发展的一系列重要讲话、重要指示，明确指出了长三角一体化发展的重大使命、重点任务、方法路径、根本保障，为推动长三角一体化发展指明了前进方向、提供了根本遵循。

2023年11月30日，习近平总书记在上海主持召开深入推进长三角一体化发展座谈会并发表重要讲话，要求长三角"进一步提升创新能力、产业竞争力、发展能级，率先形成更高层次改革开放新格局"。

"推进长三角一体化发展是一篇大文章。"实施长三角一体化发展战略，是引领全国高质量发展、完善我国改革开放空间布局、打造我国发展强劲活跃增长极的重大战略举措。提出并实施这一战略5年来，长三角区域整体实力和综合竞争力持续位居全国前列，彰显中国特色社会主义制度优越性的重要窗口和我国参与国际竞争合作的重要平台的作用日益显现，为构建新发展格局、推进高水平对外开放赢得了战略主动。

（2）宁波：奋力推进长三角一体化发展和长江经济带发展。

第一，宁波在长三角一体化发展和长江经济带发展中具有重要的区位优势。宁波位于浙江省东北部，东濒辽阔的太平洋，南接风景如画的台州市，西依历史文化名城金华和绍兴，北边与国际大都市上海仅一河之隔，使其成为连接长江三角洲和珠江三角洲的重要交通枢纽，发挥着不可替代的作用。

第二，宁波拥有丰富的港口资源。全港区开发利用可建造各类生产性泊位285个，其中万吨级以上152个。已形成内贸线、内支线、近洋航线、国际远洋干线四个层次的海运网络，成为以大宗散货中转、原油装卸、液化石油气中转和外贸集装箱运输为主，兼具货物装卸、保税仓储、现代物流以及临港工业和水运工业开发等多功能综合性深水良港。宁波港是我国大陆大型和特大型深水泊位最集中、10万吨级以上超大型船舶进出港航次最多的港口。

第三，宁波经济发展日新月异，以制造业为突出代表的产业优势突出，汇聚了大量的汽车零部件、电器电子和化工等制造业企业，形成了完善的产业链和强大的产业集群。无论是在技术创新、产品质量还是市场占有率上，宁波的制造业都走在了全国乃至世界的前列。同时，宁波在新兴产业方面积极开拓，推动产业科创大协同，打造高质量发展的新成果。

依托地处长江三角洲经济圈南翼的区位优势、得天独厚的港口资源和强劲的产业发展动力，在北仑区域内，相继设立宁波开发区、宁波保税区（宁波保税物流园区）、宁波大榭开发区、浙江宁波出口加工区和宁波梅山保税港区5个国家级开发区。其中，宁波开发区在我国高质量发展和现代化建设中具有重要的战略地位。

2. 宁波开发区：汇聚创新要素，繁荣产业生态

作为全省高水平对外开放的重要平台，宁波开发区抓住区域整合契机，实现了争先进位。商务部网站近日公布的2023年国家级经济技术开发区综合发展水平考核评价结果显示，宁波开发区排名从2022年的第17位跃升至第12位。在国家级经济开发区进出口总额和实际使用外资单项排名中，宁波开发区进位较快，分别排第3位和第6位，均为全省第一。

在此次经开区"国考"中，宁波开发区各项排名均创下近年来最佳成绩。区域整合近两年来，该区充分优化"开发区+自贸区+保税区"叠加优势，集聚众多国家级开放平台优势，抓住自由贸易试验区、甬江科创区发展机遇，

全方位打造"在北仑赢未来"优良营商环境。以绿色石化、汽车制造、智能装备、集成电路为代表的高端制造业，正在成为北仑拼经济的"主战场"，吸引各类资本竞相涌入。

中国首个亚马逊海外购前置保税仓落户北仑；中信兴业拟投资约5亿元，与北仑共同打造"油气大厦"项目和油气交易交割服务平台；在2023年"双十一"电商大促中，北仑跨境网购保税进口额超过32亿元，居全国首位。相关数据显示，2023年前11个月，宁波开发区实际利用外资26.69亿美元，较2022年全年增长逾九成；实现进出口总额4135亿元，占全国进出口总额的比例逾1%。

宁波开发区坚持创新驱动、持续优化环境、加速人才引进，积极探索高质量发展之路，努力建设现代化滨海大都市高能门户，奋力谱写现代化一流强区新篇章。

（1）坚持创新驱动，构建现代产业体系。

在宁波开发区，创新产业正成为推动地方经济发展的重要引擎。近年来，宁波开发区加快推进产业链、创新链、人才链融会贯通，推动科技综合实力新提升，打造科技赋能产业示范地。

聚焦重点优势产业发展。宁波开发区在全市率先出台关键核心技术攻关实施方案，围绕绿色石化、智能装备、汽车关键零部件等重点优势产业，清单化梳理产业关键技术难题，引导龙头企业牵头加强科技项目攻关，累计实施各类国家重大科技项目25个，近3年获批市级重大攻关项目50个，立项数全市第一。

推进数字贸易制度创新。2022年，宁波开发区数字服务贸易进出口额达41.04亿元，增速102.07%；实现数字经济核心产业营收814.7亿元，数字经济核心产业值217.1亿元，同比增长16.2%，均居全市前列。出台数字贸易建设规划、产业规划、招商规划等专项规划2个，制度创新成果、创新案例7个，自由贸易试验区宁波片区累计19项制度创新案例入选省级最佳创新案例，13项制度创新成果在全省复制推广，居全省4个片区首位。

目前，宁波开发区秉持创新驱动发展战略，大力支持科技创新和创业创新，已经孕育了一批成长型企业，涵盖数字经济、智能制造、生物医药等多个前沿领域，越来越多的成果开始在这里汇聚、延伸。

（2）持续优化环境，构建繁荣产业生态。

一个成功的产业生态系统是一个有机的整体，其中各种创新产业相互促进、相互支持、相互融合。宁波开发区正通过营造良好的产业生态环境，促进企业之间的合作与融合，激发生态活力。

聚焦"招大引强"工作。近年来，宁波开发区把招商引资作为经济社会发展的第一抓手、头号任务、优先工程，不断掀起招商引资热潮，以招商大突破推动发展大跨越。2022年，完成实际利用外资14.09亿美元，同比增长28.5%，总量位列全市第一、全省第二。全年共计签约落地项目31个，总投资额超1300亿元。其中，总投资100亿元以上的项目3个，总投资50亿元以上的项目4个，总投资20亿元以上的项目10个。

构建良性产业生态。宁波开发区鼓励企业之间开展技术共享、资源共享，为企业提供平台和机会，推动技术交流、商业合作和人才流动，从而形成良性循环，加速创新产业发展。

加强产学研融合发展。为了进一步推动产业生态发展，宁波开发区加强与高等院校和科研机构的合作。通过与这些机构建立合作关系，共享资源和智力，创新企业可以更加充分地利用高等院校和科研机构的科研成果和人才优势，提升创新能力。同时，高等院校和科研机构也能通过与企业的合作，将科研成果转化为实际应用，推动科技成果的转化。

（3）加速人才引进，培育可持续发展新动能。

近年来，宁波开发区海内外引智工作一直走在省市前列。截至目前，全区已累计引进使用来自54个国家的9800余名海外工程师，其中，117人次先后获得国家"友谊奖"、西湖"友谊奖"等荣誉称号。开发区入选宁波唯一的国家级人力资源出口基地，积极出台相应政策，省、市、区三级共建跨境电商人才基地，着力培养数字贸易人才。

作为"海外工程师"的发源地、全国迄今唯一"国家引进国外智力示范区"，出台了《北仑区鼓励企业引进海外工程师实施意见》等"1+9"政策体系，为外国专家量身定制项目补助、年薪资助、入学就医、住房保障等扶持政策。为适应海外引才需求新形势，政策已迭代升级至3.0版，在项目培育、平台建设、优秀成果奖励等方面加大扶持力度，为海外智力引进培育提供了强有力的政策保障。

作为浙江省开放时间最早、开放程度最高、国家级功能区最集中的区域之一，向海而生、因港而兴的宁波开发区正在飞速发展，形成港口、产业、人文相融相生，充分发挥产业、区位和开放的优势，建设现代化一流强区。

2023年，宁波开发区交出了亮眼的"成绩单"。未来，以"枢纽自贸区"

功能定位全新出发的宁波开发区，以通道为最大优势，以贸易为特色亮点，以产业为发展根基，以资源为重点保障，朝着打造"全球通达性好、内外畅联性优、资源配置力强、融合创新度高"的枢纽自贸区坚定迈步，一个产业高端、文明典范、生态宜居、善治智治、共享共富的现代化滨海大都市高端门户正在加速形成。

3. 蓝迪国际智库：推动各产业的发展，助力宁波开发区经济协同提升

宁波开发区的可持续、高质量发展需要科学、系统的战略部署和顶层设计来明确发展方向和目标，更好地把握经济新常态下的发展机遇，有效推动各产业的发展，从而实现全区经济的协同提升。2022—2023 年，蓝迪国际智库积极联结各领域专家，组织并整合资源，发挥平台优势，为宁波开发区提供具有针对性的优质服务。

（1）统筹举办多场专家咨询研讨会，加强宁波开发区顶层设计与战略部署。

建设自由贸易试验区是以习近平同志为核心的党中央在新时代推进改革开放的重要战略举措，在我国改革开放进程中具有里程碑意义。党的二十大部署实施自由贸易试验区提升战略，将自由贸易试验区建设提高到战略层面。蓝迪国际智库积极发挥平台优势，调动平台资源，以研讨会的形式，与宁波开发区共同探讨自贸区发展方向、创新机制及应对挑战的策略，加强宁波开发区的顶层设计与战略部署。

第一，组织宁波经济技术开发区综合竞争力提升线上研讨会。2022 年 5 月 18 日，由中国社会科学院"一带一路"国际智库主办、蓝迪国际智库承办的宁波经济技术开发区综合竞争力提升线上研讨会顺利召开。蓝迪国际智库邀请重庆市原市长黄奇帆、十二届全国人大外事委员会副主任委员赵白鸽等蓝迪国际智库专家与宁波开发区领导视频连线，对宁波开发区发展工作给予指导建议。

会议主要围绕以下问题展开讨论：一是如何积极引进行政管理人才、技术开发人才和企业家人才，为宁波开发区改革创新提供可持续的内生动力；二是如何提升政策效率，用好、用足国家各项政策，为企业、厂商提供更优质的条件和服务，取长补短、优势互补；三是如何将宁波开发区建设成为浙江省乃至全国范围内高质量发展的标杆与典范，在发展自己的同时，急党中央、国家之所急，为国家效力；四是如何务实解决宁波开发区目前在港航服

务业、能源贸易、新型贸易、智能制造、国际供应链等方面存在的困难和瓶颈,提出行之有效的对策建议;五是如何精准研判当前国际政治局势变化,应对风险与挑战,抢抓时代机遇。

第二,组织承办宁波枢纽自贸区建设专题研讨会。为借助智库势能及专家力量,加快实现宁波片区的建设目标与主要任务,支持宁波片区改革创新突破与争先进位,宁波开发区管委会与蓝迪国际智库展开深度交流与合作。

2022年11月25—27日,宁波枢纽自贸区建设专题研讨会现场。

在宁波经济技术开发区综合竞争力提升线上研讨会的基础上,2022年11月25—27日,宁波开发区管委会与蓝迪国际智库共同组织举办的宁波枢纽自贸区建设专题研讨会在宁波市北仑区召开。重庆市原市长、研究员黄奇帆,中国基本建设优化研究会党委书记、国家财政项目评审专家孙晓洲,蓝迪国际智库平台企业广联达科技股份有限公司党委书记刘谦等专家出席会议,对开发区进行调研,并针对宁波枢纽型自贸区课题研究进展、宁波枢纽自贸区行动方案进行深入研讨。

宁波市政府党组成员、副市长李关定出席研讨会并讲话。市政府党组成员、宁波开发区管委会主任、党工委副书记奚明,宁波市商务局局长、市自贸办主任张延,宁波开发区管理委员会副主任潘群威,宁波开发区管委会相关部门分管负责人以及多位数字经济、区域发展、贸易物流领域的蓝迪国际智库专家出席了研讨会。

经过研讨，专家们一致认为，打造"枢纽自贸区"的特色标签，将有利于宁波市持续吸引投资、贸易、金融、物流、数字及人员的要素集聚，对区域经济发展有极大的拉动作用。

蓝迪国际智库专家团在宁波枢纽自贸区调研。

会议期间，蓝迪国际智库专家一行还系统调研了自贸区内的代表性企业，实地考察了自贸区的特色项目建设，并就企业的经营情况、业务布局、贸易政策运用等相关工作与企业负责人进行了深入交流，后续将持续为枢纽自贸区建设行动方案的完善提供意见建议。

（2）立足2023年发展新形势，研究指导宁波开发区改革创新突破。

自由贸易试验区作为我国市场经济发展和深化改革开放的前沿阵地，其面临的挑战也是最多、最严峻的，亟须改革创新，适应时代变化与市场需求。

一是组建针对性的专家咨询团队。蓝迪国际智库发挥智库网络优势，组建具有针对性的专家咨询团队。

二是分析新形势下自贸区发展情况，为宁波开发区改革创新提供指南。立足2023年发展新形势，蓝迪国际智库组织和撰写了《关于中国（浙江）自由贸易试验区宁波片区积极打造"枢纽自贸区"研究报告》。该报告立足新形势下中国自贸区建设面临的机遇与挑战，全面分析了中国（浙江）自贸区建设的基础与优势，结合宁波枢纽自贸区建设的成果与经验，为加强宁波枢纽自贸区建设提出提升港航物流业发展能级、打造大宗商品全球资源配置基地、打造服务贸易和跨境电商枢纽、建设中东欧经贸合作示范区和推动针对重点产业、业务的税收优惠和便捷化五点建议。

三是为宁波开发区进一步争先进位、提升综合发展水平，蓝迪国际智库分析 2022 年考核评价数据，形成《关于宁波经开区提升综合发展水平的建议》，提出优化绿色指标、提升科技创新指标、统筹整合提升后指标数据三方面建议。

（3）发挥平台优势积极推介，提升宁波开发区品牌形象与影响力。

宁波开发区的形象与品牌建设是提升其影响力、推动当地产业发展、吸引投资、促进资本流动的重要因素。2023 年，蓝迪国际智库积极推介宁波开发区，宣传宁波开发区的创新之举与积极实践，扩大宁波开发区的影响力，包括力邀多家企业参会、协助宁波开发区对接企业和依托蓝迪国际智库媒体网络发布宣传文章等。

（二）苏州昆山：创新赋能高质量发展的先行者

作为县域经济"火车头"，昆山已经形成两大千亿级产业集群，产业链优势明显，促进两岸合作与吸引外资能力强，对我国县域经济高质量发展起着引领作用。2023 年，蓝迪国际智库持续关注昆山在制造业等领域的创新发展，把握两岸关系发展新变化和新形势，以问题导向、需求导向和结果导向为原则，深入分析昆台合作的机遇与挑战，推动昆山深化两岸产业合作。

1. 昆山：聚力产业创新与改革开放，服务构建新发展格局

昆山地处中国经济最发达的长江三角洲，是上海经济圈中一个重要的新兴工商城市，历史悠久，物产丰饶，素有"江南鱼米之乡"的美称。昆山制造业非常发达，外资聚集，是国际资本投入的高密度地区之一，也是外商投资产出的高回报地区之一。

（1）中国制造业的样本城市：昆山从"制造"向"创造"跃升。

自二十世纪八九十年代起，电子信息业、装备制造业两大产业集群齐头并进，逐渐成为拉动昆山经济的两个重要增长极，并不断开辟出新赛道，形成更多新的经济增长点。作为昆山两大传统优势产业，电子信息和装备制造产业规模年产值已分别达 6000 亿元和 3000 亿元。昆山正全力推动加工制造向研发制造转型，深化产业联动、跨界融合，着力向产业链上下游延伸、向价值链高端迈进。推进新型工业化、强化数字技术赋能是昆山一直在做的事情。

在实现新型工业化的道路上，先进制造业是实体经济的根基，是推动产业结构优化的重要抓手。在推进新型工业化的大背景下，昆山始终坚持实体经济为本、制造业当家，把实现新型工业化作为建设全国一流现代化示范园

区的重要一环，不断提高制造业的"含金量""含智量""含绿量"，并围绕"2+5+1"现代产业体系建设，持续推动制造业向高端化、智能化方向发展。

近年来，昆山的装备制造产业集群形成了工程机械、通用设备、汽车零部件、智能装备四大特色行业。其中，智能装备、汽车零部件等优势产业不断创新升级，尤其是随着我国新能源汽车的发展优势逐渐凸显，昆山汽车零部件产业迎来新机遇。

借助新型显示技术，昆山又将目光投向元宇宙产业，发力探索电子信息产业新赛道。特色专业创新园区是昆山崛起的根基所在，也是昆山发展的底气所在。秉持"产业园就是产业链、上下楼就是上下游"理念，昆山打造以云昆大厦为核心的元宇宙产业园。该园区建筑面积17万平方米，集项目招引、企业培育、成果转化、技术攻关、平台搭建于一体，致力于打造国内有吸引力、影响力、竞争力的元宇宙特色专业创新园区，未来3年预计入驻元宇宙的相关企业超200家，年产值超50亿元。元宇宙是新一代信息技术集成创新和应用的未来产业，孕育着巨大发展潜力。2023年以来，昆山大力实施元宇宙产业创新发展行动计划，精心举办元宇宙产业大会2023春季会、元宇宙国际装备展等品牌活动，集聚元宇宙重点企业近百家，涵盖硬件研制、软件开发、内容创造、应用创新各领域，初步形成了上下游贯通的完整产业链条，"打造元宇宙产业看昆山，发展元宇宙产业来昆山"已经成为新的城市产业标识。

与此同时，基于产业上下游配套优势、以服务型政府为特色的营商环境，以及昆山优越的地理位置，更多中小新型显示创新企业选择落户昆山，探索更多新技术。

在开辟新赛道的征程中，昆山始终未雨绸缪、抢抓先机，在每一次产业快速发展时期大胆探索新领域、新赛道，助推一批批企业和项目落地，为千亿级产业集群不断"开枝散叶"，提供多元发展和多极支撑。而在漫长的发展道路中，紧抓机遇、敢闯敢试、从无到有始终是"昆山之路"的代名词，助力这座城市领跑县域经济，敢为人先。

（2）协同育新，昆山发挥重要对台优势。

2013年2月3日，国务院批复设立昆山深化两岸产业合作试验区（以下简称昆山试验区），赋予昆山对台合作先行先试的重要使命。在昆山的经济脉动中，台资经济一直是一股强劲的力量，台资经济是昆山经济发展的鲜明特色。

截至目前，台企在昆山设立功能性投资机构、采购中心、销售中心、区域总部超过 50 家，台湾前 100 强的制造企业就有 50 家在昆山。昆山拥有产值千亿级台企 1 家、百亿级台企 5 家、50 亿级台企 7 家，台企平均每天完成超过 15 亿元的产品销售额、实现超过 10 亿元的进出口贸易额、创造超过 5000 万元的税收收入。

10 年来，昆山地区生产总值连跨 3 个千亿级台阶、历史性地突破 5000 亿元大关，一般公共预算收入实现翻番，高新技术企业增至 2744 家、增长近 7 倍，培育了 2 个千亿级和 6 个百亿级产业集群。近 3 年新批台资项目 485 个，总投资 50.5 亿美元。

昆台融合是历史的偶然与必然。自 1990 年第一家台资企业落户昆山以来，昆台融合发展已经走过 30 多个年头。可以说，昆山因台资而兴、因台企而强，并肩打拼、合作共赢成为昆山最精彩的注解。1990 年 4 月，国务院正式宣布开发开放浦东。对于一座城市而言，开放蕴含着无限发展红利，许多外资、台资闻风而至。而昆山占据着紧邻上海的绝佳区位优势，拥有着低廉的土地价格、劳动力成本、政策红利的加持等一系列早期招引台资的重要"筹码"。1990 年 10 月，江苏省首家台资企业——台湾顺昌纺织落户昆山开发区，自此，昆山揭开了昆台深度融合的序幕。

"昆山之路"是一条没有人走过的路，是一条创业之路，也是一条创新之路。"敢为天下先""敢当弄潮儿"的胆识气魄一直奔涌于昆山人的血脉中。"请进来"是第一步，更重要的是要能留得住。昆山用最质朴诚恳的态度，尽最大努力打造优良的营商环境，坚定了台商扎根于此的信心，写就了一段又一段合作共赢的佳话。

2000 年 10 月 8 日，昆山出口加工区正式封关运作，成为大陆首个封关运作的出口加工区。得益于高效的报关机制，仁宝、纬创、神达等台企巨头纷纷落户，这也是昆山逐步"蝶变"为全球电子信息产业高地的重要驱动力。2013 年 9 月 16 日，国家发展改革委牵头，建立由 22 个部委和江苏省参与的昆山试验区部省际联席会议制度，当年 11 月召开第一次会议，赋予昆山试验区 8 个方面的支持举措。如此高效迅速，昆山开创了当年获得国批、当年建立部省际联席会议制度、当年召开第一次会议的先河。

主动作为、积极争取，昆山人骨子里的拼劲写就了历史的必然，昆山与台湾，相隔千里的两地呼吸与共，携手向前。昆山试验区在探索中破除路径依赖,历次部省际联席会议赋予昆山先行先试改革举措累计达134项,为昆山发展注入了澎湃动力。2020年,经国务院批复,同意扩大试验区范围至昆山全市。不只是试验区,不只是昆山,这些创新政策、改革经验、发展路径正逐步对江苏乃至全国产生深刻且广泛的影响。

一直以来,昆山积极打造两岸文化交流,促进两岸融合发展。昆台融合发展的主体是300多万昆山市民与10万台胞,大家朝夕相处、携手互助,生动诠释了"两岸一家亲"。妈祖文化作为中华优秀传统文化的重要组成部分,是众多台湾民众精神信仰的核心,更是两岸共同的宝贵精神财富。

此外,昆山在创业、教育、医疗、社会救助等领域,大力推动"同等待遇"落细落实。此心安处是吾乡,昆山人用开放包容、热情好客、淳朴真挚的情感全方位深度践行"两岸一家亲"理念,尊重关爱造福台湾同胞,促进两岸经济文化交流合作,深化两岸各领域融合发展,完善增进台湾同胞福祉的制度和政策,让台胞台企愿意来、留得住、融得进、发展好。

33年,立足昆山,台商以转型之"变"坚定信心"不变",以信念"不变"应形势之"变"。友达光电、正新橡胶等一批科技含量高、投入强度大、生态保护好、产出效益多的台资项目发展壮大,带动了上下游产业链快速集聚。昆山涵盖新一代电子信息高端装备制造、现代服务业等的"多元复合体"正在形成。

当前,昆山正以更广的视野、更高的平台、更足的底气进军元宇宙产业。对于这一新赛道,昆山台企也纷纷行动。台商所想,昆山所系,把握元宇宙、新能源、新基建等方向,昆山试验区正着力破解招商模式单一化、惠企政策趋同化、企业需求多样化等难题,大力引导在昆台资企业,积极抢抓新一轮创新发展的"上升期"和"风口期"。

2. 昆山:连续19年稳居全国百强县(市)之首

昆山连续19年稳居全国百强县(市)榜首,包揽综合实力、绿色发展、投资潜力、科技创新、新型城镇化质量五个第一,是名副其实的县域"排头兵"。

2023年,昆山牢牢把握长三角一体化发展上升为国家战略5周年的重大机遇,动作频频。深度对接上海"3+6"产业体系,聚焦电子信息、装备制造、先进材料及生物医药产业,高水平规划建设元宇宙、先进计算、生命健康等40个特色创新园区;与嘉定、太仓共同发布深化一体化"五大行动"和

"百项重点合作事项",获评首批长三角G60科创走廊产城融合发展示范区;成立长三角科研院所联盟昆山站,成功举办昆山元宇宙国际装备展;首次入选《上海大都市圈空间协同规划》12个全球功能性节点城市,继续书写中国县域发展的传奇。

扩大对外开放,抢占全球市场。2023年前11个月,昆山市外贸进出口总值6870亿元,较2022年同期增长8.8%,占全省外贸进出口总值的14.4%。优异的外贸"成绩单"背后,是昆山市积极落实鼓励企业参与集团保税、保税研发、保税维修等加工贸易创新业务试点,并以政策讲解、简化报核流程等手段助力进出口企业降本增效。

在内聚合力,向外拓空间。依托试验区和金改区两大载体,2022年昆山新获19项先行先试政策;出台关于打造台湾同胞就业创业"首选地"的若干措施,华灿(昆山)总部基地顺利落户。昆山还通过梳理企业500强榜单、编制招商目录图谱等形式,成功举办境内招商推介活动56场、境外招商活动21场。2023年12月8日,冰岛最大企业马瑞奥签约千灯镇,全球在昆投资的国家和地区数量再次刷新,达到了80个。

布局未来,昆山将全力打造外资创新发展高地,坚持项目为王,加大对外资总部、功能性机构、研发中心的招引培育,加快应用合格境外有限合伙人(QFLP)、本外币一体化等金融便利化举措,拓展外资吸引方式,推动产业链向"微笑曲线"两端延伸;着力培育外贸发展更强动能,聚焦订单为要,积极开拓"一带一路"等新兴市场,抢抓消费电子和汽车电子融合发展、新兴优势产业产品迭代升级等机遇,超前布局更多增长极,发展服务贸易、跨境电商、数字贸易、保税维修等新模式、新业态,深入推进进口贸易促进创新示范区建设,实施新的三年行动计划;聚力构筑开放发展全新体系,主动对标RCEP等高标准经贸规则,用好全省唯一全国首批商务部外贸政策直报点等通道,加大服务业扩大开放、数字贸易等前瞻性政策研发、储备和争取力度,更高站位推进自贸区联创区建设,以改革引领发展。

3. 蓝迪国际智库:立足新形势,聚焦昆山对台发展机遇与挑战

成立10年来,昆山深化两岸产业合作试验区开展了一系列政策先行先试和集成创新,形成昆台产业深度融合的良好态势,对推动两岸产业合作具有重要的样板意义和标杆意义。

2022年11月28日,昆山开发区高质量发展研讨会暨蓝迪国际智库高层

咨询会在昆山召开。会议由中共昆山市委、昆山市人民政府、中国社会科学院"一带一路"国际智库指导，昆山经济技术开发区管委会、蓝迪国际智库承办。昆山市、昆山开发区相关负责同志及昆山开发区部分重点企业负责人参加会议。

重庆市原市长、蓝迪国际智库专家委员会联合主席黄奇帆，中国基本建设优化研究会会长、蓝迪国际智库专家委员会委员孙晓洲，工业和信息化部赛迪院规划所区域发展研究室主任侯彦全，清华大学新闻学院元宇宙文化实验室主任沈阳等多位专家围绕打造现代化建设县域示范、构建高端制造业集群主题共同探讨"十四五"新形势下昆山开发区在产业、生态、数字化等领域的发展定位、路径和举措。

会后，蓝迪国际智库专家一行调研了三一重机、清陶能源、友达光电、国力电子等代表企业，详细了解了昆山智慧综保区、咖啡创意产业园等的建设情况。

2023 年，恰逢两岸企业家峰会 10 周年年会在江苏举办，国务院批复设立昆山深化两岸产业合作试验区 10 周年。在上述基础上，结合两岸关系新形势与产业创新发展，蓝迪国际智库发挥智库资源优势，组织相关专家，深入分析新形势下两岸开展产业合作的挑战与机遇，总结昆山深化两岸产业合作试验区发展经验与启示，为昆山开发区进一步深化两岸合作提供举措与建议。

五、黄河流域出海口

（一）青岛市北：打造 RCEP 经贸合作示范城市

青岛，东部沿海重要的经济中心城市和港口城市，凭借临海地缘优势和重要历史价值，历来就"主角光环加身"。"十四五"开局之年，青岛逐步实现了从"全国枢纽"到"国际枢纽"的功能大跃升，青岛港港口吞吐量跻身全球前十，位居世界一流港口前列。2021 年 2 月，中共中央、国务院印发《国家综合立体交通网规划纲要》，青岛成功入选 20 个"国际性综合交通枢纽城市"建设名单，成为"京津冀—长三角主轴""京哈走廊""京藏走廊"的关键节点城市。青岛港被确定为 11 个"国际枢纽海港"之一，意味着国家战略层面确立了青岛的国际性"双枢纽"城市功能定位。

2023 年以来，青岛作为我国沿黄流域和环太平洋西岸重要的国际贸易口岸和海上运输枢纽，围绕打造具有全球竞争力的国际性综合交通枢纽总目标，青岛依托港口和航空两大着力点，以世界一流港口和国际航空枢纽为核心，突出开放融合，构建"东西双向互济、陆海内外联动"的青岛交通大格局，为承接落实好国家赋予青岛的新定位、新使命，全力打造"一带一路"国际合作新平台，加快推进中国—上海合作组织地方经贸合作示范区（以下简称上合示范区）、山东自由贸易试验区青岛片区等重点功能区建设提供了重要支撑。青岛市北区——青岛城市发展的原点，地处青岛核心，是连接内陆与海洋的重要枢纽。四通八达的公路、铁路与港口运输网络，为经济交流与合作打开了便利之门。

1. 青岛市北区：区域发展的璀璨明珠

RCEP 的正式签署推动了多边贸易体制，成为建设开放型世界经济的重要一步，对深化区域经济一体化、稳定全球经济具有推动作用，RCEP 的签署让经济外向型城市拥有了更多配置要素的主动权，战略地位愈加凸显。青岛市北区，依海而建、傍海而兴、向海图强，率先建设 RCEP 青岛经贸合作先行创新试验基地，在 RCEP 的东风下，市北区迎来新使命，也迎来了重塑"市北力量"的重大历史机遇。

（1）集聚新航运，打造高质量对外开放。

站在青岛新一轮扩大对外开放的新风口，市北区聚焦"新航运、新贸易、新金融"（"三新"）产业和科技创新、新基建产业，全力攻坚、全速起跑，打造胶州湾东岸重要增长极、青岛开放与创新高地、老城焕新地标示范区。

近年来，市北区瞄准新航运产业方向，精准聚焦航运服务相关产业发展。依托山东省海洋特色产业园平台载体资源，大力发展总部经济、楼宇经济，为优质航运产业项目落地提供空间保障。同时，市北区正以打造中国北方邮轮中心为目标，依托青岛百年老港优质资源，加快"功能再造、要素集聚、活力注入、复兴引领"，对内联动京津冀、黄河流域、东北三省，对外联通日韩、东北亚和"一带一路"沿线国家，以全面开放的姿态深度融入区域经济布局。

大数据时代，市北区依托青岛国际航运服务中心集聚航运要素，积极建立船舶管理大数据信息平台，做实青岛航运交易所，做强航运发展研究院；用好港航产业发展基金，打造完整的航运生态链；建设海铁联运公共信息系统，发挥规范交易、交流信息、配置资源、聚集要素等作用，并进一步提升青岛的国际航运中心地位和市场资源配置能力。

（2）促进新发展，全力赋能新兴产业落地。

2023 年，市北区以扩大内需、招商引资、城市更新、服务升级、民生保障为"五大战场"，持续优化城区布局，城区风貌日新月异。重大项目建设正稳步推进，成效初显。"2+6"特色产业和城市更新项目成效显著。此外，市北区高度重视新兴产业培育、积极推动产业结构调整，着力壮大总部经济、数字经济，以持续塑造发展的新动能和新优势。同时，深入推进低效片区开发建设，为产业发展、人才会集、创新创业营造优良环境。

市北区已形成以现代服务业为主导的产业体系，在商贸流通、金融服务与文化旅游等领域涌现出一批行业佼佼者。作为青岛的老工业基地，这里的机械制造、化工等传统产业也展现出勃勃生机。在过去的发展历程中，市北区的机械制造、化工等传统产业一直是推动地区经济发展的重要力量。随着时代变迁和产业升级，这些传统产业在这里依然展现出勃勃生机。

2. 市北区树立"典范区"，成果显著

面向"十四五"时期，RCEP 青岛经贸合作先行创新试验基地建设是市北区垂直崛起的重要抓手，创新试验基地的成功建设将极大依赖于优质资源的聚集和组合，亟须智库"外脑"提供智力与资源支持。

青岛市北建设投资集团作为市北区一级国有平台，大力推动做优城市更新和城市建设，改善老城区基础设施和环境；探索现代化城市运营新路径，建设"数字市北""大物管"标杆项目；放大中国北方国际油气中心、RCEP 山东企业服务中心平台作用，做强供应链贸易板块；发挥国有公司的平台优势，放大资本效应，以投带引落地一批"2+6"特色产业项目。

2023 年，市北区计划推进总投资超过 1100 亿元的 100 个省（区、市）重点项目，旨在带动全年固定资产投资增长约 13%，保持两位数的增幅。市北区持续关注产业发展，以"链长制"推动"2+6"特色产业发展，绘制产业图谱，发布集成政策，产业链集群发展取得新的成效。在数字经济迅速崛起的背景下，市北区互联网、软件和信息技术业营业收入同比增长超过 60%。此外，市北区国家科技型中小企业入库数量突破 600 家，同比增长 38.6%，创历年新高。可以说，主导产业中的"四新经济"使市北区的发展实现了"名利双收"。

经济的高速发展离不开区域项目招引。仅 2023 年一年，市北区就新引进亿元以上项目172个，是2022年的1.8倍。2024年，市北区将聚焦M0产业用地、高品质楼宇、专业化园区等重点招商载体，将"2+6"特色产业作为招商的金色名片，计划不断储备一批示范引领、强强联合、补链配套的产业大项目。

市北区在结合自身发展实际的基础上，将港区、园区、城区"三区"具象为现代化国际港区、集聚式特色园区和品质型魅力城区。在实现"三区互融"的过程中，不仅需要实现"从0到1"的突破，更要完成"从1到N"的延展。在重点招商引资项目上，既有开发建设、生物科技、高端文旅、医药康养等实体经济项目，又有海事司法基地、律所区域总部、金融联合赋能等保障支撑型项目，还有聚焦于新能源、新材料等新兴产业领域的项目。从项目类别上看，则涵盖了制造业、现代服务业、数字经济等青岛市重点关注的实体经济领域，同时精准聚焦到了市北区"2+6"特色产业体系。这意味着，这些项目能为推进"三区融合"及实现市北区发展的起势带来助力。

3. 市北区携手国际智库，全面推进区域发展

为助力市北区凝聚和整合国内外优势资源，推动产业高质量发展、RCEP青岛经贸合作先行创新试验基地建设，充分发挥蓝迪国际智库在国内外政党、企业、智库、媒体等方面的资源优势，青岛市北建设投资集团有限公司与蓝迪国际智库建立了紧密的战略合作伙伴关系；同时，市北区政府、市北建设投资集团和蓝迪国际智库携手打造"政府指引+国企衔接+智库落地"合作机制，为核心区凝聚和整合国内外优势资源提供系统服务；围绕青岛市北区评估营商环境、识别风险因素、提出应对策略；通过高层倡导、协调合作、政策服务、能力建设、宣传推介、项目推动等方式，为市北区产业高质量发展、RCEP青岛经贸合作先行创新试验基地建设添砖加瓦。

蓝迪国际智库将青岛市北区作为重要的智库专家学者调研点位、智库平台企业落地载体。与市北区建立常态沟通机制，分享智库资讯，同步国家层面要闻、RCEP全国范围实施动态、"一带一路"倡议项目、政策法规发布、地方活动举办等信息。

蓝迪国际智库积极协调平台智库、专家、企业资源，推荐RCEP青岛经贸合作先行创新试验基地的实践，蓝迪国际智库组织实地调研、专家研讨，形成《RCEP实施背景下，市北建投集团相关业务发展策略研究》。同时，研

究报告另附有《主要国家对 RCEP 的态度及市北建投集团国际合作对策方向》，以 RCEP 青岛经贸合作先行创新试验基地建设实践为例，调研和总结其发展基础、成果经验及所需支持，旨在对市北建设投资集团助力青岛打造 RCEP 经贸合作示范城市，高水平建设对外开放的新高地，在全国范围内发挥引领示范作用，提供借鉴和参考。

蓝迪国际智库一行调研青岛人工智能国际客厅。

2022 年 3 月 1—2 日，十二届全国人大外事委员会副主任委员、蓝迪国际智库专家委员会主席赵白鸽一行赴青岛考察调研，上奇数科创始人孙会峰、上海信息服务外包发展中心主任李凝等参与调研。详细了解人工智能技术各领域应用及参与研发企业，对充分运用好青岛自身工业基础，打造世界工业互联网之都提出思考和建议，并针对市北区完善航运、贸易、金融对应服务等方面分享经验。

2023 年 6 月上旬，市北区委副书记、区长，青岛国际邮轮港区服务管理局局长刘新学带队赴香港、澳门走访考察企业，与企业负责人深入座谈交流，并出席青岛市市北区香港推介会，对接洽谈合作事项。蓝迪国际智库对接澳门万国集团、澳门红点科技、妈阁文创、澳觅科技、喜马会展等调研企业，深化开放合作，助力产业发展。

第四章　区域协调　助力区域经济高质量发展　**205**

2023 年 6 月 1 日,刘新学出席青岛市市北区香港推介会并致辞。

2023 年 9 月 15 日,青岛市北建设投资集团有限公司董事长朱宏年一行赴横琴粤澳深度合作区考察调研,蓝迪国际智库协调合作区金融管理局、横琴金投国际融资租赁有限公司及横琴展厅调研。

2023 年 10 月 29 日,青岛市北区委书记高健带队走访考察粤澳合作中医药科技产业园,详细了解产业园的发展进程、管理理念和专业经验。高健表示,医养健康领域是市北区重点发力方向之一,将充分学习、借鉴优秀园区管理经验,以更多医养健康项目落地促进经济高质量发展。

2023年10月29日，青岛市北区委书记高健带队走访考察粤澳合作中医药科技产业园。

（二）青岛胶州：上合示范区坚持开放引领典范

2018年6月10日，习近平主席在上海合作组织成员国元首理事会第十八次会议上宣布，我国政府支持在青岛建设上合示范区。此举措具有重要的政治意义，旨在服务国家对外工作大局，强化地方使命担当。根据国务院对《中国—上海合作组织地方经贸合作示范区建设总体方案》的批复，上合示范区将遵循党中央、国务院的决策部署，打造"一带一路"国际合作新平台。同时，加强我国与上合组织国家的互联互通，推动形成陆海内外联动、东西双向互济的开放格局。

1. 青岛上合示范区联通海陆，打造开放新高地

建设上合示范区是习近平总书记和党中央赋予青岛的重大使命。上合示范区致力于打造与上合组织国家相关地方间的双向投资贸易制度创新试验区、企业创业兴业的聚集区以及"一带一路"地方经贸合作的先行区，成为新时代对外开放的新高地。

青岛上合示范区拥有得天独厚的区位优势。青岛上合示范区地处胶州湾北岸，依托沿海开放城市青岛，总面积108平方千米，地处青岛市"海、陆、空、铁"交通枢纽15分钟经济圈内，东接日、韩面向亚太地区，西接上合组织国家，南连东盟，北接蒙、俄，拥有"海、陆、空、铁"综合交通网络中心的区位优势，统筹海港、陆港、空港、铁路联运功能，充分体现了青岛市在"一带一路"新亚欧大陆桥经济走廊建设和海上合作中的作用。同时，按

照"物流先导、贸易拓展、产能合作、跨境发展、双园互动"模式运作，着力推进绿色化建设。

青岛上合示范区是我国深度融入"一带一路"倡议、拓展提升与上合组织国家地方经贸合作、构建新时代全面开放新格局的重要载体。青岛上合示范区的建设，是我国积极参与全球经济治理、推动构建人类命运共同体的具体举措。这里不仅是落实《中国—上海合作组织地方经贸合作示范区建设总体方案》的核心区域，更是我国与上合组织国家深化经贸往来、促进文化交流、实现共同发展的重要平台。自成立以来，青岛上合示范区聚焦"4+1"中心建设任务，积极拓展国际物流、现代贸易、双向投资、商旅文化和海洋等领域合作。

青岛上合示范区在推动区域经济一体化进程中发挥了积极作用。示范区通过政策创新、设施连通、产业合作等手段，为上合组织国家间的经贸往来提供便利。青岛与上合组织国家间的铁路、海运、航空等运输通道不断完善，降低了物流成本，缩短了运输时间，为区域经济发展注入了新动力。

青岛与上合组织国家间的经贸合作有利于优化产业结构。借助上合组织国家的资源优势和技术优势，青岛企业在石油、天然气、农业等领域开展了深度合作，推动了产业升级和结构调整。同时，青岛的企业和技术也走向世界，与上合组织国家共享发展成果。在示范区的引领下，青岛及周边地区着力发展现代服务业、高新技术产业等新兴产业，逐步淘汰传统产业，实现产业结构调整。这样一来，不仅提高了区域经济附加值，还为经济发展注入了新的活力。

青岛与上合组织国家间的经贸合作有助于提升人民生活水平。双边合作项目为当地创造了大量就业岗位，带动了群众增收。同时，合作项目在教育、医疗、文化等领域也取得了实质性进展，让民众享受到了实实在在的利益。

2. 上合示范区创新示范，坚持开放引领典范

上合示范区作为国内唯一面向上合组织国家开展地方经贸合作的国家级平台，肩负着"构建'一带一路'国际合作新平台"的重担。紧抓青岛全方位扩大开放、高质量发展加速的契机，上合示范区以"模式创新、引领示范""勇于尝试、大胆探索、自主改革"为目标，同时追求可复制、可推广的特点，从"敢于突破"到"善于创新"，成就了一系列"全国首次"，竭力塑造全球上合地方经贸合作的典范和引领者。同时，"一带一路"倡议，横跨亚太

经济圈与欧洲经济圈，穿越高山深海，正在精心打造世界最宏大的经济走廊。地处"一带一路"新亚欧大陆桥东端关键节点的上合示范区，其枢纽地位日益凸显。

在上合示范区的引领下，青岛首次创新推出了上合经贸综服平台，为国际多双边框架下的地方经贸合作提供了新的场景、模式及范例。该平台仅用 114 天即完成上线，实现了"贸易+通关+物流+金融"的一站式综合服务，成为中国国际贸易单一窗口的三大专区之一。截至目前，已有近 5000 家企业入驻平台，如青岛国际能源交易中心，该中心于 2023 年 2 月正式揭牌运营，系山东省统一的能源现货交易平台。通过整合山东省内的各类油气资源，该交易中心健全了能源化工全产业链生态，助力上合示范区油气全产业链的开放，并深度推动中亚五国及"一带一路"沿线国家的能源合作。

开放平台致力于推动"请进来"和"走出去"的发展。自 2020 年起，上合示范区成功引进了海尔卡奥斯工业互联网生态园、上海电气上合风电装备产业园、中集全球冷链高新产业平台等项目，总投资额超过 2000 亿元，涉及 70 多个项目。在"走出去"方面，积极开展"双园互动"技术产业合作，与 18 个上合组织国家的 40 个园区和机构构建了产业园区伙伴关系网络。为海信集团、赛轮集团、软控集团等头部企业提供了开拓上合组织国家市场的对接渠道资源，助力我国企业在海外市场发展。

随着我国与共建"一带一路"国家的贸易规模持续扩大，中欧班列在上合示范区内的运行频次不断攀升，其覆盖的区域也在不断扩大。截至 2023 年，上合示范区已常态化运营 21 条国际班列线路，连接了 23 个上合组织成员国及共建"一带一路"国家的 54 个城市。胶州海关立足物流引领，以"智慧海关"项目为突破口，充分发挥青岛"海、陆、空、铁"四港融合枢纽等多重优势，实施中欧班列便捷通关政策，致力于打造具有上合特色的班列体系。

上合示范区"朋友圈"的持续拓展使得中欧班列通道的优势日益显现，越来越多的企业选择利用班列进行进出口运输。据统计，2023 年全年，上合示范区至中欧班列的发运量达到 863 列，同比增长 11.4%，再创历史新高；进出口货物总值达到 71.24 亿元。自 2018 年上合示范区启动建设以来，海关共监管到发中欧班列 3249 列，运输集装箱 26.7 万标箱，货物总重约 224.5 万吨。2023 年全年，超过 1.2 万辆商品车通过中欧班列发运至上合组织国家，为企业迅速拓展欧亚海外市场提供了有力的运输保障。

3. 上合示范区借力国际智库发挥更大优势

在复杂多变的国际形势下，上合示范区高度重视与国际智库的合作和交流。上合组织不仅是地区和平的维护者、地区稳定的塑造者，更是地区发展的推动者和地区繁荣的驱动者。在国内国际双循环新发展格局中，上合示范区是中国融入国际大循环的重要切入点。在推动新一轮经济全球化、高质量共建"一带一路"和上合组织步入第三个十年的背景下，胶州市委、市政府与蓝迪国际智库共同建立互动交流机制，旨在充分发挥国家智库战略性、创新性、系统性的特色，推动上合示范区高质量发展。

上合示范区与蓝迪国际智库于2018年搭建起了深度沟通的桥梁。蓝迪国际智库充分发挥自身咨政建言优势、资源整合优势和平台网络优势，在国别研究、国际合作方面，蓝迪国际智库高度重视与上合组织国家及上合组织秘书处的密切沟通；同时，在顶层设计、政策创新、课题研究、国际合作等方面，蓝迪国际智库积极赋能上合示范区，助力上合示范区打造自身成为"一带一路"国际合作新平台，从而更好地发挥在"一带一路"新亚欧大陆桥经济走廊建设和海上合作中的作用。

2022年7月18日，由中共胶州市委、胶州市人民政府、中国社会科学院"一带一路"国际智库主办，蓝迪国际智库、胶州市发展研究中心承办，上合新区高质量发展专家研讨会在北京举行，会议旨在通过分析全球形势，研讨上合新区的发展环境、目标定位及未来建设方向。

经过蓝迪国际智库的深入调研和会议讨论，形成了《在双循环与对外开放新格局中加强上合地方经贸合作示范区建设的报告》。该报告分析了百年变局下上合组织经贸合作的新格局，以及所面临的内外部机遇与挑战，进一步明确了上合示范区加强上合组织国家多领域合作的支点作用。在总结经验成果的基础上，规划了加强上合示范区未来发展的有效路径与重要举措，并针对平台建设、物流保障、金融支持、展会升级四个方面提出建议，为上合示范区在新发展格局中更好地承接国家战略，打造上合组织地方经贸合作典范，提供了方向指引。此外，报告还围绕乌克兰危机等国际大势、中亚国家经贸合作等主题，提供智库专业咨询。

2022 年 7 月 18 日上合新区高质量发展专家研讨会现场。

十二届全国人大外事委员会副主任委员、蓝迪国际智库专家委员会主席赵白鸽主持会议。第十三届全国政协外事委员会委员、中联部原副部长周力等专家出席研讨会。青岛市委常委、胶州市委书记，上合示范区党工委书记、管委会主任，青岛胶东临空经济示范区党工委书记张新竹出席会议。

青岛市委常委、胶州市委书记，上合示范区党工委书记、管委会主任，青岛胶东临空经济示范区党工委书记张新竹发言。

张新竹提出，建设现代化上合新区，要充分发挥市委总揽全局、协调各方的领导核心作用，努力发展全过程人民民主，充分调动一切积极因素，团结一切可以团结的力量。

展望未来，青岛上合示范区将继续发挥自身优势，积极推动与上合组织国家的经贸往来，加强互联互通，提升共建"一带一路"水平。蓝迪国际智库作为中国特色新型应用型平台型智库，长期关注和参与上合示范区发展建设。未来，双方会在资源链接、平台建设、信息传导等方面共同合作，凝聚起推进示范区高质量发展的强大合力，共同助力上合示范区加快打造"一带一路"国际合作新平台。

六、海南自由贸易港

海南自由贸易港：打造对外开放新高地

海南自由贸易港是中国改革开放伟大实践的新引擎，具有独特的中国模式。推进建设海南自由贸易港，延续的是中国以开放求发展的不变追求。在海南自由贸易港建设中合作、发展、共赢是旗帜，平等、包容、透明是恪守准则。在海南自由贸易港建设中，国家不分大小强弱，多元的经济主体描绘的是世界发展的共同愿景，海南自由贸易港将成为推进共筑人类命运共同体的重要载体。海南自由贸易港不仅是区域经济发展振兴战略，更是我国高质量构建全面开放新格局、积极参与全球经济治理、促进世界经济增长以及推进经济全球化的重大举措。

海南自由贸易港将主动把握世界经济格局变化以及国内经济发展需求，进而会对内地经济发展产生重要的支撑和引领作用。这种支撑和引领作用不仅是依托其集聚投资、贸易、金融、科技、人才等领域的开放优势，而且对我国发展方式转变、经济结构优化具有巨大支撑和保障作用。同时，也会在更大范围、更宽领域、更深层次的对外开放中牢牢把握新一轮科技革命触发的全球经济结构变革的重大历史机遇，为我国进一步培育国际竞争新优势、实现产业价值链高端攀升提供创新方案。推进加快建设的海南自由贸易港将是我国新时代顺利实现高质量发展重要的离岸引领中心、离岸保障中心、离岸服务中心。可以说，构建人类命运共同体、推进中国快速融入经济全球化从而贡献中国力量，是海南自由贸易港鲜明、独特的中国模式。

1. 划岛设自由贸易港，有历史的必然性

独特的地理位置造就了海南的离岛优势。海南岛与雷州半岛以琼州海峡为界隔海相望，使得海南与大陆相对独立，这种相对独立的离岛优势方便在海南自由贸易港实行"一线放开、二线管住、岛内自由"的特殊关税政策和海关监管措施。海南物理空间与外界分割这种独特的区位优势为海南建设商品、资金、人员自由流动的特殊区域提供了得天独厚的条件。

（1）良好的生态环境和丰富的海岛资源。海南丰富的旅游资源有助于海南旅游业的发展，推动海南国际旅游岛和国际旅游消费中心的建设。同时，海南素有"天然药库"之称，南药资源丰富，可以以海南博鳌乐城国际医疗旅游先行示范区为依托，实现医疗健康产业的快速发展。海南风景秀丽、环境宜居，对世界各地的人才具有较大的吸引力，可以助力海南总部经济和高新技术产业快速发展，最终实现多产业协同发展。

（2）拥有广阔的西南经济腹地。自由贸易港不仅具有集聚国际资源的吸引力，而且对所在区域也具有较强的辐射力和带动力。海南的产业布局以现代服务业和高新技术产业为主，与泛北部湾和西南地区的重工业和加工工业在产业层次上形成互补。海南自由贸易港可以占据价值链上游，形成区域新的增长极，对周边区域形成较强的辐射带动作用，进而推动该区域内产业良性互补发展。可以说，西南腹地为海南自由贸易港发展提供了广阔的纵深。

（3）拥有全国最为开放的发展空间和鼓励产业发展的优惠政策。对企业及高层次人才给予15%的税收优惠无疑具有明显的吸引力，有利于企业和人才在海南聚集。免税商品销售和保税加工便利化对商业和加工工业的发展是重要的利好。

自由贸易港在推进经济全球化、带动世界经济增长方面有着至关重要的作用，但是目前国际上少数几个成功的自由贸易港都是由发达国家或地区组织和建设的。海南自由贸易港开创了世界经济史新时代，发展中国家建设了世界上规模最大、开放水平最高的自由贸易港。

2. 在世界经济发展中，海南贡献开放力量

海南自由贸易港建设不仅充分体现了中国的开放自信，而且也彰显了中国以实际行动推动建设开放型世界经济的责任和担当。海南自由贸易港的建设，标志着以中国为代表的新兴经济体和发展中国家在世界经济秩序治理中的地位和参与能力不断提高，不仅深刻改变了全球化的世界经济格局，而且也为全球经济治理秩序提供了更强大的组织力量。海南自由贸易港为世界经济增长带来更多机遇，也让越来越多的发展中国家成为推进经济全球化的积极力量、中坚力量。这种力量必然会不断地改革和完善国际经济秩序和全球治理体系，共同坚持和推动经济全球化朝着更加开放、包容、合作、共赢的方向发展。

海南自由贸易港提供了更大规模的世界市场，经济全球化有了更强劲的发展动力。当前，世界经济增长新动能尚未形成，单边主义和保护主义较为严重，世界经济增长速度放缓，经济全球化也出现很多不稳定、不确定因素，加之2019年底暴发的新冠疫情对世界经济造成较大冲击和影响。在上述背景下，中国仍积极推进建设海南自由贸易港，坚定有序地向世界开放国内市场，这不仅体现了中国维护国际经济秩序和稳定世界经济增长的大国担当，而且也为世界经济增长带来了更广阔的上行空间。

3. 海南打造"4+3"产业格局，实现经济高质量发展

从经济总量的角度来看，目前海南自身的经济体量较小。2023年海南省生产总值7551.18亿元，按不变价格计算比上年增长9.2%。分产业看，第一产业增加值1507.40亿元，比上年增长4.6%；第二产业增加值1448.45亿元，比上年增长10.6%；第三产业增加值4595.33亿元，比上年增长10.3%。

"4+3"产业格局逐步形成。四大主导产业（热带特色高效农业、旅游业、高新技术产业和现代服务业）成为海南省经济发展的强劲依托，对经济增长的贡献超过六成。在发展热带特色高效农业方面，海南将种好橡胶、槟榔、椰子"三棵树"，大力引种全球热带水果新品种，推动传统海洋渔业往深海走、往岸上走、往休闲渔业走，全岛的农业产业结构将进一步得到优化；在发展旅游业和现代服务业方面，海南将用好用足离岛免税购物政策，做好吸引境外高端购物、医疗和教育三篇消费回流文章；在发展高新技术产业方面，在"南繁硅谷"建设取得实质性进展，崖州湾科技城聚集海洋产业类企业上千家，以"奋斗者"号为代表的深海科技项目在崖州湾科技城落地、文昌国际航天城加快构建以火箭链、卫星链、数据链为核心的产业生态，全国首个商业航天发射场一号发射工位竣工，"天问一号""嫦娥五号"在文昌国际航天城成功发射的基础上，海南将全力打造南繁、深海、航天"陆、海、空"三大未来产业。

稳步扩大开放程度。海南正加快探索自由贸易港积极服务和融入新发展格局的有效路径，更好地集聚和配置全球资源，努力形成更大范围、更宽领域、更深层次的对外开放格局。对标《全面与进步跨太平洋伙伴关系协定》

（CPTPP）、《数字经济伙伴关系协定》（DEPA）等国际高标准经贸规则，以创新驱动加快推进规则、规制、管理、标准等制度型开放，力争在土地、低碳、服务业开放、知识产权保护、跨境资金流动、执业资格互认、跨境数据流动等领域取得更大进展。着力打造国内国际双循环战略交汇点，构建中国企业走向国际市场的总部基地和境外企业进入中国市场的总部基地，西部陆海新通道国际航运枢纽和面向太平洋、印度洋的航空区域门户枢纽，空海国际交通网络和国际经贸合作网络。充分利用博鳌亚洲论坛年会、中国国际消费品博览会等重大平台，加强同共建"一带一路"国家和地区的务实合作。

4. 面对新时代发展需求，海南勇立潮头

（1）加快构建现代化产业体系。

以全岛封关运作和封关后全方位实施自由贸易港政策制度体系为契机，加强与粤港澳大湾区等国家重大战略区域的紧密联动，全力推进湛海高铁开工，加快推动琼州海峡港航一体化。重点扶持洋浦经济开发区、海口国家高新区、海南生态软件园等自由贸易港重点园区，培育壮大深海科技、航天产业、现代种业以及高端食品加工等产业集群。围绕建设"国家生态文明试验区"和海南清洁能源岛，积极打造绿色低碳产业链供应链。依托洋浦经济开发区、海南（昌江）清洁能源高新技术产业园等园区，大力发展核能、氢能等清洁能源，以电动汽车、智能汽车等为重点发展壮大清洁能源汽车产业链。

（2）以科技创新推动产业发展。

抢抓新一轮科技革命和产业变革的发展机遇，利用好自由贸易港政策优势，无论是在供给端还是在需求端，抓住人才这个核心竞争力，继续推进旅游业、现代服务业、高新技术产业发展。重点深化新一代信息技术在高端装备、新能源汽车等制造业领域的应用和创新，加快推进新一代信息技术与制造业和服务业深度融合，助推产业数字化发展。积极推进以数字经济为引领的产业智能化、绿色化、高端化发展，积极培育并支持新经济、新业态、新模式等健康发展。利用数字技术实现跨越时空边界与国际数据互联，扭转交通条件、产业配套等劣势，建立人才、资本、技术乃至产品、服务等市场。

（3）扩大高水平对外开放。

选定适合海南现阶段发展需要的目标领域，以市场主体需求为中心，以加快产业落地为导向，针对产业链各个环节存在的体制机制问题，综合提出放宽准入限制、优化准入环境、提供配套支持等"一揽子"政策措施。将医疗、文化、教育、旅游等服务业作为重点，同时针对商业航天、种质资源、新能源等前瞻性、战略性行业推出一批创新性强的政策举措，力求加快培育海南国际比较优势产业，营造优良的营商环境，健全完善海南现代化产业体系，服务国家重大战略落地实施，为海南乃至全国经济高质量发展提供不竭动力。

5. 以智库之力助力海南高质量发展

2023年4月10日，由商务部和海南省人民政府共同主办的第三届中国国际消费品博览会在海口隆重开幕。11日，十二届全国人大外事委员会副主任委员、蓝迪国际智库专家委员会主席赵白鸽出席第三届中国国际消费品博览会配套活动——第二届全球医疗消费论坛（GHCF）并发表演讲。赵白鸽表示，中国国际消费品博览会将打造全球消费精品展示交易平台，全球医疗消费论坛为优质医疗消费资源提供重要交流互动平台，期盼与各方携手，推动构建人类卫生健康共同体。

2023年4月10日，赵白鸽在第二届全球医疗消费论坛发表演讲。

赵白鸽围绕"推动医疗消费高质量发展"提出四点建议：一是继续大力推动构建现代化健康产业体系，加快医疗核心技术突破。二是大力推动产业城市与医疗消费的深度结合，充分发挥海南自由贸易港、粤澳深度合作区等区域的创新优势，培育产业发展增长极。三是发掘和培育创新技术与先进企业。四是继续加强国际标准对接、顶层规划设计，通过"一带一路"倡议、

RCEP协定等机制，加强国际合作交流，推动企业"请进来""走出去"。

2023年5月18日，十二届全国人大外事委员会副主任委员、蓝迪国际智库专家委员会主席赵白鸽为海南省保亭黎族苗族自治县建设提出建议：一是在健康产业做好布局。发挥绿色自然资源优势，发展医疗旅游、高端康养及深呼吸小镇；抓好前沿技术的培育孵化，利用好已有的专家资源，推动专家技术成果的转化落地；开发好温泉资源、高端体检等，打造热爱健康人士的聚集地。二是持续推动两岸合作。积极争取上级部门的支持，推动两地的文化和经济交流。三是加强与地方的更多合作。智库可以为保亭黎族苗族自治县推荐农业互联网企业资源，双方加强人才的交流培育，加强与粤港澳大湾区的联动。四是扩大招商引资。将绿色与数字作为保亭黎族苗族自治县发展的重点，在相关产业，挖掘企业资源。

2023年11月18日，蓝迪国际智库与海南省保亭黎族苗族自治县开展深入合作洽谈。保亭黎族苗族自治县将在蓝迪国际智库的助力下，做好产业发展的顶层设计，组建保亭黎族苗族自治县高质量发展专家咨询委员会，组织蓝迪国际智库高层咨询会；开展全面的产业政策研究，蓝迪国际智库组织专业团队对保亭黎族苗族自治县重点合作产业进行实地调查研究；赴欧美重点考察医疗旅游、温泉、康养等领域的先进经验；加大项目招引力度，利用蓝迪的企业平台，结合保亭黎族苗族自治县产业发展需求，引进优质企业。

第五章　智库研究
蓝迪国际智库重点研究成果与重大活动

　　建设中国特色新型智库，是以习近平同志为核心的党中央立足新时代党和国家事业发展全局，着眼改革发展聚智聚力而作出的一项重大决策。中国特色新型智库以世界百年未有之大变局为时代背景，以战略问题和公共政策为主要研究对象，以服务党和政府科学民主依法依规决策为宗旨，已经步入高质量发展新阶段，研究能力至关重要。在开展智库研究工作时，蓝迪国际智库力争创造对政策突破有推动力的优质思想产品，对决策者有重大启发与参考意义，更经得起历史沉淀的思想作品。

　　蓝迪国际智库自成立以来，始终秉持"问题导向、需求导向、项目导向、结果导向"的原则，坚持思想的独立性，锚定国家战略，围绕"一带一路"倡议、新时代大国关系、区域高质量发展等议题进行了深入、系统、长期的跟踪研究。通过实地调研、座谈交流、专家合作、资料分析等方法，形成了专业、客观和独立的研究成果，帮助决策者对政策进行充分的论证与评估，进而推动政治决策机制的公开化、社会化、民主化和科学化。截至目前，蓝迪国际智库积极围绕党和政府决策急需的重大课题，开展前瞻性与现实性、战略性与政策性、综合性与专题性的重大战略研究工作，在深入调研的基础上形成了百篇高水平研究报告，得到高层领导批示和重视，相关报告及政策有效转化为有关部委和地方政府政策措施。

　　2023年，蓝迪国际智库积极围绕智库外交、"一带一路"、国际交流、区域发展、产业创新等领域开展工作，与地方政府、科技企业携手，密集赴粤澳深度合作区及海南、上海、重庆、武汉、深圳、厦门、宁波、昆山、邢台等地实地走访、座谈研讨，共举办或参与38项活动。不断夯实人才基础，提升能力建设，发挥智库的引领作用；积极联动企业服务国家战略，助力企业国际能力建设，帮助更多中国优秀企业"走出去"；深入开展政策研究工作，为国家和企业发展提供智力支持，为落实"一带一路"倡议、进一步推动新型全球化和第四次产业革命向前发展贡献力量。

表 5-1　蓝迪国际智库 2023 年度重要活动一览表

序号	重要活动	时间	地点	主办机构
1	中联部当代世界研究中心交流活动	2023年2月14日	北京	中联部当代世界研究中心、中国社会科学院"一带一路"国际智库、蓝迪国际智库
2	蓝迪国际智库赴中国建筑业协会调研座谈会	2023年2月21日	北京	中国建筑业协会、中国社会科学院"一带一路"国际智库、蓝迪国际智库、广联达集团
3	"一带一路"背景下中国与斯里兰卡经济合作交流会	2023年2月22日	北京	斯里兰卡国际专家、中国社会科学院"一带一路"国际智库、蓝迪国际智库
4	关于"向更环保的未来转变的需求：来自中国的经验"的高层会	2023年2月22日	线上	中巴协会（PCI）、中国社会科学院"一带一路"国际智库、蓝迪国际智库
5	"双碳"战略背景下可持续发展论坛暨《中国可持续发展评价报告（2022）》蓝皮书发布会	2023年2月24日	江苏无锡	中国社会科学院"一带一路"国际智库、蓝迪国际智库
6	英中贸易协会调研座谈会	2023年3月8日	北京	中国社会科学院"一带一路"国际智库、蓝迪国际智库
7	第三届中国国际消费品博览会"全球医疗消费论坛"	2023年4月10—15日	海南海口	中国社会科学院"一带一路"国际智库、蓝迪国际智库
8	蓝迪国际智库与德国沙尔平战略咨询公司交流座谈会	2023年4月13日	北京	中国社会科学院"一带一路"国际智库、蓝迪国际智库
9	《中国卫生健康发展评价报告（2022）》蓝皮书发布会	2023年4月15日	山东威海	中国国际经济交流中心、威海市人民政府联合指导，中国卫生健康发展评价报告课题组、威海市发展改革委共同主办，蓝迪国际智库参会
10	河南省中原药谷及顺势药业集团调研座谈会	2023年4月19日	河南洛阳	蓝迪国际智库
11	第三届 BEYOND 国际科技创新博览会	2023年5月8—12日	中国澳门	澳门科技总会主办，国务院国资委规划发展局、工信部国际经济技术合作中心、商务部外贸发展事务局、生态环境部对外合作与交流中心、中国国际科技交流中心、中国中小企业国际合作协会、中华医学会、中国电子信息产业发展研究院合办，中国社会科学院"一带一路"国际智库、蓝迪国际智库协办

续表

序号	重要活动	时间	地点	主办机构
12	横琴粤澳深度合作区2023招商会	2023年5月9日	珠海	横琴粤澳深度合作区执委会、横琴粤澳深度合作区执委会经济发展局主办,中国社会科学院"一带一路"国际智库、蓝迪国际智库参会
13	2023全球人才峰会	2023年5月11日	中国澳门	澳门贸易投资促进局、广东省粤港澳合作促进会支持,国际人才组织联合会(AGTO)、CCGM中国·东盟大湾区合作中心主办,中国社会科学院"一带一路"国际智库、蓝迪国际智库参会
14	2023"一带一路"陆海联动发展论坛	2023年5月16—17日	重庆	"一带一路"智库合作联盟、重庆市政府主办,中联部当代世界研究中心、重庆市外事办承办,中国社会科学院"一带一路"国际智库、蓝迪国际智库参会
15	美驻华大使馆晚宴活动	2023年5月17日	北京	美驻华大使馆、亚洲基础设施投资银行主办,蓝迪国际智库参会
16	2023海南保亭县发展讨论会	2023年5月18日	海南保亭	海南保亭县委、县政府,蓝迪国际智库
17	蓝迪国际智库与国民党医疗委员会工作座谈会	2023年5月24日	北京	蓝迪国际智库
18	上海同济第五届中国战略论坛	2023年5月28日	上海	中联部研究室、同济大学中国战略研究院主办,中国社会科学院"一带一路"国际智库蓝迪国际智库参会
19	电气电子工程师学会(IEEE)调研座谈会	2023年5月29日	北京	蓝迪国际智库
20	中国数字建筑峰会2023	2023年6月8—10日	陕西西安	国家数字建造创新中心、中国社会科学院"一带一路"国际智库、蓝迪国际智库、中国建设报社、全联房地产商会、广联达科技集团
21	蓝迪国际智库访问调研国家对外文化贸易基地	2023年6月19日	北京	北京文投国际控股有限公司、蓝迪国际智库
22	蓝迪国际智库与巴基斯坦金环经济论坛	2023年6月20日	北京	巴基斯坦金环经济论坛、蓝迪国际智库
23	蓝迪国际智库赴第十二届中国国际国防电子展览会调研交流	2023年6月26—28日	北京	中国电科、中国电子主办,电科国际、电子工程承办,中央军委装备发展部支持
24	《中国卫生健康发展评价(2023)》蓝皮书开题会	2023年6月28日	北京	中国国际经济交流中心主办,中国社会科学院"一带一路"国际智库参会

续表

序号	重要活动	时间	地点	主办机构
25	中国—巴基斯坦新能源汽车技术服务合作论坛	2023年7月5日	远程	巴基斯坦驻上海总领事馆、"一带一路"信息产业发展联盟
26	史迪威将军诞辰140周年纪念活动	2023年8月7—9日	重庆	史迪威研究中心主办,蓝迪国际智库参会
27	"中西方文明互鉴"研讨会	2023年8月22日	北京	蓝迪国际智库
28	民族文化交流与传播国际研讨会	2023年9月6日	上海	国家民族事务委员会、蓝迪国际智库
29	第三届沪江公共外交论坛	2023年9月22日	北京	上海理工大学、上海公共外交协会主办,上海公共外交研究院承办
30	第一届粤澳深度合作区咨询委员会第一次会议	2023年9月27日	珠海横琴	横琴粤澳深度合作区执行委员会主办,蓝迪国际智库参会
31	金砖国家智库中方理事会年会和智库对话会	2023年11月1—3日	福建厦门	金砖国家智库合作中方理事会、福建省人民政府主办,厦门市人民政府承办
32	会见日籍华人、IG全球创业创新大赛日本总代表坂本麻美	2023年11月9日	北京	蓝迪国际智库
33	工业和信息化部信息技术发展司关于召开建筑信息模型软件产业发展座谈会	2023年11月13日	北京	工业和信息化部主办,蓝迪国际智库参会
34	第九届"全球治理 东湖论坛"文明互鉴与全球治理国际研讨会	2023年11月18日	线上	华中科技大学国家治理研究院、国家治理湖北省协同创新中心
35	中联部第二届"看中国 听世界"论坛	2023年11月30日—12月2日	广东深圳	中共中央对外联络部、深圳市委、市政府联合主办;当代世界研究中心、深圳市委外办联合承办
36	2023中国开发区高质量发展大会	2023年12月10—11日	河北邢台清河	中国开发区协会、蓝迪国际智库、邢台市人民政府主办,河北省开发区协会、清河县人民政府承办
37	第二届中国(澳门)国际高品质消费博览会暨横琴世界湾区论坛	2023年12月13—14日	珠海横琴	横琴粤澳深度合作区金融发展局、南方财经全媒体集团指导,21世纪经济报道、中国自贸区信息港主办,蓝迪国际智库、珠海华发投资控股集团有限公司联合主办,21世纪金融研究院承办
38	中国可持续发展座谈会暨《中国可持续发展评价报告(2023)》蓝皮书发布会	2023年12月27日	北京	中国国际经济交流中心、美国哥伦比亚大学、飞利浦(中国)投资有限公司、大道应对气候变化促进中心、社会科学文献出版社

2023年，蓝迪国际智库已形成数篇高质量研究报告，在国家战略层面，完成译著《可避免的战争》以及《关于加强领袖、政党、阶级、社会相互关系研究，推动中美关系发展的建议》《关于中国人民抗日战争暨世界反法西斯战争胜利纪念日活动的建议》《美国对外战略传播体系及其与我国外宣工作的比较研究》《新形势下推动中美和谐共处与文明互鉴的建议》《印尼参与"印太战略"的考量、影响及应对策略》；在区域发展维度，完成《关于将澳门打造成国际科技交流新平台，加快推进澳门"一国两制"新示范建设的建议》《关于中国（浙江）自由贸易试验区宁波片区积极打造"枢纽自贸区"研究报告》；在产业发展方面，完成《关于促进我国建筑"芯片"产业发展的建议》；在智库建设视角，完成《关于进一步发挥新型智库公共外交积极作用的建议》等高质量研究报告，均获得国家领导人重要批示，所提建议被相关部门采纳。

2023年，蓝迪国际智库发挥智库作用，积极参与国内外事务，推动产业发展。十二届全国人大外事委员会副主任委员、蓝迪国际智库专家委员会主席赵白鸽对外出席20余场活动，围绕中国式现代化、中美新型大国关系、"金砖+"、"一带一路"、"全球南方"、区域高质量发展、数字经济、医疗健康、建筑业数字化、可持续发展等议题发表重要观点，形成多篇重要会议报告。

表5-2 蓝迪国际智库2023年度研究报告目录

报告编号	报告题目
RDI-92-2023（01）	《关于将澳门打造成国际科技交流新平台，加快推进澳门"一国两制"新示范建设的建议》
RDI-93-2023（02）	译著《可避免的战争》
RDI-94-2023（03）	《关于加强领袖、政党、阶级、社会相互关系研究，推动中美关系发展的建议》
RDI-95-2023（04）	《关于中国人民抗日战争暨世界反法西斯战争胜利纪念日活动的建议》
RDI-96-2023（05）	《美国对外战略传播体系及其与我国外宣工作的比较研究》
RDI-97-2023（06）	《新形势下推动中美和谐共处与文明互鉴的建议》
RDI-98-2023（07）	《关于促进我国建筑"芯片"产业发展的建议》
RDI-99-2023（08）	《关于进一步发挥新型智库公共外交积极作用的建议》
RDI-100-2023（09）	《印尼参与"印太战略"的考量、影响及应对策略》

续表

报告编号	报告题目
RDI-101-2023（10）	《关于中国（浙江）自由贸易试验区宁波片区积极打造"枢纽自贸区"研究报告》
RDI-101-2023（11）	会议报告《推动医疗消费高质量发展》
RDI-101-2023（12）	会议报告《中国式现代化及横琴粤澳深合区工作的实践》
RDI-101-2023（13）	会议报告《陆海联动推动"一带一路"新十年构建新格局》
RDI-101-2023（14）	会议报告《集众力，谋发展，激活"金砖+"潜力》
RDI-101-2023（15）	会议报告《和合共生，共探世界现代化之路》

一、《关于将澳门打造成国际科技交流新平台，加快推进澳门"一国两制"新示范建设的建议》

2023年是横琴粤澳深度合作区建设进程中的关键一年。这一年，横琴粤澳深度合作区发展促进条例、"横琴金融30条"、鼓励类产业目录、总体发展规划、放宽市场准入特别措施等重要政策相继发布，澳门新街坊正式开售，横琴粤澳深度合作区呈现深度融合、加速发展的良好态势，澳门元素不断增加，"四新"产业活力增强，粤澳共商共建共管共享体制的优越性更加显现。

BEYOND国际科技创新博览会紧抓历史机遇，聚焦前沿科技，践行"科技改变并超越传统生活"的理念，关注生命科学、消费科技和可持续发展三大主题，搭建了澳门与国内外高新技术企业、科研机构、投资机构间交流合作的平台，向世界展现中国科技创新成果，并积极推进区域产业创新生态构建和变革，在解决民生需求痛点的同时，也为塑造中国在科技领域的开放、协同、创新形象作出了重大贡献。

一直以来，蓝迪国际智库高度关注横琴粤澳深度合作区高质量发展。2024年，是横琴粤澳深度合作区成立3周年、澳门回归祖国25周年，也是《横琴粤澳深度合作区建设总体方案》中第一阶段建设成效的"大考"之年。BEYOND国际科技创新博览会将促进我国高水平对外开放体系建设，成为中国企业"走出去"、国外企业"走进来"的枢纽，并成为对外展示中国实力、讲好中国故事、推动构建人类命运共同体，展现"一国两制"新成效的发声窗口和示范平台。

为助力澳门打造国际科技交流新平台、中国科技外交的前哨站，蓝迪国际智库特整理此报告，推介 BEYOND 国际科技创新博览会。报告一是指出充分发挥澳门优势，开创"一国两制"新局面的重要意义；二是展示 BEYOND 国际科技创新博览会的实践成果；三是阐述 BEYOND 国际科技创新博览会对澳门、横琴粤澳深度合作区、粤港澳大湾区的重大意义；四是期望 BEYOND 国际科技创新博览会得到更多的关注和支持，在第四次科技革命背景下，聚合全球科技创新资源和顶尖人才力量；五是为 BEYOND 国际科技创新博览会的未来发展提出建议。

一是需要提升 BEYOND 国际科技创新博览会品牌影响力，将其定位为我国双循环大格局当中科技创新领域国际交流合作，对外展示开放、协同、创新形象的窗口。

二是需要各部委集中资源，加大支持力度，集中资源在澳门办展设展，各地引导扶持企业参展。

三是需要澳门、珠海等地方政府共同参与，运用已有的城市框架拓展市场，促进城市科技园区和经济园区参与，并通过顶层设计搭建平台，优化资源。

四是需要以年青一代为导向培养中华文化认同，促进内在涵养的提升、树立文化自信、掌握中华文化智慧。

二、译著《可避免的战争》

蓝迪国际智库自成立以来高度关注新型大国关系，中美关系作为世界上最重要的双边关系在当前世界百年未有之大变局的时代背景下至关重要。2022 年，澳大利亚前总理陆克文出版新著《可避免的战争》（*The Avoidable War*）对中美关系提出了颇有深度的见解。

陆克文［原名为凯文·迈克尔·拉德（Kevin Michael Rudd）］曾两度出任澳大利亚总理，对中国面临的发展问题和国际环境也有较为深入的了解，是西方国家极少数能流利使用汉语的政治人物。《可避免的战争》不仅揭开了中美两国部分经济行动、政治行动、军事行动的神秘面纱，也为两国如何合理开展战略竞争和避免灾难性战争提供了新的思路。陆克文认为，中美之间的竞争和正在展开的对抗具有多面性。管理中美战略竞争需要从两个方面着手：首先是致命的潜在冲突，比如战略红线——台湾。其次是非致命的区域竞争，包括外交政策、贸易政策、金融与资本市场、货币市场、技术与人才市场,以及意识形态。这些领域中非致命性的竞争,没有必要成为军事武装冲突的导火索,战略合作是两国交往更好的方式。

全书共包含 17 章,主要可归纳为以下三部分:第一部分系统梳理了自第二次世界大战以来中美关系的演变轨迹,包括历史上中美双方对彼此的全面评价;第二部分详细介绍了习近平主席执政期间的各项政策、路线和方针,涉及经济、国防、政治、外交、贸易、投资、意识形态等方面的内容;第三部分是全书的重点,着重阐释了未来 10 年,中美战略竞争不可避免,但中美战争可以努力避免的核心观点。

书中提出中美两国应从以下三点出发制定战略框架,以期实现"可避免的战争":

一是中美两国各自拥有战略"红线",特别是台湾问题、南海问题、东海问题、朝鲜半岛问题以及领空问题都是危险而敏感的领域,双方应尽力避免触碰"红线";

二是在"红线"之外,中美两国可以在其他方面(如外交、经济、科技、国力、金融以及意识形态等领域)展开良性竞争;

三是即使是在中美竞争持续升级的情况下,两国也必须在应对气候变化、核扩散、数字鸿沟等全球重大挑战领域寻求战略性合作。

三、《关于加强领袖、政党、阶级、社会相互关系研究,推动中美关系发展的建议》

中共中央总书记、国家主席习近平出席中国共产党与世界政党领导人峰会时强调,政党作为推动人类进步的重要力量,要锚定正确的前进方向,担起为人民谋幸福、为人类谋进步的历史责任。第一,我们要担负起引领方向的责任,把握和塑造人类共同未来。第二,我们要担负起凝聚共识的责任,坚守和弘扬和平、发展、公平、正义、民主、自由的全人类共同价值。第三,我们要担负起促进发展的责任,让发展成果更多更公平地惠及各国人民。第四,我们要担负起加强合作的责任,携手应对全球性风险和挑战。第五,我们要担负起完善治理的责任,不断增强为人民谋幸福的能力。[①]

今天,人类社会再次面临何去何从的历史当口,选择权就在我们手中,

---

① 中国政府网 https://www.gov.cn/xinwen/2021-07/07/content_ 5622904.htm.

责任就在我们肩上。面对共同挑战，人类只有和衷共济、和合共生这一条出路。政党作为推动人类进步的重要力量，要锚定正确方向，担起历史责任。

2023年，蓝迪国际智库应邀参加美国驻华大使馆交流活动，十二届全国人大外事委员会副主任委员、蓝迪国际智库专家委员会主席赵白鸽出席活动并作主题演讲。赵白鸽表示，政党、领袖、阶级、社会等是有机关联的整体，了解一下习近平主席的成长历程、思想内核和抱负决心，有助于理解当下的中国，理解中美关系的走向，增进美方对中国的政党、领袖和对外政策的理解产生积极作用。

基于此，蓝迪国际智库特形成报告《关于加强领袖、政党、阶级、社会相互关系研究，推动中美关系发展的建议》，结合中美关系的核心问题，报告为推动中美关系发展提出建议。

报告回顾中美关系发展史，指出中美建交40余年，改变了两国，也改变了世界。从1784年"中国皇后号"抵达中国开启经贸首航，第二次世界大战期间美国人民万里驰援中国人民抗击侵略，到如今每天逾万人往返于两国之间，中美人民的友谊跨越时空，始终是两国关系发展的源头活水。

报告强调，对人才的发掘、培育与任用，是治理伟大国家的必需。"80后""90后"在第四次产业革命科技成果转化应用、国际年轻人才对话合作、新模式新业态新经济的创造等方面正发挥越来越重要的作用，更重要的是，他们自出生以来就见证了一个完整的、不断成长的、自信自强的国家的持续发展，他们对分裂国家、破坏统一的势力是零容忍的。

四、《关于中国人民抗日战争暨世界反法西斯战争胜利纪念日活动的建议》

2023年9月3日是中国人民抗日战争暨世界反法西斯战争胜利78周年纪念日。78年来，中国共产党团结带领全国各族人民发奋图强、艰苦创业，创造了举世瞩目的发展成就。蓝迪国际智库应重庆市外办邀请，于2023年8月7—9日参加史迪威将军诞辰140周年纪念活动，围绕史迪威将军生平事迹、中美民间交流合作、促进中美关系等方面进行了广泛交流。

十二届全国人大外事委员会副主任委员、蓝迪国际智库专家委员会主席赵白鸽应邀出席活动并作了题为《忆往昔　念初心　共谋中美发展之道》的发言，向与会的中外来宾诠释了"共商共建共享"理念在新型全球化中的重大历史与现实意义，获得了与会专家的认同。

与会嘉宾一致认为，中美关系是当今世界最重要的双边关系之一，史迪威将军是中美人民的友谊桥梁，双方应珍视历史友谊，加强文明互鉴和沟通交流，通过多元渠道增进了解和互信，为两国关系发展提供重要基础。

活动期间，蓝迪国际智库除与史迪威将军的后代们建立联系外，还特别认识了中华人民共和国"友谊勋章"获得者伊莎白·柯鲁克之子柯马凯等一批致力于中美合作的能人志士。蓝迪国际智库以此为基础，向"中国人民抗日战争暨世界反法西斯战争胜利纪念日活动"提出建议。

2023年8月29日，国家主席习近平复信美国史迪威将军外孙约翰·伊斯特布鲁克。习近平主席指出，史迪威将军是中国人民的老朋友，对中国解放和进步事业给予了积极支持，对中美人民友好作出了积极贡献。中国人民对此不会忘记。在重庆市举行的史迪威将军诞辰140周年纪念活动上，约翰发表了视频致辞，约翰的女儿、女婿和孙辈们也亲临现场，史迪威将军从事的中美友好事业已传承至家族的第五代人。习近平主席强调，中美关系的基础在民间，力量源泉在人民友好。两国人民应该加强交流、增进理解、扩大合作，为两国关系发展不断注入新动力。

五、《美国对外战略传播体系及其与我国外宣工作的比较研究》

党的十八大以来，以习近平同志为核心的党中央高度重视国际传播工作，对增强国际话语权、加强国际传播能力建设、讲好中国故事、传播好中国声音、展示全面立体真实的中国作出一系列重大部署。习近平总书记在党的二十大报告中指出："加强国际传播能力建设，全面提升国际传播效能，形成同我国综合国力和国际地位相匹配的国际话语权。"新征程上，把握国际传播规律，加强顶层设计和战略谋划，提升国际传播效能，增强我国国际传播影响力、中华文化感召力、中国形象亲和力、中国话语说服力、国际舆论引导力，尤为重要和紧迫。

第二次世界大战后，美国出于争夺、维持和扩张其世界霸权的需要，形成了当今世界最庞大、最高效且覆盖面最广泛的对外传播体系。蓝迪国际智库在深入研究美国战略传播体系，分析美国对外传播体系的由来、性质、目标和实施体系的基础上，形成了《美国对外战略传播体系及其与我国外宣工作的比较研究》报告。

报告对美国对外战略传播进行简要概括，分析了美国所倡导的"普世价值"与战略传播体系的联系、介绍了美国战略传播体系的形成、制度架构、运行机构和战略层面的表现。

以美国战略传播体系为参照，报告指出我国外宣机制的特点，并表示在如何将垂直（纵向）控制力转化为水平化（横向）影响力方面，美国的实践值得我国深入研究和借鉴。

报告指出，美国对外战略传播体系对我国外宣工作具有启示作用，提出三点建议：

一是在我国已经形成的宣传格局基础上，应借鉴美国的成熟实践，以我国利益为中心，在战略和相应的战术层面建立起整合化的对外传播体系；

二是建设对现有的外宣运行机制进行调整和整合，以确保所有涉外部门之间的无缝对接和有效联动，特别需要积极考虑如何在国家安全委员会这一新机制与专职宣传系统（中宣部）之间建立有效联动机制；

三是国家的外宣目标应尽快摆脱历史惯性，超越塑造国家形象这一起步阶段的任务，将更多的资源和手段调向影响全球和各对象国的政治、经济和安全议程上去。

六、《新形势下推动中美和谐共处与文明互鉴的建议》

2023年3月15日，中共中央总书记、国家主席习近平在中国共产党与世界政党高层对话会上发表题为《携手同行现代化之路》的主旨讲话，首次提出"全球文明倡议"。这是继2021年9月提出"全球发展倡议"、2022年4月提出"全球安全倡议"后，中国向世界提出的又一重要国际公共产品，为推动人类现代化进程、推动构建人类命运共同体注入了强大正能量。这一倡议一经提出，就引发了国际社会的积极反响。

全球文明倡议的内容主要包括：共同倡导尊重世界文明多样性，共同倡导弘扬全人类共同价值，共同倡导重视文明传承和创新，共同倡导加强国际人文交流合作。这一倡议的整体内容涵盖了党的十八大以来中国政府对文明交流互鉴一以贯之的方针政策。从党的十八大报告提出"扎实推进公共外交和人文交流"，党的十九大报告提出"加强中外人文交流""以文明交流超越文明隔阂、文明互鉴超越文明冲突、文明共存超越文明优越"到党的二十大报告提出"深化文明交流互鉴，推动中华文化更好走向世界"，从2017年

12月中共中央办公厅、国务院办公厅印发《关于加强和改进中外人文交流工作的若干意见》到2019年5月中国主办亚洲文明对话大会以及一系列先后建立的中外高级别人文交流机制，无一例外彰显了中国政府对推动文明交流互鉴的孜孜追求和不懈努力。

2023年8月22日，中西方文明交流与互鉴国际研讨会在京举办。该研讨会由中国社会科学院国家高端智库理事会秘书处主办，蓝迪国际智库参与组织。与会专家围绕应用"共商共建共享"理念，展开了坦诚的建设性讨论。会后通过资料归纳梳理与进一步分析，形成了《新形势下推动中美和谐共处与文明互鉴的建议》报告。

报告就推动中美文化交流和对话提出以下四点建议：

一是改善和加强中美对话交流，认识意识形态之争是中美对话的根本阻碍、和平发展是中美对话的重要基础，全面推进与美各阶层民众的交流对话；

二是认清美国阶层的复杂性，美国是一个不断变化的复合体，各阶级都在不断发生变化，需要挖掘和利用美国的深层次矛盾，并扩大与美国民众的广泛友好交流；

三是不断扩大对话交流的格局，改进对话交流的方式，提升对话交流的技巧，拓展多层次的对话交流，评估对话交流的效果；

四是推动中美"共商共建共享"机制形成，建立平等友好的共商机制、高效系统的共建机制、公平公正的共享机制。

七、《关于促进我国建筑"芯片"产业发展的建议》

世界正在经历百年未有之大变局，万物互联的数字化时代来临，数字经济正成为促进经济发展、重塑竞争优势和提升治理能力的关键力量。习近平总书记在中共中央政治局第三十四次集体学习时强调，"要站在统筹中华民族伟大复兴战略全局和世界百年未有之大变局的高度，统筹国内国际两个大局、发展安全两件大事，要充分发挥海量数据和丰富应用场景优势，促进数字技术与实体经济深度融合，赋能传统产业转型升级，催生新产业新业态新模式，不断做强做优做大我国数字经济"。

建筑业是我国国民经济发展的支柱产业和重要引擎，推动建筑业数字化转型既是落实我国数字经济整体发展战略的重要内容，也是在新时代高质量发展背景下，促进建筑业降本增效、提升质量和安全，实现建筑业智能化、绿色化、工业化融合发展的重要保障。当前，建筑业发展正迎来重要拐点，在我国城镇化发展速度逐步趋缓以及"双碳"战略背景下，建筑业需从追求高速增长转向追求高质量发展，开展数字化转型是实现建筑业智能化、绿色化、工业化高质量发展的重要保障。

蓝迪国际智库联合中国建筑业协会认真研究建筑业数字化转型等问题，并组织专家、学者对广联达等企业进行了认真调研，形成了《关于促进我国建筑"芯片"产业发展的建议》报告。

报告全面分析了我国建筑业数字化转型发展的背景、现状与面临的挑战，为促进我国建筑业"芯片"产业的突破与发展，系统提出了有关立法保障、政策机制、资金投入、能力培育、国企引领、人才培养、国际合作等方面的举措建议，旨在为加快推动我国建筑业数字化转型、促进建筑业高质量发展提供决策参考。

一是确立以建筑信息模型（BIM）为代表的建筑业数据资产的法律效力，促进BIM技术全过程协同集成应用。

二是建立引领性政策和机制，加快推动建筑业数字化转型发展，将数字技术应用列为国家优质工程奖项评选条件，打造一批数字化应用示范项目，树立一批建筑企业数字化转型标杆。

三是在固定资产投入中进一步提高数字化基础设施占比，在产业政策中加大对数字化投入的扶持力度，并在规模以上政府类投资项目中保障数字化投入。

四是加强对建筑业底层数字化技术能力的培育，加大支持建筑领域自主可控技术研发，解决"卡脖子"问题，鼓励优先采用具备自主可控核心技术的数字化产品。

五是加快推进国有建筑企业和设计咨询企业的数字化转型，加大国有建筑企业在数字化建设方面的投入，鼓励国有建筑企业与国内具有建筑业数字化核心技术和优势的科技企业开展合作，打造可落地应用场景，并广泛使用自主可控的数字化产品。

六是加大对建筑业数字化复合型人才和智能建造产业工人的培养力度。

七是加快推进我国建筑业数字化能力"走出去"，鼓励企业和社会团体加强有关建筑业数字化国际标准的制定，不断扩大建筑业数字化的国际市场，建立产业合作机制推进"一带一路"新基建高质量发展，并重视网络安全及数据跨境流动治理。

八、《关于进一步发挥新型智库公共外交积极作用的建议》

进入新时代以来，习近平总书记就加强中国特色新型智库建设作出系列重要指示、发表系列重要论述，指引中国特色新型智库茁壮成长。建设中国特色新型智库，是以习近平同志为核心的党中央立足新时代党和国家事业发展全局，着眼改革发展聚智聚力而作出的一项重大决策。

步入新时代以来，中国特色新型智库建设持续深入，众多智库机构积极发挥咨政建言、理论创新、舆论引导、社会服务、公共外交等功能，为推动科学民主依法决策、推进国家治理体系和治理能力现代化、推动经济社会高质量发展、提升国家软实力提供了切实支撑，成为推动中国式现代化的重要力量。然而，智库自身建设与作用发挥方面，也存在诸多不足。

当前，中国特色新型智库建设已步入高质量发展新阶段，亟待发挥优势、补齐短板，为党和国家事业发挥更大作用。

蓝迪国际智库通过 8 年的智库工作实践，深感国家高端智库的重大作用及面临的改革开放与创新的挑战，特此形成《关于进一步发挥新型智库公共外交积极作用的建议》报告。

自成立以来，蓝迪国际智库紧紧围绕党和国家关心的重点议题，推进基础理论与应用对策研究，不断提高服务党和国家发展大局的能力与水平，共形成高质量的研究报告近百篇，开展高质量的研讨和咨询活动近百场，发挥了智库对决策、对社会和对国际的影响力。

报告指出蓝迪国际智库作为中国特色新型智库，成立以来取得了以下重要成果：

一是注重平台思维和资源整合，形成了具有跨部门、跨领域、跨学科特点的综合性研究平台；

二是注重需求导向、项目导向和结果导向，取得了一批能够落地的政策、机制和项目；

三是注重人才导向和人力资源的可持续发展，挖掘、培育、储备了一批创新型青年人才。

习近平总书记近年来就高端智库建设作强调指示："要建设一批国家亟需、特色鲜明、制度创新、引领发展的高端智库，重点围绕国家重大战略需求开展前瞻性、针对性、储备性政策研究。"在当今世界百年未有之大变局的时代背景下，面对日益复杂的国际、国内形势，为更好地加强中国特色新型智库的建设与发展，报告建议：

一是探索和建设平台型智库，在形成更多具有决策影响力的研究成果的同时，充分发掘和调动院外智库资源和专家力量；

二是推动和强化应用型智库，探索推动智库研究成果向落地实效转化的保障机制，从课题设立、调查研究、方案制定、建言资政、资源匹配、追踪落地等方面，努力提升智库的决策影响力、社会影响力和国际影响力；

三是建立青年智库人才培养机制，引导智库组织创新，加强青年人才培养；

四是加强数据智能驱动和科技赋能，积极探索和实践将智库专家的定性研究与大数据的定量分析紧密结合，探索构建覆盖国内外、国际智库研究的数据库平台；

五是加强政策扶持与经费支持，大胆改革创新，打通体制机制堵点，推动形成符合中国特色新型智库发展规律、灵活高效的管理运行体制。

九、《印尼参与"印太战略"的考量、影响及应对策略》

2017年11月，美国提出"印太战略"，随后重启美、日、澳、印四方安全对话。2019年6月，美国国防部首次发布《印太战略报告》，全面阐述了美国在印太地区整体战略中的作用，并强调盟国和合作伙伴的重要性。拜登政府上台后，将"印太战略"置于地区战略的首要位置。2022年2月，拜登政府首次发布"印太战略"，系统论述了安全保障、联盟关系以及东南亚的地位与作用。2022年5月，拜登借首次亚洲之行和12个印太伙伴（澳大利亚、文莱、印度、印尼、日本、韩国、马来西亚、新西兰、菲律宾、新加坡、泰国和越南）联合启动"印太经济框架"（IPEF）。

近年来，美国在亚太地区不断兜售所谓的"印太战略"，妄图诱拉裹挟地区国家，建立以遏制中国为主要目的的盟友体系。近一段时期以来拜登政府加速推进"印太战略"，不断渲染意识形态对立，以应对所谓的"中国威胁"为借口，拉拢诱压地区盟友及伙伴加入遏华"小圈子"，意图形成对中国的"包围圈"。美国"印太战略"的实施与扩容，将深刻改变亚太地区的政治、经济和安全形势。

在"印太战略"框架下，连接亚洲、太平洋和印度洋地区的东盟的战略意义进一步凸显。其中，印尼在东南亚区域格局中的"领头羊"地位及其"大国平衡"的外交策略，使其成为被拉拢的重点对象。印尼加入"印太战略"将在很大程度上削弱共建"一带一路"及中国在东盟的影响力。

新形势下，对印尼参与"印太战略"的背景内涵、美、日、澳、印积极拉拢印尼的原因、印尼政府的反应、对中国的影响及应对策略等问题的研究，具有重要的现实意义。为此，蓝迪国际智库联合厦门大学南洋研究院吴崇伯教授及其团队，经深入调研，形成了《印尼参与"印太战略"的考量、影响及应对策略》报告，提出以下建议：

一是应结合第二次金砖扩容，将印尼纳入"金砖+"阵容，确立印尼"全球南方"国家成员国地位；

二是应高度关注2024年印尼选举，在不干涉他国内政、不干预印尼选举的基础上，为区域合作创造有利环境；

三是秉承合作共赢理念，进一步加强中国—东盟关系，尤其要借助RCEP全面实施契机扩大与东盟国家的经贸合作，确保东盟在RCEP的中心地位及印尼在东盟的核心地位；

四是认真研究与分析印尼新首都建设项目，防范潜在风险；

五是进一步深化与印尼的人文交流，推动文化、教育、旅游、青年、媒体、智库等领域合作。

十、《关于中国（浙江）自由贸易试验区宁波片区积极打造"枢纽自贸区"研究报告》

建设自由贸易试验区是以习近平同志为核心的党中央在新时代推进改革开放的重要战略举措，在我国改革开放进程中具有里程碑意义。党的二十大部署实施自由贸易试验区提升战略，将自由贸易试验区建设提高到战略层面。

2023年，自由贸易试验区建设迎来10周年。9月26日，习近平总书记就深入推进自由贸易试验区建设作出重要指示，10年来，各自由贸易试验区贯彻落实党中央决策部署，解放思想、守正创新，推出了一大批基础性、开创性改革开放举措，形成了许多标志性、引领性制度创新成果，有效发挥了改革开放综合试验平台作用。

习近平总书记强调，新征程上，要在全面总结10年建设经验的基础上，深入实施自由贸易试验区提升战略，勇做开拓进取、攻坚克难的先锋，在更广领域、更深层次开展探索，努力建设更高水平自由贸易试验区。建设高水平自由贸易试验区，要坚持党的全面领导，坚持以高水平开放为引领、以制度创新为核心，统筹发展和安全，高标准对接国际经贸规则，深入推进制度型开放，加强改革整体谋划和系统集成，推动全产业链创新发展，让自由贸易试验区更好发挥示范作用。为我们在新征程上深入推进自由贸易试验区建设指明了前进方向、提供了根本遵循。

2017年3月，国务院批复同意《中国（浙江）自由贸易试验区总体方案》，中国（浙江）自由贸易试验区正式挂牌成立，其是全国唯一由陆域和海洋锚地组成的自贸区。坚持走差别化、特色化的路子，大胆试、大胆闯、自主改，浙江自贸区日渐成为制度创新的"引领区"，为中国经济高质量发展注入澎湃动能。

蓝迪国际智库持续关注中国（浙江）自贸区宁波片区高质量发展，形成《关于中国（浙江）自由贸易试验区宁波片区积极打造"枢纽自贸区"研究报告》，得到地方政府的评审与采纳。报告分析了新形势下中国自贸区建设面临的机遇与挑战，结合中国（浙江）自贸区建设的基础与优势和宁波枢纽自贸区建设的成果与经验，从以下几个方面提出加强宁波枢纽自贸区建设所需支持：

一是支持宁波提升港航物流业发展能级，包括提升宁波机场的吞吐量和扩大运输规模，加强宁波临空经济示范区与自由贸易试验区协同发展，探索航空中转集拼业务，构建面向东南亚、连接欧美的中转集拼枢纽等；

二是支持宁波打造大宗商品全球资源配置基地，包括争取综合保税区内组装生产的整车在内销时享受汽车平行进口政策，推动区内符合资质条件的企业获得原油进口和成品油出口资质等；

三是支持宁波打造服务贸易和跨境电商枢纽，探索跨境电商组合销售便利监管，支持满足条件的进口商品，在海关特殊监管区域内自由组合后，继续按跨境电商零售方式进口；

四是支持宁波建设中东欧经贸合作示范区，持续推进共建 eWTP 宁波—中东欧创新合作示范项目；

五是推动针对重点产业、业务的税收优惠和便捷化。

十一、会议报告《推动医疗消费高质量发展》

2023年4月11日，蓝迪国际智库在第三届中国国际消费品博览会"全球医疗消费论坛"上发表题为《推动医疗消费高质量发展》的主旨报告。报告要点如下。

健康是人类永恒的主题，是社会进步的重要标志，健康已成为21世纪人们生活的基本目标。健康产业贯穿一、二、三产业，产业链长、带动性强，发展空间和潜力巨大。相关资料显示，我国健康产业规模达10万亿元，占国民经济的比重超8%，2030年有望超16万亿元，其国民经济重要支柱产业特色显著。自2016年习近平总书记在全国卫生与健康大会上强调"要倡导健康文明的生活方式，树立大卫生、大健康的观念"起，大健康产业迅猛发展。大健康产业顺应了中国经济转型升级、绿色发展的趋势，消费医疗、健康检测、特医食品、营养补剂、功能饮品等众多新赛道创业、投资火热进行，涌现出一批独角兽、平台型企业。

总体来看，全球医疗消费呈现出以下特点：一是从发展前景看，相关资料显示，美国健康产业占GDP的比重超过15%，加拿大、日本等国健康产业占GDP的比重超过10%，而我国健康产业仅占GDP的4%~5%，说明增长空间较大。二是从宏观政策看，"全面推进健康中国建设"已写入"十四五"规划，《"健康中国2030"规划纲要》把人民健康提升到了国家发展战略高度，大力推动发展。与此同时，继续加强对产业相关风险的监管，推动健康有序发展。三是从产业发展看，大数据和人工智能技术赋能多个大健康产业领域，包括公共卫生大数据、疾病快速诊断、远程医疗、识别诊断、药物研发、康复治疗等，提高了医疗服务的诊疗水平，改善了就医体验，拓展了大健康产业的服务疆域，降低了服务成本。四是从消费趋势看，消费群体年轻化，从"银发一族"逐渐往"年青一代"扩散，尤其是在快节奏、高压力的今天，年轻人对健康领域的关注呈现出了极大的热情；消费进程前置化，从治疗向预防前移，调节身体机能、获得均衡营养、消除疲劳和亚健康，成为医疗消费新追求；消费场景线上化，在线问诊、在线推广、在线服务成为主要购买途径；医疗器械家居化，家庭以及个人消费者逐渐成为医疗器械的消费终端，血压计、血糖仪、体温计等检测监测类仪器是最常见的家庭医疗器械，保健理疗类器械也逐步走入寻常百姓家。

为推动医疗消费高质量发展，特提出以下建议。

一是继续大力推动构建现代化健康产业体系。加快医疗核心技术突破，提升健康产业链供应链安全可控水平，扩展数字基础设施建设及人工智能、大数据、云计算等数字技术在医疗领域的应用深度，推动医疗消费产品、服务、场景、体验的持续升级。

二是大力推动产业城市与医疗消费的深度结合。充分发挥海南自由贸易港、粤澳深度合作区等区域的创新优势，大力开展医疗消费改革开放创新先行先试，发展医疗旅游，培育产业发展增长极。

三是发掘和培育创新技术与先进企业。发挥企业在行业实践、技术突破、模式创新等方面的能动性，推动医疗消费领域龙头企业、隐形冠军企业发展。

四是继续加强国际标准对接、顶层规划设计。完善医疗消费产业规划、政策配套、标准制定，优化监管流程与范畴，创设更有利于国际合作、国内创新的产业土壤。通过"一带一路"倡议、RCEP 协定等机制，加大国际合作交流，推动企业"请进来""走出去"。

十二、会议报告
《中国式现代化及横琴粤澳深合区工作的实践》

2023 年 5 月 9 日，蓝迪国际智库在横琴粤澳深度合作区 2023 全球招商推介会上发表题为《中国式现代化及横琴粤澳深合区工作的实践》的主旨报告。报告要点如下。

（一）全球招商活动的创新实践及重要价值

选择中国，就是选择增长引擎。当今世界，世纪疫情影响深远，局部冲突和动荡频发，逆全球化思潮抬头，全球经济复苏乏力，世界进入新的动荡变革期。与此同时，新一轮科技革命和产业变革迅猛发展，人工智能、大数据、云计算、物联网等数字技术加速推动产业变革。我们应更加深刻地思考如何适应新形势、应对新挑战、拥抱新机遇。

投资横琴，就是投资开放红利。习近平总书记强调，建设横琴新区的初心就是为澳门产业多元发展创造条件。新形势下做好横琴粤澳深度合作区开发开放，是深入实施《粤港澳大湾区发展规划纲要》的重要举措，是丰富

"一国两制"实践的重大部署，是为澳门长远发展注入的重要动力，有利于推动澳门长期繁荣稳定和融入国家发展大局。

横琴所在的粤港澳大湾区，是中国经济活力最强、开放程度最高、国际化水平领先的区域之一。立足广东珠海南端，与澳门仅一水一桥之隔的横琴，经济实力、科技竞争力不断提升，全面彰显"一国两制"强大生命力和优越性，促进澳门经济适度多元发展。可以说，投资横琴，就是投资创新机遇；聚焦横琴，就是聚焦开放红利。

（二）蓝迪国际智库助力粤澳深度合作区高质量发展

横琴粤澳深度合作区高度重视各节点型平台、创新型企业的活力与价值。近年来，蓝迪国际智库积极建言献策，创品牌、搭平台、链资源、落项目，助力琴澳深度合作。

一是发挥智库影响决策功能，推动政策创新。经过深入调研，完成一系列重大研究课题，助力深度合作区不断迈步开放创新前沿地带。

二是发挥平台资源整合功能，推动打造品牌。成功打造粤澳深度合作区"十字门金融周"会议品牌，为横琴金融创新服务实体经济，打造一流金融营商环境提供新动能，成为粤澳金融亮丽的名片；持续支持 BEYOND 国际科技创新博览会，推动打造国际顶级年度科技盛会。

三是发挥创新企业服务功能，丰富产业生态。蓝迪平台持续发掘、培育、推介第四次产业革命浪潮中涌现的数字化、智能化、绿色化先进技术与创新企业，已汇聚了 500 余家产业链条节点企业、"隐形冠军"企业。围绕深度合作区科技研发和高端制造产业、中医药等澳门品牌工业、文旅会展商贸产业、现代金融产业四大产业布局，积极通过产业对接会、科创大赛等方式，推动平台企业在深度合作区投资兴业。

四是发挥企业全球推介功能，促进内外联动。助力企业更好适应国际标准，更快拓展国内、国外市场。通过上合组织经贸合作、"一带一路"倡议、RCEP、市长联盟等机制，加强国际合作交流，推动企业"请进来""走出去"。蓝迪国际智库在横琴粤澳深度合作区的一系列合作成果表明，这里机制创新、人才丰富、运转高效，为新形势下，新经济、新模式、新业态的落地发展提供了良好保障。

十三、会议报告
《陆海联动推动"一带一路"新十年构建新格局》

2023年5月17日,蓝迪国际智库在2023"一带一路"陆海联动发展论坛上发表题为《陆海联动推动"一带一路"新十年构建新格局》的主旨报告,报告要点如下。

(一)中国式现代化指引"一带一路"高质量发展

指针拨回到"一带一路"倡议提出的2013年,世界多极化、经济全球化稳步发展;中美"庄园会晤",新型大国关系方兴未艾。

今时不同往日,3年疫情对全球性流通性的阻隔,俄乌冲突对产业链供应链的破坏,中美关系向脱钩化、对抗化徘徊,全球和平赤字、发展赤字、安全赤字、治理赤字仍在加剧,这些都给"一带一路"建设带来切实的挑战。

人间正道是沧桑。中国坚持对外开放基本国策,奉行互利共赢开放战略。2023年初,我国同菲律宾、土库曼斯坦共建"一带一路"谅解备忘录的签订;全球超过3/4的国家、1/3的国际组织对"一带一路"的积极参与;10年拉动近万亿美元投资规模,创造42万个沿线国家工作岗位,推动近4000万人摆脱贫困的骄人成就,如铁一般的事实说明,中国发起、各方共建、世界共享的"一带一路"倡议,已成为深受欢迎的国际公共产品、不可或缺的国际合作平台。

党的二十大胜利召开,指引了以中国式现代化维护世界和平与发展的清晰方向。"一带一路"拓展了中国式现代化的外部发展空间,中国式现代化丰富了沿线国家走向现代化的路径选择。中国式现代化和"一带一路"高质量发展目标相同、本质相同、标准相同,将相互促进,助力中国改革开放步入新阶段,加速"中国梦"和"世界梦"有机融合。中国式现代化,成为推动"一带一路"更大范围、更高水平、更深层次发展的关键动能。中国式现代化超大规模、共同富裕、文明协调、生态和谐、和平发展五大特征,为"一带一路"新十年发展提供方法指引。

推动高质量建设"一带一路"需要从以下五个方面着手。

一是突出深化互联互通的底座效应。坚持数字化、绿色化、国际化发展。推动基础设施从物理联通到数字互联,发展数字经济;始终坚持"一带一路"

的绿色底色，发展绿色经济；强化国际标准一致性，重视参与更多国际标准的制修订工作。

二是突出发挥企业主体的积极作用。企业是"一带一路"建设的主体，实现内外联动与对接的生力军。要激励引导跨国公司、国际金融机构，包括港澳企业，积极参与共建，推动建设和投融资的多元化、国际化；要为企业"走出去""请进来"提供相应的金融支持、风险规避、渠道畅通保障。

三是突出放大青年人才的时代作用。新十年，青年人才在第四次产业革命科技成果转化应用、国际青年人才对话合作、新模式新业态新经济的创造等方面将发挥越来越重要的作用。如何会集各国的青年人才理解中国、共建"一带一路"，意义重大。

四是突出应用社会组织的协调功能。国际智库等社会组织可发挥综合协调功能，根据不同地区独有的经济文化资源，促进常态化国际文化交流活动，促进政府、组织、企业之间的交流合作，深入推进不同国家、不同地区、不同文明之间的交流互鉴。

五是突出强调和平发展的战略思路。不管国际风云如何变幻，作为公共产品，要坚定不移、扩大传播"一带一路"和平发展理念，包容、合作、创新，让每个国家和每个人都拥有平等发展的机会，让"一带一路"事业成为全人类共同的事业。

（二）陆海联动推动"一带一路"新十年构建新格局

1. 陆海联动做实"一带一路"高水平开放

"陆海内外联动、东西双向互济"。陆海联动，是"一带一路"倡议的题中之义，也是"一带一路"走深走实的必由之路。

一是陆海联运构建了立体交通网络。其已不再是单独的铁路或货运，而是成为"海、陆、空、铁"多式联运的立体网络。

二是陆海联运加速了区域贸易发展。推动中国—东盟贸易投资、金融、产业合作与人文深度交流；推动放大 RCEP 效能，促进 RCEP 进一步连接中国西部、中南半岛、亚欧大陆腹地的广阔市场。

三是陆海联运重塑了地缘经济格局。从国内看，陆海联运让我国东部的开放前沿优势与中西部的广阔经济腹地、运输成本优势相互协调，推动各省互为对外开放的前沿与后方，东西发展更为平衡；从全球看，陆海联动促进我国超大规模内需市场与国际市场高效链接，加快构建国内国际双循环，促进形成"海权""陆权"均衡发展的国际格局。

2. 西部陆海新通道建设是陆海联动的典型示范

西部陆海新通道是我国着眼构建区域发展和对外开放新格局作出的重大战略部署。2019年《西部陆海新通道总体规划》和2021年《"十四五"推进西部陆海新通道高质量建设实施方案》指明其四大战略定位：推进西部大开发形成新格局的战略通道、连接"一带"和"一路"的陆海联动通道、支撑西部地区参与国际经济合作的陆海贸易通道、促进交通物流经济深度融合的综合运输通道。

西部陆海新通道自2018年启动以来，已形成3条主干线，13个国内省市、5个东盟国家共同推进的新格局，成为共建"一带一路"中发展最迅速的经济大通道、开放新高地之一。

3. 重庆在共建"一带一路"中发挥枢纽型头部城市作用

西部陆海新通道缘起于中国、新加坡共建中新重庆战略互联互通示范项目，重庆也是陆海新通道建设合作工作机制秘书处所在地。向东，通过长江黄金水道出海；向西，中欧班列直达欧洲；向南，陆海新通道通达新加坡等东南亚国家；向北，渝满俄班列直达俄罗斯。重庆在陆海联通发展中肩负枢纽型头部城市重要使命。

重庆充分发挥地处"一带一路"与长江经济带"Y"形大通道连接点的地理优势，广阔内陆腹地、密集交通网络的区位优势，电子信息、汽车等现代制造业集群的产业优势，积极作为，拓展物流通道，加强省际协作，以及增强金融结算、智能通关、数据应用等服务保障，勇担创新重任，逐步走向"C位"。

陆海联动的重庆实践证明，在中国式现代化的指引下，"一带一路"走深走实、开发开放的创新之路将永不止步。

十四、会议报告《集众力，谋发展，激活"金砖+"潜力》

2023年11月1日，蓝迪国际智库在首届"全球南方"智库对话会全体大会上发表题为《集众力，谋发展，激活"金砖+"潜力》的主旨报告。报告要点如下。

(一)聚焦"全球南方"的重要意义

在刚刚圆满落幕的第三届"一带一路"国际合作高峰论坛上,我们可以看到各国对践行真正的多边主义深表认可,对走向共同发展繁荣凝聚共识。会上形成了丰硕的成果清单,展现出全球携手合作发展的强大动力与潜力。

其中,新兴市场国家和发展中国家的影响力和贡献率不断扩大,正在从根本上改变世界格局。一是其代表全球绝大多数人口,在资源储备、GDP等方面占比较大;二是过去20年其对世界经济增长的贡献率高达80%,为世界发展注入新动力;三是新兴市场国家和发展中国家越发团结自强,谋求发展的诉求愈益坚定。

"金砖+"模式作为新兴市场国家和发展中国家合作的重要途径,凝聚了各国力量,是推动"全球南方"进一步合作发展、携手推进现代化的重要实践。在这里,我们看到了金砖国家智库合作中方理事会自成立以来,在加强各国智库开展研究与交流,推动新兴市场国家和发展中国家等方面的积极贡献。

在这里,我想和大家分享"金砖+"强调的两个概念:"全球"与"南方"。这里的"南方",不是地理意义上的,而是从全球发展状况出发来讲的。我们能在"全球南方",特别是在新兴市场国家和发展中国家确定共享的价值观、目标和认同感是非常重要的。一是整个世界格局正在发生巨大的变化,二是新兴市场国家和发展中国家不仅要发挥在人口、经济发展总量上的作用,更重要的是要在整个发展过程中体现它的存在,反映它的诉求和推动整个国际公共秩序的建立。

(二)"金砖+"合作机制走向成熟

2010年,南非加入金砖国家,2023年8月,沙特、埃及、阿联酋、阿根廷、伊朗、埃塞俄比亚六国成为金砖大家庭成员。历史性扩员展现出"金砖"的强大生命力和感召力,金砖合作逐渐走向成熟。

1. 金砖国家存在的机遇

金砖国家在加强国际合作、推动现代化发展和参与多边治理方面展现出巨大合力,迸发出无限潜力。

一是"金砖+"合作机制将进一步深化新兴经济体合作,推动高质量发展。金砖国家贸易结构存在互补性,越来越多的新兴市场国家和发展中国家加入,将开启更广泛的经贸交流与合作,发挥各国的经济特色和资源优势。一方面是农业、人力资源、制造业、金融等领域的原有合作具有进一步深入的空间，另一方面则是在能源合作、可持续发展、科技创新方面展现出新的巨大发展潜力。

二是"金砖+"合作机制下，发展中国家的发展诉求与问题将得到更好的反馈与解决。发展是第一要务，"全球南方"国家虽然处在不同的发展阶段，但面临诸多相似的发展难题与任务。汇集发展中国家最大公约数，金砖国家推进现代化的脚步将进一步加快，并在推动全球治理体系渐进式改革方面产生重大影响，为人类面临的共同挑战贡献力量。

三是"金砖"在推动构建更加公正的国际秩序上将发出更大声音。随着越来越多的新兴市场国家和发展中国家加入"金砖"，其在推动世界多极化发展、扩大"全球南方"的国际话语权与构建新型国际秩序上发挥的作用将更加明显。

2. 金砖国家面临的挑战

随着成员国的扩充与影响力的扩大，"金砖+"合作释放了进一步升级的空间，然而合作落地与真正产生增效仍面临一系列挑战。

一是国际环境与外部风险对金砖国家合作带来的冲击。一方面，国际局势变幻莫测，对金砖国家成员国内部经济发展与社会稳定制造压力，也为国家间务实合作增添不确定性；另一方面，一些西方国家的经济制裁和对金砖国家合作的污名化为合作增添阻碍。

二是金砖国家内部一致性与协同性欠缺。尽管成员国间有相似的需求，但在发展阶段、发展水平、合作层级、制度体系、历史文化等方面存在差异，成员国的增加将进一步加大内部协调的难度。同时，在外交、政治方面存在的分歧与摩擦和 G7 集团对金砖国家机制的干扰与分化，为合作增添难度。成员国扩增后，如何更好实现合作增效，是一大关键挑战。

（三）"金砖+"的下一步发展

回看金砖国家的发展轨迹，不难发现"金砖+"合作机制的启动与完善是历史大势所向，是人类社会内生发展的需求所驱。2001 年，美国高盛经济学家吉姆·奥尼尔发现了世界新兴经济体的潜力，提出了金砖国家（BRIC）的新概念；尔后，2008 年的全球金融危机催化了"金砖"机制的启动；再到 2010 年南非加入与 2023 年的再度扩员。越是在世界动荡、各国发展遇到困境与瓶颈的时候，"金砖+"合作机制越具有价值，世界广大新兴市场国家与发展中国家越应携手共同攻克难题，以开放包容的心态走合作共赢之道。

应对当前各国面临的发展难题以及未来如何应对可持续发展,我们建议从全球安全倡议、全球发展倡议和全球文明倡议三大全球倡议出发来理解。这三大倡议充分体现了"金砖+"合作的基本思想与理念,是合作的基础性文件。在具体实践层面,我们认为"一带一路"倡议所提出的"共商共建共享"原则不仅适用于"一带一路"国家,而且适用于新兴市场国家和发展中国家。这是马克思主义的初衷,也是我们共同的愿景,让我们共同为实现这一全球人类命运共同体的愿景而努力。"金砖"将会对世界新格局和新力量的形成产生重要和巨大的作用,极大地推进科技革命。

"金砖+"合作机制走到今天,影响力不断扩大,越来越多的国家申请加入,这意味着我们正在正确的道路上前行。"志合者,不以山海为远",看到不同民族、不同文化的发展中国家聚在一起,携手前行,恰恰说明这样的合作机制是不可或缺的。推动多边主义与和平发展是"全球南方"国家的共同期望,更是广大发展中国家人民的心声。

十五、会议报告《和合共生,共探世界现代化之路》

2023 年 12 月 1 日,蓝迪国际智库在中联部 2023 "看中国 听世界"论坛上发表题为《和合共生,共探世界现代化之路》的主旨报告。报告要点如下。

(一)推进现代化与共建"一带一路"正处在关键期

2013 年,我国提出共建"一带一路"倡议,时至今日,我们看到"一带一路"倡议在推动经贸合作、加强全球全方位互联互通、提升发展中国家影响力等多方面取得了显著成效,为中国和世界的发展作出重要贡献。

当前国际局势变幻莫测,局部冲突与战争加剧紧张局势,全球经济复苏障碍重重,多国大选在即,机遇与挑战错乱交织。然而,越是在这种时候,越需要各国携手合作:气候变化、能源安全、可持续发展、数字治理等全球性共识议题已经十分凸显,各国追求现代化发展的共同诉求越发清晰。中国式现代化取得的成果为"一带一路"建设和沿线国家发展提供了诸多经验,"一带一路"建设也为中国式现代化的实践提供了进一步完善和发展的空间。两者相辅相成,真实反映了广大人民对美好生活的共同期待,共同指向人类命运共同体,是非常宝贵的财富。

（二）从中国学视角理解"一带一路"的独特性

过去10年，"一带一路"倡议取得的重要成果之一就是为国际合作和全球治理提供了范式创新，让新兴市场国家和发展中国家的诉求获得更多响应与反馈，也为近年来许多新兴的国际合作构想提供了经验。10年探索，参与"一带一路"建设的国家越来越多，"一带一路"展现了其独特性，有创新、有务实合作、有韧性，而这离不开其中蕴含的中国文化、历史与哲学智慧。理解这一点，是"一带一路"充分激活优势与潜力，走好下一个10年的关键。

"一带一路"因何不同，核心是其中蕴含的中华优秀传统文化——"和合之道"。一是以和为贵。"一带一路"一直以来追求的都是和平、和睦、和谐的发展之道，这是世界各国的期望，尤其是在地区冲突加剧的当下。二是和而不同。认识和尊重差异，尊重不同国情，从各国真实需求出发，以问题和结果为导向，为现代化发展的模式提供了更多可能，使沿线国家可以克服各种阻力不断深入交流，促成务实合作。三是兼容并蓄。无论是不断完善和探索的中国式现代化道路，还是从古丝绸之路延续至今的"一带一路"都不是一成不变、至善至美的，而是一直在发展的，其中汇集了世界智慧与力量。因此，"一带一路"真正为志同道合的伙伴提供了能贡献力量、发挥所长的平台，奠定了合作共赢的主旋律。

（三）看中国与听世界

1. 如何"看中国"

中国的成功值得智库进行思考。以深圳为例，40多年走过了西方世界300~500年的历程，这是战略管理的成功。中国从1978年明确了现代化的方向，不仅是物质条件的现代化，代表最先进的生产力，也是文化层面的。中国不同于某些发达国家，形成了有利于个人、家庭、国家、全人类的价值取向，这是非常重要的。中国在战略方向上确定的最先进的生产力，在文化方面确定的有利于人类发展的价值取向和最广大人民群众的利益代表，是其取得成功的最重要的战略经验。

通过实践，中国的现代化成了一个实践标准。中国式现代化是人口规模巨大，是全体人民共同富裕，是物质文明和精神文明相协调，也是人与自然和谐共生，更是走和平发展道路的现代化。现在我们走向全球化，最重要的就是尊重各国的不同特征，和大家共商、共建、共同解决问题。

深圳是"看中国"现代化发展的重要范式，这一范式体现了后发国家的追赶。抓住发展才是硬道理，其中，科技先导和新型城镇化都是范式所展现出的非常好的实践。因此，如何"看中国"，看待很多中国的成就，我认为战略管理的成功是我们取得成功最重要的要素。

2. 如何"听世界"

"听世界"最重要的是让整个世界的声音，特别是主流的声音，能够很好地在这个平台上被发掘出来。伊拉克前总理伊亚德·阿拉维在发言中强调了"一带一路"是一套综合性的理论，其帮助"一带一路"国家应对挑战，并且实现了物质和精神的整合。泰国的蓬拉军原议长所提到的应该在中国发展的过程中加深国家间的了解，特别是对中国在科技方面的贡献，在战略投资和新兴领域中的作用。白俄罗斯代表团明确提出加强中青年领导层的培训是非常值得的，不仅可以让他们进一步了解中国，而且会在全球化的进程中对国别研究产生重大的影响。

因此应该如何做？可以凝练为"共商共建共享"六个字。共建"一带一路"包含的中国文化与智慧最终汇集形成了"共商共建共享"理念。这一理念至关重要，它可以将"一带一路"倡议的特点和优势最大化。具体而言，"共商"指的是各个国家根据自身的国情来进行交流互鉴，要坚持人民至上和创新驱动；"共建"应根据各个国家的需要，就像中国过去的经验，考虑什么东西对国家发展生产力和文化最有效、对人民群众利益最有用；"共享"应包括一切发展成果，包括政治、经济、文化、生态等的发展和成功经验，包括世界一切的创新成就。

同时，"共商共建共享"不应仅用于"一带一路"国家，同样适用于新兴市场国家和发展中国家，适用于亚投行、上合组织、金砖国家等多边机制，适用于三大全球倡议，融入并引领全球治理。

"看中国 听世界"就是要让世界各国之间的连接更加紧密，加强文明交流互鉴，深化各领域合作，让经验与智慧从中国到世界、从世界到中国。要让更多发展中国家的声音被世界听到，让世界广大人民的心声与诉求在现代化发展与高质量共建"一带一路"中得到响应。

蓝迪国际智库将在"一带一路"智库合作联盟这一实干型、应用型、平台型机构的组织下，继续发挥对决策、对社会以及对国际的影响力，开展"一带一路"政策性、前瞻性研究，增进中国与沿线国家的政策沟通和经验交流，发掘、培育、推介创新技术，帮助先进企业"请进来"和"走出去"，助力各方将"共商共建共享"原则落到实处。

第六章　平台机构　蓝迪国际智库合作机构

一、指导机构

（一）国家发展改革委推进"一带一路"建设工作领导小组

"一带一路"建设是一项宏大系统工程，涉及面广、跨越时间长、建设任务重，需要加强组织和领导，统筹做好对内、对外两方面工作。为此，中国政府成立了推进"一带一路"建设工作领导小组，指导和协调推进"一带一路"建设。领导小组由相关国家领导人担任组长，领导小组办公室设在国家发展改革委。目前，国家发展改革委主任郑栅洁任推进"一带一路"建设工作领导小组办公室主任。

蓝迪国际智库项目于 2015 年在国家发展改革委、财政部指导和支持下启动，八年来与国家发展改革委国际合作司、推进"一带一路"建设工作领导小组办公室围绕"一带一路"倡议，在研究报告、国际合作、会议组织等领域建立起了沟通对接机制，实现了信息互通与协调联动。

蓝迪国际智库在"一带一路"建设工作领导小组的指导下就以下三个方面展开深入合作。一是双方就涉及"一带一路"倡议、中巴经济走廊建设、国际政治经济局势等国际热点议题，联合开展重大国家课题项目研究。中国社会科学院"一带一路"国际智库、蓝迪国际智库将发挥自身联系政、产、学、研，便于信息沟通和思路引导的优势，积极咨政建言，实现理论创新。二是双方坚持商业化和市场化导向，就瓜达尔港招商引资、高端装配制造、农业、医疗、住房等重点领域，开展深度调研和项目推介，引导和助推优秀的中巴企业共同参与走廊建设。三是双方联合为中巴产业、企业对接合作搭建桥梁和平台。进一步探索政府、市场、社会、智库相结合的服务模式，携手促进中巴经济社会发展，强化双边互信合作关系，提升中巴合作承载能力和配合能力。

（二）中联部金砖国家智库合作中方理事会

为更好地整合国内研究力量，服务金砖国家合作，发挥中方在推动金砖国家智库合作中的作用，2017年，中共中央对外联络部作为金砖国家智库合作的牵头单位，联合国内高校、研究机构以及企事业单位成立了金砖国家智库合作中方理事会，主要负责并参与金砖国家合作框架下的学术和智库对话交流与合作。金砖国家智库合作中方理事会本质上属于非法人社会团体，是一种开放的工作机制和平台。

目前，金砖国家智库合作中方理事会拥有88名理事、90家理事单位，其中既有官方智库，也有民间智库，研究方向覆盖了政治安全、贸易金融、教育文化、医药卫生、网络科技等金砖国家合作涉及的主要领域。理事长由中共中央对外联络部郭业洲副部长担任，副理事长分别由国家开发银行、中国人民大学、北京师范大学、对外经贸大学、中国传媒大学、北京第二外国语学院、华东政法大学、上海外国语大学、四川外国语大学、天津科技大学、广东工业大学、河海大学、山东财经大学、山东建筑大学等单位有关负责同志担任。

2017年，《金砖国家领导人厦门宣言》第66条提出设立"金砖国家研究与交流基金"。该基金的筹建和运作由金砖国家智库合作中方理事会负责，主要服务国内智库参与金砖国家智库合作，推动金砖国家学界交流。金砖国家智库合作中方理事会成立以来，主动响应金砖国家领导人达成的"金砖+"共识，不仅同金砖各国智库开展联合研究与学术交流，而且致力于同其他新兴市场国家和发展中国家智库进行交流合作，把参与和促进新型"南南合作"作为工作的主要方向和重要内容。未来，金砖国家智库合作中方理事会将继续秉持"开放包容、合作共赢"的金砖精神，继续敞开大门，吸纳新的国内智库和学者成为理事单位和理事，共同为深化金砖国家合作和推动新型"南南合作"作出贡献。

2023年11月初，以"全球南方：携手推进现代化"为主题的全球南方智库对话会在厦门开幕。十二届全国人大外事委员会副主任委员、蓝迪国际智库专家委员会主席赵白鸽应邀出席全球南方智库对话会暨金砖国家智库合作中方理事会年会系列活动。蓝迪国际智库秘书长马融一同参会。来自巴西、俄罗斯、印度、南非等50多个新兴市场和发展中国家各领域代表等300余人现场参会。

与会外宾表示愿携手落实三大全球倡议，并指出作为"全球南方"的重要一员，中国的"一带一路"倡议为世界发展注入了强劲动力，中国在现代化进程中的独特路径为发展中国家，尤其是南方国家，提供了重要的经验和参考模式。外宾愿与中国一道协力推进人类命运共同体建设，在全球治理中发挥积极作用。

在 2023 年 11 月 1 日进行的金砖国家智库合作中方理事会理事长会议上，蓝迪国际智库当选为金砖国家智库合作中方理事会共同理事长单位，赵白鸽担任中方理事会共同理事长。

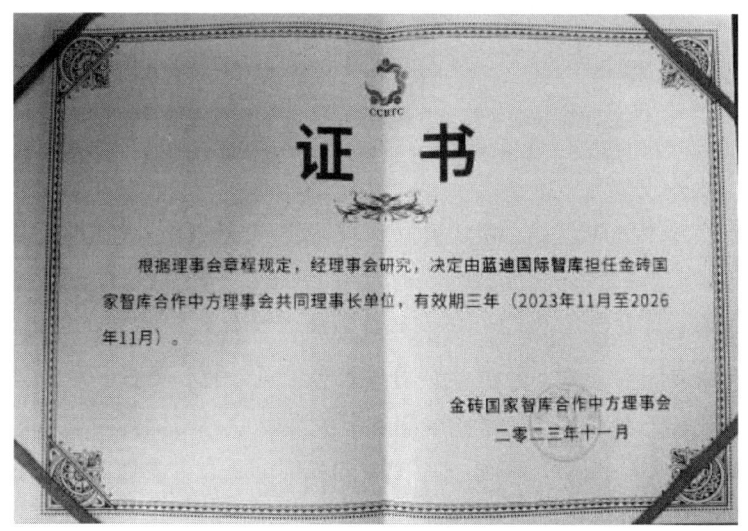

2023 年蓝迪国际智库担任金砖国家智库合作理事会共同理事长单位。

赵白鸽出席理事会年会并发表主旨演讲，指出"金砖+"模式是推动"全球南方"进一步合作发展、携手推进现代化的重要实践，凝聚了各国力量，是新兴经济体和发展中国家合作的重要渠道。赵白鸽呼吁，基于三大全球倡议及"共商共建共享"的原则，与会嘉宾应以相互尊重、相互合作的态度"共商"；在政治、经济、社会、文化和生态等各领域"共建"；遵循文明倡议所倡导的模式全方位开展"共享"；以每一个体和国家的自由、平等而全面发展为目标，全面推动全球人类命运共同体建设。

（三）中联部"一带一路"智库合作联盟

当代世界研究中心（以下简称当研中心）成立于 2010 年 8 月，是中共中央对外联络部直属智库，履行"一带一路"智库合作联盟（以下简称智库联

赵白鸽在 2023 首届全球南方智库对话会全体大会上发表主旨讲话
深度阐述"全球南方"重要意义。

盟)理事会秘书处职能,主要从事世界政党政治等国际比较研究,长期关注"一带一路"倡议等重大议题。

当研中心设有理事会,中共中央对外联络部副部长陈洲任理事会主席。中心拥有众多国际关系、经济学、国际法等领域专家,聘任具有国际影响力的国内外政要、专家学者为特约顾问和研究员。中心与国内主要研究机构和高等院校保持密切合作,与 40 多个国家和地区的 160 多家智库及研究机构开展交流与合作。

2015 年 4 月,当研中心牵头成立智库联盟,联合 141 家国内与 122 家"一带一路"沿线各国权威智库,构建"一带一路"国际智库合作网络。聘请波黑部长会议前主席兹拉特科·拉古姆季亚,埃及前总理伊萨姆·沙拉夫,法国前总理多米尼克·德维尔潘,社会党国际主席、希腊前总理乔治·帕潘德里欧,印度尼西亚前国会议长、总统顾问委员会成员阿贡·拉克索诺,伊朗前副总统哈桑·加福里法尔德,伊拉克前总理伊亚德·阿拉维,意大利前总理马西莫·达莱马,马达加斯加前总理、前国家元首拉齐拉胡纳纳·诺尔贝尔·拉拉,蒙古国前总理林·阿玛尔扎尔格勒,斯洛文尼亚前总统达尼洛·图尔克,坦桑尼亚前总理米曾戈·平达,泰国前国会主席颇钦·蓬拉军等组成智库联盟国际顾问委员会,成立"中蒙俄经济走廊""新亚欧大陆桥经济走廊""中国—中亚—西亚经济走廊""中国—中南半岛经济走廊""中巴经济走廊""孟中印缅经济走廊""澜沧江湄公河合作机制""海上丝绸之路"

八大走廊分支智库网络，领衔"一带一路"专项研究，搭建"一带一路"学界交流平台，助力"一带一路"民心相通。当研中心每年联合国内外成员单位举办"一带一路"相关主题会议，组织人员赴"一带一路"沿线国家实地考察调研，深入了解"一带一路"建设实况，积极与中外学界深入交流合作，凝聚共建"一带一路"共识。

自2017年2月入选智库联盟理事会，成为其重要的理事成员之一以来，中国社会科学院"一带一路"国际智库、蓝迪国际智库在智库研究、国际合作以及促进"一带一路"建设等方面开展了大量工作，并一直致力于推动新科技产业在"一带一路"沿线国家和地区的发展。2019年12月26日，中国社会科学院"一带一路"国际智库、蓝迪国际智库因出色举办中哈共建"一带一路"国际高级研修班而获得了智库联盟理事会评选出的年度优秀理事单位"品牌活动奖"。

2021年1月13日，中联部当研中心负责人一行到中国社会科学院"一带一路"国际智库、蓝迪国际智库调研交流。双方交流了各自平台机构的发展情况以及未来发展规划，并就未来中联部与蓝迪国际智库合作的具体方向、中国的对外宣传政策、智库发展思路等内容进行了深入探讨。

赵白鸽主任表示，在智库建设工作中，中联部当研中心给予了中国社会科学院"一带一路"国际智库、蓝迪国际智库重要的指导和支持，作为中联部智库联盟理事单位，我们将积极践行责任使命，落实指导方针。2020年在中联部当研中心指导下举办的后疫情时代中巴合作的新机遇与挑战云端论坛、疫情防控与国家治理比较研究国际学术研讨会获得了国内外的高度评价与积极影响。

2021年5月27日，经中央批准，中共中央对外联络部以视频会议方式举行世界马克思主义政党理论研讨会。中共中央总书记、国家主席习近平向研讨会致贺信，老挝人民革命党中央总书记通伦等多国政党领导人通过书面或视频方式致贺。来自48个国家和地区的马克思主义政党领导人、中央和国家机关有关部门及高校负责同志，以及智库学者共约200人参加。会议主题为"当代马克思主义实践发展和理论创新"，主要讨论了"以人民为中心与摆脱贫困""新发展理念与高质量发展""'一带一路'合作与人类命运共同体"等议题。中联部智库联盟理事单位中国社会科学院"一带一路"国际智库、蓝迪国际智库受邀出席，并邀请战略合作伙伴——中国基本建设优化研究会参加研讨会。

为携手巩固加强世界政经研究、国际智库交往，助推"一带一路"倡议高质量发展，2023年2月14日，十二届全国人大外事委员会副主任委员、蓝迪国际智库专家委员会主席赵白鸽一行赴中联部当研中心调研交流。双方深入交流各自平台的发展成果与未来规划，沟通新年度合作的重点项目、区域、活动、课题，并围绕"一带一路"倡议10周年、智库联盟升级扩员等议题展开热烈讨论。

2023年2月14日，蓝迪国际智库专家委员会一行赴中联部当代世界研究中心调研座谈。

2023年12月，蓝迪国际智库作为智库联盟理事单位，应邀参加了中联部2023"看中国 听世界"论坛。十二届全国人大外事委员会副主任委员、蓝迪国际智库专家委员会主席赵白鸽出席全体会议并作主旨演讲，围绕"看中国 听世界"论坛主旨，从如何看待中国、如何倾听世界及如何采取下一步行动三个方面进行了主题发言阐释。

2023年12月1日，赵白鸽在2023"看中国 听世界"论坛上发表演讲。

（四）中国人民政治协商会议全国委员会民族和宗教委员会

中国人民政治协商会议全国委员会民族和宗教委员会（以下简称民宗委）是中国人民政治协商会议全国委员会设置的专门委员会之一，负责组织委员就民族、宗教方面的问题开展调研及其他活动。

民宗委是中国宗教界和平委员会的业务主管单位，根据《中国人民政治协商会议章程》以及全国委员会全体会议和常务委员会提出的相关任务开展工作。在常务委员会和主席会议领导下，围绕团结、民主两大主题，组织委员就民族、宗教方面的问题开展调研及其他活动。主要任务是学习、宣传和贯彻中国特色社会主义理论和宣传国家有关改革开放的方针政策；密切联系少数民族、宗教界委员和代表人士，听取和反映他们的意见和建议；组织本委员会委员调查了解国家的民族宗教政策的贯彻执行情况，对民族宗教工作方面的重要问题进行调查研究，提出意见和建议；加强与国家民族宗教部门的联系；发挥民族宗教界人士在促进祖国统一、维护世界和平事业中的作用。

为落实好汪洋主席关于"建立富有政协特色的应用型智库"的指示精神，进一步探索实践政协应用型智库建设，做好政协民族宗教工作，提高政协履职工作水平、扩大人民政协的影响力，促进"一带一路"建设与发展，更好地为国家发展大局服务，2019年7月，民宗委与蓝迪国际智库正式签署为战略合作伙伴关系。2019—2021年，双方围绕公共外交、文化互鉴、提升国家软实力等重要议题，多次召开工作对接会议，并达成合作共识：一是专项调研"一带一路"国家，推动宗教公共外交，促进不同宗教之间的多元共存与和平包容；二是就"一带一路"共建国家和地区的民族、宗教问题形成高水准的研究报告和国别分析；三是组织"政协宗教文化论坛"和"民族与宗教文化研讨会"，集聚多方智慧共同探讨"一带一路"共建国家和地区处理民族宗教问题的做法和经验，为做好我国民族宗教工作提供借鉴。

2021年12月3—4日，全国宗教工作会议在北京召开。中共中央总书记、国家主席、中央军委主席习近平出席会议并发表重要讲话。继2016年后，时隔5年再次召开全国宗教工作会议，充分体现了以习近平同志为核心的党中央对宗教工作的高度重视。2021年12月20日，受民宗委杨小波主任邀请，十二届全国人大外事委员会副主任委员、蓝迪国际智库专家委员会主席赵白鸽，中国社会科学院"一带一路"研究中心副主任、中国俄罗斯东欧中亚学会秘书长王晓泉赴全国政协参与宗教问题深度座谈，并就伊斯兰教和佛教问题分享意见建议。双方在2022年1月召开研讨会，共同探讨了伊斯兰国家与阿富汗塔利班政权的关系，进而分析阿富汗塔利班政权的内外政策走向及对中国战略利益的影响。

未来，中国社会科学院"一带一路"国际智库、蓝迪国际智库将与全国政协民宗委注重围绕中心、服务大局，针对国家和地方经济社会发展以及民族宗教领域重点、难点问题，做务实调研，献发展良策，谋可行之计。始终聚焦铸牢中华民族共同体意识，坚持我国宗教中国化方向、积极引导宗教与社会主义社会相适应，选择不同的角度和切入点开展深入调研和协商，形成一批咨政建言成果。

（五）中国社会科学院

中国社会科学院是中国哲学社会科学研究的最高学术机构和综合研究中心，是党中央、国务院重要的思想库和智囊团。建院前的中国科学院哲学社会科学学部有经济研究所、哲学研究所、世界宗教研究所、考古研究所、历史研究所、近代史研究所、世界历史研究所、文学研究所、外国文学研究所、语言研究所、法学研究所、民族研究所、世界经济研究所和情报资料研究室14个研究单位，总人数2200多人。中国社会科学院以学科齐全，人才集中，资料丰富的优势，在中国改革开放和现代化建设的进程中，进行创造性的理论探索和政策研究，肩负着从整体上提高中国人文社会科学水平的使命。

2015年，中国社会科学院党组研究决定启动蓝迪国际智库项目，依托国家级智库中国社会科学院雄厚的学术资源以及创新成果为蓝迪国际智库的发展提供支撑；为共建"一带一路"发展提供智力支持，蓝迪国际智库项目为期3年，于2017年底圆满结项。

在蓝迪国际智库项目前期的系统筹备和取得丰硕成果的基础上，2017年5月，经中国社会科学院党组研究决定正式成立中国社会科学院"一带一路"国际智库，隶属中国社会科学院亚太与全球战略研究院管理执行。该项目获得了国家发展改革委、财政部、工信部等国家部委的支持。

2018年5月，中国社会科学院"一带一路"国际智库启动会在京召开。至此，由中国社会科学院"一带一路"国际智库、蓝迪国际智库联合形成的国家级智库创新平台，始终在中国社会科学院党组、"一带一路"国际智库理事会、蓝迪国际智库理事会的领导下,在承接国家部委重要课题、服务区域经济发展、扩大机构合作网络、加强与国家部委的协调联动、助力智慧城市建设、开展"一带一路"国际合作、开展智库研究等方面积极探索。

中国社会科学院丰富、优质的学术资源,社会资源和国际资源为蓝迪国际智库的成功孕育和跨越式发展奠定了坚实的基础。依托中国社会科学院各研究所、研究中心和专家团队的专业力量,蓝迪国际智库不断在智库研究工作和国际会议平台上实现新突破,获得新发展,取得新成就。

在智库研究方面,中国社会科学院积极推动前瞻性与现实性、战略性与政策性、综合性与专题性的重大课题研究,加强基础理论研究,注重将研究成果转化为具有现实操作意义的政策建议,提高研究成果的应用价值大课题。在服务区域经济发展方面,中国社会科学院积极发挥高端智库在助力地方经济社会发展中的智力支撑作用,为地方发展创新思想、集聚智慧、储备人才,着力提升我国地方政府决策的科学化、民主化和法治化水平。同时,积极开展城市综合经济研究和产业发展研究,力求为城市建设与产业发展寻求最佳解决方案。在国际合作与传播方面,中国社会科学院不断加强对外传播能力和话语体系建设,为"一带一路"的高质量发展营造良好的国际舆论环境。

蓝迪国际智库将始终积极融入中国社会科学院这一国家级"思想库"与"智囊团",充分发挥应用型智库的作用,与中国社会科学院在战略研究、学术交流、国际合作等方面进行深入合作,打造具有国际影响力的中国特色型高端智库品牌。

二、合作机构

(一)横琴粤澳深度合作区执行委员会

澳门回归祖国以来,粤澳合作取得了全面进展,合作领域逐步拓展,合作层次不断提升,合作水平显著提高。在"一国两制"框架下,粤澳合作的深度化要求进一步突破现有的制度束缚,实现粤澳合作的制度创新,追求制度互补的收益最大化和制度摩擦导致的成本最小化。为此,中央政府决定设立横琴粤澳深度合作区,为澳门经济民生的发展提供更加广阔的平台和保障,为突破粤澳合作的制度障碍提供改革试验田,也为澳门特色"一国两制"实践行稳致远注入新动力。2021年9月,中共中央、国务院颁布《横琴奥澳深度合作区建设总体方案》（以下简称《总体方案》），对澳门经济适度多元、澳门进一步融入国家发展大局以及澳门"一国两制"实践行稳致远具有深远的意义。

根据《总体方案》的要求，合作区着力建立健全粤澳"共商共建共管共享"的新体制，建立合作区开发管理机构，粤澳双方联合组建合作区管理委员会，统筹决定合作区重大规划、重大政策、重大项目和重要人事任免，组建合作区开发执行机构，管理委员会下设执行委员会，履行国际推介、招商引资、产业导入、土地开发、项目建设、民生管理等职能，做好属地管理，合作区上升为广东省管理。成立广东省委和省政府派出机构，集中精力抓好党的建设、国家安全、刑事司法、社会治安等工作，履行好属地管理职能，积极主动配合合作区管理和执行机构推进合作区开发建设。根据《总体方案》，粤澳"共商共建共管共享"的新体制涉及三个层面：一是领导层面，由中央政府成立的粤港澳大湾区建设领导小组进行领导和统筹；二是政策制定层面，由粤澳双方联合组建合作区管理委员会，实行双主任制，由广东省省长和澳门特别行政区行政长官共同担任，澳门特别行政区委派一名常务副主任，粤澳双方协商确定其他副主任；三是执行层面，在合作区管理委员会下设执行委员会，主要负责人由澳门特别行政区政府委派，广东省和珠海市派人参加，同时成立广东省委和省政府派出机构，履行属地管理职能。

习近平总书记强调要"加快横琴粤澳深度合作区建设"。《总体方案》明确横琴粤澳深度合作区实施范围为横琴岛"一线"和"二线"之间的海关监管区域，总面积约106平方千米。其中，横琴与澳门特别行政区之间设为"一线"；横琴与中华人民共和国关境内其他地区之间设为"二线"。围绕"促进澳门经济适度多元发展"这条主线，国家赋予合作区"促进澳门经济适度多元发展的新平台、便利澳门居民生活就业的新空间、丰富'一国两制'实践的新示范、推动粤港澳大湾区建设的新高地"四大核心战略定位。

合作区自挂牌成立以来，紧紧围绕《总体方案》赋予合作区的战略定位，大力发展科技研发和高端制造、中医药等澳门品牌工业、文旅会展商贸以及现代金融产业的四大新产业，与澳门"1+4"适度多元发展策略高度协同。

2023年5月，蓝迪国际智库专家委员会主席赵白鸽受邀出席合作区全球招商推介会并发表主旨演讲，9月，聘请其担任横琴粤澳深度合作区咨询委员会委员。蓝迪国际智库将积极为合作区建设发展出谋划策，围绕合作区发展需求，引荐优质企业到合作区发展；助力横琴科创大赛，组织评审专家入库，发动平台企业参赛；关注中葡平台建设，共同推动"一带一路"建设。

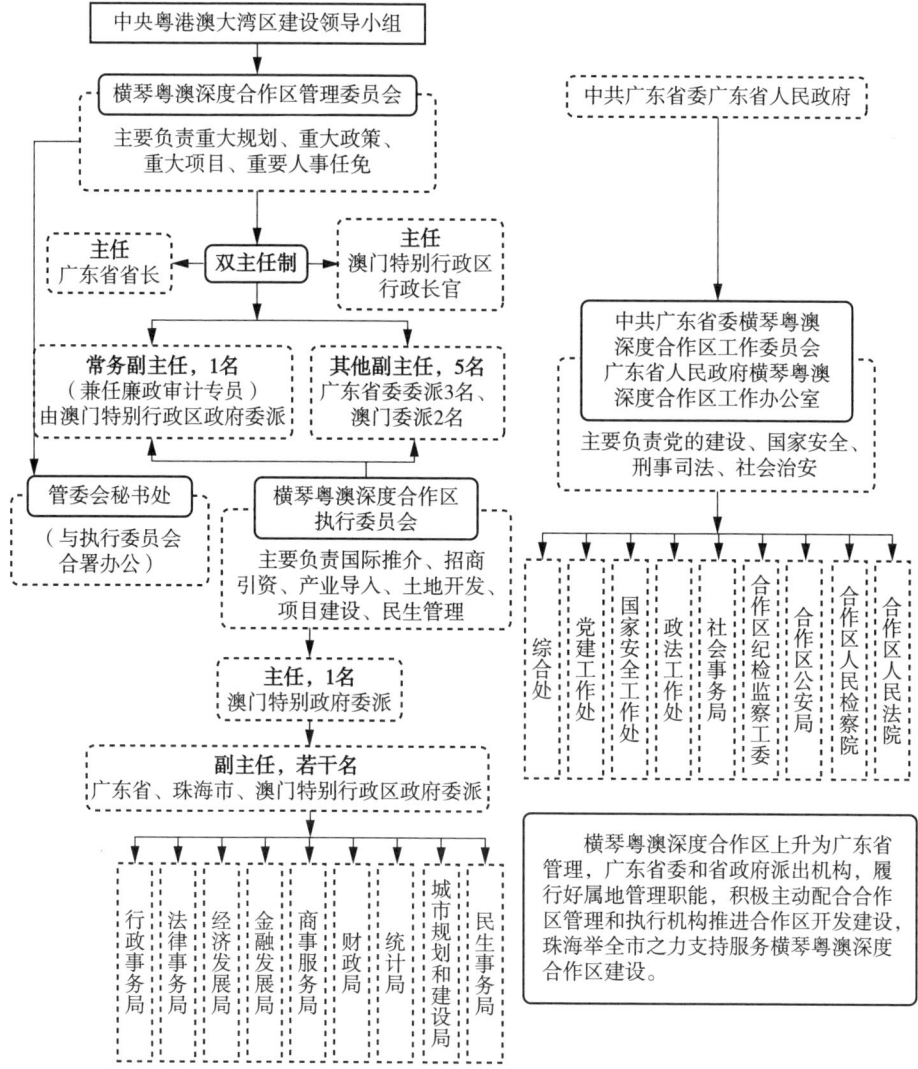

图 6-1 粤澳共商共建共管共享新体制的制度框架

2023年9月27日，蓝迪国际智库专家委员会主席赵白鸽受聘为横琴粤澳深度合作区咨询委员会委员。

（二）中国社会科学院国家高端智库理事会秘书处

中国社会科学院国家高端智库理事会系中国社会科学院国家高端智库建设的领导机构。中国社会科学院国家高端智库理事会秘书处（以下简称秘书处）系中国社会科学院国家高端智库理事会的办事机构。秘书处整合中国社会科学院全院科研力量，为党中央和国务院战略决策与政策制定提供咨询，每年完成国家高端智库理事会和中国社会科学院交办的大量研究课题，其中很多研究成果得到党中央和国务院领导的重视和批示。秘书处积极开展国际交流活动，每年组织多次重要的国际、国内会议，组织中国社会科学院权威专家赴国外知名智库交流访问、发表外文文章，宣传中国学术、中国思想、中国学派，促进中外学术互鉴。

（三）中国电子信息产业发展研究院（赛迪研究院）

中国电子信息产业发展研究院组建于2000年，是工业和信息化部直属事业单位，又称赛迪研究院。成立20多年来，赛迪研究院支撑制造强国和网络强国建设，聚焦两化融合、智能制造、数字经济、军民融合等重点领域，逐步形成了研究咨询、评测认证、科技服务、媒体会展、军工业务、产业金融六大业务布局。下设 19 个研究所及中国软件评测中心和赛迪集团等 20 余家控股企业,在重庆、广东、江苏、山东等地设有分支机构,累计为 20 余个国家部委、500 余个地方政府、5000 余个行业企业提供服务,走出了一条"政府决策支撑为主,市场机制反哺为辅"的发展改革道路。

工业和信息化部赛迪研究院院长张立出席蓝迪国际智库主办的科技研讨会。

赛迪研究院一直是中国社会科学院"一带一路"国际智库、蓝迪国际智库重要的战略合作伙伴。双方聚焦四大领域合作:一是加强交流研讨,实现优势互补。赛迪研究院的专家学者积极参与智库在青海、湘潭、苏州等省市召开的系列高层咨询会活动,助力智库在产业规划与投资咨询、企业管理顾问、电子政务咨询和市场策略咨询等领域的专业咨询服务能力,提供科技载体落地、科技产业支撑及孵化、产业 IP 资源培育及品牌塑造等专业服务与技术支持。二是共同挖掘、培育、推介人工智能、机器人、智能制造、数字经济等领域的"隐形冠军"企业。通过搭建企业交流合作的桥梁,双方聚集国内外创新企业资源,开发与推广第四次产业革命技术,为推动中国未来科技的创新发展而搭建新兴产业孵化平台。同时,双方组织了一系列"新科技产业研讨会",对第四次产业革命高新技术企业、"隐形冠军"技术进行深入调研及科学性评估,为企业提升科研能力及实现可持续发展提供了重要建议。三是加强前瞻性研究。双方在产业规划、产业转型升级、企业技术评估与战略规划、第四次产业革命技术等方面紧密地开展了联合研究,形成了《抓住机遇,超前布局,加快推进军民融合新兴技术创新突破》《5G 发展中必须面对的若干问题》等高质量报告,合力赋能政企抢先布局产业的"黄金赛道",赢得发展先机。四是组织重要信息发布。双方共同编译了《中国与国际秩序》《特朗普对阵中国:面对美国的头号威胁》《乔·拜登:生平、参选和现在重要的事》等中美关系外文书籍,将涉及中美关系等重要信息及时呈送给政府高层,从而为中美外交政策及战略决策提供智力支持。2023 年,赛迪研究院与蓝迪国际智库共同合作完成澳大利亚前总理陆克文 2022 年出版新著《可避免的战争》(The Avoidable War)的翻译工作。

未来,双方将共同聚焦地方与企业发展过程中的战略性、引领性、重大基础共性需求,突出重点领域,集中优势资源,着力解决制约产业链升级的关键瓶颈。通过开展产业规划、园区建设、招商引资、创新技术评估与认证、研究报告、专家评审、国际合作等领域的合作,帮助地方政府强化产业共性技术的支撑能力,为企业全面数字化转型护航。

(四)国家发展改革委城市和小城镇改革发展中心

国家发展改革委城市和小城镇改革发展中心是国家发展改革委直属事业单位,成立于 1998 年,主要承担城镇化、城市发展、城乡融合及相关领域的政策研究和决策咨询工作,为中共中央、国务院相关政策文件制定和规划编制提供研究支撑,为全国城市和小城镇发展提供政策咨询服务、编制各类规划,为城市间国际合作、智慧城市建设、城镇化新媒体宣传推广、文化体育交流、城市多样化融资搭建专门平台,是专注于城镇化、城市发展和城市规划问题的高端智库。

国家发展改革委城市和小城镇改革发展中心是蓝迪国际智库的紧密合作机构,近年来双方在智库研究、活动组织、技术推广、城市赋能、国际合作等领域积极开展各项合作。2018 年,在国家发展改革委城市和小城镇改革发展中心主任史育龙(时任)、国家发展改革委城市和小城镇改革发展中心学术委秘书长冯奎的指导和支持下,共同完成了《"一带一路"年度发展报告2018》。该报告既展望了"一带一路"倡导的人类命运共同体的美好愿景,也客观记述了"一带一路"亲历者和建设者的历程;既描绘了新型全球化、第四次工业革命背景下"一带一路"所带来的各种国际合作机遇,也分析了世界大变局背景下的诸多挑战,是一份高质量的智库成果,对"一带一路"发展具有重要的借鉴价值,并体现出重要的预见性和前瞻性。

2019年，双方聚焦"绿色发展"与"智慧城市"两大主题，携手推动新型智慧城市高质量与可持续发展。共同主办了以"共建绿色和智慧的未来城市"为主题的第五届中国智慧城市国际博览会、2019中欧绿色智慧城市峰会、2019广西壮族自治区开放发展高层咨询会。聚集中国及欧盟各国城市代表、专家学者、企业负责人等就绿色智慧城市的发展现状和前景，以及如何推动政企间交流合作等问题进行了深入探讨。

2020年，双方共同组织完成《"一带一路"城市合作发展研究》课题报告，该报告总结了"一带一路"沿线城市合作的优势和问题，展望了"一带一路"城市合作的愿景，并提出了要高举可持续发展的旗帜，用好城市这个最优载体，在中国国际城市发展联盟的基础上筹建"一带一路"可持续城市联盟，该报告荣获2020年度"国家发展改革委优秀研究成果奖"。

在新型全球化和第四次产业革命浪潮下，蓝迪国际智库与国家发展改革委城市和小城镇改革发展中心将为国家新型城镇化发展、城市发展战略、产业转型升级以及基本政策的制定及实施提供理论与技术支撑。宣传推介智慧城市建设优秀案例与成果，加强国内外智慧城市交流，搭建智慧城市国内外合作的重要平台。与此同时，双方将以实现"双碳"战略目标为核心，在节能环保、降碳减排等新兴技术的挖掘、推广方面紧密合作，加强"绿色生产力赋能智慧城市建设"领域的联合研究，积极推动国内外优秀企业广泛参与绿色智慧城市建设。

（五）中国国际经济交流中心

中国国际经济交流中心（China Center for International Economic Exchanges，CCIEE）成立于2009年3月20日，是经民政部批复成立的社团组织，主管部门为国家发展改革委。2015年底，中国国际经济交流中心入选首批国家高端智库建设试点单位。主要业务是开展并组织研究重大国际、国内经济问题，广泛开展国际交流与合作，为政府部门提供智力支持，为企业和社会各界提供经济交流平台。中国国际经济交流中心创始人为国务院原副总理曾培炎。

中国国际经济交流中心服务领域涉及战略问题研究、经济问题研究、经济交流合作与国（境）外政府、企业、研究机构、高等院校、社会团体及国际组织开展合作；组织国内外智库举办论坛、研讨会等活动；政策咨询服务。为地方政府制定区域发展规划，为企业战略规划、政策等提供咨询服务。

2023年4月15日，由中国国际经济交流中心和威海市人民政府联合指导，中国卫生健康发展评价报告课题组和威海市发展改革委共同主办，中国医药集团有限公司、飞利浦（中国）投资有限公司、《财经》杂志联合支持，社科文献出版社出版的《中国卫生健康发展评价报告（2022）》蓝皮书发布会在山东威海召开。来自政府部门、智库、行业协会、企业界数十位重量级专家学者和业界代表共同探讨新时代中国卫生健康事业的新发展，助力中国式现代化行稳致远。十二届全国人大外事委员会副主任委员、蓝迪国际智库专家委员会主席赵白鸽应邀出席并发表主旨演讲。

2023年6月28日，蓝迪国际智库一行赴《中国卫生健康发展评价（2023）》蓝皮书开题会。赵白鸽表示，我们要继续全面贯彻落实党的二十大决策部署，聚焦"推进健康中国建设"各项任务，持续深化医药卫生体制改革，优化卫生健康资源布局，加强卫生健康环境建设。在新时期，要重点关注以下四个方面：一是助推信息化高质量发展，开启"医疗+AI"在卫生健康领域的应用；二是构建优质高效的医疗服务体系，推动优质医疗资源的均衡布局；三是加速发展中药产业，推动中医药的创新与传承发展；四是建立多学科融合发展的人才培养体系，加强产学研融合。

2023年12月27日，中国国际经济交流中心、美国哥伦比亚大学、飞利浦（中国）投资有限公司、大道应对气候变化促进中心与社会科学文献出版社在北京举办中国可持续发展座谈会暨《中国可持续发展评价报告（2023）》蓝皮书发布会。中国国际经济交流中心副理事长兼秘书长张大卫主持会议，第十四届全国政协常委、经济委员会副主任，中国国际经济交流中心副理事长宁吉喆发表致辞，十二届全国人大外事委员会副主任委员、蓝迪国际智库专家委员会主席赵白鸽等参会并发表讲话。

未来，蓝迪国际智库作为新型应用型平台型智库，将继续发挥自身在重大研究课题、重要智库专家和研究机构、重点创新技术和先进企业、重要国别等方面的发掘、培育、推介优势，与大家共同携手，汇集社会智力资源，为国家、地方和企业决策提供智力支持与咨询服务，为增强国家软实力做贡献。

（六）中国标准化研究院

中国标准化研究院，隶属国家市场监督管理总局，是开展基础性、通用性、综合性标准化科研和服务的社会公益类科研机构。中国标准化研究院围绕支撑国家经济社会高质量发展，重点开展标准化发展战略、基础理论、原理方法和标准体系研究。开展相关领域的标准制修订和宣贯工作。承担相关领域的标准化科学实验研究、验证、测试评价、开发及其科研成果推广应用。承担相关领域的全国专业标准化技术委员会秘书处工作。承担标准文献资源建设与社会化服务工作。支撑国家市场监督管理总局以及国家标准化管理委员会的相关管理职能，包括我国缺陷产品召回管理、国家标准评估、工业品质量安全监管、产品质量国家监督抽查等工作。

中国标准化研究院瞄准国家和社会需要，积极开展各类标准化科研工作。"十五"以来，在国家各类科技计划中先后承担81个科研项目，其中，"十五"牵头承担国家科技支撑计划重大专项"重要技术标准研究"，"十一五"牵头承担重点专项"关键技术标准推进工程"，"十二五"牵头承担多个国家科技支撑计划项目、公益行业科研专项项目，"十三五"承担"国家质量基础的共性技术研究与应用"（NQI）重点专项项目21个。获得国家级科技奖励6项、省部级科技奖励140余项，授权专利570余项，发表科技论文2100余篇，出版著作510余部。承担55个全国标准化（分）技术委员会秘书处工作，以第一起草单位研制国家标准1600余项。

中国标准化研究院副院长李爱仙参加生活有机垃圾生物降解技术研讨会。

中国标准化研究院积极参与国际标准化活动，担任国际技术机构主席、秘书、召集人等职务30余个。承担国际标准化组织国内技术对口单位和相关国际组织技术支撑机构90个，主导研制 ISO/IEC 国际标准和国际专业组织标准70余项。

中国社会科学院"一带一路"国际智库、蓝迪国际智库高度重视标准化问题，积极支持中国标准化研究院承担相关领域的标准化科学实验研究、验证、测试评价、开发及科研成果应用工作。特别值得一提的是，经双方密切合作，成功举办了企业参与的 NQI 标准培训班，辅导并帮助企业完成相关标准制定，为平台企业走向市场、走向世界，参与"一带一路"建设提供服务和支持。

2016 年 11 月 15 日举办的"一带一路"中国—印度尼西亚合作发展国际研讨会上，双方明确了将在服务中国与印尼企业间质量管理、标准互认、国际质量管理体系对接等方面展开深入合作，促进行业标准国际互认，实现标准领域互联互通。2017 年 11 月 6 日，由中国社会科学院蓝迪国际智库项目主办，农业部农产品质量安全中心、中国标准化研究院共同举办的"一带一路"企业能力建设培训班，三方结合农业、工业大数据和国际通用的 NQI 理念，为我国企业如何提升"走出去"应对能力提供了强有力的支撑和引导。2018 年 10 月 23 日，在双方的共同努力下，完成了《新疆亚欧国际物资交易中心有限公司企业标准》的制定。该标准帮助企业实现在"一带一路"国家及上合组织成员国间开展跨境电商大宗商品交易活动并成立交易所。目前，共同制定的《跨境电子商务大宗商品交易指南》国家标准，已向国家标准化委员会申请立项。

2019 年 1 月 22 日，蓝迪国际智库、中国标准化研究院代表共赴山东天壮环保本部实地考察并成功召开生态塑料技术标准研讨会，就企业如何建立健全生态塑料技术标准体系及企业遇到的技术瓶颈问题提出实质性建议。

2021 年 10 月 27 日，经双方不懈努力，共同完成江苏欧尔润生物科技有限公司《厨余垃圾微生物降解技术企业标准》《厨余垃圾微生物降解菌剂技术要求企业标准》的制定，现正积极筹备团体标准的建设工作，以期紧抓碳中和发展新机遇，帮助实现企业高速、高质量发展。

截至 2023 年，蓝迪国际智库与中国标准化研究院保持着良好的合作关系，未来也将充分发挥新型智库的资源整合优势，将在加强科研技术成果转化等方面与中国标准化研究院深化合作，共同探讨企业在企标、团标、行标、国标以及参与国际标准制定的路径，畅通国内外企业标准化研究和信息查询途径，联合开展企业标准化能力建设和服务，共同促进企业标准人才培养，加速实现中国标准的世界认同。

（七）中国旅游研究院

中国旅游研究院于 2008 年 6 月 6 日在北京挂牌成立。2015 年 12 月，经中央机构编制委员会办公室批准，加挂"国家旅游局数据中心"牌子，2017年1月被科技部列为中央级科研事业单位。2018年9月，根据文化和旅游部（办人发〔2018〕80号）文件，原国家旅游局数据中心改名为文化和旅游部数据中心。

作为文化和旅游部直属的专业研究机构，中国旅游研究院（文化和旅游部数据中心）以"促进中国文化和旅游融合发展和国际交流的政府智库、业界智囊、理论高地"为建设宗旨，主要承担旅游业政策和理论研究、文化和旅游融合发展研究以及文化、旅游的统计和数据分析职责。2013年8月，获准设立博士后科研工作站。2014年，旅游经济实验室获认定为旅游行业首个重点实验室。自2008年建院以来，中国旅游研究院（文化和旅游部数据中心）连续出版中国旅游经济蓝皮书，以及入境旅游、出境旅游、国内旅游、国民休闲、旅游集团、旅游住宿业、旅游景区、旅行服务等9部年度发展报告。发行《中国旅游评论》《中国旅游大数据》等学术刊物。先后获得联合国世界旅游组织尤利西斯政府创新奖、技术创新奖，国家发明专利等学术荣誉。

现设行政与人事部、国际交流与财务部、科研管理部3个行政部门以及战略研究所、政策与科教研究所、产业研究所、规划与休闲研究所、国际研究所（港澳台研究所）、统计调查所、数据分析所7个研究部门。中国旅游研究院（文化和旅游部数据中心）依托高等院校、科研院所、基地、地方旅游管理部门和企事业单位，成立了48家分院、基地、数据合作网站和观测站。研究院聘请国内外知名专家、学者担任学术顾问和学术委员。

目前，我国城市正处于从生产型城市向经营型城市转型的过程中，人口不断向都市圈聚集，城市将集聚更高的生产力和消费能力，空间上呈现"镇—城市—都市—都市圈—城市群"多等级并存的城市更新阶段。在此分析上，蓝迪国际智库专家委员会委员、中国旅游研究院副院长唐晓云研究员进一步解答了城市更新的新阶段未来主要方向，以及它对旅游的影响。

2020年至今，蓝迪国际智库携手中国旅游研究院多次赴地方考察，例如到青海、浙江嘉兴、江西吉安等多地开展文旅产业调研，并提出文旅发展的相关建议。

（八）中国信息通信研究院华东分院

中国信息通信研究院华东分院（以下简称华东分院）成立于2010年9

月,是由中国信息通信研究院、上海市经济和信息化委员会等联合共建的地方政府智库和研发创新平台,是中国信息通信研究院四大分院之一。

华东分院当前业务领域涵盖大通信、大数字化、大安全、大政策四大方向,在人工智能、大数据、数字经济、智慧城市、5G/6G、新型工业化、网络安全等专业领域进行前瞻性布局,为政府与企业提供高端咨询、平台建设、人才培训、活动运营、标准制定、评估评测等服务与解决方案。

作为地方智库,华东分院立足上海,面向长三角,服务于长三角一体化发展国家战略,助推数字中国、网络强国和智慧社会的发展建设。在数字化转型方面,全面支撑上海市数字化转型;在数字经济方面,持续聚焦5G、大数据、人工智能等新一代信息技术与实体经济深度融合,开展数字经济基础研究课题、数字经济白皮书、数字产业规划、数字经济发展报告等一系列数字经济相关咨询研究,同时参与和举办数字经济相关的论坛会议,已形成一定品牌影响力;在智慧城市方面,制定出符合该城市或区域发展需求的新型智慧城市架构,业务服务包含总体规划与行动计划、主题研究与标准制定、项目策划与咨询设计、项目管理与项目评估;在人工智能方面,承担上海市医疗人工智能公共训练平台建设,以人工智能新技术为引领,共同打造汇聚人工智能科研院所、人工智能企业、医疗机构及用户的多方资源集聚平台;在大数据方面,着重开展大数据产业服务平台建设,为政企客户开展智慧政府、智能金融、智能客服等产业化项目合作和咨询服务;在5G方面,基于5G等基础研究与技术能力,紧密结合政府和市场双重导向,推动智慧政务、智慧医疗、无人驾驶、城市治理、智慧园区等领域基础平台建设与创新应用实施。

2021年,中国社会科学院"一带一路"国际智库、蓝迪国际智库与华东分院在产业分析、区域规划、政策咨询等方面深入交流合作。2021年7月14—16日,为优化余姚机器人产业规划顶层设计并指导产业落地,加快余姚机器人产业链协同创新发展和特色机器人产业集群培育,蓝迪国际智库参与承办第七届中国机器人峰会暨智能经济人才峰会,会后联合华东分院在深入调研的基础上对余姚机器人产业情况进行了梳理,形成了《关于我国机器人产业发展的建议》,为加速余姚产业智能化转型,加快余姚机器人产业链协同创新发展提供了智力支持,该报告获得了中央领导的高度重视。

2021年10月10—12日,根据中央批示精神,工业和信息化部装备一司对余姚机器人产业的代表企业智昌科技集团股份有限公司、宁波伟立机器人科技股份有限公司进行实地考察调研，深入了解相关企业的发展现状及发展需求，并在宁波市经信局、余姚市政府领导、余姚市经信局、余姚市科技局、余姚经济开发区的支持和组织下，围绕机器人产业发展和推广应用召开企业座谈会。

2021年10月18日，华东分院院长张雪丽受邀出席嘉兴数字经济发展论坛暨蓝迪国际智库高层咨询会并针对嘉兴数字经济发展提出了相关建议。会后，在深入调研和充分讨论的基础上，蓝迪国际智库与华东分院共同形成了《嘉兴市数字经济产业发展报告（2021）》，该报告论述了数字经济的概念，以及国内外数字经济总体发展现状与态势，进而从发展环境、数字产业化和产业数字化等方面介绍嘉兴市数字经济产业发展情况，总结其在传统产业转型、高能级平台、产业链整合、数字基础设施方面的创新亮点，并探究了嘉兴数字经济发展问题瓶颈，分析了未来发展趋势，为嘉兴打造数字经济新高地提出建议。

未来，中国社会科学院"一带一路"国际智库、蓝迪国际智库与华东分院将共同聚焦新兴产业，在数字经济、智慧社会、人工智能等产业领域深入探索与实践。与此同时，加强在会议组织、国家合作等方面的信息互通，充分发挥华东分院在"世界人工智能大会"承办方、"工信部五大涉外培训基地之一"的独特优势，实现双方品牌赋能与优势互补。

（九）新华社中国经济信息社

新华社是中国国家通讯社和世界性通讯社，久经时代考验，肩负着党和人民赋予的神圣使命，发挥喉舌、耳目、智库和信息总汇作用。新华社建立了覆盖全球的新闻信息采集网络，形成了多语种、多媒体、多渠道、多层次、多功能的新闻发布体系，集通讯社供稿业务、报刊业务、电视业务、经济信息业务、互联网和新媒体业务等于一体，每天24小时不间断用中文、英文、法文、俄文、西班牙文、阿拉伯文、葡萄牙文和日文8种文字，向世界各类用户提供文字、图片、图表、音频、视频等各种新闻和信息产品。新华网是新华社主办的中国重点新闻网站，被称为"中国最有影响力网站"，每天24小时以15种文字、通过多媒体形式不间断地向全球发布新闻信息，新华网在全球7亿多个网站中综合排名第70位，国内综合排名第11位，稳居新闻门户网站首位。开通了31个地方频道，承办中国政府网、中国平安网、中国文明网、振兴东北网等大型政府网站，形成了中国最大的国家级网站集群。

历史新时期，新华社全面推进战略转型，加快由传统新闻产品生产为主向新时代多媒体新闻信息业态拓展、由面向媒体为主向直接面向终端受众拓展、由立足国内为主向有重点地更大范围参与国际竞争拓展。新华社的舆论引导能力和国际传播能力不断提升，在国际传媒领域的地位和影响力与日俱增。

作为中国特色社会主义世界性现代国家通讯社和国际一流的现代全媒体机构，新华社对中国社会科学院"一带一路"国际智库、蓝迪国际智库的发展具有重大指导作用。2021年9月29日，新华社时任社长、党组书记何平与十二届全国人大外事委员会副主任委员、蓝迪国际智库专家委员会主席赵白鸽于新华社总部会见会谈，就双方"巩固合作基础、扩大合作范围、推动项目落地、增强合作成效"等重要问题交换意见。新华社副秘书长兼办公厅主任朱海黎，中国经济信息社董事长徐玉长，新华社总编室副主任班玮，中国经济信息社副总裁曹文忠，中国经济信息社智库事业部总经理金雷，中国社会科学院"一带一路"研究中心副主任、中国俄罗斯东欧中亚学会秘书长、蓝迪国际智库专家委员会委员王晓泉，蓝迪国际智库秘书长马融等陪同出席。

近年来，蓝迪国际智库与新华社在高层会议组织、智库报告、新闻传播等方面取得了重大合作成果，并逐步展开研究课题、区域和城市项目、新媒体传播合作、科技创新、国际交往等多领域、深层次合作。

蓝迪国际智库与新华社以及新华社智库体系展开深入全面的对接合作，加强良性互动与协同创新，实现"智库网络共建、智库资源互通、智库成果共享"；推动"研究先行、产业导入、项目落地"，实现双方"智库+城市"服务网络的互融互通；积极融入由新华社发起成立的"一带一路"国际智库合作委员会，加强对外传播能力和话语体系建设，促进"一带一路"国际项目合作落地见效。

面向未来，蓝迪国际智库将充分发挥自身特色和优势，聚焦发展，打造新一代高端应用型智库典范。与此同时，蓝迪国际智库也将本着"坚守初心、合作共赢"的发展理念，与新华社携手，逐步探索与市场经济成功对接、多元运营体制并存的事业发展新路子，紧密围绕党和国家战略发展目标，开展注重实效、卓有成效的研究与合作。

智库和媒体都是十分重要的国家智力资源，智库与媒体的融合发展，能充分发挥媒体的渠道优势和传播优势，补智库理论产品发布渠道之"短"。同时，借智库深度剖析与科学建言能力，补媒体研究能力缺乏之"短"，可实现真正意义上的优势互补和融合发展。

中国经济信息社（以下简称中经社）是新华社直属机构，成立于1989年，2016年4月26日重组改制并挂牌运行；全面负责新华社经济信息采集、产品生产、市场营销和用户服务等。发展经济信息、服务国家战略是中经社的使命。依托新华社遍布全球的采编网络和资源优势，中经社初步建起了覆盖各领域的经济信息采集、加工、分析、营销、服务体系，开发了动态资讯、深度分析、数据查询、即时行情、交易撮合等产品和服务，可向用户提供线上实时查询服务，也可提供线下智库咨询服务。现已成为国内规模最大、服务领域最广、产品种类最全的经济信息服务机构之一。

为促进蓝迪国际智库与中经社进行资源整合、提升经济信息服务国家战略能力，双方积极展开专业化、全面化合作。2020年，作为蓝迪国际智库的战略合作伙伴，中经社积极参与了"推动京津冀协同发展，建设现代化保定"高级咨询会、"打造农业三产融合，推动智慧社区新发展"研讨会、"创新智能制造推动长株潭一体化协同发展"蓝迪高层咨询会、"青海黄河流域生态保护和高质量发展"座谈会暨蓝迪国际智库专家咨询会、"中国海南自由贸易港双循环与对外开放新格局"高层咨询会第三届十字门金融周及"后疫情时代中巴合作的机遇与挑战"等系列国内外重要活动，共同发布了《中国城市数字治理报告（2020）》《青海特色农业产业发展报告》《践行"两山"理论多措并举建设三江源国家公园》等智库报告，取得良好反响。2021年，为深入贯彻新发展理念，深入市场化改革，蓝迪国际智库与中经社共同举办打造海南自贸港国际一流营商环境与高质量发展专题研讨会，邀请海南省政府相关领导、专家学者和企业代表围绕如何以法治化、国际化、便利化营商环境为着力点引领自贸港经济高质量发展展开研讨，解读海南营商环境相关政策，对标世界一流营商环境的地区剖析海南营商存在的突出问题，并提出打造海南自贸港国际一流营商环境与高质量发展的可实现路径。

与此同时，中经社利用旗下新华财经、新华信用、新华丝路等国家级信息平台提供了权威、全面的报道支持，为蓝迪国际智库系列活动的成功举办和影响力传播作出巨大贡献。

未来，合作双方将在资源、研究、标准、数据、产品等层面互通互享，推进以下重点工作：一是共同组织开展以金融科技、数字货币等为主题的综合性、应用性研究，整合双方资源力量；二是在"一带一路"共建国家加强信息数据采集和课题研究，提升经济信息服务国家战略能力；三是围绕建设互联互通的国际营商环境合作平台，开展智库研究和高端咨询合作，对地方营商环境建设进行国际化赋能，共同打造重点示范项目和产品；四是在智慧城市领域，挖掘和整合 5G、区块链、大数据、云计算、边缘计算、人工智能、物联网等领域先进技术和企业，聚焦电子商务先进制造、创新生态等领域，为政府和企业数字化转型提供智力支持。

（十）中国基本建设优化研究会

中国基本建设优化研究会（以下简称中基会）创建于 1978 年，国家一级学会，现由中国科学技术协会主管。中基会长期承担中央层面政策研究、建言献策和政治经济体制及产业机构的优化发展任务，承载中央和有关职能部门委托的重大课题的顶层设计和实践探索；肩负宏观经济和区域经济发展的使命。研究领域涵盖农业、林业、水利、能源、科技、环保、文化、金融等多个方面，是具有跨学科、跨领域、跨行业、跨地区特点的国家智库。

目前，中基会已形成四大板块：一是国家智库板块，其作用是充分发挥"国家队"作用，为各级政府出谋划策，为区域经济发展提供咨询、规划、设计、产业调整服务；二是政商学研服务板块，其作用是充分发挥桥梁和纽带作用，在政商学研对接、资源调配、策略运用等方面进行优化；三是金融运作服务板块，其职能是充分开展在金融产品开发、PPP 模式、金融价值链建设等方面的有益探索，围绕工商资本、社会资本、金融资本进行优化，为企业提供信贷、基金、证券、保险在内的多方位现代金融创新服务；四是科技文创服务板块，其作用是充分整合科技文化创意资源，积极实施科技孵化项目和文化产业项目，为科技文化创意产业人才和科技文化资源提供优化发展空间。

自 2020 年 12 月起，中基会与中国社会科学院"一带一路"国际智库、蓝迪国际智库建立了战略合作伙伴关系，双方以智库研究、政企服务、城市网络以及国际网络为核心，在落实国家战略、提升区域经济发展动力、搭建产业发展基础平台，以及"一带一路"、营商环境、智慧城市、金融安全等领域开展深入合作，双方携手推动国际医协体建设和发展，共同积极参与我国医疗卫生事业改革发展的实践与探索，推动我国公共卫生基础平台搭建，为区域经济和健康产业发展助力。

2021 年 2 月 22 日，受中基会邀请，十二届全国人大外事委员会副主任委员、蓝迪国际智库专家委员会主席赵白鸽一行与中基会领导、国际医协体项目负责人围绕国际医疗协作项目、国际医疗旅游产业发展等重要问题举行会谈；6月24日，双方联合主办中国（海南）自由贸易港双循环与对外开放新格局高层咨询会下设的海南数字医疗发展战略专题研讨会，会议围绕如何利用数字化技术，开展国际医疗协作、电子病历交换、健康科普宣教等项目，推动海南医疗健康产业的建设与发展进行了探讨；10月15日，智库专家受邀出席中基会数字健康分会成立暨首届新型医疗卫生基本建设优化发展论坛。中国社会科学院"一带一路"国际智库、蓝迪国际智库平台紧密协同中基会，发挥资源整合优势，以原始要素累积叠加为基础，以创新元素多维导入为支撑，通过医工融合、医金融合、医服融合等"智库+N"高质量合作，推进数字健康经济格局形成，促进国家经济社会的优化发展、高质量发展。利用好平台的公益性，强化公信力，推动数字健康分会项目成为国家社会化服务重点示范项目。

中国基本建设优化研究会会长孙晓洲出席蓝迪国际智库组织的中国（海南）自由贸易港双循环与对外开放新格局高层咨询会并在会上发言。

2022年1月16日，中基会第八次全国会员代表大会经中国科学技术协会批复，以线上、线下相结合形式在北京召开。来自全国的会员代表以及社会各界嘉宾200余人参加了会议。十二届全国人大外事委副主任委员、蓝迪国际智库专家委员会主席赵白鸽受邀出席大会并讲话，强调了加强党的领导和加强人才建设的重要性。

未来，两大智库团队将以服务国家发展大局为核心，充分发挥高端智库的资源优势，共同为政企提供政策咨询、顶层设计、产业升级、科技孵化及资源

2022年1月16日，十二届全国人大外事委员会副主任委员、蓝迪国际智库专家委员会主席赵白鸽应邀出席中基会第八次全国会员代表大会并致辞。

对接，总结推广第四次产业革命技术创新以及新基建的建设和发展经验，推动产业经济和区域经济优化发展，为构建国内国际双循环新发展格局贡献力量。

（十一）中国（海南）改革发展研究院

中国（海南）改革发展研究院（China Institute for Reform and Development，CIRD）（以下简称中改院）成立于1991年11月1日，是一家以改革政策决策研究为主，国际合作、教育培训、企业咨询和会议产业并举的改革研究机构。

建院以来，中改院坚持不断开发国际合作项目，加强国际交流。18年来，中改院已与20多家国际组织和外国机构建立了合作关系。中改院长期执行联合国开发计划署和德国技术合作公司项目，与世界银行、欧盟等国际机构及德国、英国、美国、加拿大、荷兰、瑞典、挪威、芬兰、澳大利亚、印度、越南等国的研究机构建立了交流关系，进行了富有成效的合作。中改院在博鳌亚洲论坛初创的前五年承担智力支持，是外交部指定的亚洲合作对话的参与机构、东亚经济发展研究网络成员机构和企业组织国际网络的成员机构。

中改院持续策划、编辑和出版改革研究图书。每年撰写出版《中国改革研究报告》，至今已出版改革研究专编著350余部，有的入选多项国家级出版重大项目，有的被各省（区、市）选为领导干部培训教材和学习读本，有的翻译为英语、日语、俄语、德语、法语、西班牙语等向国内外出版发行参与多项国际书展。建设中国改革论坛网，成为全国关注改革的社会各界人士获取改革信息和改革研讨交流的重要平台；建设首个中国改革开放数据库，客观反映改革开放历史进程、凝聚改革共识，服务于全面深化改革事业。

中改院自成立以来，努力建设中国改革智库，成立30年来，中改院向中央有关部门提交295份改革政策和立法建议报告；撰写改革调研报告500余份；先后承担100多项改革政策咨询课题；出版改革研究专编著350余部，发表论文2000余篇。所提交政策建议，有些直接为中央决策所采纳，有些被作为制定政策和法规的重要参考。获得包括国家"五个一工程奖"、"孙冶方经济科学奖"、"中国发展研究奖"等多种国家级奖项。

（十二）横琴粤澳深度合作区金融发展局

横琴粤澳深度合作区金融发展局，是横琴粤澳深度合作区执行委员会下设的工作机构。主要职责包括：一是负责制定金融产业发展规划和相关政策并组织实施；二是负责推进金融市场体系建设，完善金融业整体布局，推动金融改革创新，引进金融机构及培育金融人才，服务金融业发展；三是负责防范化解金融风险，统筹协调金融突发事件的应急处置工作，牵头开展防范和处置非法集资，开展金融知识宣传和投资者风险教育工作；四是负责对接相关金融监管机构，协助做好金融业监管，配合开展反洗钱工作，加强区域金融监管交流工作；五是负责对融资租赁公司、商业保理公司、小额贷款公司、融资担保公司、典当行等地方金融机构实施监管，对大宗商品、权益、知识产权等交易场所实施监管；六是负责开展金融对外合作交流，深化区域金融合作；七是负责完成执委会交办的其他工作。

合作区自成立以来，推动出台了包括《横琴粤澳深度合作区促进金融产业发展扶持办法》在内的五项金融专项政策。政策范围既包括综合性的扶持办法，也有细分领域的专项政策，这充分体现合作区在制定金融领域相关政策时立足企业需求、市场规律，辅以针对重点领域专项扶持的整体谋划。综合性政策支持企业扎根、专项性政策助力企业成长、业务性政策促进企业展业。

2023年初，受到高度关注的"横琴金融30条"出台后，市场反响强烈。为切实保障"横琴金融30条"落到实处，2023年9月，省地方金融监管局会同驻粤金融机构共同发布了《关于贯彻落实金融支持横琴粤澳深度合作区建设意见的实施方案》，从打造便利澳门居民生活就业的金融环境、促进合作区与澳门金融市场和金融基础设施互联互通、发展助力澳门经济适度多元发展的现代金融产业、促进跨境贸易和投融资便利化、加强金融监管合作、保障措施六个方面，针对"横琴金融30条"工作任务，结合实际提出了86条具体措施。

截至2023年12月末，合作区共有金融类企业662家，其中经国家金融监管部门批准或备案的持牌金融机构81家，企业资产管理规模超46896亿元。澳资金融企业15家，其中持牌金融机构3家、地方金融组织3家、私募基金管理人9家，私募基金产品16只。2023年，合作区跨境人民币结算金额累计超4392亿元。现代金融业已经成为合作区的支柱产业之一。

蓝迪国际智库是横琴粤澳深度合作区首个中国特色新型应用型智库，为优质项目和高成长性企业快速对接融资渠道、帮助企业实现产融结合，同时实施高新科技和创新驱动、加强与琴澳政府的合作、借助港澳优势全面优化横琴产业结构布局，以及促进澳门产业多元发展。从研究报告、品牌会议、企业培育和国际交流四大板块开展业务交流与合作，已参与举办的会议有十字门金融周、BEYOND国际科技创新博览会、横琴世界湾区论坛等，围绕跨境投融资、不动产基金、上市培育、绿色金融等组织专题沙龙和政策推介会，为金融发展提供咨询服务。

（十三）中国建筑业协会

中国建筑业协会（China Construction Industry Association，CCIA）成立于1986年10月，当时名为中国建筑业联合会，自1993年第二届理事会改为现在的名称。

中国建筑业协会是全国各地区、部门从事房屋建筑业、土木工程建筑业、建筑安装业、建筑装饰装修和其他建筑业的企事业单位、社会团体，以及有关专业人士自愿结成的全国性、行业性、非营利性社会组织。2009年、2014年连续两次被民政部评为5A级全国性行业协会。

中国建筑业协会现有团体会员71个，其中省（区、市）和有关城市建筑业协会52个、产业部门和解放军工程建设协会19个，直属会员单位（大型企业）5000余家。30多年来，中国建筑业协会在住房和城乡建设部、民政部的指导和监督下，认真履行"提供服务、反映诉求、规范行为"的职能，致力于促进建筑业又好又快发展，赢得了政府和企业的支持和信赖。

中国建筑业协会的宗旨是，坚持以习近平新时代中国特色社会主义思想为指导，全面贯彻落实党中央的重大决策部署，坚持党对本团体工作的领导，自觉遵守各项法律、法规，认真履行提供服务、反映诉求、规范行为的职能，充分发挥服务国家、服务社会、服务行业、服务会员的作用，弘扬工匠精神，凝聚行业力量，为推动行业高质量发展贡献力量。

建筑业是我国国民经济发展的支柱产业和重要引擎。国家统计局数据显示，2022年全国建筑业总产值超31万亿元。历经数十年的改革发展，我国建筑业建造水平突飞猛进，标杆工程相继落成，"中国建造"享誉世界。在国内国际双循环新发展格局及"双碳"战略背景下，建筑业如何实现智能化、绿色化、工业化高质量发展，成为重要议题。

2023年2月21日，十二届全国人大外事委员会副主任委员、蓝迪国际智库专家委员会主席赵白鸽一行到访中国建筑业协会，与住房城乡建设部原副部长、中国建筑业协会会长齐骥举行会谈。中国建筑业协会副会长兼秘书长刘锦章、副会长景万、副秘书长赵峰，蓝迪国际智库秘书长马融，广联达高级副总裁刘谦参加座谈。

**十二届全国人大外事委员会副主任委员、
蓝迪国际智库专家委员会主席赵白鸽一行到访中国建筑业协会，并举行会谈。**

蓝迪国际智库走进中国建筑业协会，携手推动建筑业数字化发展。蓝迪国际智库专家团队交流了解了中国建筑产业的发展概况与机遇挑战，全面调研了中国建筑业协会在开展行业调查研究、助推行业质量提升、推广行业创新技术、组织行业评价培训等方面取得的一系列成果，并介绍了蓝迪国际智库在开展课题研究、组织国际对接、发掘培育推介新技术新项目等方面的方法路径与实践案例。

蓝迪国际智库是新型应用型高端智库,在智库研究、国际合作、技术发掘以及促进"一带一路"建设等方面开展了大量工作,取得了突出成果。中国建筑业协会和蓝迪国际智库将加强信息共享,共同发掘评选行业创新型企业,推广行业创新技术,共同组织建筑业企业"走出去",推动中国建筑业企业开展国际交流和合作。

(十四)中国开发区协会

中国开发区协会(China Association of Development Zones,CADZ)于1993年经国务院特区办和民政部批准成立,是由国家级经济技术开发区、高新技术开发区、保税区、边境经济合作区、重点省级开发区和区内企业组成的全国性开发区联合组织。

中国开发区协会以习近平新时代中国特色社会主义思想为指引,聚焦国家重大战略部署,秉承"务实、创新、诚信、开放、协作"的发展理念,充分发挥社会组织在社会治理中的作用,努力提升社会组织参与社会治理的能力;积极宣传开发区发展经验,深入研讨开发区发展问题,维护会员的合法权益;着力构建开发区服务平台,发挥开发区间、开发区与政府、社会间的桥梁纽带作用,为培育中国开发区国际化品牌,丰富中国开发区发展内涵,促进中国开发区的可持续高质量发展而努力。

中国开发区协会作为全国性社会组织,经过30多年的实践与发展,形成了科学规范的管理体制、顺畅有效的运行机制、凝聚共识的内部文化、专业担当的执行团队,具备较强的研究咨询能力、资源整合能力和专业服务能力,在政策研究、规划咨询、信息资讯、投资促进、人才培训、展览会议、文化创意、投融资支持、国际交流等方面独具特色。

2022年6月15日,十二届全国人大外事委员会副主任委员、蓝迪国际智库专家委员会主席赵白鸽一行到访中国开发区协会,与中国开发区协会会长、国家发展改革委办公厅原主任师荣耀举行会谈。蓝迪国际智库与中国开发区协会深入交流了各自平台机构的发展情况以及未来规划,并就双方深入合作的重点方向进行了深入探讨。蓝迪国际智库与中国开发区协会在平台建设以及机构协同方面都有很强的互补性,未来将加强协同合作,通过整合各自优势资源形成合力,在开发区发展战略咨询、招商引资、培训交流等方面开展深入合作,共同推进开发区高质量发展。

2022年6月15日，蓝迪国际智库一行到访中国开发区协会。

2023年12月11日，由中国开发区协会、蓝迪国际智库和河北省邢台市人民政府主办的以"平台+数字赋能开发区高质量发展"为主题的2023中国开发区高质量发展大会在河北清河经济开发区隆重举行。

（十五）中国市长协会

中国市长协会是经国务院批准的于1991年8月正式成立的社会团体，协会主要开展中国城市发展共性问题的研究，向市长和城市政府提供建议和咨询。自2001年开始，协会连续出版的年度《中国城市发展报告》在国内和国际具有一定影响力。

中国市长协会由中国城市的现任市长、副市长及直辖市的现任区长、副区长组成。现有会员6000多名，遍及全国768个城市（区）。中国市长协会下设的女市长分会由协会的女性会员组成，现有会员900多名。

中国市长协会开展多种形式的市长培训，帮助市长补充和更新专业知识，帮助市长提高治理现代化城市的水平，其中清华—耶鲁环保研究班、清华—芝大可持续城镇化研究班、复旦—耶鲁健康城市研究班、清华—丹麦技术大学城市绿色发展研究班、全国女市长研究班、德国城市转型发展研究班、新加坡中国市长研讨班等都是具有影响力的项目。

中国市长协会通过会议、会刊、互联网等方式，促进市长间信息共享和经验交流，加强城市间的联系和合作。月刊《中国市长》是协会的会刊，是市长们相互交流和学习的重要媒介；开展与外国组织和城市的交流与合作，促进中国城市的对外开放。协会与德国、美国、欧盟、瑞典、丹麦、新加坡、马来西亚、以色列等 22 个国家和地区的对口机构建立了合作关系，与其中 17 个国家和地区签有合作备忘录，开展了中德市长峰会、中美市长峰会、中欧市长论坛、中国东盟市长论坛以及"世界城市日"市长论坛等多项活动。同时，中国市长协会也向国务院和政府有关部门反映城市和市长工作中遇到的重大问题及市长们的要求与建议。为了便于更好地为会员服务，协会秘书处商请各市政府指定中国市长协会联络员，帮助协会在各市开展工作。

中国市长协会的宗旨是"为城市发展服务，为市长工作服务"。国务院领导在第三次全国市长代表大会上提出，中国市长协会要办成"交流城市工作经验的纽带、开展城市合作的桥梁、研究城市问题的论坛、培训城市领导的基地"。

（十六）中华全国律师协会

中华全国律师协会经 1985 年 7 月 25 日中央书记处第 221 次会议决定成立，在司法部指导下进行工作。1986 年 7 月 5 日，第一次全国律师代表大会在北京举行。中华全国律师协会是全国性的律师自律组织，依法对律师实施行业管理。

中华全国律师协会的宗旨是，坚持以习近平新时代中国特色社会主义思想为指导，学习贯彻习近平法治思想，坚持中国共产党领导，团结带领会员高举中国特色社会主义伟大旗帜，增强政治意识、大局意识、核心意识、看齐意识，坚定中国特色社会主义道路自信、理论自信、制度自信、文化自信，坚决维护习近平总书记党中央的核心地位、全党的核心地位，坚决维护党中央权威和集中统一领导，坚持正确政治方向，忠实履行中国特色社会主义法治工作队伍的职责使命，加强律师队伍思想政治建设，把拥护中国共产党领导、拥护社会主义法治作为律师从业的基本要求，增强广大律师走中国特色社会主义法治道路的自觉性和坚定性，忠于宪法和法律，维护当事人合法权益，维护法律正确实施，维护社会公平和正义，依法依规诚信执业，认真履行社会责任，为深入推进全面依法治国、建设中国特色社会主义法治体系、建设社会主义法治国家，推进国家治理体系和治理能力现代化，把我国建设成富强民主文明和谐美丽的社会主义现代化强国，实现中华民族伟大复兴的中国梦而奋斗。中华全国律师协会遵守宪法、法律、法规和国家政策，自觉践行社会主义核心价值观，弘扬爱国主义精神，遵守社会道德风尚，自觉加强诚信自律建设。

中华全国律师协会的最高权力机构为全国律师代表大会，每届4年，选举产生理事会、监事会。理事会选举产生会长、副会长和常务理事，监事会全体会议推举产生监事长、副监事长。在全国律师代表大会和理事会闭会期间，常务理事会主持协会工作。监事会是全国律师代表大会的监督机构，对全国律师代表大会负责。

中华全国律师协会设秘书处，负责实施全国律师代表大会、理事会、常务理事会的各项决议、决定，承担协会日常工作。秘书处由秘书长领导，下设办公室、会员部、业务部、培训部、国际部（中国国际律师交流中心）、调研部、联络部、宣传部，主办会刊《中国律师》杂志和"中国律师网"网站。

（十七）中国人民对外友好协会

中国人民对外友好协会（以下简称全国对外友协），是我国从事民间外交事业的全国性人民团体，以增进人民友谊、推动国际合作、维护世界和平、促进共同发展为工作宗旨，代表中国人民在国际社会和世界各国广交、深交朋友，促进互信，加强合作，夯实中国与世界各国友好关系的社会基础，致力于全人类团结进步的事业。全国对外友协贯彻执行中国独立自主的和平外交政策，遵循和平共处五项原则，开展全方位、多层次、宽领域的民间友好工作，为实现中国的和平发展与和平统一大业服务，为建设持久和平、共同繁荣的和谐世界而努力奋斗。全国对外友协的各项活动得到中国政府的大力支持和社会各界的赞助，已设立46个中外地区、国别友好协会，与世界上157个国家的413个民间团体和组织机构建立了友好合作关系。2023年8月19日，全国对外友协全国理事会常务理事会召开会议。会议通过决议，杨万明同志担任全国对外友协全国理事会常务理事、会长。

2020年12月29日，十二届全国人大外事委员会副主任委员、蓝迪国际智库专家委员会主席赵白鸽一行与全国对外友协会长林松添举行会见会谈。双方围绕打造民间外交新格局、高质量共建"一带一路"、加强智库与民间友好团体合作、引导企业"抱团出海"等议题展开讨论，并就2021年双方深度对接各领域优势资源，加强协调联动，促进合作共赢达成共识。2021年2月5日，全国对外友协与蓝迪国际智库正式签订战略合作伙伴关系，双方将深度对接各领域优势资源，以国别研究、城市研究、产业研究等方式，共同开展促进民间友好往来、夯实中外密切友好国际合作的相关活动。

2021年是中国—巴基斯坦建交70周年，在这一具有重要历史意义的关键时间节点，为进一步加强中巴全天候战略合作伙伴关系，推进中巴经济走廊高质量建设，打造新时代更加紧密的中巴命运共同体，中国社会科学院"一带一路"国际智库、蓝迪国际智库与全国对外友协共同组织了中国—巴基斯坦建交 70 周年招待会。中华人民共和国副主席王岐山出席招待会并致辞。林松添会长主持招待会。十三届全国人大宪法和法律委员会主任委员、全国中巴友好小组组长李飞，国家国际发展合作署署长罗照辉，中共中央对外联络部副部长陈洲，商务部副部长张向晨，外交部部长助理吴江浩，中央军委国际军事合作办公室副主任张保群等与巴基斯坦驻华大使莫因·哈克以及其他国家驻华使节代表 240 余人出席。

未来，蓝迪国际智库将与全国对外友协共同高举和平、发展、合作、共赢的旗帜，秉持"相互尊重、平等相待、友好合作、共同发展"的原则，坚守初心、牢记使命，同世界各国人民交朋友、结伙伴，致力于民相亲、心相通，促进国际广泛交流与合作，服务民族复兴、世界共赢，为推动构建新型国际关系和人类命运共同体贡献民间外交力量。

（十八）中国医药创新促进会

中国医药创新促进会（以下简称中国药促会）成立于 1988 年，是经民政部登记注册的非营利性全国性 4A 级社会组织。中国药促会秉承"创新、产业化、国际化"的宗旨，以临床需求为导向，长期致力于"产学研用资"紧密结合，促进医药行业创新发展，已经成为集医药创新研发型企业、科研机构、临床研究机构、创新服务机构和医药投资机构于一体的医药创新产业化促进平台，目前有会员单位 183 家。中国药促会成立了药物研发、药物临床试验研究、医药政策、医药创新投资、创新研发服务、心血管药物临床研究、国际创新药物监管、抗肿瘤药物临床研究、脑神经药物临床研究、医药企业合规、糖尿病与代谢性疾病药物临床研究、医药数字化及创新疗法、创新医疗器械专业委员会，形成了以创新为核心，以促进创新为目标的涵盖药物研发、生产、使用以及投融资的全链条组织构架，并作为国际药品制造商协会联合会（IFPMA）的成员继续拓展国际交流渠道。

中国药促会工作内容主要包括：一是开展医药政策研究，为我国医改事业、完善药物政策和医药产业发展建言献策；二是通过举办各种论坛、发布会、大型会议等活动，促进会员单位乃至整个医药产业的相互交流、创新发展；三是通过与国内外医药行业协会、企业、科研机构和外国驻华使馆合作，推动国际医药产业的多方位、多维度合作交流,为会员单位搭建国际交流平台;四是践行国家创新驱动发展战略指导精神,为会员单位拓宽医药创新投融资渠道、搭建合作平台,推动社会资本加大对初创及研发型企业自主创新项目的投入,营造更有吸引力的医药创新投资环境;五是为会员单位提供医药信息搜集、整理、评价服务,包括编辑每日《医药信息简报》、每周《国际医药产业发展动态与研发信息简报》等内部电子刊物以及中国药促会官方网站、微信公众号等服务平台。

中国药促会将围绕办会宗旨,不断拓展服务内涵和外延,做好政府与会员企业的桥梁和纽带,维护会员合法权益,加强行业自律,推动我国医药产业的创新和可持续发展,为加快我国经济社会发展、保障人民群众健康不断作出贡献。

2019年8月21日,中国药促会执行会长宋瑞霖受邀参加由中国社会科学院"一带一路"国际智库、蓝迪国际智库主办的第二届十字门金融周中国医药产业投资峰会,宋瑞霖给金融周举办地横琴开出了"药方":第一,横琴要利用澳门与葡语系国家的联结助力中国药品,通过"一带一路""走出去"。同时建立中国与欧盟之间的药品认证平台,让葡萄牙成为中国药企通向欧洲的中转点。第二,横琴可建立中国药品与欧洲药品相互申报与服务贸易的平台,成为中欧药品交易的通道,实现转口贸易和离岸贸易。第三,建立国际药品知识产权评估和交易中心。第四,要把中医药向前推进,建成天然药物的标准和评价中心,横琴要在制定标准方面发挥出最大价值。2020年11月16—18日第三届十字门金融周期间,宋瑞霖会长第二次出席十字门金融周。在他看来,横琴把中医药作为重点扶持产业,任务艰巨。中医药作为我国的文化瑰宝,基础深厚,为国人的健康作出了重大贡献。但同时也要认识到,将传统的中医药与现代医学紧密结合面临一定的挑战。中医药现代化发展应做到"传承精华,守正创新"。

2021年9月25日,十二届全国人大外事委员会副主任委员、蓝迪国际智库专家委员会主席赵白鸽在出席由中国药促会主办的第六届中国医药创新与投资大会开幕式时指出,在第四次产业革命和数字经济的时代背景下,加快我国医药产业创新发展对于构建人类命运共同体,合作共建"一带一路"健康医疗生态圈具有重要意义。赵白鸽认为,医药行业要实现国际化发展,不仅仅是技术的国际化,还要包括技术的引进、终端产品的引进输出,以及境外的投资布局等。制药企业要系统地制定国际化的发展战略,以开放心态积极参与全球竞争。

蓝迪国际智库与中国药促会携手深入分析基础研究、政策、市场、资金等重点要素对提升我国医药创新能力的影响，找出现阶段全产业链条中存在的薄弱环节和面临的挑战，从多维度提出具有实质意义的建设性意见，促进中国医药创新高质量发展，以期建设面向国际、适合中国生物医药创新可持续发展的生态环境，为我国成功转型医药创新强国作出积极贡献。

（十九）中国健康管理协会保健疗养分会

中国健康管理协会是由解放军总医院、北京医院、上海瑞金医院、武汉同济医院、湖南湘雅医院、四川华西医院、广州中山大学附属第一医院等单位发起，联合50余家企业事业单位共同申请，经国务院批准，于2016年4月20日正式成立的我国健康管理领域第一个国家一级协会。2021年，协会被评为国家4A级社会组织，同年被评为"全国先进社会组织"。

协会以习近平新时代中国特色社会主义思想为指导，以为全民健康、为老人造福、为社会尽责、为国家分忧为宗旨，以实施全面健康管理、建设全民健康中国为目标。目前协会下设分支机构29个，理事会成员均是来自大健康领域的具有良好社会信誉的单位和个人。

协会自成立以来，先后在北京、杭州、重庆、深圳等地成功举办健康中国高峰论坛，承办的首届中国国际服务贸易交易会智慧健康展及论坛被评为"最佳会议活动"；在有关部委支持下启动了全国"职工健康促进工程、老年健康促进工程、少年儿童健康促进工程"，为推进4亿职工、2.67亿老人、4亿少年儿童的健康服务体系建设提供了有力保障；联合开展的"智慧村医"工程行动，覆盖村民800余万人，慢病知晓率提高了15.87%，慢病控制率提高了33.45%，工作成效得到了卫生健康委、全国工商联相关领导的充分认可；牵头组织开展的"社会力量助力四川省凉山州脱贫攻坚和乡村振兴行动"成效显著，受到当地党委和政府的高度赞扬；编著出版的《健康管理职业导论》被列为全国高等院校教材；与中国保险行业协会联合会发布的《保险业健康管理标准体系建设指南》获得了行业内一致好评；通过新华网、中国网、微信公众号、网络直播、免费在线咨询等平台，为1041万人提供防疫指导、心理咨询和健康讲座，受到社会各界的广泛关注；合作创作的《此行有你我》等五首抗疫主题歌曲，得到央视、今日头条、新浪微博等多家媒体推送播放。协会还建立了《五全健康管理体系》《健康管理院方案》等理论框架；提交了《关于促进我国健康养老》等 13 项健康领域的政协提案；发布了《慢性病健康管理规范》等 19 个健康服务团体标准；为海南省、四川省、江苏省宜兴市、湖北省武汉市等各级政府提供了 50 份全民健康管理建议报告和规划方案；发布了《全民健康行动杭州宣言》《助力凉山脱贫攻坚行动倡议》等 10 个宣言倡议；申报了人社部"健康管理师职业技能等级评价"资格；承接了国家卫健委"营养指导员"培训项目；参与了教育部职业教育"健康管理本科层次"的专业设置及研究编制。

中国健康管理协会保健疗养分会（Society of Health Care and Recuperation, Chinese Health Association）是在中国健康管理协会领导下的二级分支机构，成立于 2016 年 12 月 9 日，是由保健疗养相关领域科学技术工作者和社会力量自愿组成并依法登记成立的学术性、公益性、非营利性全国性二级社会团体。是社会各界与保健疗养领域工作者相互联系、相互沟通的桥梁和纽带，是发展医学科技、促进全民健康的重要社会力量。

中国健康管理协会保健疗养分会坚持以团结和组织广大保健疗养工作者，遵守国家相关法律法规，贯彻执行国家卫生与健康发展战略为宗旨，崇尚健康至上的理念，以推动行业科技发展和人才培养为己任。坚持民主办会，突出学术引领，以预防、保健、医疗和康复为牵引，通过吸引和凝聚保健、疗养领域顶尖专家、精英骨干和广大从业人员，不断开拓创新，提升全行业人员专业技术水平，促进保健疗养理论创新与标准制定、促进健康理念普及与技能推广、促进保健疗养专业人才的培养与学术进步、促进保健疗养成果转化与产业发展。为国家和各行业主管部门提供政策建议，为全民提供保健疗养相关专业指导，为广大会员和相关领域人员提供高端学术交流平台，为建设健康中国贡献力量。

（二十）横琴粤澳深度合作区创新发展研究院

横琴粤澳深度合作区创新发展研究院是由横琴粤澳深度合作区法律事务局主管的专业智库机构，是集中粤港澳经济、法律、产业等各领域高端研究人才，广泛联系粤港澳政、产、学、研各界的非营利性社会组织。横琴粤澳深度合作区创新发展研究院成立于 2017 年 7 月，原名"珠海市横琴创新发展研究院"，2022 年 10 月正式更名为"横琴粤澳深度合作区创新发展研究院"。以脚踏实地的实践品格和专注粤港澳的智库特色，成为国内唯一以"一国两制"澳门实践研究和"粤澳深度合作"研究为使命的新型智库。

研究院自成立以来，始终秉持"扎根横琴、深耕粤澳、服务湾区、走向全国"的办院宗旨，坚持"服务决策、适度超前"的发展原则，牢牢把握正确的政治方向和服务导向，不断探索完善有利于社会智库发展的机制和运作模式，坚守智库机构的专业性，保持研究的中立性和客观性，以政策创新研究和决策咨询服务为核心，聚焦粤港澳大湾区、自由贸易港和自由贸易试验区、横琴粤澳深度合作区等重大实践命题，开展了许多开创性、前瞻性、针对性和实操性的研究咨询服务，以一流的决策研究成果，服务于各级党委和政府的重大决策需求，逐步成长为在粤澳两地颇具声誉，以理论和策略研究、政策和制度创新、社会宣传和规划服务、产业培育和招商引资服务、战略咨询和定制化服务为主业的应用型智慧服务供应商。

研究院先后承担 90 多项改革政策咨询课题，向国家部委及省（区、市）有关部门提交改革政策、决策建议成果 200 余份，所提交政策建议，绝大部分被各级政府决策采纳，转化为政策和法规编制的重要参考。

未来，研究院将以习近平新时代中国特色社会主义思想为指导，坚持功能定位，发挥优势特色，塑造核心竞争力，突出围绕"制度研究专业化"与"智库服务产业化"的双轮驱动战略，既面向"一国两制"、粤港澳大湾区等国家重大改革实践需求作出创新贡献，又面向国内国际双循环新格局、澳门经济适度多元发展等重大制度安排追求学术卓越，探索以市场导向带动转型发展，以机制创新引领高质量跨越，以专业服务塑造品牌价值优势，致力于建设成为具有国际视野、开放竞争、水平一流的思想库、智囊团，对粤澳深度合作等发展战略、发展规划及重大问题研究和决策，提供高质量咨询参考，打造兼具澳门特点与横琴特质的"中国特色新型智库"典范，在新的历史起点上展现新担当和新作为，为中国经济社会发展贡献琴澳智慧。

蓝迪国际智库作为国家级智库，与横琴创新发展研究院作为区域智库典范，将共同携手推进合作区建设，形成具有国际视野和地方特色的高质量报告。同时，蓝迪国际智库还参与研究院课题评审，为合作区营商环境建设、投促中心建设等建言献策。

（二十一）澳门银行公会

20 世纪 70 年代初，随着澳门第一份银行法的制定和实施，在澳门知名人士何贤先生的倡议下，时任大丰银行总经理何厚铧先生全力推动，澳门银行公会于 1985 年 12 月 20 日正式注册成立，并由其出任首任主席，现担任公会荣誉主席。

澳门银行公会的领导机构由会员大会、理事会、常务理事会和监事会组成。每届理事会、监事会由会员大会选举产生，任期3年。公会内设9个工作委员会，包括防范金融系统性风险委员会、中葡金融服务发展委员会、横琴粤澳深度合作区金融发展委员会、现代金融发展委员会、政策咨询及技术委员会、人才与发展委员会、对外交流合作委员会、普惠金融发展委员会、财政管理委员会，并设秘书处负责公会的日常事务。

澳门银行公会一直秉承"促进澳门经济之稳定、繁荣及银行业务之发展"的宗旨，在特区政府、中联办和社会各界的共同支持下，团结银行业界，克服各种困难和挑战，为澳门经济发展和社会稳定作出了重要贡献，得到了社会各界的广泛认同。

澳门银行公会在全体银行同业会员群策群力的努力下，将继续支持澳门经济金融的稳定发展，并推动金融市场的完善运作，配合政府制定相应的金融法规，增进同业之间的协作关系，维护同业的合法权益，继续作出更大的承担。

澳门银行公会在蓝迪国际智库组织的活动中所展现出的积极态度和专业精神，为活动增色不少。在2023年7月1日举办的澳门文旅金融沙龙上，蓝迪国际智库与澳门银行公会共同支持澳门旅行社协会，为构建文旅金融生态圈出谋划策，为澳门文旅金融的发展提供了新的思路和方向。

2023年7月1日举办的澳门文旅金融沙龙，蓝迪国际智库与
澳门银行公会共同支持澳门旅行社协会。

此外，在蓝迪国际智库主办的横琴粤澳深度合作区"金融专项政策"推介会上，澳门银行公会协助邀请参会嘉宾，会后保持互动和交流，为参会者提供了宝贵的金融行业见解和建议。

展望未来，蓝迪国际智库将与澳门银行公会携手开办更多活动，为澳门乃至更广泛区域的金融发展贡献更多智慧和力量。同时，也希望更多的金融机构和组织能够加入这一行列，共同推动琴澳金融生态圈的构建和完善。

（二十二）国浩律师事务所

国浩律师集团事务所成立于1998年6月，是中华人民共和国司法部批准组建的中国第一家集团性律师事务所，2011年3月更名为"国浩律师事务所"。国浩律师事务所由北京市张涌涛律师事务所、上海市万国律师事务所、深圳市唐人律师事务所发起设立，并在司法部登记注册。前述3家事务所均成立于1992—1993年，至今已有逾30年的执业历史。

在推进"一带一路"建设的过程中，蓝迪国际智库、蓝迪平台企业积极与法律机构进行合作，为企业提供法律咨询服务，解答企业管理的法律问题，并针对涉法问题进行分析、指导，帮助企业做好防控和排除法律风险，深入企业开展"法律体检""法企对接"等专项法律活动，扎实了解企业法律需求，提供精准法律服务，确保企业的合法权益以及商业价值不受侵犯。

在成立之初，蓝迪国际智库便与中华全国律师协会建立了良好的战略合作伙伴关系，中华全国律师协会副会长吕红兵为蓝迪国际智库专家委员会委员。在过去的合作中，中华全国律师协会充分汇聚了全国律师事务所高端律师人才资源，为蓝迪国际智库在关于国内外法律政策研究方面的工作提供了巨大支持，并为蓝迪平台企业"一带一路""走出去"，提供了优质法律服务，降低和规避企业在投资运营过程中可能遇到的风险。同时，国浩律师事务所作为最早投身"一带一路"建设的法律服务机构之一，凭借丰富的涉外法律服务经验先后参与了大量与"一带一路"国家相关的重大投资并购项目，成立了多个"一带一路"相关法律研究中心，并接连举办了一系列"一带一路"主题论坛。

2016年至今，国浩律师事务所持续发布《国浩·蓝迪"一带一路"投资与法律资讯》和《国浩·蓝迪"一带一路"周讯》，这两项资讯的长期发布为参与"一带一路"建设的企业提供有价值的信息和针对性的商业投资指导。2017年，"一带一路"法律服务协作体系成立后，国浩律师事务所与蓝迪国际智库一如既往地积极投入"一带一路"法律服务建设之中,进一步加强与"一带一路"沿线国家及其法律服务机构的交流与联系,获得了政府、企业的高度认可,以及协作体各成员单位的大力支持。2019年底,巴黎"一带一路"三大洲法律论坛成功召开,经由蓝迪国际智库专家委员会成员、中华全国律师协会副会长、国浩律师事务所首席执行合伙人吕红兵推荐,孙涛律师代表国浩律师事务所和蓝迪国际智库以中国和法国律师的双重身份发言。2020年10月24日,英国汤逊路透出版的《国际商法杂志IBLJ》最新一期刊登了巴黎办代表蓝迪国际智库、国浩律师事务所的发言。

双方合作将重点聚焦研究企业的法律服务需求,包括市场准入、直接投资、国际金融交易、知识产权保护、劳动、环境等。同时,双方将继续充分发挥各自资源优势,加强法律服务机构的对接、服务内容的对接和服务载体的对接,完善法律服务开放措施,探索新的合作领域,并在培养高素质涉外律师人才和加强对涉外律师人才的推荐、使用上共同努力,为中国企业"走出去"作出更多的贡献。

(二十三)德恒律师事务所

德恒律师事务所是中国规模最大的综合性律师事务所之一,1993年1月经司法部批准创建于北京,原名为"中国律师事务中心",1995年更名为"德恒律师事务所"。2021年6月,中共中央发布了关于表彰全国优秀共产党员、全国优秀党务工作者和全国先进基层党组织的决定,授予北京德恒律师事务所党委"全国先进基层党组织"荣誉称号。

德恒律师事务所恪守勤勉尽责、竭诚服务、追求公正的宗旨,致力于为中外客户提供优质、高效的法律服务,现已形成遍布中国和世界160多个主要城市的全球服务网络,出色完成了一系列具有深远社会影响的重大法律服务项目,创造了中国法律服务领域的多项第一,获得社会各界的肯定与好评。德恒律师事务所凭借良好的信誉、优质的服务、丰富的全球资源和现代化办公系统,形成了全球化、网络化、紧密型中心平台服务体系,能够为国内外客户提供全方位、高质量的一站式法律服务。

德恒律师事务所首倡全球合伙制度,拥有一流的法律服务队伍,全球员工6000余人,专业人士4000余人,其中80%以上拥有硕士、博士学位和中国律师执照,部分律师具有在国内外立法、司法、行政机关、大学、研究机构、跨国公司、大型国企及金融证券机构工作的经验。德恒律师事务所涉外业务律师大多具备国外教育和国际知名律所工作背景，持有包括美国（纽约州、加利福尼亚州、伊利诺伊州、亚利桑那州）、英国、法国、德国、澳大利亚、阿联酋、哈萨克斯坦、马来西亚、老挝、中国香港、中国澳门等地律师执照，能够熟练使用英语、法语、俄语、葡萄牙语、德语、日语、韩语、西班牙语等多种外语提供法律服务。

经有关部门批准，德恒律师事务所首批获得从事证券法律业务、从事涉及境内权益的境外公司相关业务、基本建设项目招投标、破产管理人、境内外专利代理等法律服务资格。此外，德恒律师事务所还拥有专利代理人资格、国家一级注册建造师资格、建筑经济师资格、中国注册会计师、税务师、统计师资格，全国期货业从业人员资格等。

德恒律师事务所部分律师分别担任全国人大代表、全国工商联执行委员、中国国际经济贸易仲裁委员会仲裁员、北京市政府立法工作法律专家委员会委员、北京市人大立法工作法律专家委员会委员；证监会发行审核委员会委员、并购重组委员会委员；全国社保基金理事会投资管理人评审专家、人力资源社会保障部企业年金专家；北京仲裁委仲裁员、北京土地储备中心专家；中华全国律师协会理事，战略委员会、刑事专业委员会、劳动专业委员会负责人，金融证券、经济、知识产权、民事、WTO等专业委员会委员；国际保护知识产权协会（AIPPI）会员，国际许可证贸易工作者协会（LES）会员，国际工业产权律师协会（FICPI）会员，英国皇家特许建造学会（CIOB）会员，英国土木工程师学会（ICE）会员，中华全国专利代理人协会（ACPAA）会员；上市公司独立董事，国家注册建造师执业资格考试委员会委员等。蓝迪国际智库与德恒律师事务所长期保持合作，在"一带一路"相关项目和服务保障中巴经济走廊建设方面共同作出了努力。

（二十四）澳门商报国际传媒集团有限公司

澳门商报国际传媒集团有限公司（以下简称澳商传媒集团）于2005年在澳门特别行政区注册成立。澳商传媒集团以"在商资政、在商言商"为特色，致力于打造"具有影响力的主流媒体"，是全球商报联盟成员单位之一。

澳商传媒集团立足于澳门，面向国内外，历经17年行业深耕，拥有优质、多维、丰盈的资源储备，旗下运营拥有平面媒体《澳门商报》、新媒体集团、数字营销、会议会展、创新教育等多家公司，核心业务范围涵盖内容策划、全域营销、全媒体推广、活动会展、产业投资、国际教育等多个产业领域，并以数字化驱动内容创意，提供集创新媒体传播价值、营销全案统筹、在线互动推广及线下品牌活动于一体的全态链一体化全域营销解决方案，持续推动品牌价值提升，实现品牌与市场有效沟通，为客户创造持续成长的商业回报。

澳商传媒集团旗下控股公司——广东澳碳新能源技术有限公司于2023年成立于横琴粤澳深度合作区，秉持"绿色可持续发展"的经营理念，致力于在粤港澳大湾区开展碳市场的人才培养、技术孵化、平台共享的全产业链模式。通过澳门特别行政区的独特区位优势和政策支持，结合跨境传媒的国际传播、活动策划和商业社群优势，为大湾区实现"双碳"目标提供智力支撑。广东澳碳新能源技术有限公司于2023年8月27日与上海环境能源交易所达成合作协议，共同组建碳市场能力建设（大湾区）服务中心，希望推动大湾区碳市场能力建设。

2023年9月27日，蓝迪国际智库联合国金证券和澳门商报共同举办的横琴粤澳深度合作区蓝迪金融沙龙活动在三一南方总部大厦（横琴）举行。

蓝迪国际智库线上沙龙的成功举办，得益于澳商传媒集团的大力支持，为活动提供了有力的技术支持和人才、设备服务。蓝迪国际智库与澳商传媒集团将继续推进会议活动的交流合作，并围绕产业基金、绿色低碳等方面拓展更多的资源链接。

（二十五）广东省金融科技协会

广东省金融科技协会是在广东省地方金融监督管理局支持指导下，以金融机构、科技公司为会员主体的省级协会。广东省金融科技协会会员包括广东粤财投资控股有限公司、微众银行、腾讯公司等企业，致力于搭建省内信息资源平台，促进金融科技企业交流合作；开展金融科技领域调查及相关课题调研；发挥金融、科技创新对经济结构调整和产业转型升级的引领支撑作用，为支持地方经济发展发挥作用。现任会长单位为广东粤财投资控股有限公司。协会着力推动金融科技资源整合、应用推广，加强学界、业界和监管的良性互动，切实履行社会组织服务职能和聚焦优势。

为了更直观地了解金融科技在实际业务中的应用情况，广东省金融科技协会在2023年组织了金融机构参访活动，会员单位代表参观了南海农商银行和南海固废处理环保产业园，深入了解了金融科技在消费金融、信用卡中心以及环保产业等领域的应用实践。这次参访活动不仅增进了会员单位对金融科技应用的认识，也为未来的业务合作与创新提供了灵感。

2023年3月10日，广东省金融科技协会作为指导单位，积极参与了大湾区首届银行营销数字化峰会。这次峰会由广州数字魔方网络科技有限公司主办，汇聚了众多金融科技公司、银行服务商、银行高管以及金融营销专家等业内人士。峰会上，与会者围绕银行营销数字化转型的主题进行了深入的探讨和交流，分享了各自在数字化营销方面的经验和创新实践。广东省金融科技协会在峰会中发挥了重要的指导和支持作用，推动了银行营销数字化领域的交流与合作。

2023年12月，蓝迪国际智库邀请广东省金融科技协会参加横琴金融高层咨询会，围绕金融科技发展推动金融机构数字化转型，金融科技如何推动普惠金融发展等进行讨论交流，广东省金融科技协会秘书长朱明春表示，横琴的发展可以从招商银行的成功案例中汲取经验，即准确定位并持续前行。横琴需要筑巢引凤，孵化出像深圳的腾讯、华为这样的龙头企业来带动整个区域发展。同时，金融科技的发展方向已经明确，需要找到有自我学习能力的人工智能技术来推动金融科技发展。此外，头部企业在生态链中具有重要作用，横琴需要培育出产业链中的领军企业来带动整个产业的发展壮大。

2023年12月，蓝迪国际智库邀请广东省金融科技协会参加横琴金融高层咨询会，广东省金融科技协会秘书长朱明春发言。

（二十六）中欧商业协会

中欧商业协会（SEIBA），是一家由多位欧洲前政要和世界500强企业前高管共同支持成立的协会机构，协会自2011年中欧全面战略合作伙伴协议签署前夕开始筹建，后正式在法国注册成立。首届专家委员会主席为法国前总理拉法兰先生，现任执行会长为胡雄哲先生。

中欧商业协会自筹建以来，坚持"聚焦世界五百强、聚焦投资决策人、聚焦项目落地"，在航空、新能源、生物医药、医疗器械等领域与行业龙头企业高层建立了多年的信任和合作关系，促成了天津中欧产业园、南京中德产业园、南京中法产业园等高级别中欧产业合作项目，促成了默克、GE医疗等多家世界500强企业在中国落地项目。

2011年以来，中欧商业协会积极落实习近平主席提出的绿色"一带一路"精神，重点专注于在巴基斯坦、菲律宾、北非、东欧等"一带一路"节点国家和地区推动新能源产业投资合作。2011年10月，中欧商业协会执行会长胡雄哲和欧盟驻华代表团团长、大使艾德和博士探讨建立中欧城镇化合作伙伴关系及中欧市长交流机制，并成功推动欧洲理事会主席范龙佩先生致电温家宝总理，随后双边就中欧市长交流机制达成共识；2012年9月，首届中欧市长论坛在欧盟首都布鲁塞尔举行，温家宝总理亲率40多位中国市长参加，中欧商业协会组织 24 人代表团参会。此次论坛标志着中欧两地城市高级别、常态化交流机制的正式建立。2012 年 9 月 12 日，中欧商业协会、中国欧盟商会在天津举办首届欧中经贸合作及可持续城镇化发展论坛，天津市副市长李文喜、欧盟驻华使团副团长卡门卡诺女士及 300 多位中欧工商界、投资界领袖及地方政府、开发区领导参会。会后，中欧商业协会积极参与天津市对欧盟的招商引资合作，并积极推动天津市在京津交界的武清区规划成立占地 9.5 平方千米的天津欧盟产业园区。

2014 年 5 月，中欧商业协会受葡萄牙共和国政府投资署及驻华使馆正式委托，为当年葡萄牙总统访华期间协办中葡企业家合作对接大会。2014 年 6 月，中欧商业协会应邀在意大利总理伦齐访华期间参加中意企业家委员会成立仪式，并与芬梅卡尼卡、意大利电信、中国银行、中航工业集团、中远集团等中意企业家代表就双边产业投资合作交换意见，李克强总理与意大利伦齐总理出席本次会议并致辞。2014 年 7 月，应住建部下属中国房地产业协会邀请，中欧商业协会共同举办中欧商业地产论坛。住建部原副部长、中房协会长刘志峰，葡萄牙大使托雷斯以及英国、德国、法国、意大利、立陶宛等国使馆和商会、企业代表 400 余人参会。

2015 年 5 月，应国家药监局下属中国食品药品质量安全促进会要求，中欧商业协会与北京市药监局、法国驻华大使馆等机构共同举办中法医药行业促进研讨会。并于 2015 年 6 月与中国食品药品质量安全促进会、法国驻华使馆共同发起中法医药行业促进工作组，促进中法在医药健康行业的投资和合作。2015 年 6 月，应中国市长协会要求，中欧商业协会邀请巴黎、伦敦、慕尼黑等城市领导参加中国城市地下管廊建设研讨会，并与住房城乡建设部，北京市、天津市主要领导会见。

2015 年 10 月，在中欧商业协会推动下，南京江北新区中法产业交流合作框架协议签约仪式在北京举行，法国前总理、法国参议院国防军事与外交委员会主席、法国展望与创新基金会主席让-皮埃尔·拉法兰，南京市领导参加了签约仪式；2017 年 3 月，时任江苏省委书记、省人大常委会主任李强在南京会见了拉法兰一行。李强对拉法兰多年来为中法友好交往作出的积极贡献表示钦佩和敬意。李强表示，将全力支持双方正在筹划的中法产业合作示范区建设，努力打造中法产业合作的成功样板，为中法友好关系不断向前发展作出新的贡献。

2017年3月22日，时任江苏省委书记、省人大常委会主任李强在南京会见了法国前总理、法国参议院国防军事与外交委员会主席、法国展望与创新基金会主席让-皮埃尔·拉法兰一行。

2017年9月，中欧商业协会邀请德国前总理施罗德到访南京并出席南京中德企业座谈会，百余位德国在华企业及国内企业主要领导参会。十二届全国人大外事委员会副主任委员、蓝迪国际智库专家委员会主席赵白鸽出席会议并与施罗德共同探讨了中德两国在新型全球化和中国"一带一路"倡议框架下的合作机遇与挑战。2018年，南京经开区联合德国沙尔平咨询公司，共同规划建设中德产业园，重点发展智能制造、新能源汽车、高端装备、人工智能等产业。

2018年，中欧商业协会组织美国最大石油家族之一科氏家族代表Bill Koch和中石化领导在佛罗里达州棕榈滩会谈，促成科氏家族奥克斯堡（Oxbow LLC）公司和中方签署中美石化产业投资合作备忘录。

在中欧商业协会等机构的参与推动下，2023年9月，新冠疫情以来国际航空物流领域的首次高层盛会——以色列航空工业有限公司（IAI）全球峰会在重庆举办。IAI航空产业全球总裁、美国最大飞机租赁公司Aercap、欧盟最大飞机租赁公司Avolon等国内外主要航空物流企业、跨国头部物流运输企业代表等120余位高管来渝参会。

蓝迪国际智库将与中欧商业协会在国际、国内、政府、地方产业等领域，共同合作发展促进国际交流与合作，共同搭建更宽广的平台，推动更多企业"请进来""走出去"，从而为构建新型国际关系和人类命运共同体贡献力量。

（二十七）澳门科技总会

澳门科技总会（Macau Technology General Association，MTGA），为非营利社团。澳门科技总会始终坚持为澳门特别行政区的社会、科技交流而努力；团结澳门的科技社团、企业、人才，增进各界科技领域交流，共同推动澳门的创新科技发展，加强科技与经济接轨，促进澳门与国际科技合作；积极推动有利于澳门业界发展科技的政策研究、产业平台搭建、企业项目对接、企业发展辅导及相关专才培养等工作，在发展科技方面对公、私机构给予支持；团结业界，促进业界与外地同业之间的交流与合作。

澳门科技总会为响应国家号召，支持服务横琴粤澳深度合作区建设，促进澳门经济适度多元发展，已成功举办两届以科技为核心的 BEYOND 国际科技创新博览会。BEYOND Expo 已经成为亚洲最具规模和影响力的国际科技博览会之一，累计招募展商 800 家，500 余位商界创新领袖成为大会演讲嘉宾，举办行业论坛 150 余场。

2021 年，澳门科技总会主办的首届 BEYOND 国际科技创新博览会于 12 月 2—4 日在澳门威尼斯人金光会展中心举行。大会以"BEYOND 国际科技创新博览会"为平台载体，展现中国科技创新文化与成果，积极催生科技创新与变革，塑造中国在科技领域的"开放、协同、创新"形象，为构建人类命运共同体贡献科技智慧和创新力量。BEYOND Expo 2022 更是以元宇宙的全新交互形式，创造了科技博览会的历史：元宇宙参与者总数超过 3.5 万人，虚拟展商近 500 家，线上峰会观看量累计 600 万次，元宇宙形式对接活动超过 150 场。并且，其行业峰会近半数演讲嘉宾来自海外，海外参会者也近 40%，以英文为主要语言的近 50 场圆桌话题也更加具有全球视野。

2023 年，进入后疫情时代的全球经济面临着诸多挑战，商业的边界也正在从现实拓展到虚拟世界。2023 年 5 月，由澳门科技总会主办，商务部外贸发展事务局、国务院国资委规划发展局、工信部国际经济技术合作中心、生态环境部对外合作交流中心、中国国际科技交流中心和中华医学会联合主办，蓝迪国际智库、广东省工商业联合会（总商会）和广东省粤港澳合作促进会参与举办的澳门第三届 BEYOND 国际科技创新博览会在澳门举行，大会在亚洲掀起疫情后的科技新品浪潮，让世界听到亚洲科技最强音。活动内容包括"科技创新行"、五大主题峰会、三大独立展区及巡展活动、四大榜单、三大盛典、四种对接。

2023 年 5 月，澳门第三届 BEYOND 国际科技创新博览会在澳门举行。

蓝迪国际智库自 2020 年大会发起，一直作为 BEYOND 国际科技创新博览会战略合作伙伴与澳门科技总会携手共进，专注科技创新、大健康、中医药、可持续发展和金融领域，推荐知名专家和优质企业共建 BEYOND 国际科技创新博览会。2023 年大会期间，蓝迪国际智库代表团携组委会官方媒体团进行了蓝迪专场巡展活动，并向参展嘉宾和组委会官方媒体团介绍推广了蓝迪平台企业及产品。巡展企业及机构包括中国土木工程集团有限公司港澳分公司、布瑞克农业、洛阳顺势药业、科大讯飞旗下讯飞听见公司、泰豪创意科技集团、中国水环境集团、浪潮云洲等蓝迪平台企业。

（二十八）北京标研科技发展中心

北京标研科技发展中心（以下简称北标研），作为蓝迪国际智库理事和质量发展技术支撑单位，基于 NQI 理念和原创国际质量合规性（IQC）双学理支撑，结合新兴产业链上企业全生命周期内在发展规律，创新性构建"NQI & IQC"促进区域经济和产业经济高质量协同发展路径，开展学理和企业运行模式，产业链强链、补链、增链等质量合规性发展研究及应用推广，并服务"一带一路"沿线国家对高质量协同发展诉求，为高校、研究机构、企业、质量服务机构等开展定制化培训,以及产业质量合规综合改进发展调研、咨询和规划报告编制等新型质量服务。北标研将持续秉承"共商共建共享"原则,力求成为助力产业经济和区域经济高质量发展的新型质量发展事务机构。

北标研业务领域包括政策研究、科研攻关、质量规划、能力建设、国际合作。致力于多个领域,为质量机构混改战略重塑、政策法规评估、区域质量政策规划等提供高效合规性服务;同时,结合在国家、省域和多领域等科研基础,为科研项目提供"计量、标准及合格评定"配套全维度支撑性专业化服务,以大质量发展模式,为区域和产业经济,在产业链、区块链、产业生态重塑升级方面,提供独创"跨界云"定制化咨询服务;以 NQI 为全要素覆盖,为高校"标准质量专业"的设立,有关政府部门、产业园区、企事业单位,提供高质量发展定制化培训,事业单位整合转企混改和人员能力建设培训,基于多个国家级智库平台,为企业在"一带一路"沿线国家资源对接、海外高质量发展规划和团体标准"走出去"等方面提供国际化服务。

三、国际机构

(一)法国展望与创新基金会

法国展望与创新基金会是由法国前参议员雷诺·莫诺力与欧莱雅总裁佛朗斯瓦·达雷在 1989 年创办的公益组织。目前由法国前总理、2019 中华人民共和国"友谊勋章"获得者让-皮埃尔·拉法兰(Jean-Pierre Raffarin)为现任主席。

法国展望与创新基金会会聚法国、欧洲重要的学者、政客、企业家,积极关注中国、巴西、非洲、印度尼西亚、加拿大等国家和地区,以研究、探讨、出书等方式,组织交流互访,为政府决策者和企业领袖建言献策。

法国展望与创新基金会创立的主旨在于促进对当今世界根本变化的认知、展望与思考,以帮助法国决策层、政府、企业了解时事并作出反应。法国展望与创新基金会始终致力于为战略性议题带来国际视角,为法国青年与发展中国家青年建立联系,依托企业力量,特别是中小企业,力求进入新兴市场。为此,基金会会聚各领域专家和企业负责人、知识分子、政治及行政决策者给予有效的咨询建议。法国展望与创新基金会的重点研究方向主要有以下三个方面：一是理解、评估当今世界发展现状，特别是对中国及非洲；二是激发企业，特别是中小企业的竞争力，给予引导和扶持；三是参与构建新型全球化的治理模式。

蓝迪国际智库专家委员会主席赵白鸽与法国前总理让-皮埃尔·拉法兰会见并会谈。

蓝迪国际智库和法国展望与创新基金会已建立多年战略合作伙伴关系。赵白鸽于2019年8月应拉法兰先生邀请，赴法国普瓦捷市出席了法国展望与创新基金会第十三次年会，并召开双边专题会议，就共同举办2019中欧智慧城市论坛相关事宜进行了讨论，就会议内容的顶层设计交换意见并达成共识。同时，确认双方团队之间建立双边工作小组以便更好地思考"绿色丝绸之路"框架下的各个项目及其未来给中法双方的企业、地方政府及协会等带来的潜在合作机会。

2019年9月26日，拉法兰先生组织欧盟智慧城市领域的知名专家学者鼎力支持蓝迪国际智库在广西南宁举办的2019中欧绿色智慧城市峰会。峰会论坛主要分为两场，即"未来已来"和"走进民生"，嘉宾们从国际规则、国内法制、政策规制和技术要素等多个角度阐述了绿色智慧城市的构建与发展，并提出第四次产业革命的科技创新会带来物理空间、网络空间和生物空间三者的融合，科技创新是打造智慧城市的必要手段。

2019年11月7日，双方首次在京召开"绿色丝绸之路"工作研讨会。蓝迪国际智库专家委员会主席赵白鸽带领智库工作团队和法国展望与创新基金会秘书长塞尔日·德加莱先生团队，就未来开展"绿色丝绸之路"框架下的合作机遇交换了意见，并就双方在加强区域合作、促进新型科学技术互通、推进项目对接、实现多双边可持续绿色发展等重要议题方面达成一致意见。

双方明确新型科学技术的互学互鉴将是中法未来合作的重要方向。蓝迪国际智库拥有丰富的高科技企业资源，如科大讯飞、天壮、推想、兰丁等，中方可以借鉴法国优秀的绿色智慧城市建设经验，合力利用第四次产业革命新型创新科技打造智慧城市，为双方需求形成良好配置，实现可持续发展。未来，双方将共同促进两国企业和技术的务实对接，深度挖掘合作需求，搭建项目对接平台，通过更加高效的协同工作，推进"绿色丝绸之路"框架下中法、中欧极具发展潜力的项目落地。

未来，双方将通过专项工作小组保持机制性沟通，积极参与到多双边、跨区域合作机制当中来，充分挖掘多边合作组织和地方经贸合作示范区的资源，如上合组织成员国、RCEP国家、中东欧国家等，以及青岛上合示范区、RCEP青岛经贸合作先行创新试验基地，宁波中东欧国家经贸合作示范区、粤澳深度合作示范区等国内重大开放平台，加强双方在"一带一路"框架下、以绿色智慧城市为载体，在环保、健康医疗、人工智能等多领域的合作，促进互惠互利，实现共同发展。

（二）埃及沙拉夫可持续发展基金会

埃及沙拉夫可持续发展基金会是一个非营利性、非政府组织，其宗旨是为埃及实现可持续发展和经济增长而不断奋斗。自2015年成立以来，埃及沙拉夫可持续发展基金会已成功与各类国家组织和国际组织建立起合作伙伴关系，该基金会坚信多样化的合作伙伴会带来各种优势和资源，应保持开放的态度，实现知识共享和能力提升，以确保多方面可持续发展目标的顺利实现。埃及沙拉夫可持续发展基金会非常重视与合作伙伴在教育、创新与科研、环境与气候变化、新能源与可再生能源和知识技术转化等方面开展相关合作，并尽一切努力帮助埃及实现可持续发展。

蓝迪国际智库专家委员会主席赵白鸽博士（中）与埃及前总理伊萨姆·沙拉夫（左一）、法国前总理让-皮埃尔·拉法兰（右一）合影。

2019年，蓝迪国际智库与埃及沙拉夫可持续发展基金会在互相理解和互相信任的基础上，建立了合作伙伴关系。双方承诺将在两国文化和科技创新层面开展广泛交流和实质性的推进工作。

未来，双方将重点关注医疗、教育、住房、新能源及高新技术应用领域下的项目合作问题。通过政府、智库、企业三方协同，搭建资源平台，进一步推动埃及经济社会发展，尤其是塔达经济区、新开罗工业园区等重点区域的经济发展，营造良好的商业环境，切实推进优秀科研成果转化项目的顺利落地，实现共商、共建、共享。

（三）沙尔平战略咨询交流股份公司

沙尔平战略咨询交流股份公司于2003年在德国法兰克福设立，并于2012年在北京设立分支机构。公司董事长鲁道夫·沙尔平先生曾就任德国国防部长、社会民主党主席、莱茵兰-普法尔茨州州长。公司成立至今，一直致力于为政府、企业、学术及科研机构等提供全面、专业的咨询服务，服务对象来自汽车、机械制造、化工、医疗健康、食品与化妆品、能源环保、贸易与物流、法律与金融、人工智能、互联网及大数据、教育与技能培训、体育、城市及园区设计规划、园区配套服务等多个领域。截至目前，公司累计完成数十个各类咨询项目，得到了客户的普遍认可。公司致力于为中德企业以及中国各级地方政府搭建中德经济交流与合作的高端平台，在品牌、产品、技术、服务、专家和资金等领域提供咨询服务，涵盖战略制定与实施、资源整合和项目对接、流程管理、公司并购重组等。主要包括：一是区域战略发展咨询。服务于各级地方政府及产业园区等政府部门。通过对医疗、教育、科研、环保等配套设施的搭建，结合城市及产业特点对接德国特色资源，促进当地企业与德国资源的交流与合作，创建对德高端资源交流的窗口，形成中德互动机制，推进地方政府的国际化城市建设。二是企业与机构的业务合作咨询。服务于大型及上市企业、中小型企业、各类机构。为中德两国企业及机构筛选对口合作伙伴和项目，提供定制化解决方案，整合资源，全程参与、跟踪并协调解决双方在文化、商务习惯、两国政策解读和落实方面的冲突与问题。三是交流对接平台。定期举办大型会议、研讨会、企业沙龙、酒会、代表团参观考察等多种形式的中德交流活动，提供中德高端互动平台。

德国前国防部长鲁道夫·沙尔平在"一带一路"产业合作国际论坛上发言。

沙尔平战略咨询交流股份公司丰富的德国科技创新、贸易金融等产业资源、项目资源，以及品牌、产品、技术等完善的咨询服务能力，在推动地方城市、产业园区进行产业培育、产业导入、产业升级等方面价值巨大。蓝迪国际智库将携手沙尔平战略咨询交流股份公司，联合开展区域战略发展咨询、中德高端沙龙、科创项目对接等，助力中德经贸合作与产业交流。其中，青岛市在"一带一路"及上合示范区、RCEP先行创新试验基地、自贸区等多区位优势叠加下，发展迅捷，在跨国贸易、科技创新等方面需求强烈、政策完备，双方将联合沙尔平战略咨询交流股份公司开展在青岛的中德合作项目落地。

（四）巴基斯坦中国学会

2009 年 10 月 1 日，在巴基斯坦参议员穆沙希德·侯赛因·萨义德的主持下，巴基斯坦中国学会（以下简称巴中学会）正式成立。巴中学会是非政府、无党派、非政治的智库，也是首个促进中国和巴基斯坦两国人民之间在国防、外交、教育、能源、经济和环境等领域联系的智库，并特别关注青年和妇女发展。巴中学会依托"中巴经济走廊"和"一带一路"倡议，采取了一系列有效举措来促进中国与巴基斯坦两国关系进一步向前发展。

近年来，巴中学会在研究与教育、文化的连通性等方面，在各类研讨会上均取得了丰硕成果，得到了中国和巴基斯坦国内专家学者、政府领导高层的高度认可和广泛关注。通过广泛调动两国资源，巴中学会制定了中巴经济走廊信息收集和核查综合机制，为中巴经济走廊的利益相关方参与到该机制提供了路径，促进相关方增进其对中巴双边合作的了解，增强互动，为实现共建、共赢作出了重要贡献。

随着"一带一路"倡议的推进，中巴经济走廊作为"一带一路"倡议的旗舰项目，将为"一带一路"沿线国家树立标杆与样板。2020 年 5 月 21 日，巴中学会与蓝迪国际智库联合主办中巴经济走廊新时代和新冠疫情下的中巴关系云端研讨会，中巴两国专家学者就新型全球化与疫情后的中巴合作展开深度研讨。2020 年 7 月 22 日，巴基斯坦可持续发展政策研究所、蓝迪国际智库联合主办，巴中学会承办的"后疫情时代中巴合作的机遇与挑战"云端论坛顺利召开。巴基斯坦参议院参议员、巴中学会会长、蓝迪国际智库专家委员会委员穆沙希德·侯赛因·萨义德指出，新冠病毒是人类共同的敌人，需要各国合力应对。中国上下同心同德，为世界树立了抗疫榜样。

中巴经济走廊是"一带一路"重要先行先试项目，中国提出的全球发展倡议、全球安全倡议、全球文明倡议和"一带一路"倡议下延伸的各种机制，对于未来全人类的命运而言至关重要。未来，蓝迪国际智库与巴中学会将继续深化合作，重点聚焦以中巴经济走廊为核心的区域发展和产业政策研究，拓宽企业合作平台，服务重点行业，以促进中巴经济实现共同发展、共同繁荣。

（五）南非塞昆贾洛集团

1997 年，南非总统纳尔逊·曼德拉发起"为广泛的黑人经济赋权"的号召，1997 年，为响应此号召，其亲近的私人医生伊克巴尔·苏尔韦博士发起成立了塞昆贾洛（Sekunjalo）集团。该集团秉承社会公正、广泛的经济参与和包容精神。在南非开普敦设立了一家新兴的跨国公司，并在瑞士、毛里求斯、迪拜设有办事处，开展投资组合等业务。

塞昆贾洛集团被广泛认为是非洲最成功的投资控股公司和成功案例之一，在不到 20 年的发展中，从最初的种子资本 2 万美元，一跃成为投资综合价值达 40 亿美元的大型跨国集团公司。塞昆贾洛集团注重可持续性发展、人权、儿童权利、教育、音乐、艺术和文化、创业等领域的投资。塞昆贾洛集团的核心精神和宗旨是"以社会良知盈利"，并注意社区和环境，包括通过业务拓展和支持慈善基金会的举措来减轻气候变化的影响。塞昆贾洛集团的愿景是寻求利用对非洲人民产生最大积极社会影响的市场政策，为非洲大陆的经济增长和发展作出贡献。有"彩虹之国"美誉的南非位于非洲大陆的最南端，同样也是海上丝绸之路的另一个端点，中国作为南非连续多年的最大贸易伙伴、出口市场和进口来源地，"一带一路"倡议使得南非成为未来 10 年里 5 个重点获益国家之一。

未来，蓝迪国际智库将与南非塞昆贾洛集团展开深度合作，加快推动中国与南非在贸易投资、文化旅游、基础设施建设等领域的合作。

（六）巴基斯坦伊斯兰堡战略研究所

巴基斯坦伊斯兰堡战略研究所成立于 1973 年，是一家自主非营利性研究机构，致力于为影响国际和平与安全的地区性及全球性战略问题提供深度见解和客观分析，并促进公众对影响巴基斯坦和整个国际社会重大问题的广泛理解，是该领域的先驱之一。

巴基斯坦伊斯兰堡战略研究所旨在基于公开信息和情报开展调研、讨论和研究分析，通过回顾历史和展望未来为专家学者搭建一个对巴基斯坦和国际社会产生重要战略影响的问题研究平台，其研究内容涉及和平、安全以及国家实力的各种要素。研究所定期举行研讨会，组织相关领域的专家学者就战略问题发表意见。始终与全球其他地区的类似机构建立并保持合作关系，并代表巴基斯坦参加国际战略会议。截至目前，研究所已与全球各类研究机构签署了 30 余份谅解备忘录。

未来，蓝迪国际智库与巴基斯坦伊斯兰堡战略研究所将共同挖掘两国合作潜力，聚焦中巴在农业、海洋经济及第四次产业革命新型科技等产业及社会民生领域的合作，增强政府、智库和企业在促进中巴经济走廊建设中的协同联动作用，为切实实现区域合作和产业对接提出系统性、建设性意见，落实以人民为中心的发展理念，确保中巴经济走廊合作行稳致远。

（七）巴基斯坦金环经济论坛

巴基斯坦金环经济论坛涵盖中国、俄罗斯、巴基斯坦、哈萨克斯坦、乌兹别克斯坦、吉尔吉斯斯坦、塔吉克斯坦、土库曼斯坦、伊朗、土耳其 10 个国家。论坛主席是西坎德·阿夫扎尔。金环经济论坛旨在推动 10 国经济政策联动、资源共享、产业融合，尤其是推动在新全球化牵引下的人类社会经济包容性共同发展与全新经济秩序的建设，并在经济的共同繁荣下建设和谐共生的人类文明新秩序。它将有利于探讨土耳其、俄罗斯、伊朗、巴基斯坦与中国等国，在各自原有经济战略互动与合作的基础上进一步拓展与全新升级的实现路径与发展通道。

金环经济论坛建立的目标：一是定期联席会议，保障在巴基斯坦成员国的战略利益和经济利益；二是作为决策者与利益相关者之间的桥梁开展工作；三是协助政府制定政策框架、战略经济合作联合机制；四是发展、联合先进私营工业集团；五是发起金环经济论坛倡议，推动各成员国协同合作和协调，并与各成员国开展项目合作。

2023 年 6 月 20 日，蓝迪国际智库与巴基斯坦金环经济论坛主席西坎德·阿夫扎尔开展了座谈会。讨论中巴经济走廊建设进展情况、快速实施中的问题、当地与国际障碍和瓶颈、巴基斯坦私营部门参与中巴经济合作委员会项目和安全以及其他问题。

2023 年 6 月 20 日，蓝迪国际智库与巴基斯坦金环经济论坛主席西坎德·阿夫扎尔进行会谈。

第七章　平台专家
蓝迪国际智库专家委员会成员

梁振英（专家委员会名誉主席）

第十四届全国政协副主席
香港特别行政区第四任行政长官
"一带一路"国际合作香港中心主席

梁振英，现任第十四届全国政协副主席，香港特别行政区第四任行政长官，"一带一路"国际合作香港中心主席。第十届、十一届全国政协常务委员，第十二届全国政协五次会议增选为全国政协副主席，第十三届、十四届全国政协副主席。

1974年梁振英获英国布里斯托理工学院测量及物业管理学士学位，之后先后获得英国 University of the West of England 荣誉商业管理博士、香港理工大学荣誉商业管理博士以及香港测量师学会资深会员；1977年返港加入仲量行，历任副经理、经理；1983年成为合伙人，后创办梁振英测量师行。

梁振英曾任英国测量师协会（香港）主席、香港测量师学会会长、香港房屋委员会委员、上海浦东开发领导小组顾问、上海土地使用制度改革领导小组顾问、深圳土地使用制度改革领导小组顾问等；1985年任香港特别行政区基本法咨询委员会委员；1988年任香港特别行政区基本法咨询委员会秘书长；1992年被国务院港澳办及新华社香港分社聘为港事顾问；1993年担任香港特别行政区筹备委员会预备工作委员会委员、政务小组港方组长；1995年任香港特别行政区筹备委员会副主任委员；1996年12月当选为香港特别行政区临时立法会议员；1997—2011年，连续担任三届行政会议召集人；2012年3月在香港特别行政区第四任行政长官选举中当选，并被国务院任命为香港特别行政区第四任行政长官,于 2012 年 7 月就职。1999 年获香港特别行政区政府金紫荆星章;2011 年获香港特别行政区大紫荆勋章。

由梁振英先生担任董事局主席的"一带一路"国际合作香港中心,是根据香港法律在香港注册的非政府及非营利性团体。中心的使命是发挥香港的重要节点作用,促进中外合作。其信念是在"一带一路"国际合作倡议下,为华商提供他国更多的投资机会,同时兼顾企业做好公益,承担好社会责任,促进"一带一路"民心相通,使各国人民有获得感,共享"一带一路"倡议的成果。中心的工作主要是构思、发起和组织工作项目,调动和借助香港等地的既有力量,与其他机构或个人合作,共同执行。蓝迪国际智库高度重视与该中心的合作,双方致力于推动"一带一路"高质量发展。2018 年 5 月,双方在深圳联合主办航空产业与空中丝绸之路论坛合作研讨会;2019 年 4 月,双方在香港亚洲国际博览馆举办空中丝绸之路国际论坛,来自国内外民航局、国际民航组织、国际行业协会,航空企事业单位、国际著名飞机制造商、大学院校、科研院所及社会组织的 600 多位代表参加。双方围绕增进香港青年人对"一带一路"国际合作倡议的认识、促进实地体验;对发展中国家的人道主义援助、促进中外文化及艺术交流,以及对外传播"一带一路"的合作和共享本质等进行长期合作。

王伟光(专家委员会名誉主席)

中共第十八届中央委员
中国社会科学院原党组书记、院长
蓝迪国际智库专家委员会名誉主席

王伟光,中国社会科学院大学教授、南开大学终身教授、中共中央党校教授,哲学博士,博士研究生导师,中国社会科学院学部委员。中国共产党第十六次、第十七次、第十八次、第十九次全国代表大会代表,第十七届中央委员会候补委员,第十八届中央委员会委员。第十届全国人民代表大会代表、法律委员会委员。第六届全国青联常委。第十三届全国政协常委、民族和宗教委员会主任。现任中国社会科学院马克思主义学院院长、南开大学·

中国社会科学院大学21世纪马克思主义研究院院长、中国辩证唯物主义研究会会长，中央马克思主义理论研究和建设工程咨询委员会委员、首席专家，马克思主义理论一级学科、哲学一级学科学术带头人。历任中共中央党校副校长，中国地方志指导小组组长，中国社会科学院院长、党组书记，中国社会科学院学部主席团主席，中国社会科学院大学校长，马克思主义研究基金会理事长。1987年获得国务院颁发的"做出突出贡献的中国博士学位获得者"荣誉称号。

主要研究领域集中在马克思主义哲学、马克思主义和马克思主义中国化、中国特色社会主义理论体系、习近平新时代中国特色社会主义思想、中国特色社会主义重大理论与实践问题和中华思想通史等方面。著有《社会主义通史》《新大众哲学》《社会矛盾论》《利益论》《王伟光自选集》《王伟光讲习录》《当代中国马克思主义的最新理论成果》《中华思想通史绪论》《中国社会形态史纲》《国际金融垄断资本主义论》等。在国家级报纸、期刊上发表论文650余篇。主持多项国家社科基金项目。

王伟光先生任中国社会科学院"一带一路"国际智库理事长、蓝迪国际智库专家委员会名誉主席，多次出席智库理事会、研讨会和行业峰会，研读和讨论相关课题报告及出版物，关注和支持蓝迪国际智库密切围绕"一带一路"建设的重大理论和建设，开展前瞻性、战略性研究，推出影响力大、公信度高的研究成果，为高质量服务"一带一路"，更加主动讲好中国故事、传播好中国声音、推动中国智慧和中国方案走向世界，为不断影响国际话语权、软实力作出贡献。

赵白鸽（专家委员会主席）

十二届全国人大外事委员会副主任委员
蓝迪国际智库专家委员会主席

赵白鸽，十二届全国人大常委会委员、外事委员会副主任委员，蓝迪国际智库专家委员会主席。毕业于英国剑桥大学，获生物医学博士学位。曾任国家人口计生委党组副书记、副主任，中国红十字会党组书记、常务副会长，红十字会与红新月会国际联合会副主席，亚洲议会大会经济委员会主席等职务。

赵白鸽博士长期致力于推动人类命运共同体理念和"一带一路"倡议的有效实施，积极向党中央、国务院建言献策，组建了由国内外智库、城市、企业、媒体等共同组成的新型应用型平台型智库，对推动国家治理体系和治理能力现代化、促进第四次产业革命发展和实践、服务"一带一路"倡议和人类命运共同体等发挥了积极作用。

赵白鸽积极参与推动中外文明交流互鉴。任职全国人大常委会委员、外事委员会副主任委员期间，担任中英议会交流机制主席、中国—南非议会交流机制常务副主席，是全国人大对欧洲8国、非洲15国的双边友好小组组长，积极推动全国人大与各国议会的交流。2015年，赵白鸽当选为亚洲议会大会经济委员会主席，2018年受聘为中国社会科学院"一带一路"国际智库专家委员会主席，2019年被巴基斯坦总统授予"卓越新月奖"国家荣誉勋章，2020年受聘为全国政协参政议政人才库特聘专家，2023年受聘为中联部金砖国家智库合作中方理事会共同理事长、首届横琴粤澳深度合作区咨询委员会委员。

赵白鸽积极参与国际人道主义事业。2011—2014年，赵白鸽担任中国红十字会常务副会长。2013年当选红十字会与红新月会国际联合会副主席，负责协调亚太地区事务，积极应对国际人道主义危机，开展冲突和灾害管理。2016年任第三届国家气候变化专家委员会委员，参与我国应对气候变化、低碳发展科学研究和政策制定。

赵白鸽积极推动人口与发展领域的工作。2003—2011年，担任国家人口计生委副主任，其间积极参与制定国家人口发展战略，推进人口领域改革和计划生育政策的调整完善。赵白鸽在医药科技领域有重要影响。1988年，赵白鸽获英国剑桥大学生物医学博士学位；1989—1994年，担任上海市计划生育科学研究所所长，并任世界卫生组织合作中心主任，组织完成了一系列新药研究与开发工作；1994—1998年，赵白鸽担任中国国家科委生命科学技术发展中心（美国）主任，成功地完成了海外专家委员会的建立，以及国家中医药现代化重大项目的国际推介、融资、注册等工作，推动了中国医药企业走向国际。

黄奇帆（专家委员会联合主席）

十二届全国人大财经委员会副主任委员
重庆市原市长
蓝迪国际智库专家委员会联合主席

黄奇帆，十二届全国人大财经委员会副主任委员，蓝迪国际智库专家委员会联合主席、研究员。曾任重庆市市长、中国国际经济交流中心副理事长。历任上海市浦东新区管委会副主任，上海市委研究室主任，上海市经济委员会主任，上海市委、市政府副秘书长。现任中国金融四十人论坛学术顾问，中国国家创新与发展战略研究会学术委员会常务副主席。

著有《结构性改革：中国经济的问题与对策》《分析与思考：黄奇帆的复旦经济课》《谈浦东开发的战略、政策及其管理》等。对资本市场、金融市场、房地产市场、数字经济、城市发展、产业结构转型升级、支柱产业集群化发展、城乡地票制度、国际贸易格局等方面有深入的研究，对经济体系的运行机制和政府经济管理具有深入的理论思考和丰富的实践经验。

在担任专家委员会联合主席期间，黄奇帆主持和参加了关于"一带一路"国际合作、地方发展、产业经济等多项重大专题政策建议报告的编制，得到中央高层的重视和批示；通过参与蓝迪国际智库主办的十字门金融周等系列高端论坛及我国与上合组织、中东欧17+1、RCEP、欧洲等"一带一路"合作提出真知灼见；作为区域经济发展专家，为广西、青海、珠海、青岛、宁波、苏州、吉安、保定等省市地方政府资政建言，为地方经济发展和产业转型升级提供智力支持；在新基建、新材料、信息和通信技术等产业发展方面提供了宝贵的意见和建议，支持了若干国际领先、国内先进的重大产业项目的落地实施。

黄奇帆先生关注产业数字化转型。2023年6月，在西安出席蓝迪国际智库联合主办的中国数字建筑峰会并发表题为《人工智能时代的城市数字化发展路径与治理模式》的主旨演讲，指出人工智能成为数据要素开发的重要生产工具，激活数据要素是城市数字化发展的核心。城市智能化需要全空域泛在、全流程持续、全场景打通、全智能解析和全价值叠加"五全信息"的开发,城市要通过万物万联走向智能化发展。他表示,城市走向全面智慧化的标志是对人的智慧的深层次释放,并形成经济、社会、政务、文化、生态"五位一体"的智慧城市系统。同时,AI 时代的城市是由实体空间和数字空间组成的数字孪生城市,要充分重视对数字空间的治理。

黄奇帆先生注重地区高质量发展研究。2023 年 12 月,出席蓝迪国际智库联合主办的中国开发区高质量发展大会,以"筑牢开发区高质量发展之基"为题,围绕开发区的科学内涵、如何做好高水平招商引资、按照国家高质量发展目标提升开发区新质生产力等方面,分享了关于新时期开发区高质量发展的系统性思考,为开发区转型升级的重大意义、路径选择和方向指引提供了宏观指导,从战略层面为我国开发区在高质量发展新征程上争当表率、在推进中国式现代化中走在前、作示范给出了极具价值的智慧与参考。

蔡 昉(专家委员会联合主席)

十三届全国人大农业与农村委员会副主任委员
中国社会科学院国家高端智库首席专家、学部委员
蓝迪国际智库专家委员会联合主席

蔡昉,中共十七大、十八大代表,十三届全国人大常委会委员、农业与农村委员会副主任委员,中国社会科学院原副院长、党组成员,中国社会科学院"一带一路"国际智库常务理事长,蓝迪国际智库专家委员会联合主席。现任中国人民银行货币政策委员会委员,中国社会科学院国家高端智库首席专家、学部委员。

蔡昉先后毕业于中国人民大学、中国社会科学院研究生院,经济学博士。1998 年,蔡昉出任中国社会科学院人口与劳动经济研究所所长,就我国的人口、就业问题作出了长足深远的研究。同年获 1998 年度国家级"有突出贡献的中青年专家"称号。2003 年,被七部委授予"出国留学人员杰出成就奖",是"第四届中国发展百人奖""第四届中国农村发展研究奖"获得者,并被评选为"影响新中国 60 年经济建设的 100 位经济学家"之一。

2006 年,针对我国部分地区出现"民工荒"这一前所未有的情况,蔡昉提出我国的劳动力供给正面临"刘易斯拐点"的到来,享受了 20 多年"人口红利"的经济增长面临着由这种红利即将消失所带来的发展模式转型的结论。

除了在劳动人口学领域的深入研究，蔡昉在宏观经济改革方面的研究著作也成果丰硕，许多重要学术成果具有标志性意义。主要著有《中国的二元经济与劳动力转移——理论分析与政策建议》《十字路口的抉择——深化农业经济体制改革的思考》《穷人的经济学》《中国劳动力市场发育与转型》等书。合著《中国的奇迹：发展战略与经济改革》和《中国经济》等，主编《中国人口与劳动问题报告》系列、《中国经济转型30年（1978—2008年）》等书。在蔡昉的经济改革领域研究中，《中国的奇迹：发展战略与经济改革》（蔡昉、林毅夫、李周合著）一书引起各界反响。这本20世纪90年代出版的书籍大胆预测，按PPP计算中国的经济规模会在2015年赶上美国，按当时的市场汇率计算，中国则会在2030年赶上美国。近年来，蔡昉及其研究团队所提出的"就业优先战略""户籍制度改革分类实施"等政策建议被写入中央文件。

蔡昉任"一带一路"国际智库常务理事长、蓝迪国际智库专家委员会联合主席期间，出席蓝迪国际智库主办的中国巴基斯坦企业家国际研修班，主持、出席相关国际研讨会、理事会。他建议，智库发展应更多关注宏观趋势研究，加强智库的研究力和预判力，输出更多前瞻性、战略性的策略与对策。

陈锡文

十三届全国人大农业与农村委员会主任委员
中央农村工作领导小组原副组长兼办公室主任
原中央财经领导小组办公室副主任

陈锡文，十三届全国人大农业与农村委员会主任委员。1982年大学毕业后到中国社会科学院农业经济研究所工作，任中国农村发展问题研究组副组长。

1985年7月，陈锡文随中国农村发展问题研究组建制划归到国务院农村发展研究中心，先后任中国农村发展问题研究组副组长、发展研究所副所长、所长；1990年7月，随机构调整到国务院发展研究中心工作，先后任农村发展研究部副部长、部长、研究员、中心学术委员会委员等职；1994年6月，被抽调到中央财经领导小组办公室工作，仍保留国务院发展研究中心研究员、学术委员会委员等职；自2000年11月起任国务院发展研究中心副主任。

2003年后，出任中央财经领导小组办公室副主任、中央农村工作领导小组成员兼办公室主任，中央党的建设工作领导小组成员，中央农村工作领导小组副组长，全国政协常委、全国政协经济委员会副主任，十三届全国人民代表大会常务委员会委员；2018年3月至2023年3月，任十三届全国人大农业与农村委员会主任委员。

20余年来，陈锡文先生一直从事中国农村经济理论和政策研究，先后发表论文、研究报告200余篇，独立或与人合作出版著作10余部，多次获"孙冶方经济科学奖"，1992年起享受政府特殊津贴。参与起草了自20世纪80年代中期以来的大部分关于农业和农村政策的中央文件。现兼任中国人民大学、中国农业大学、南京农业大学等多所大学的教授和博士生导师。

陈锡文先生关注"白色垃圾"防治问题，特别是农业领域塑料薄膜形成的"白色污染"问题，与蓝迪国际智库联合开展相关课题研究及创新技术发掘。

龙永图

全球CEO发展大会联合主席
中国与全球化智库（CCG）咨询委员会主席
全球跨境电商大会主席

龙永图，现任全球CEO发展大会联合主席、中国与全球化智库（CCG）咨询委员会主席、全球跨境电商大会主席。中国入世首席谈判代表、博鳌亚洲论坛原秘书长，曾任复旦大学国际关系与公共事务学院院长、国家外经贸部副部长、博鳌亚洲论坛理事，曾作为中国谈判总代表参加世界贸易组织（WTO）谈判。

1973年，龙永图赴英国伦敦政治经济学院攻读国际经济学专业；1986—1991年担任外经贸部中国国际经济技术交流中心副主任；1992年1月，出任外经贸部国际司司长，开始参加中国的复关谈判；1995年1月—2001年9月，作为首席谈判代表在第一线领导、成功完成了长达15年的中国加入WTO的谈判。

2003年1月，龙永图担任博鳌亚洲论坛理事、秘书长，在担任秘书长期间，他致力于让博鳌论坛成为最活跃的国际经济论坛，成为全球研究亚洲问题最权威的智囊机构和高层次的对话平台,至2018年4月,博鳌论坛新一届理事会鉴于龙永图为创建和发展论坛作出了重要和实质性贡献,故根据会员大会决议,授予其"荣誉会员"称号。

2003年底,龙永图被评为"央视2003年度经济人物";2004年10月,获联合国秘书长安南颁发的"联合国特别奖",以表彰他对促进中国与联合国合作的杰出贡献;2005年8月8日,获得比利时国王阿尔贝二世陛下授予的"莱奥波德国王勋章",以表彰他为促进亚洲区域合作和促进中欧、中比经贸关系所做的努力。

2018年12月22日,中国与全球化智库(CCG)、中国人才研究会国际人才专业委员会和中国留学人员回国服务联盟在"2018中国海外人才交流大会暨第20届中国留学人员广州科技交流会"上联合发布"中国改革开放海归40年40人"榜单,龙永图入选其中;2019年12月,龙永图再次入选"中国海归70年70人"榜单;2011年底获"CCTV 2011年度经济人物"称号。

龙永图曾主编了《全球化世贸组织中国》系列丛书,并经常作为嘉宾应邀出席世界著名研究学术机构和知名大学组织的研讨会,其中包括哈佛大学、华盛顿大学、伦敦经济学院、澳大利亚国立大学、新加坡国立大学以及荷兰全球论坛、日本淡岛论坛、太平洋经济论坛、英国皇家学会、美国亚洲协会、美国亚洲基金会、经济合作与发展组织以及亚洲开发银行等。

龙永图关注全球经贸合作、企业出海等议题,多次出席蓝迪国际智库主办的"一带一路"产业合作国际论坛、空中丝绸之路国际论坛等主题活动。

宋贵伦

中共北京市委社会工委原书记
北京市社会建设工作办公室原主任
北京师范大学中国教育与社会发展研究院教授

宋贵伦,北京师范大学中国教育与社会发展研究院、社会学院二级教授、博士生导师,北京市社会建设促进会会长,北京志愿服务发展研究会会长。曾任中共中央文献研究室助理研究员,中共中央宣传部副处级秘书,中共北京市西城区委宣传部部长、北京市委宣传部副部长、北京市社科联党组书记、常务副主席、研究员,中共北京市委社会工作委员会书记、北京市社会建设工作办公室主任,为第十一届全国人大代表。

宋贵伦 1983 年 7 月毕业于北京师范大学中文系,获文学学士学位;2002 年 7 月北京市委党校党史党建专业毕业,在职研究生学历,文学学士,教授,研究员;2007 年 11 月任中共北京市委社会工委书记、市社会建设工作办公室主任,市社会科学界联合会常务副主席。2012 年 7 月 3 日,当选为中国共产党北京市第十一届委员会委员。

宋贵伦多年来重视北京市城市管理和社区建设工作,推进街道和社区改革创新。2007 年市委社会工委成立后接续推进这方面的工作,二十年磨一"建",非一年之功。确保街道越做越实,社区越做越强。宋贵伦提出"市域是中国式社会建设现代化的突破口"。无论是从国际现代化建设的经验来看,还是从发展规律来看,实现现代化几乎都是从市域切入和突破,经济建设现代化、社会建设现代化都是如此。

宋贵伦曾出版《毛泽东与中国文艺》《北京社会建设概论》《十年磨一"建":社会建设理论体系与实践路径研究》(上、下册)等专著,主持若干项国家级重大课题。

2023 年 3 月,中共中央、国务院印发《党和国家机构改革方案》,提出组建中央社会工作部。宋贵伦在接受《中国新闻周刊》的采访中指出,中央社会工作部的组建是中国社会建设史上的一座重要里程碑,也是全面推动中国式现代化建设的重大战略举措。

一、宏观经济与区域规划

张大卫

中国国际经济交流中心副理事长兼秘书长
河南省原副省长、河南省人大常委会原副主任

张大卫,曾先后任河南省计经委工业处副处长,河南省计经委、计委工业处处长,河南省轻工总会副会长、党委委员,河南省发展计划委员会副主

任、党组成员和主任、党组书记，河南省发展和改革委员会主任、党组书记，曾任河南省人大常委会副主任。

2006年1月，张大卫任河南省人民政府副省长、省政府党组成员；2013年1月任河南省人大常委会副主任；2013年6月至2016年1月，任河南省人大常委会副主任、省总工会主席，第七届、八届河南省委委员，第十届全国人大代表。在河南省任职期间，张大卫主导改革和发展规划工作，在实践中积累了大量的相关理论和实践经验。

在进入中国国际经济交流中心任副理事长兼秘书长后，张大卫积极研究各省市的经济发展和建设现状，为各省市的发展规划出谋划策，发挥智囊作用；他还积极加强中国与其他国家国际经济规划中心的合作和交流。

张大卫特别关注在新型全球化大背景下，中国"一带一路"建设的发展。他认为，中国要融入全球供应链，需要建设中原城市群，发展新商业文明，使中国的企业为全球供应链服务，同时也获得全球供应链的服务。一个国家或地区的实力，主要看它是否通过地理互联、经济互联、数字互联而深度参与到全球资源、资本、数据、人才和其他有价值的资产流中去。中国构建了"网上丝绸之路""空中丝绸之路""陆上丝绸之路"。网上、空中、陆上几条路径组合好、利用好，发挥好市场、人力资源、综合交通、产业等方面的优势，把人才、资本、技术"请进来"，把现代农业、制造业和服务业的产品作为流动的"丝绸"输出去。用现代技术改造传统产业，引导企业更加注重新工业革命的动向，抓紧利用互联网、物联网等技术发展新模式、新业态，用数字经济、智慧物流、智能制造等技术或理念来促进产业变革，促进企业顺应定制化生产、个性化消费、分享经济发展的趋势，优化供应链，形成新的产业生态体系，让更多企业和城市融入全球供应链中。

鲁 昕

第十三届全国政协委员
中国职业技术教育学会会长
教育部原副部长

鲁昕，经济学家、教授、博士生导师、教育部原副部长。现任第十三届全国政协委员、民族和宗教委员会委员，全国中等职业教育教学改革创新指导委员会主任委员、中国职业技术教育学会会长、中国职业技术教育学会产教科融合工作委员会专家委员会主任。中国共产党第十六次全国代表大会代表，中国妇女第九次、十次全国代表大会代表。历任辽宁省抚顺市财政局局长、副市长，辽宁省财政厅厅长、副省长，教育部党组成员、副部长，中央新疆工作协调小组办公室副主任。

鲁昕的研究领域涉及马克思主义政治经济学、财政理论与政策、金融理论与政策、产业经济理论与政策、宏观经济理论与政策、教育经济、职业教育等。著有《准预算管理理论》《体制转换中的财经问题与对策》《公共经济学大辞典》《走向市场经济的财经理论与实践》《政府理财理论与实践》《教育·经济·财政》《职业教育公益属性及实现形式》《财政国家定义变革的战略意义和战略任务》《供给侧结构性改革是经济健康稳定发展的战略选择》等20多部著作和百余篇论文。鲁昕先后被清华大学、中国人民大学、上海交通大学、南开大学、中国财政科学研究院、中央财经大学、华东师范大学、东北大学等高校聘为博士生导师、教授。现已培养毕业和在读博士近百人，指导优秀博士论文30余篇，为我国财政、金融、投资、教育等领域实践提供了重要参考，所培养的学生均成为相关领域的青年骨干和中坚力量。

在教育部工作期间，提出职业教育强国战略和职业教育公益性本质论，并基于此发展与完善了职业教育的国家战略、国家体系和国家政策，主持制定了建立现代职业教育体系、实施贫困地区营养餐计划、推进校舍安全工程建设、加强民族地区教育、落实教育扶贫、地方本科院校转型发展、儿童健康发展纲要、老年教育发展纲要等领域的主要政策文件。

2020年7月，受教育部委托，担任新版《职业教育专业目录（2021年）》研制工作总顾问。在研制中，以习近平新时代中国特色社会主义思想为指导，准确把握新发展阶段时代方位和历史方位，全面贯彻党和国家关于构建现代职业教育体系、推动职业教育高质量发展的决策部署，瞄准科技变革和产业优化升级，紧盯"十四五"规划和2035年远景目标纲要确定的目标任务，领衔26位院士，动员组织经济、科技和职业教育战线专家学者，高质量完成了充分体现专业升级和数字化改造理念，定位清晰、纵向贯通、横向融通一体化设计的职业教育新版专业目录的研制工作，为提升职业教育适应性、更好地服务技能型社会建设和终身学习需求奠定了新基础、树立了新坐标，对职业教育在新征程中实现从大有可为到大有作为，具有里程碑意义。

2023年6月，鲁昕在西安出席蓝迪国际智库联合主办的中国数字建筑峰会，就新时代背景下的智能建造人才培养等问题进行深度研讨。

齐 骥

住房城乡建设部原副部长、党组成员
中国建筑业协会会长

齐骥，现任中国建筑业协会会长，曾任住房城乡建设部副部长、党组成员。研究生学历，工学硕士学位，高级工程师。1985年1月至1999年4月，在中国建筑标准设计研究院、中国建筑技术研究院工作，历任工程师、副所长，院长助理、副院长。

1999年5月至2001年4月，任建设部标准定额司司长；2001年5月至2004年2月，任建设部党组成员、办公厅主任；2004年3月至2006年3月，任中共南宁市委副书记（挂职）；2006年4月至2007年4月，任建设部党组成员、人事司司长；2007年5月至2015年5月，任住房城乡建设部党组成员、副部长。2013年3月至2017年3月，任中国人民政治协商会议第十二届全国委员会委员。2020年8月起任中国建筑业协会会长。

中国建筑业协会成立于1986年10月，由全国各地区、部门从事房屋建筑业、土木工程建筑业、建筑安装业、建筑装饰装修和其他建筑业的企事业单位、社会团体，以及有关专业人士自愿结成的全国性、行业性、非营利性社会组织，是我国工程建设领域规模最大的社会团体之一。自成立以来，中国建筑业协会在中央和国家机关工委、住房城乡建设部、民政部的指导和监督下，认真履行"提供服务、反映诉求、规范行为"职能，致力于促进建筑业高质量发展，维护会员合法权益，赢得了政府和企业的支持和信赖。

2023年2月21日，十二届全国人大外事委员会副主任委员、蓝迪国际智库专家委员会主席赵白鸽一行到访中国建筑业协会，与住房城乡建设部原副部长、中国建筑业协会会长齐骥举行会谈。齐骥在会谈中表示，蓝迪国际智库是新型应用型高端智库，在智库研究、国际合作、技术发掘以及促进"一带一路"建设等方面开展了大量工作，取得了突出成果。他强调，中国建筑业协会愿和蓝迪国际智库加强信息共享，共同发掘评选行业创新型企业，推广行业创新技术，共同组织建筑业企业"走出去"，推动中国建筑业企业开展国际交流和合作。

仇保兴

国务院参事
第十二届全国政协人口资源环境委员会副主任
住房城乡建设部原副部长、党组成员

仇保兴，住房城乡建设部原副部长，全国政协人口资源环境委员会原副主任。中共十五大、十七大代表，第十七届中央纪委委员。浙江工业大学客座教授，南京大学、复旦大学、南京财经大学、同济大学兼职教授。国务院推进政府职能转变和"放管服"改革协调小组专家组副组长、国务院参事、国际水协（IWA）中国委员会主席、中国城市科学研究会理事长、国家气候变化专家委员会委员（第三届）、国际欧亚科学院院士。

仇保兴毕业于复旦大学、同济大学，获经济学、城市规划学博士学位。曾在浙江省先后任乐清、金华和杭州3个城市党政主要负责人近18年。曾作为访问学者赴哈佛大学参与有关项目研究。在任国家建设部副部长期间分管建筑科技、城市规划、建设工作13年，同期兼任国务院汶川地震灾后重建协调小组副组长、国家水体污染治理重大专项第一行政责任人。40多篇咨询报告获得国务院总理批示。多次获得联合国教科文组织、国际绿色建筑协会和国际水协奖项。多部著作被英国、德国、意大利等国出版社翻译出版发行。

在2015年巴西圣保罗市召开的世界绿色建筑协会上，仇保兴被授予"世界绿色建筑协会主席奖"。该奖是全球唯一绿色建筑奖，授予在绿色建筑行业内取得重大成果并为推动全球绿色建筑作出卓越贡献的个人。仇保兴还为推动中国新型城镇化发展以及中国节能减排（绿色低碳）型智慧城市建设作出巨大贡献。出版过《追求繁荣与舒适——中国典型城市规划、建设与管理的策略》《应对机遇与挑战——中国城镇化战略研究主要问题与对策》等多部城市规划、城市化方面的著作。其中《和谐与创新——快速城镇化进程中的问题、危机与对策》已被翻译成英文在欧盟出版发行；另著有《华夏文明振兴之路——经济与文化协同发展论》《产权制度改革的理论探索及应用》《地区形象理论及应用》《金华市城乡一体化发展规划》《小企业集群研究》《让权力在阳光下运行——"政务公开"随谈》《人才·体制·环境——区域经济转型与对策选择》《追求繁荣与舒适——转型期间城市规划、建设与管理的若干策略》《缓解北京市交通拥堵的难点与对策建议》等。

周 建

原环境保护部副部长

周建，原中华人民共和国环境保护部副部长。法学硕士，工程师。1970年1月在湖北省襄阳县参加工作；1971年9月至1973年9月为解放军5713厂工人；1973年9月至1976年12月在北京航空学院航空材料系航空金属材料腐蚀与防护专业学习；1976年12月至1982年4月任解放军5713厂技术组长；1982年4月至1985年4月任武汉市环保局管理处干部、办公室副主任；1985年4月至1988年10月先后任城乡建设环境保护部国家环境保护局干部、人事处副处长；1988年10月至1998年7月历任国家环境保护局人事处副处长、政策研究处处长兼局长秘书、党组秘书，政策法规司副司长、人事司副司长、办公室主任（其间于1989年9月至1991年7月在武汉大学法学院在职攻读法学硕士学位）；1998年7月至2006年12月先后任国家环境保护总局办公厅主任、规划与财务司司长。

2006年12月至2008年3月任国家环境保护总局副局长、党组成员；2008年3月至2014年6月任中华人民共和国环境保护部副部长。

周建一直聚焦环境问题，2021年在国际金融论坛（IFF）2021春季会议上发表主旨讲话。他表示，碳中和理念正在成为全球共识，日益受到关注，世界各国正在采取行动。未来10年光风电开发应用将倍增，智能数字能源将进入黄金发展期。中国要抓住这10年关键机遇期，聚焦绿色发展战略支点，践行绿色发展理念，凝聚绿色发展动能，加快新阶段绿色崛起。

牛仁亮

中国生产力学会会长
山西省原副省长
山西省资源型经济转型促进会总顾问

牛仁亮，现任中国生产力学会会长。中国社会科学院经济学博士。自1999年起，先后担任山西省委副秘书长兼省委政策研究室主任、山西省发展计划委员会主任、副省长、省人大常委会副主任等职。主要研究领域是社会保障、资本市场、产业结构和生态环保，其研究成果曾获得"薛暮桥价格研究奖"和"中国第八届图书奖"，许多建议被国务院采纳。

在山西任职期间，主持并起草了山西省"十五"计划、"十一五"规划和"十二五"规划文件。2000年主持研究并执笔起草的山西省"十五"计划文件，在全国率先系统提出并部署了山西产业结构的全面调整，受到国家有关部门的高度重视，并作为唯一典型在全国发展计划系统会上作了经验介绍。其主笔撰写的《焦炭价格研究》获第五届"薛暮桥价格研究奖"；《企业冗员与企业效率》获"中国第八届图书奖"；《资源型经济转型研究》获"山西省2012年度科技进步一等奖"。

2019年1月27日，当选中国生产力学会会长。中国生产力学会成立于20世纪80年代初，是由于光远、孙尚清等著名经济学家发起成立的国家级专业学会，他们曾先后担任会长职务。中国生产力学会主要研究社会生产力在国民经济管理系统、教育系统、科学技术系统、信息系统的组成要素、组合形式、关联结构和运动规律；学会在综合研究企业生产力、产业生产力、区域生产力、社会生产力和世界生产力的同时，顺应了西部大开发和WTO时代潮流，把握了创新和可持续发展的时代主题。

贾 康

第十三届全国政协委员、政协经济委员会委员
中国国际经济交流中心常务理事
华夏新供给经济学研究院院长

贾康，现任全国政协参政议政人才库特聘专家，华夏新供给经济学研究院院长。第十三届全国政协委员、政协经济委员会委员，华夏新供给经济学研究院院长，中国国际经济交流中心、中国税务学会、中国城市金融学会和中国改革研究会常务理事，中国财政学会顾问，北京市、上海市人民政府特聘专家，福建省、安徽省、甘肃省人民政府顾问，西藏自治区和广西壮族自治区人民政府咨询委员，北京大学、中国人民大学、国家行政学院等高校特聘教授。

1995年，享受国务院政府特殊津贴；1997年，被评为"国家'百千万人才工程'高层次学术带头人"；多次参加国家经济政策制定的研究工作，主持或参与国内外多项课题，出版多部专著和撰写数百篇论文、数千篇财经文稿。多次受朱镕基、温家宝、胡锦涛和李克强等中央领导同志之邀座谈经济工作（被媒体称为"中南海问策"）。

2010年1月8日中央政治局第18次集体学习"财税体制改革"专题的讲解人之一。"孙冶方经济科学奖""黄达-蒙代尔经济学奖""中国软科学奖"获得者。国家"十一五""十二五""十三五"规划专家委员会委员。曾长期担任财政部财政科学研究所所长。2013年，发起成立"华夏新供给经济学研究院"和"新供给经济学50人论坛"（任院长、秘书长），并积极推动"PPP研究院"（任院长）等的交流活动，致力于建设有中国特色的智库和跨界、跨部门的学术交流平台。

陈文玲

中国国际经济交流中心总经济师
国务院研究室综合司原司长、研究员

陈文玲，现为中国国际经济交流中心总经济师、执行局副主任、学术委员会副主任，曾任国务院研究室综合司司长，兼任中国商业经济学会副会长、中国社会科学院经济学博士发展研究中心副主任、中国物流与采购联合会常务理事。任国务院第一届医药卫生体制改革咨询专家委员会委员，国务院第一、二届食品安全专家委员会委员。国家发展改革委、商务部等国家部委外聘专家。

陈文玲毕业于中国社会科学院研究生院，获经济学博士学位。大学毕业后长期在各级政府流通部门从事研究工作，多年来参与了党中央、国务院一些重大文稿起草工作。1999—2008年，连续10年参与了中央经济工作会议总理讲话和每年全国两会上的《政府工作报告》的起草工作。2013—2017年作为《政府工作报告》起草组成员，参与起草研究和讨论工作。多次参与相关的重要的党中央、国务院文件起草工作。先后参加国家"九五""十五""十一五""十二五""十三五""十四五"相关规划制定、研究或专家评审工作。在政策咨询研究方面，在国务院研究室任职期间，针对我国经济社会发展中的重大、重点和难点问题，深入实际进行多项重大问题调查研究，撰写向党中央、国务院领导呈报的国务院研究室《送阅件》《决策参考》《研究报告》《室内通讯》和专送报告200多期（份），多份研究成果得到党中央、国务院领导重要批示，很多重要建议受到国家有关部门和地方领导的重视并批示，推动了相关领域的工作。在中国国际经济交流中心任职期间，呈送领导同志参阅的《要情》《研究报告》《智库言论》和其他内参报告近百份，多次得到国家领导人重要批示，得到国家有关部门的重视和采纳，一部分转化为国家战略、规划或政策。

2008年，被授予中央国家机关"五一劳动奖章"；多次被评为先进工作者；20多篇研究成果获国务院研究室一等、二等奖和重要研究成果奖；2009年，获得了中国市场学会、中国商业经济学会、中国社会科学院财贸所、中国人民大学商学院、中国流通竞争力中心联合评选的"建国60年中国流通领域有突出成就人物"称号，著作《现代流通基础理论原创研究》被评为"流通领域有影响力的十大著作"之一。获得中国商业联合会、中国商报社联合评选的"中国商业服务业改革开放30年卓越人物"称号；2011年，被聘为国务院深化医药卫生体制改革专家咨询委员会第一届委员；2018年，出席习近平主席主持的"一带一路"5周年座谈会。连续3年被国家官网"一带一路"大数据中心评为"一带一路"研究领域最有影响力的学者之一；2018年，被中国社科院评价研究院与经济日报联合评为"中国智库领军人物"。获得改革开放40年商业领域、现代物流领域杰出人物称号，先后为近20多个国家部委培训班或者会议作《如何围绕决策深入调查研究》的专题报告。

邓文奎

中国行政体制改革研究会常务副会长
国务院参事室特约研究员
中国科学院科技战略咨询研究员特邀研究员

邓文奎，中国行政体制改革研究会常务副会长。毕业于中国人民大学，高级经济师。国务院参事室特约研究员，中国科学院科技战略咨询研究员特邀研究员。国家电力投资集团有限公司原党组成员、纪检组组长。

曾长期在国务院研究室工作，主要从事社会发展、公共服务管理领域包括教育、科技、医疗卫生、人口、就业、社保、应急管理和政府管理等领域的政策研究、体制改革和决策咨询工作，参与中央和国务院领导同志讲话、文件等起草工作。在国务院研究室工作期间，参与过若干党中央、国务院组织的国家层面的重要改革和发展战略研究工作。

曾任国务院深化医药卫生体制改革领导小组办公室成员，国务院人口问题战略研究、应对老龄化战略研究专家组成员，国务院深化行政审批制度改革工作领导小组办公室专家组成员，国务院推进职能转变协调小组专家组副组长等。

在国家电力投资集团有限公司工作和任国务院参事室特约研究员期间，曾组织和参与对国企管理体制和运行机制改革、推进能源革命等方面的调查研究。2019年以来在中国行政体制改革研究会工作，任常务副会长、执行局常务副主席，其间曾参与或牵头组织若干国家社科基金项目、国务院部门委托的重点课题和地方党委政府委托的课题研究。

迟福林

中国（海南）改革发展研究院院长
中国服务贸易协会专家委员会理事长
中国经济体制改革研究会副会长

迟福林，现任中国（海南）改革发展研究院院长，首席研究员，博士生导师。兼任中国经济体制改革研究会副会长、中国行政体制改革研究会副会长、北京大学海南校友会会长。海南省人民政府咨询顾问、上海市人民政府决策咨询特聘专家。国家行政学院、中国井冈山干部学院、北京大学、浙江大学、东北大学等多所高等院校的特聘教授，全国政协第十一届、十二届委员。享受国务院政府特殊津贴。

1970—1976年，任沈阳军区技术侦察支队宣传干事；1977—1984年，在中国人民解放军国防大学政治部任宣传干事、马列主义基础教研室教员。其中，1978—1979年在北京大学国际政治系学习；1984—1986年，在中央党校理论部攻读硕士学位；1986—1987年，在中央政治体制改革研讨小组办公室工作；1988—1993年，任海南省委政策研究室和海南省体制改革办公室的主要负责人，主持两个机构的全面工作；于1991年参与创建中国（海南）改革发展研究院，历任中国（海南）改革发展研究院常务副院长、执行院长、院长。坚持问题导向的战略与行动研究，坚持用改革的办法办院，带领团队努力建设中国改革智库。中国（海南）改革发展研究院已成为国内外具有广泛影响力的社会智库。

迟福林多年来一直从事改革研究，致力于经济转轨理论与实践研究，围绕我国改革开放进程中的重大经济、社会问题，在政府转型和基本公共服务均等化等多方面进行深入研究。在上述研究领域，共出版包括《转型抉择》《市场决定》《改革红利》《第二次改革》等中英文专著40余本，公开发表学术论文800余篇，主笔或主持研究形成研究报告70余本，提交了大量政策建议报告，在决策和实践层面产生了积极影响。

迟福林曾获得"全国五个一工程""孙冶方经济科学奖""中国发展研究奖"等研究奖项。2002年被中组部、中宣部、人事部和科学技术部联合授予"全国杰出专业技术人才"荣誉称号。2009年，入选"影响新中国60年经济建设的100位经济学家"。

徐 林

中美绿色基金董事长
兴业银行股份有限公司独立董事
国家发展改革委发展规划司原司长

徐林，现任中美绿色基金管理有限公司董事长、兴业银行股份有限公司独立董事。硕士经济学硕士学历，获美国政府休伯特·汉弗莱奖学金和新加坡政府李光耀奖学金资助，曾分别在美国美利坚大学、新加坡国立大学和哈佛大学肯尼迪政府学院学习，获公共管理硕士学位。

1989年，徐林毕业后入职国家计划委员会长期规划司预测处，先后任国家发展改革委财政金融司司长、发展规划司司长；曾参与中国经济社会发展多个五年计划的编制，参与区域发展规划和国家新型城市化规划、国家产业政策的制定；参与财政金融领域重大改革方案的制定以及资本市场特别是债券市场、私募股权投资的发展和监管；曾任三届中国证监会发审委委员；曾参与WTO谈判，负责产业政策和工业补贴的谈判；曾任北京股权投资基金协会轮值主席；现兼任北京绿色金融协会理事长，全国工商联并购公会党委书记、常务副会长，长三角生态绿色一体化发展示范区理事会理事，中国生产力学会副会长，中美绿色基金董事长等社会职务。

中美绿色基金通过专注于绿色股权投资，树立了绿色投资的专业化标杆，促进了中国经济的绿色低碳转型和发展。作为搭建中美在绿色发展方面深化战略合作的民间交流平台，中美绿色基金致力于促进中美在绿色金融、绿色技术等领域的商业化合作。

史育龙

习近平经济思想研究中心主任
国家发展改革委城市和小城镇改革发展中心原主任
国家发展改革委宏观经济研究院原研究员

史育龙，现任习近平经济思想研究中心主任。曾任国家发展改革委宏观经济研究院研究员、科研管理部副主任，国家发展改革委城市和小城镇改革发展中心主任，石家庄市政府智库特聘专家，山东省人民政府决策咨询特聘专家。

史育龙于1991年获得北京大学理学硕士学位；1996年毕业于北京大学城市与环境学系经济地理专业，获理学博士。1996年起在国家发展改革委宏观经济研究院工作；2001—2007年任国土开发与地区经济研究所城镇发展研究室主任；2007—2018年任国家宏观经济研究院国土开发与地区经济研究所所长。

1996—2007年，史育龙在国家发展改革委国土开发与地区经济研究所从事城市化与区域开发、可持续发展等领域的研究工作，曾先后主持、参加国家和部委、地方政府委托课题、"863"攻关项目、"十一五"科技支撑计划项目以及国际合作课题40多项，多次参与起草重大规划和文件工作，同时担任中国地理学会城市地理专业委员会委员、国家自然科学基金管理科学部评议专家、《城市发展研究》《中国城市化》等学术期刊编委职务。

史育龙担任国家社科基金重大项目"'一带一路'建设重大问题研究"首席专家，负责完成"21世纪海上丝绸之路战略研究""建立健全支撑'一带一路'建设的国际援助和开发合作体系研究"等项目，承担国家社科基金"一带一路"建设重大专项"推动'一带一路'建设多边合作的总体思路和重点任务研究"，以及"'一带一路'建设重大举措研究"等课题，多次获得国家发展改革委等省部级单位优秀成果奖，应邀担任福建省"一带一路"建设高级顾问、甘肃省政府决策咨询委员会委员和西藏自治区发展咨询委员会委员、第二届山东省人民政府决策咨询特聘专家。

其研究成果共获省部级二等奖3项、国家发展改革委机关优秀研究成果三等奖 1 项、宏观经济研究院优秀研究成果二等奖 3 项、三等奖 1 项、宏观经济研究院年度优秀调研报告三等奖 2 项、中国可持续发展研究会优秀论文一等奖 1 项。主编出版学术著作 2 本，在国内外学术刊物发表学术论文 50 多篇。

史育龙现担任习近平经济思想研究中心主任。习近平经济思想研究中心将紧紧围绕"国家级、权威性、开放型、有影响"的目标，努力建设成为深入学习习近平经济思想的重要载体、系统研究习近平经济思想的重要智库、宣传贯彻习近平经济思想的重要平台、阐释传播习近平经济思想的重要阵地。

师荣耀

中国开发区协会首席顾问、特聘专家
国家发展改革委办公厅原主任

师荣耀，国家发展改革委办公厅原主任，中国开发区协会首席顾问、特聘专家、党支部书记、原会长。参与国家发展改革委办公厅全面工作。

师荣耀在中国经济领域有着丰富经验。他曾在多个政府机构和国家企业中担任重要职务，包括国家发展改革委办公厅主任和国家开发银行董事会成员。此外，师荣耀还涉足了金融行业，担任过招商银行的外部监事以及多家公司的董事和高管。

1991 年 6 月至 1995 年 9 月历任国家计划委员会办公厅秘书、副主任；1995 年 9 月至 1997 年 5 月任河北省计划委员会副主任；1997 年 5 月至 2000 年 11 月历任河北省人民政府对外开放办公室主任、招商合作局局长，兼任河北省计划委员会副主任；2000 年 11 月至 2003 年 3 月任国家发展计划委员会办公厅主任；2003 年 4 月至 2012 年 2 月任国家发展改革委办公厅主任；2012 年 3 月担任中国开发区协会会长；2013 年 5 月起担任招商银行股份有限公司外部监事。

冯 奎

国家发展改革委城市和小城镇改革发展中心学术委员会秘书长、研究员
民盟中央经济委员会副主任

冯奎，现任国家发展改革委城市和小城镇改革发展中心学术委员会秘书长、研究员，民盟中央经济委员会副主任、中国区域科学协会副理事长。兼职中国企业管理研究会副理事长、北京交通大学博士生导师、中央电视台财经频道特约评论员等，是全国多个城市的发展顾问。

冯奎参与了国家区域经济、新型城镇化、都市圈发展等政策的研究，主持或参与起草了一批重要的政策报告，提出了高质量的政策建议，多次获得党中央、国务院、全国人大等方面领导批示。冯奎积极推动城市的国际合作，组织策划的活动包括中欧城市博览会，与由法国前总理让－皮埃尔·拉法兰担任主席的法国展望与创新基金会一起，举办中欧绿色和智慧城市奖暨峰会活动。著有《数字治理：中国城市视角》《新发展格局与都市圈战略》《中国城镇化转型研究》《中外都市圈与中小城市发展》等。主编《中国新城新区发展报告》（年度出版）《中国特色小镇发展报告》《中欧智慧城市发展报告》《中国城市发展评论》《"一带一路"年度发展报告（2018）》等。

冯奎是国内具有影响力的研究城镇化问题的专家，对新型城镇化发展问题发表过重要意见。参与国家重要规划的编写或评估工作，常为中央主流媒体撰写新型城镇化文章。近年来，重点关注京津冀协同发展、新城新区建设、城市群发展、长江经济带发展战略等重大城镇化问题。

冯奎深度参与地方城镇化创新实践，提出多元复合转型的县域城镇化转型理论与模型，获得"国家发展改革委优秀成果奖"，并用此理论指导实践。冯奎应邀担任南昌、合肥、阜阳、四平、眉山、安顺、石狮、阆中等20个市（县、区）的战略顾问，开展市、县城镇化的调研与培训活动。冯奎于2021年6月，被中国民主同盟中央委员会授予"纪念中国民主同盟成立80周年优秀盟员"称号；2022年6月，荣获"民盟中央2021年度民盟反映社情民意信息工作先进个人"称号。

王 镭

中国社会科学院国际合作局原局长
中国社会科学院世界经济与政治研究所党委书记、副所长
联合国教科文组织社会变革管理计划（MOST）中国国家协调人

王镭，中国社会科学院世界经济与政治研究所党委书记、副所长。曾任中国社会科学院国际合作局局长（港澳台办公室主任）。中国社会科学院经济学博士、荷兰社会科学研究院（ISS）公共政策与管理学硕士。兼任中国人民对外友好协会理事、中国欧洲学会理事。兼任国际科学理事会和国际社会科学理事会灾害风险综合研究计划（IRDR）中国委员会副主席、国际科学理事会和国际社会科学理事会"未来地球计划"中国委员会指导委员会副主席以及《中国经济学人》（英文版）编委。

王镭专注于研究中国对外经济关系中的贸易、投资、税收等问题。曾在荷兰蒂尔堡大学法律系、比利时鲁汶大学从事国际经贸制度研究。曾在《中国工业经济》《财贸经济》《国际经济评论》《国际转移定价》（荷兰国际财政文献局）等中外学术期刊上发表研究论文。其出版的专著《WTO与中国涉外企业所得税收制度改革》（社会科学文献出版社）填补了中国企业"走出去"税制研究中的空白，被商务部列为"WTO研究重点推荐书目"。

中国社会科学院世界经济与政治研究所是中国社会科学院下属的国际问题研究所之一，成立于1964年。2020年5月成为中国社会科学院国家全球战略智库的实体依托单位。主要从事习近平外交思想、全球宏观经济、国际金融、国际贸易、国际投资、国际发展、国际政治、外交政策、国际政治经济学、全球治理、国际大宗商品和国家安全等领域的研究，是中国经济政策、国际经济政策和中国外交政策等领域最有影响力的智库之一。

王镭积极组织和从事对外人文学术交流，设计和实施一系列高层次对外培训、研讨项目，包括与周边发展中国家经济发展研修班、非洲国家经济与社会发展总统顾问研讨班、国际知名汉学家研讨班等，宣介中国经济、社会发展，增进中外人文沟通。王镭致力于推进中外深度研究合作与高端智库交流，与欧盟合作组织实施了中欧人文社会科学大型共同研究计划（CO-

REACH)。通过公开招标方式,在经济、法律、社会学、环境等领域,开展系列中欧合作研究项目。CO-REACH模式被中欧双方誉为开展国际科研合作的典范。同时,与俄罗斯、美国、英国、印度、韩国等建立了高端智库对话交流机制,探讨加强互信与合作共赢之道。与联合国教科文组织、经济合作与发展组织、世界经济论坛、红十字会与红新月会国际联合会、拉美开发银行等合作,围绕全球经济、科技创新、政策规制、人道发展、文化多样性等领域重大议题,开展机制性交流,发出中国声音,促进世界和谐发展。

汪玉凯

中共中央党校(国家行政学院)教授、博士生导师
中国行政体制研究会学术委员会副主任

汪玉凯,现任中共中央党校(国家行政学院)教授、博士生导师,中国行政体制研究会学术委员会副主任。国务院电子政务示范工程总体专家组成员,中国行政体制改革研究会副会长,国家行政学院电子政务专家委员会副主任,国家信息化专家咨询委员会委员,北京大学政府管理学院博士生导师。

汪玉凯主要从事公共管理、电子政务、非政府公共组织研究,长期以来致力于公共管理、中国政府改革等方面的研究。主持过多项国内外研究课题或咨询课题,如中德国际合作项目、中德公共政策对话项目、中韩行政体制改革比较研究项目等。负责制定国内多家城市电子政务总体规划项目,主持完成国家"十五"重大科技攻关项目中国电子政务法律法规环境研究;中国电子政务发展战略研究等课题。参与由国务院办公厅、科技部组织实施的电子政务示范工程总体方案的制定,主要业绩被收入《中国新一代思想家自白》等多部辞书。

1996年进入国家行政学院以来,长期为省部级专题研究班、司局级进修任职班、央企领导人培训班等授课;为世界多个国家来华培训的高层领导作专题讲授;同时为地方省委中心学习组、市委中心学习组以及各地大讲堂进行专题讲授。

出版各类著作20余部,主要有《界定政府边界——汪玉凯谈政府改革》

《公共权力与公共治理》《中国行政体制改革 30 年回顾与展望》《中国行政体制改革 20 年》《公共管理》《公共管理与非政府公共组织》《电子政务在中国：理念、战略与过程》《电子政务基础知识读本》等。发表论文 300 余篇。

王晓红

中国国际经济交流中心科研信息部原副部长、高级研究员

王晓红，中国国际经济交流中心科研信息部原副部长、高级研究员，北京邮电大学、中央财经大学教授。个人专著及主持课题荣获商务部、国家发展改革委等省部级优秀科研成果奖 10 项，其中研究报告《中国的全球经济战略研究》荣获 2020—2021 年商务部"商务发展研究成果奖"一等奖。主笔撰写的内参多次获得习近平等中央领导批示。出版专著 17 部，发表学术论文 260 余篇，其中在《人民日报》《光明日报》《经济日报》《求是》及核心期刊发表论文 160 篇。作为课题组长主持国家部委课题 19 项。例如，中财办课题"加入 CPTPP 的策略研究""'十三五'时期扩大对外开放战略研究"，中宣部高端智库课题"关于推进高水平对外开放合理缩减外资准入负面清单课题研究"，国家发展改革委课题"建设更高水平开放型经济新体制重大问题研究""'十四五'时期推动高水平对外开放的思路"，商务部重大课题"优化营商环境，提高制造业利用外资水平"，商务部课题"中国数字贸易发展报告""中国服务贸易发展报告"，工业和信息化部课题"制造业创新设计发展行动纲要研究"，国务院国资委课题"国有企业改革三年行动落实情况评估"等。主编《服务外包蓝皮书》《设计产业蓝皮书》。多次担任国家社科基金、教育部哲学社科重大课题攻关项目、教育部高等学校科学研究优秀成果奖评委，担任商务部、工业和信息化部、国家发展改革委等重大研究项目评审专家。

孙晓洲

中国基本建设优化研究会党委书记、会长

孙晓洲，现任中国基本建设优化研究会党委书记、会长，中国科协十大代表，蓝迪国际智库专家委员会委员。中国共产党党员，研究员，国家财政项目评审专家。先后毕业于东北林业大学、对外经济贸易大学、伦敦政治经济学院，研究生学历，工商管理硕士。

曾在中央党校及北京大学高级管理研修班学习；长期在国家部委、中央直属企业及国家级社会组织工作；在区域经济发展和"三农"、金融、科技创新以及文化创意等领域的政策研究与优化设计方面，具有丰富的经验和深刻见解。

积极推动社会组织为党和国家发挥重要作用。积极倡导发挥社会组织平台作用，自我赋能，服务国家战略，服务产业经济，服务区域经济优化发展。在长期的工作实践中，总结出"企业+社会组织+政府"的"ENG"模式，并围绕新形势下社会经济刚性需求，提出了"医养健""教科文"以及"三农"新三驾马车的概念，通过融合创新与落地实践相结合，探索优化社会发展中的复杂问题，为中央决策及政府、企业的优化发展提供思路及样板。

孙晓洲致力于"三农"问题的研究探索和优化发展。2012—2020年，他全程参与并主持了"全国三农优化实验区"示范工程的设计及建设工作。该工作得到了党中央主要领导同志及10余个省的省委、省政府的支持。该项目在众多政府、企业及金融机构的参与下，已在广东、四川、湖南等多个省（市、区）落地。

在破解经济社会热点问题和重点领域方面具有创新经验。2019年，他主持成立了中基会国民经济优化发展中心，并启动了"国企民企联合发展工程"。启动仪式在人民大会堂举行。在充分沟通的基础上，中基会国民经济优化发展中心与中信集团、国家开发银行、中国邮政储蓄银行、平安银行以及中国铁塔、中商集团、中林集团等20余家央企及重点金融机构签署了战略合作协议，携手推动经济社会优化发展。同时，结合经济社会热点问题，他主持了包括"城市更新与创新发展""以共享经济模式推动5G基础设施建设""国际医疗联合体工程""国家海洋产品战略储备"等项目或课题的设计与实施。

积极参与国际交流活动并取得务实成果。他于2017年作为中国社会组织代表受邀参加联合国2030人类可持续发展议程大会,2018年带领团队发起并主办了芦笋大健康亚洲论坛,2019年与国际园艺协会签署国际组织合作协议。他通过民间交往支持国家战略的工作获得社会各界好评与认可。

王磊

中国开发区协会副会长
《中国开发区》编委会主任
中国开发区协会标准化管理委员会主任

王磊,现任中国开发区协会副会长、《中国开发区》编委会主任、中国开发区协会标准化管理委员会主任、中国信息通信研究院数字经济产业园区创新推进中心专家委员会专家委员。清华大学公共管理学院公共管理硕士,曾就职于国家发展改革委物资储备局。

曾主持开展国家发展改革委委托的"深化开发区管理制度改革促进开发区创新发展若干重大问题研究""关于中西部地区开发区承接东部开发区产业转移现状分析与建议"等项目,退役军人事务部委托的"支持退役军人到开发区就业创业暨创办中小微企业研究""2021年开发区退役军人就业创业发展报告"等,民政部委托的"全国开发区与行政区协调融合发展研究",全国人大法工委委托的开发区立法相关研究。主持编纂《中国开发区年鉴》《新时期国家级经济技术开发区制造业高质量发展典型案例》等,主持参与多个重点开发区高质量发展研究等。

中国开发区协会于1993年经国务院特区办和民政部批准成立,是由国家级经济技术开发区、高新技术开发区、保税区、边境经济合作区、重点省级开发区和区内企业组成的全国性开发区联合组织。协会以习近平新时代中国特色社会主义思想为指引,聚焦国家重大战略部署,秉承"务实、创新、诚信、开放、协作"的发展理念,积极宣传开发区发展经验,深入研讨开发区发展问题，着力构建开发区服务平台，充分发挥开发区间、开发区与政府、社会间的桥梁纽带作用，为培育中国开发区国际化品牌、丰富中国开发区发展内涵、促进中国开发区的可持续健康发展而努力。

王 轲

青岛融汇财富投资控股集团有限公司党委书记、董事长

王轲，青岛融汇财富投资控股集团有限公司党委书记、董事长。历任青岛市城乡规划展示中心副主任，市北区滨海新区管委会副主任，橡胶新材料千亩集聚区主任，市北区工业和信息化局副局长，产业发展专班办公室副主任，青岛四方创新产业发展集团有限公司党委副书记、总经理，市北区投资促进工作领导小组办公室专职副主任等。主要在城市规划建设和运营管理、RCEP 生效助力地方贸易发展和高质量对外开放探索、国有企业合规性经营、招商引资和金融投资等领域开展工作。

王轲全方位助力外贸企业用好用足 RCEP 优惠政策，改善地区营商环境和国际化、法制化水平。2021 年起主要负责青岛 RCEP 经贸合作创新试验基地的筹建和建设工作，落实跟进从政策研究、对上申报到建设推进、项目落地全过程，联合蓝迪国际智库总结并在全国推广 RCEP 经贸协定助力地方贸易发展的先进性经验，得到了国家及商务部门的高度关注，目前正在积极申请 RCEP 山东示范区。联合中国贸促会成功举办全国首个 RCEP 经贸合作高层论坛、牵头设立全国首个聚焦外贸企业一站式服务的 RCEP 山东企业服务中心，搭建完成全国首个聚焦 RCEP 协定特殊规则和信息的"鲁贸通"服务平台，服务企业 1.3 万余家次，受理出口退（免）税总额 23.8 亿元，签发全国首份 RCEP 原产地证书，开通中国北方第一条从中国青岛到日本大阪的 RCEP 滚装班轮。2022 年 6 月被商务部聘为全国 RCEP 培训授课专家，8 月受聘为中国国际商会青岛商会副会长。

王轲善于运用系统化思维策源大项目，利用金融工具做好产业投资和招商引资工作。2011年开始积极参与策源中国北方油气中心、青岛国际航运保险运营服务中心两个省市重点项目推进落地,2022年油气平台共实现交易额超500亿元,航运保险中心实现保险代理金额逾5700万元,保险保障金额215亿元。此外,根据青岛市24条产业链和市北区的产业特色实际,充分运用政策、土地、人才、金融等系统化思维强链、补链,通过聚集山东海运、山东海洋能源、中国船级社等众多头部企业和机构,形成了要素齐全、运营高效的现代航运服务业产业链,2022年荣获"中国楼宇经济新地标"称号。通过基金以投带引,运营管理7只共计金额50亿元的基金项目,聚焦新材料、新能源等领域,开展长短期投资,平均收益率超过20%,并成功吸引山东土地发展集团、山东人才集团等一批30亿元大项目落户市北区。

二、金融与数字经济

金立群

亚洲基础设施投资银行行长、董事会主席

金立群,现任亚洲基础设施投资银行行长、董事会主席。金立群于1978年考入北京外国语学院,师从王佐良、许国璋教授,攻读英美文学,并获英美文学专业硕士学位。金立群是中国恢复高考后的第一届研究生。1980年赴美国工作,金立群还先后在美国乔治华盛顿大学和波士顿大学经济系研究生院学习,从事经济学研究。回国后获高级经济师职称。

金立群自1980年起到财政部工作,先后担任各级领导职务。1988—1993年担任世界银行中国副执行董事;1995年任财政部部长助理;1998年任财政部副部长,兼任中国人民银行货币政策委员会委员。2003—2008年,担任亚洲开发银行副行长;2008年9月起担任中国投资有限责任公司监事长;2013—2014年,担任中国国际金融股份有限公司董事长,其间兼任国际财务报告准则基金会受托人;2014年1月起参与筹建亚洲基础设施投资银行,先后担任筹建工作组组长、多边临时秘书处秘书长以及亚投行候任行长；2015年8月24日，金立群正式任命为亚洲基础设施投资银行行长。

金立群是中国人民银行货币政策委员会和中国反恐怖委员会的成员。现任亚洲基础设施投资银行行长、董事会主席。2020年7月28日，理事会选举金立群为第二任行长，任期5年。

在过去的近20年中，特别是1997年亚洲金融危机以来，金立群一直活跃于国际经济事务活动中。参加了许多双边和多边经济和金融论坛，如中美联合经济委员会、中英财经对话机制、亚太经合组织财政部长会议以及东盟"10+3会议"和G-20财长会议。2015年12月，出席了第二届世界互联网大会开幕式并担任嘉宾；2023年3月，出席中国发展高层论坛2023年年会。

2016年4月21日，金立群入选《时代》周刊公布的2016年度"全球最具影响力人物"；2018年12月，入选"中国改革开放海归40年40人"榜单。

李礼辉

第十二届全国人大财经委委员
中国银行原行长
中国互联网金融协会区块链工作组组长

李礼辉，中国资深银行家与金融学者，经济学博士，研究员，1977年毕业于厦门大学财政金融专业。

1984年，担任中国人民银行福建省分行办公室副主任；1989年，李礼辉开始担任工商银行福建省分行副行长。1992年，工商银行准备在新加坡开设第一家海外分支机构，由于李礼辉此前的香港工作经历，故工商银行委任李礼辉担任工商银行驻新加坡首席代表。李礼辉率领一个团队，一手创办了工商银行新加坡分行。

1994年任中国工商银行副行长；2002年9月任海南省副省长，主管金融和旅游业；2004年8月任中国银行股份有限公司副董事长、行长；2016年当选为第十二届全国人大财经委委员。

李礼辉在国际金融、金融科技、银行管理、并购重组等领域具有丰富经验，在中国工商银行并购香港友联银行、中国银行股份制改革以及银行的科技创新、跨国经营中发挥了重要作用，在国内外金融界享有盛誉。

李礼辉具有海外工作经验、熟悉银行经营管理、从事过应对复杂局面的政府宏观工作，在中国银行改制的关键时期，李礼辉力推股改，这项涉及20多万名中国银行员工的变革，极大地冲击了国有银行体制下的陈旧观念，建立了规范的股东大会、董事会、监事会和管理层制度。他多次在博鳌亚洲论坛、中国经济年会等国际国内顶尖论坛发表主旨演讲，在重要报刊和经济金融核心期刊发表论文；同时，积极为国家经济金融改革发展建言献策，提出的立法修法及政策建议多次得到党中央、国务院有关领导批示。

目前，担任中国互联网金融协会区块链工作组组长的李礼辉开始研究银行数字化转型和区块链等前沿课题，继续为国家的金融发展与进步作出贡献，从而推动金融机构及科技创新企业的创新，加快区块链、大数据等最新技术的应用。

马蔚华

联合国开发计划署可持续发展目标影响力指导委员会委员
国家科技成果转化引导基金理事长
深圳国际公益学院董事会主席
招商银行原行长

马蔚华，金融家，经济学博士，高级经济师，现任南方科技大学理事、深圳高等金融研究院理事会成员、深圳地铁集团外部董事、中企会企业家俱乐部主席、盟浪可持续数字科技董事长。国家科技成果转化引导基金理事长、社会价值投资联盟主席、深圳国际公益学院董事会主席、壹基金公益基金会理事长和北京大学、清华大学等多所高校兼职教授，受聘为联合国可持续发展目标影响力投资全球指导委员会成员、香港交易所中国业务咨询委员会成员。1986年获吉林大学经济学硕士学位；1999年获西南财经大学经济学博士学位。美国南加州大学荣誉博士。马蔚华曾任招商银行股份有限公司执行董事、行长兼首席执行官。第十届全国人大代表，第十一届、十二届全国政协委员。

自担任招商银行行长以来，导演了招商银行"网络化"资本市场化"国际化"三出大戏，使得招商银行拥有全行统一的电子化平台，率先开发了一系列高技术含量的金融产品与金融服务；建立网上银行，成为中国电子商务最主要的支付银行；为客户提供"一站式"服务；将企业管理模式与市场营销策略进行了组合。

投身公益事业后，马蔚华着力推动公益金融改革创新，致力于用商业模式和金融手段促进公益慈善创新发展，在影响力投资、慈善信托、公益创投、社会企业等领域寻求公益与商业的融合。2015年，马蔚华与瑞·达利欧、比尔·盖茨联合创建了中国首家公益领军人培训机构——深圳国际公益学院，并担任董事会主席。自2017年起，马蔚华担任社会价值投资联盟主席，领导公益智库并协同国际组织共同研发可持续发展价值评估标准，推出了蓝皮书、评级、榜单等"发现中国义利99"系列产品，并在上交所挂牌了中国首只持续发展股票指数（代码：931268）、合作发行了全球资本市场首只基于可持续发展绩效的ETF基金（代码：515090）。2019年3月，马蔚华被联合国开发计划署驻华处聘为特别顾问、可持续发展金融顾问委员会主席，同年4月被联合国开发计划署聘为可持续发展目标影响力投资全球指导委员会成员。在此期间，马蔚华支持建立联合国主导下的全球可持续发展目标影响力标准，并向国际资本市场推广了"从标准构建到金融产品"的中国案例。2021年7月，他被香港交易所聘为中国业务咨询委员会成员。

罗熹

中国人民保险集团股份有限公司原党委书记、董事长

罗熹，中国人民保险集团股份有限公司原党委书记、董事长。高级经济师，中国人民银行研究生部经济学硕士。中共二十大代表，第十四届全国政协委员。

1987—1994年，先后担任中国农业银行办公室秘书、副处级秘书，国际业务部副处长、处长职务；1994—1996年，任中国农业银行海南省分行行长助理，兼任中国农业银行海南省信托投资公司总经理、法人代表；1996—

2002 年，任中国农业银行海南省分行副行长、党组成员，中国农业银行福建省分行副行长、党组成员，中国农业银行资产保全部、资产风险监管部总经理，中国农业银行国际业务部总经理，兼任香港农银国际财务有限公司董事长、海南国际财务有限公司董事长。

2002—2004 年，担任中国农业银行行长助理兼国际业务部总经理，随后担任中国农业银行副行长、党委委员；2009 年，任中国农业银行股份有限公司执行董事、副行长、党委委员。

2009—2013 年，任中国工商银行股份有限公司副行长、党委委员，兼任中国工商银行（莫斯科）股份公司、中国工商银行（加拿大）股份公司董事长。

2013—2016 年，任中国出口信用保险公司副董事长、总经理、党委副书记；2016—2018 年，任华润（集团）有限公司副董事长、总经理、党委副书记；2018 年 9 月，任中国太平保险集团党委书记、董事长；2020—2023 年，任中国人民保险集团股份有限公司党委书记、董事长。

曹文炼

丝路产业与金融国际联盟理事长
国家发展改革委国际合作中心原主任
中国经济体制改革研究会副会长

曹文炼，国家发展改革委国际合作中心原主任，中国经济体制改革研究会副会长，中国国际经济交流中心理事、学术委员会委员；研究员、教授、博士生导师。先后就读于厦门大学（1978—1982 年）、中国人民大学（1984—1986 年）和北京大学（1994—1996 年），分别获得经济学学士、硕士和博士学位，是我国金融政策和改革领域的著名专家。

曹文炼长期参与国家重要宏观调控政策、中长期规划和重大改革方案的研究制定工作。曾先后参与 1993 年财税金融外汇改革、1994 年第一次中央经济工作会议的文件起草以及 1997 年、2002 年和 2007 年全国金融工作会议的筹备与文件起草；曾参与 2005 年中国投资公司筹备、1993—2008 年国家政策性银行和国有大型商业银行历次改革方案的研究制定，曾开创和主持中国产业投资基金、创业投资、飞机轮船融资租赁等政策法规的研究制定与实践，参与组织推动国内信用体系建设。主持产业投资基金和创业投资管理法规的研究制定，先后指导了渤海产业投资基金、中信（绵阳）产业基金、上海金融产业基金等十几家大型基金的试点工作。

2008 年，由于对推动股权投资基金业发展的贡献，曹文炼获得中国著名财经媒体评选的"中国创业和私募股权投资十年重大政策贡献奖"，是获得该奖的唯一时任政府官员；2009 年，由于对股份制改革研究的贡献，曹文炼与厉以宁等共同获得"第二届中国理论经济创新奖"。

2020 年 4 月 2 日，国际知名期刊《外交学人》刊发了包启挺、曹文炼等 100 名中国学者联名的《致美国社会各界的公开信》，从人类命运共同体的角度，呼吁全球团结合作，并回应了欧美舆论中甩锅中国的论调。

池腾辉

珠海市横琴新区管理委员会金融服务局党支部书记、局长

池腾辉，现任珠海市横琴新区管理委员会金融服务局党支部书记、局长。中共党员，高级经济师。1995 年，毕业于北京大学光华管理学院国民经济管理专业；1999 年，获中南财经政法大学货币银行学专业硕士学位。

曾在中国人民银行珠海市中心支行（国家外汇管理局珠海市中心支局）担任要职，拥有资产处置、货币金银、国际收支、党委与机构管理等多项工作经验。20 年扎根金融一线，基于企业金融服务需求，助力实体经济创新发展，积极投身金融业务创新，积极推进琴澳深度合作工作。2011 年 6 月，调任横琴新区财金事务局副局长；2015 年 4 月，转任横琴新区金融服务局副局长主持全面工作；2017 年 5 月，任横琴新区金融服务局局长，负责横琴新区金融行业发展工作，搭建金融创新服务平台，优化横琴金融产业生态。带领横琴金融服务团队积极推动各项金融创新工作，实现一批先行先试的制度创新案例，包括 6 项金融改革创新措施先后成为广东省四批 21 项金融可复制推广经验的重要组成部分；8 项金融改革创新纳入中国人民银行广州分行发布的广东自贸试验区 9 个金融创新案例；5 项金融创新入选广东自贸区三周年制度创新最佳案例。这些工作形成了具有横琴特色的金融改革创新样本；同时，实现众多全国率先，包括全国首发银联标准多币种卡；全国率先开展本外币兑换特许机构刷卡兑换业务；全国首笔办理贸易融资资产跨境转让业务；等等。任职期间，横琴金融服务局积极推动横琴金融业实现跨越式发展，从最初的只有 1 家农信社分社，发展成为"从无到有、快速集聚、门类齐全、特色鲜明、安全可控"的重要支柱产业。2009—2020 年，全区金融业增加值从 0.3 亿元增加到 140.46 亿元，金融类机构从 1 家增加到 5520 家。2020 年全区实现金融业增加值 140.46 亿元，同比增长 5.5%，占全区地区生产总值的 30%；金融业税收收入 73.96 亿元，占全区税收收入的 30%。

2021 年 1 月至今，池腾辉任横琴新区金融和财政局局长，全面主持横琴金融与财政协调发展工作，加快推动横琴创新金融以及粤澳跨境金融，以促进两地产业结构转型升级，为澳门经济多元化发展提供新空间、新动能。任职期间，积极推动培育金融新业态、建设离岸金融市场、拓宽资金融通渠道、推动民生金融互联互通、以金融创新在琴澳深度合作区推动发展新产业、推进横琴粤澳深度合作区金融改革开放 6 项金融重要措施支持横琴粤澳深度合作区的建设。

朱嘉明

横琴数链数字金融研究院学术与技术委员会主席、院长
中国投资协会数字资产研究中心专家组组长

朱嘉明，经济学家，教授，"改革四君子"之一。现任横琴数链数字金融研究院学术与技术委员会主席、院长，蓝迪国际智库专家委员会委员，现就职于维也纳大学。中国国信总公司区块链研究院技术研究顾问委员会主席，澳门区块链产业协会主席，中国南方科技大学等院校的讲座教授和访问教授。

朱嘉明 1988 年获得中国社会科学院经济学博士学位。在完成硕士和博士学位的同时，参与创建国务院技术经济研究中心，担任河南省经济体制改革委员会副主任，中国国际信托投资公司国际问题研究所副所长，中国西部研究中心、北京青年经济学会、中国改革开放基金会负责人,暨《中青年经济论坛》主编。朱嘉明深入参与中国经济改革,是"经济改革思想史的开创性事件"莫干山会议发起人之一,指出中国国民经济的核心问题是如何解决贫困问题。

20世纪90年代,先后在哈佛大学、麻省理工学院、曼彻斯特大学、塔夫茨大学做研究员或访问学者。1995年获美国麻省理工学院(MIT)斯隆管理学院MBA。之后,在美国、澳大利亚、东南亚各国学习、考察、经商。先后在联合国工业发展组织(UNIDO)担任工业发展官员,任教于奥地利维也纳大学。

2000年之后,曾任联合国工业发展组织经济学家,并任教于维也纳大学和台湾大学。朱嘉明学术领域宽广,包括经济增长、产业结构、科技创新、金融货币历史与政策、空间经济学、中国改革史等领域。特别是对数字经济、数字货币和区块链有开创性的研究与实践。代表作有《国民经济结构学浅说》《现实与选择》《论非均衡增长》《从自由到垄断:中国货币经济两千年》《书话集》《LIBRA:一种金融创新实验》《未来决定现在:区块链·数字货币·数字经济》等。

蒋博慊

兴业证券股份有限公司(上海)企业金融部总经理
兴证国际金融集团有限公司(香港)资本市场部董事

蒋博慊,现任兴业证券股份有限公司(上海)企业金融部总经理,兴证国际金融集团有限公司(香港)资本市场部董事。上海交通大学上海高级金融学院金融管理硕士。曾任职友山基金管理有限公司投资总监、东吴证券投行部业务董事。

蒋博慊长期从事股权投资、企业上市、境内外债券融资、并购重组等资本市场业务,对境内外资本市场有深刻的理解和丰富的经验,同时对跨境金融业务也有较多实践经验,紧密结合产业发展和企业需求,充分利用金融资源赋能实体企业,助力其快速高效发展。从业以来,多次主导完成投融资项目,涵盖股权与债权,涉及境内与境外,包括 A 股上市公司并购重组、央企债券和 ABS 发行承销、地方大型国企境内外债券承销、非上市公司股权投资、政府产业基金等项目。2014—2016 年,主导管理瀚海系列固定收益类投资基金及佰利系列基金,投资精达股份并购重组项目、三特环保股权项目、远东股份股权项目,受托管理东海证券直投母基金委托投资等项目。

2016—2018 年,带领项目团队完成山东矿机并购重组项目、伏泰科技非公开可转债、中建信息双创债等项目,涉及交易金额约 80 亿元。2018 年至今,主导完成中国铁建、珠海华发集团、厦门象屿等大型国企债券发行承销项目,综合利用设计永续债、供应链 ABS、一般公司债等品种,总计约 220 亿元。同期,有效利用境外资本市场为华发集团、遵义交旅投集团、首创股份、融创中国、太原国投等优质企业完成外币债务融资,并创新为华发集团完成全球首单澳门莲花债承销。在兴业证券任职期间,充分利用集团研究院深厚的研究实力和资源,为上海自由贸易试验区临港新片区管委会提供政策建议,牵头撰写《洋山特殊综合保税区产业发展与空间布局规划研究》《新机遇·新发展:临港新片区的国际金融、产业方向与科创支持》等课题。

三、国防安全与地缘政治

沙祖康

联合国原副秘书长
中巴友好协会会长
国际绿色经济协会名誉会长

沙祖康,联合国原副秘书长。任国际欧亚科学院院士,国际欧亚科学院中国科学中心国际关系学部副主任,国际政治及安全问题专家、教授。著名职业外交官,1970 年毕业于南京大学英语系,进入外交部工作,先后担任中国常驻联合国代表团参赞、外交部国际司副司长、中国常驻日内瓦裁军谈判会议大使、外交部军控司司长、中国常驻日内瓦联合国办事处和瑞士其他国际组织的代表和大使。2007 年 2 月被任命为联合国负责经济和社会事务的副秘书长。

沙祖康有着长达 43 年的外交生涯，涉足政治、经济、安全、社会、人权、人道等领域。作为中国政府和军方的顾问，他参与了中国政府在许多重大外交问题上的决策，是中国一系列重大军控和裁军倡议的设计者之一，也是改革开放以来中国外交的参与者和见证人。

1993 年，沙祖康作为中国政府代表，在沙特的配合下，与美方谈判，妥善解决了"银河号"事件；1993—1994 年，他参与了第一次朝核危机的处理；1997 年，沙祖康就任新组建的中国外交部军控司并担任首任司长，在中国履行军控、人权国际条约过程中，他多次承担中国政府各部门、军队和民间社会的协调工作，提出履约报告，配合履约视察、联合国工作组调查及报告员的访问，并倡导成立中国非政府组织，推动国际组织在中国设立代表处等；1998 年，他作为外交部部长唐家璇的主要顾问，参与处理南亚核危机、参加五国外长关于南亚核问题联合声明的起草和磋商，并为此后联合国安理会通过第 1172 号决议作出了贡献。沙祖康作为中国大使参与了中国政府和世界卫生组织对 2003 年"非典事件"的处理。

沙祖康也是一位杰出的谈判者，他先后参与了《不扩散核武器条约》《全面禁止核试验条约》《禁止化学武器公约》《禁止生物武器公约》《特定常规武器公约》等军控和裁军领域重大国际条约的谈判和审议，参与并起草了联大和安理会通过的一些重要的关于军控和国际安全的决议。

金一南

第十一届全国政协委员
中国人民解放军国防大学战略研究所原所长

金一南，教授，军事专家，国家安全战略问题专家，中共十七大代表、第十一届全国政协委员。正军级，中国人民解放军少将军衔。曾任中国人民解放军国防大学战略研究所所长、教授、战略学博士生导师。现为中央党校（国家行政学院）、北京大学等多所院校的兼职教授，中国发展战略学研究会国防战略委员会专家委员、《学习时报》专栏作者、中央人民广播电台《一南军事论坛》节目主持人、《解放军报》特约撰稿人、中央电视台特约军事评论员、中国军事统筹学会战略研究中心特邀研究员、《中国军事科学》特邀编委。

金一南于2000年赴英国皇家军事科学院学习；2001年3月代表中国人民解放军国防大学赴美国国防大学讲学；2004年任职于中国人民解放军国防大学战略教研部。

他是全军首届"杰出专业技术人才"获得者，连续三届国防大学"杰出教授"，曾获中宣部"五个一工程奖"（1次）、军队科技进步奖、国务院新闻办"中国国际新闻奖"（3次）、《解放军报》"金长城国际观察优秀奖"、国防大学"优秀科研成果奖"。著作《苦难辉煌》被评价为"一部以全新的战略视野全方位描述中共党史和中国人民解放军军史的著作"，引发较大社会反响；2008年晋升中国人民解放军少将军衔；2010年4月，中组部和中宣部联合向全国党员干部推荐此书。2011年3月，《苦难辉煌》获图书出版的最高奖项"中国出版政府奖"。

金一南的主要研究方向是国家安全战略、国际冲突与危机处理。包括大国关系和中国同周边各国的关系，研究的主要方向是国际冲突与危机处理；他站在国家发展战略的高度，结合数据说明，强化了大家的危机意识。2006年，中华人民共和国中央军事委员会授予其二等功。2008年，被评为"改革开放30年军营新闻人物"。2010年，当选为"2010中华文化人物"。

王郡里

原广州军区副参谋长、驻港部队原副司令员
中国改革开放论坛副理事长

王郡里，解放军驻港部队副司令员，少将。曾任广州军区军务部长，第41集团军参谋长、副军长。毕业于国防大学、俄罗斯联邦武装力量总参军事学院、桂林电子科技大学，历任战士、班长、排长、连长、作训参谋、营长、团参谋长、军教导大队长、集团军司令部作训处处长、军事科学院战役战术研究部一室研究员、战略研究部一室主任、军区司令部军务动员部部长、集团军参谋长、副军长、驻香港部队副司令员，广州军区主管作战、情报、信息化、港澳驻军的副参谋长。2004年7月晋升为少将。2008年任驻港部队副司令员，曾参加过边境战争、参与保卫国家安全的重大斗争。

在担任驻港部队副司令员期间，王郡里积极领导驻港部队协助特区政府维持社会治安、救助灾害，为塑造"一国两制"下新型的军政军民关系作出了贡献。党的十八大以来，2014年5—7月，参加"中建南保卫战"，任广州军区前指第一副指挥长，指挥长；8—12月参加香港"反占中"斗争，担任军队"506"指挥所指挥长；参加中央前方指挥中心"情报与现场斗争"指导工作；2018—2019年参与香港斗争战略态势分析与行动建议工作。立三等功6次。

主要著作有《挑战——新技术革命的到来及我们的对策》《国际战略论》《战争的历程》《学习与思考——俄罗斯联邦武装力量总参军事学院留学笔记》等。曾参与《军事战略方针》研究制定；军队《司令部条例》《军语》《军事战略纲要》《战役纲要》《作战条令》《军队建设发展规划》《军事训练大纲》等法规编写工作。主笔多篇国家安全、战略对策、战争理论、部队建设、信息化建设等重大问题研究报告。主笔完成经略香港、南海、台海斗争、朝鲜半岛战略较量、中美战略危机管控、战略指导观和方法论等多篇战略指导建议报告。

王郡里积极参与军民融合建设，对中央军民融合办公室的宏观政策和相关法规的制定，提出了重要的研究性意见和建议；对地方若干重大创新型技术向军事运用转化，做了扎实的研发沟通和应用推动工作；大力推动军工技术向民用领域转化。针对第四次产业革命浪潮中形成的新技术和科研成果，王郡里与蓝迪国际智库专家开展积极交流、研讨和评估，探讨将新技术纳入智慧城市、军民融合及"一带一路"共建国家和地区发展的可行性。

孟祥青

第十四届全国政协委员
中国人民解放军国防大学国家安全学院技术二级教授
中国人民解放军国防大学战略研究所原所长

孟祥青，现任第十四届全国政协委员，国防大学国家安全学院技术二级教授，技术少将军衔，博士生导师，被评为"新时代国防大学首届名师名家"。毕业于中国人民大学和中国人民解放军国防大学，曾在中国人民解放军

38集团军任战士和副指导员。曾在美国哈佛大学和安纳波利斯海军学院进行过学术交流访问。曾在军委军事理论学习讲座上担任主讲人。

曾任中国人民解放军国防大学战略研究所副所长、中国人民解放军国防大学战略研究所所长等职务。军队战略规划咨询委员会委员,全军外事工作专家咨询组成员,军队科学技术奖励委员会委员,全军首批外宣专家,享受国务院政府特殊津贴,获得第六届军队杰出专业技术人才奖,校教学委员会委员。曾获校首届"杰出中青年专家",连续四届"国家安全战略"学科学术带头人,北大、清华、人大、中央党校、中国井冈山干部学院、延安干部学院等特聘教授,"人民政协讲坛教授"。中央电视台特约评论员,中央人民广播电台特约观察员。

从教数十年,孟祥青讲授的"我国安全环境新变化与新特点""国际战略形势与我国安全环境"等数十个教学专题,被评为大学的优质课、精品课。他还将讲台延伸到校外,在部队、党政机关、科研院所等处传播国家安全知识。2020年,孟祥青被评为"新时代国防大学首届名师名家"。

近年来,孟祥青紧盯国家安全和国际战略形势新变化,进行深入剖析,结合世情国情提出应对之策,取得一系列成果:发表论文100多篇,出版著作20多部。撰写政策咨询报告30余份。主要代表作有《冷眼向洋看世界》(2020年8月版,被中宣部推荐为《学习强国》干部阅读书目)、《释韬举略:孟祥青教授论安全》《孟祥青讲稿自选集》《当代世界经济与政治》《战略机遇期的中国安全》等。

王 伟

广东合一新材料研究院有限公司董事长

王伟,现任广东合一新材料研究院有限公司董事长。先后在中兴集团弘富投资公司、上海骐俊投资公司、上海国际节能环保公司担任要职。目前主要从事热管理和纳米金属的研发、生产工作。个人参与并申请专利近300项,授权19项。个人国际首创块状纳米合金制备工艺,成功实现多型合金的纳米化，并具备实现工业化的基础。

广东合一新材料研究院有限公司是一家基于超导热材料技术，专注热管理和热控系统解决方案的服务商及产品开发制造商，是广东省新型研发机构，为国家高新技术企业。

合一的超导热材料具有良好的工程适应性，可适用于众多领域，业务触及数据机房、医疗、照明、新能源、电力、电子、交通、家用电器等行业。本着军民融合的发展战略，公司开发的热控系统产品在民用领域得到广泛应用，民用方向包括绿色数据中心、边缘计算、重频磁体冷却、大功率 LED 灯散热等，其中喷淋液冷和大功率 LED 灯散热是国家标准的主要起草单位。

公司于 2018 年 5 月成立了由 6 位院士领衔、7 位知名专家教授共同参与组建的"广东合一热控技术院士工作站"，旨在对通用领域热管理和特殊行业热控制跨界工程应用中的科学和技术问题开展研究，目前已相继正式通过广州市院士专家企业工作站和广东省院士专家工作站认定。截至 2022 年 11 月，公司已申请专利 337 件，专利授权 232 件，其中发明专利授权 57 件，"芯片级喷淋液冷技术"的核心技术已在美国、日本、德国、新加坡、法国、印度以及我国台湾地区等地申请了专利保护。

叶海林

中国社会科学院非洲研究院院长
中国南亚学会会长

叶海林，现任中国社会科学院亚太与全球战略研究院纪委书记、副院长，中国社会科学院南亚研究中心主任，《南亚研究》副主编兼编辑部主任、中国社会科学院南亚研究中心主任和中国南亚学会常务理事兼秘书长。兼任莫斯科国际关系学院《法律与行政》国际编委、伊斯兰堡战略研究所《战略研究》国际编委。

叶海林是中国社会科学院的国际问题专家，2000 年从北京大学国际关系学院毕业，获得法学硕士学位。2000—2004 年为中央机关政府公务员，2004—2006 年为我驻外使馆三等秘书，2006 年 2 月至今任职于中国社会科学院亚太与全球战略研究院。主要从事南亚地区政治与国际关系、反恐怖及非传统安全研究。学术代表著作有专著《巴基斯坦——纯洁的国度》，译著《空间战争》等。发表学术论文70余篇。

中国社会科学院亚太与全球战略研究院是从党和国家大局出发，为落实中国社会科学院三个定位要求而组建的跨学科、综合性、创新型学术思想库。中国社会科学院亚太与全球战略研究院在院党组领导下，以马克思主义为指导，坚持正确的政治方向和学术导向，遵循党中央的对外方针政策，体现中国意识与全球视角，以我国对外关系领域、国际关系领域中的重大理论与现实问题为主攻方向，集中院内外力量开展综合性国际战略研究，以代表国家水准、具有世界影响的研究成果服务于党和国家的决策，扩大我国在国际社会的话语权。具体研究领域包括：世界经济、政治与社会发展趋势；全球治理机制；世界范围内资本主义和社会主义制度面临的矛盾与发展趋势；国际热点和难点问题；与国际战略相关的理论与思潮；我国的周边环境与战略；我国对外战略的综合性问题；等等。

叶海林是央视的特约评论员，作为嘉宾多次参与央视《环球视线》《防务新观察》《今日关注》《央广时评》和凤凰卫视《全球连线》等多档国际评述类栏目关于军事方面节目的评论，其发表的观点独特新颖，获得观众好评。

柯马凯

中国"友谊勋章"获得者伊莎白·柯鲁克之子
京西学校创办人
英国共产党员

柯马凯（Michael Crook），京西学校创办人，戴维·柯鲁克和伊莎白·柯鲁克的第二个儿子。1951年，柯马凯在北京出生，他的父母都是英国共产党党员，抗战中来华，终身在中国工作。柯马凯在北京大学校园长大，就读于中国中小学，在北京首汽汽修一厂工作，然后在英国上大学。

20世纪90年代，随着中国扩大对外开放的步伐，越来越多的外国人来华工作生活，1994年柯马凯和朋友创建了京西学校，吸收外籍子女上学，柯马凯认为，"中国悠久的历史和灿烂的文化应该让外国孩子们多一些了解"。柯马凯自幼在中国学习、生活、工作。受父母的影响，柯马凯对中国的乡村发展、环境保护、遗产保护，特别是对老北京很感兴趣。数十年来，他与中国人民共融共契，在这里，柯马凯不仅亲历了中国近几十年的飞速发展，也实现了自己的人生追求。

四、"双碳"战略与可持续发展

郑国光

国务院参事室特约研究员
中国地震局原党组书记、局长
中国气象局原党组书记、局长

郑国光，中国共产党第十九届中央纪律检查委员会委员，国家减灾委员会秘书长兼办公室主任；国务院第一次全国自然灾害综合风险普查领导小组办公室主任；国务院参事室特约研究员（灾害防范及应急管理领域）；应急管理部—教育部北京师范大学减灾与应急管理研究院院长；中国应急管理学会第一副会长；中国红十字总会副会长；国家应急指挥总部建设领导小组副组长（常务）；应急管理部应急减灾卫星工程总指挥；国家自然灾害防治研究院理事长；亚洲减灾中心理事；国务院河南郑州"7·20"特大暴雨灾害调查组专家组副组长。

曾任党的十七大、十八大、十九大人大代表；第十八届、十九届中央纪委委员；第十一届全国政协委员。1995—2016 年在中国气象局工作期间，兼任国家应对气候变化及节能减排工作领导小组成员兼国家应对气候变化协调办公室副主任；国家气候委员会主任委员；全球气候观测系统中国委员会（CGOS）主席；国务院大气污染防治领导小组成员、国务院京津冀大气污染防治协作小组成员、国务院长三角大气污染防治协作小组成员。世界气象组织（WMO）中国常任代表、执行理事会成员；联合国政府间气候变化专门委员会（IPCC）中国首席代表；联合国秘书长全球可持续发展高级别小组成员；地球观测组织（GEO）联合主席。

1994 年获得加拿大多伦多大学理学博士学位，1996 年获得研究员资格，2007 年 3 月任中国气象局党组书记、局长。2016 年 12 月任中国地震局党组书记、局长。2018年3月任应急管理部党组成员、副部长。

作为我国云物理和人工影响天气学科带头人，曾主持多项国家重点科研项目，发表学术论文70多篇，培养博士研究生8名、硕士研究生14名。获得2008年国家科技进步奖二等奖（排名第一），2006年度世界气象组织UAE人工影响天气奖等。

2017—2020年，郑国光在中国地震局、应急管理部工作，按照中央财办的统一部署，负责应急管理部牵头的多个有关自然灾害防治专题研究的统筹协调及总报告的撰写指导工作，牵头研究撰写《"十四五"国家综合防灾减灾规划》，参加2018年10月中央财经委员会第三次会议、2019年11月十九届中央政治局第19次集体学习有关材料的准备，组织编制《新时代防震减灾事业现代化纲要（2019—2035年）》《中国测震站网规划（2020—2030年）》《中国地球物理站网（地壳形变、重力、地磁）规划（2020—2030年）》等。

刘玉兰

中国生产力促进中心协会原理事长
科技部重大专项办公室原巡视员

刘玉兰，中国生产力促进中心协会原理事长、科技部重大专项办公室原巡视员。本科毕业于中国人民大学，硕士毕业于原北方交大系统工程专业。1970年入伍，1977年调到国家科委（现科学技术部）工作直到2012年退休。

2003—2006年，任山东聊城市副市长。在聊城工作期间，启动了聊城科技特派员工作。在聊城工作期间还支持帮助过一大批科技型企业走向了发展壮大之路，被聊城市委、市政府授予"金钥匙"和"荣誉市民"的光荣称号。

2008年，任陕北扶贫团团长，推动了榆林地区对蓝碳小而散企业的整顿工作。为此荣获全国妇联颁发的"巾帼英雄标兵"光荣称号。

科技部重大专项办公室原巡视员，科技部诚信办公室原副主任，先后在科技部办公厅、工业司、高新司、计划司、重大办等部门任副处长、处长、副巡视员、巡视员。从事过火炬计划、"863"计划、重大专项的管理工作。

中国生产力促进中心协会成立于1995年4月6日，是由宋健、李绪鄂等科技界老领导提议、原国家科委（现科学技术部）决定、民政部批准注册的全国性一级一类社会团体法人机构；是由全国各生产力促进中心以及从事中小企业生产力促进工作的相关企事业单位和个人自愿结成的全国性、非营利性社会组织，承担着全国生产力促进中心的业务协调、考核、评价、表彰和服务工作，承担着对中小企业的信息、咨询、培训、技术转移、科技金融等多项服务工作，是科技服务业为中小企业服务的一面旗帜；作为政府、市场、社会之间的重要桥梁和纽带，在为党和政府提供决策咨询、服务行业发展、加强行业自律等方面发挥着重要作用。中国生产力促进中心已成为我国创新发展体系、成果转化体系和现代化产业体系的重要组成部分和现代科技服务业的一支重要生力军。

夏 青

水利部南水北调专家委员会委员
中国环境科学研究院原副院长兼总工程师
中国国际文化交流中心"一带一路"绿色发展研究院专家委员会秘书长

夏青，现任水利部南水北调专家委员会委员、国家绿色产品评价标准总体组副组长、中国环境科学研究院原副院长兼总工程师。1967年毕业于清华大学水利系，1981年作为中国首批环境学研究生毕业于北京师范大学环境学研究室，1992年获国务院政府特殊津贴，同年任职中国环境科学研究院副院长，2002年在副院长兼任总工程师的岗位上退休，先后以第一负责人荣获国家级、省部级科技进步奖6项。

夏青曾担任环境部环境影响评价咨询专家组专家、长江大保护联合研究中心总体组成员、中国环境科学研究院技术委员会副主任，他也是深入中国生态环境一线解决疑难问题的著名专家。

1981年，夏青开拓性地建立了中国水环境功能区分类管理体系，并于1988年、1998年、2002年三次主持制（修）订地面水环境质量标准，质量标准执行至今；1986年起，建立中国流域控制单元划分和输入响应贡献率确定方法，已成为污染防治攻坚战的决策分析技术；1989年起，开拓容量总量控制排污许可证技术方法，制定国家总量控制"九五"方案，为2015年排污许可证立法，奠定环境质量倒逼排污总量优化分配的技术基础；1994年提出为绿色消费服务的双绿色认证，开创绿色产品生命周期信息公告20年实践验证，为2017年中国全面推行绿色产品和企业绿色声明提供技术范例；1995年起先后主持编制国务院批复的淮河、太湖、南水北调中线、东线治污规划，已成为我国环境规划全面实施的成功范例；2002年后，任国家技术标准战略总体组成员，为实现技术成果标准化、标准化引领产业化作出了突出贡献；2007年起，先后担任九部委联合承担的国家重点流域水污染防治规划指导组组长、国家近岸海域水污染防治专家组组长、渤海环境保护总体规划专家组组长，致力于多部门合作，形成环境保护合力；2010年后，面向市场，建立绿色生产力发展平台，集成水、气、固治理和农业面源治理绿色循环技术，带动中小环保企业技术创新，推动颠覆性技术实践验证，支持科技生产力见诸经济效益；2016年为实现生活、生产、生态"三生融合、三生共赢"，又在生态文化领域开拓创新，指导国内首家生态环境频道（EETV）创办；2019年，攀登生态文化与绿色生产力互为融合的新境界，发起成立绿色生产力工作委员会，搭建绿色服务平台。

南水北调专家委员会是为南水北调工程建设提供科学技术咨询的高级咨询组织，主要任务是对南水北调工程的前期工作、科研、建设、运行、维护、征地移民、生态环境、经济社会等方面的重大技术决策问题进行技术咨询或开展专题研究以及对其进行质量检查、评价和指导；有针对性地开展重点技术专题的调查研究活动；根据工作需要开展国内外专家的技术交流；针对社会关注的南水北调工程问题及舆情开展相关咨询活动。

徐锭明

国务院参事室原特约研究员
国家发展改革委能源局原局长

徐锭明，国务院参事室原特约研究员，高级工程师。曾任国务院参事、国家发展改革委能源局局长、国家能源领导小组办公室副主任。长期从事能源发展战略研究、规划编制、重大工程实施等工作。

1970年，徐锭明从北京石油学院毕业，曾在大庆、大港、渤海油田工作11年。先后在石油工业部、中国海洋石油总公司、中国石油天然气集团公司、能源部等单位工作。并历任国家发展计划委员会基础产业司副司长、国家发展计划委员会正局级巡视员、西气东输办公室主任；2003年4月，任国家发展改革委能源局局长；2005年4月，兼任国家能源领导小组办公室副主任。

国务院参事室是由毛泽东、周恩来等老一辈革命家亲自倡议设立的，一直受到党中央、国务院领导同志的关心重视，是具有统战性和咨询性的国务院直属机构，于1949年11月设立。主要职责是组织国务院参事围绕政府中心工作开展调查研究，了解、反映社情民意；对政府工作进行监督，提出意见、建议和批评；对有关法律文件草案、政府工作报告稿和其他重要文件草案提出修改意见和建议等。

国家能源局的主要职责包括负责起草能源发展和有关监督管理的法律法规送审稿和规章，拟订并组织实施能源发展战略、规划和政策，推进能源体制改革，拟订有关改革方案，协调能源发展和改革中的重大问题；组织制定煤炭、石油、天然气、电力、新能源和可再生能源等能源以及炼油、煤制燃料和燃料乙醇的产业政策及相关标准；按国务院规定权限，审批、核准、审核能源固定资产投资项目；指导协调农村能源发展工作；组织推进能源重大设备研发及其相关重大科研项目，指导能源科技进步、成套设备的引进消化创新，组织协调相关重大示范工程和推广应用新产品、新技术、新设备；负责核电管理，拟订核电发展规划、准入条件、技术标准并组织实施，提出核电布局和重大项目审核意见，组织协调和指导核电科研工作，组织核电厂的核事故应急管理工作；负责能源行业节能和资源的综合利用，参与研究能源消费总量控制目标建议，指导、监督能源消费总量控制有关工作，衔接能源生产建设和供需平衡等。

徐锭明积极推动民营企业在可再生能源方面的积极作用，为促进我国能源革命，建设现代化的供热、供冷体系作出了巨大贡献。能源革命离不开民营企业，民营企业需要在科技创新的指引下，通过不断试错，推动中国可再生能源发展进入高质量时代。2022年1月在大数据产业基地"源网荷储"高峰论坛上发表题为《能源结构调整——中国能源战略之首》的线上演讲。

潘家华

中国社会科学院学部委员
中国社会科学院可持续发展研究中心主任
北京工业大学生态文明研究院院长

潘家华，中国社会科学院学部委员、可持续发展研究中心主任，北京工业大学生态文明研究院院长、博士生导师，兼任中国城市经济学会会长、中国生态文明研究与促进会副会长、国家气候变化专家委员会委员、UN可持续发展报告（GSDR2023）独立专家（15人，UN秘书长任命）组成员、政府间气候变化专门委员会（IPCC）评估报告（减缓卷，2021）主笔。曾任中国社会科学院生态文明所所长、外交政策咨询委员会委员、UNDP高级项目官员、IPCC高级经济学家。享受国务院政府特殊津贴（1997）、入选中宣部"四个一批"人才（2005）和国家"万人计划"哲学社会科学领军人才（2014）。国家"973"项目首席科学家。参加了中央政治局集体学习讲解二氧化碳减排目标（2010）。

国家社会科学基金重大研究专项，推动"一带一路"倡议与联合国"2030年可持续发展议程"对接研究（2018—2020年）、国家自然科学基金重大专项"碳中和的经济社会系统性变革研究"（2021—2025年）、国家"973"专项"太阳辐射调节（Solar Radiation Management，SRM）科学与治理研究"（2016—2021年）课题共同负责人，联合国《全球可持续发展报告2023》主笔（2023）。

1992年获剑桥大学经济学博士，研究领域包括可持续城市化、能源与气候政策、生态文明新范式经济学等。主持国家社会科学基金、国家自然科学基金、国家重大科技支撑等重大、重点项目，以及中国社科院重大招标、重大国情项目以及有关部委、地方政府委托和国际合作项目60余项。在《经济研究》、《中国社会科学》、*Nature*、*Science*、*Oxford Review of Economic Policy*等学术期刊发表论文350余篇，出版学术专著10余部，获中国社会科学院优秀科研成果奖、孙冶方经济科学奖、中华宝钢环境（学术）奖等重要学术奖20多项。应邀在中央电视台《开讲啦》栏目讲解"碳中和的技术经济社会变革机遇与展望"、宋庆龄基金会《给孩子们的大师讲堂》讲解"碳中和知识"，在中国社会科学院大学开设"可持续发展经济学理论与方法"课程。

主要研究领域包括可持续城市化、能源与气候政策、生态文明新范式经济学等。自2020年10月起，在北京工业大学组建生态文明研究院团队，开展生态文明发展范式经济学理论研究，包括自然价值理论、自然生产力理论、环境福祉理论等理论与方法构建；在气候变化经济学的学科体系、学术体系和话语体系建设领域，开展一系列研究方向的创新研究，如"北京碳中和2050""零碳微单元能源解决方案及其经济社会变革"研究；"开展可持续发展经济学理论与方法"研究，"联合国2030年可持续发展议程的学理、治理与政策"研究。

王宏广

全国政协参政议政特聘专家
北京大学中国战略研究中心执行主任
科学技术部农村与社会发展司原副司长

王宏广，现任全国政协参政议政特聘专家，北京大学中国战略研究中心执行主任，清华大学国际生物经济中心主任、教授，中国农业大学中国粮食与食物安全研究中心主任，中华人民共和国海关总署院士专家咨询委员会委员，国家中医药管理局政策咨询委员会委员，四川大学华西医院中国人民生命安全研究院创始院长。曾任科学技术部农村与社会发展司副司长、中国生物技术发展中心主任（正局级）。先后在美国、德国等国6所大学作访问学者，赴30多个国家或地区开展学术交流与调研。

从事国家"863"计划生物领域、重大新药创制国家重大科技专项的管理工作10年，从事科技战略与技术预测工作15年，连续20多年跟踪研究30多个国家及我国31个省区的生物技术与生物产业发展动态。作为起草组组长起草《中华人民共和国生物安全法》《农业科技发展纲要（2001—2010年）》等重要文件。

"差距经济学"创始人，"第二经济大国陷阱""第二次绿色革命"提出者。国家《农业科技发展纲要（2001—2010年）》起草组组长，发起并组织首届国际农业科技大会、首届国际生物经济大会。著有《填平第二经济大国陷阱》《中国耕作制度70年》《中国农业：问题·潜力·道路·效益》《中国粮食安全研究》等22本，发表《中国粮食问题可忧不可怕》等论文110余篇。主持编写《中国医药城》等15个生物医药园区规划。

在国际上最早提出"生物技术将引领新的科技革命、生物经济引领第四次浪潮""第二经济大国陷阱""生物霸权"等观点，引起国际社会广泛关注。《第三产业拥有20万亿元潜力》《健康产业拥有8万亿元潜力》等研究报告得到时任国务院总理的重要批示。"建设医药强国""发挥中医药病前主导、病中协同、病后核心作用"等建议被政府有关文件采纳。建议并作为大会秘书长创办"首届国际生物经济大会""首届国际农业科技大会"。正在筹建"国际生物经济联合会""国际生物经济研究院"，正在运用人工智能与互联网技术打造"现代赤脚医生"，缓解7亿农民看病难、看病糊涂的难题。被中共中央、国务院、中央军委授予"全国抗震救灾英模"称号，国务院授予"抗击SARS先进个人"称号。王宏广在《中国粮食安全——战略与对策》一书中预测，到2030年，我国粮食总产能达到8亿吨。他专门请袁隆平先生作序，袁隆平也认可了这一预测。

五、新闻传播与话语体系建构

周明伟

第十二届全国政协委员
原中国外文出版发行事业局局长
中国翻译协会原会长

周明伟，现任北京大学国际战略研究院常务理事，清华大学新闻与传播学院常务理事，复旦大学中美人文交流战略对话研究中心名誉主任，中央社会主义学院、中国浦东干部学院、复旦大学特聘教授，华东师范大学客座教授；中国公共外交协会常务理事，俄罗斯普列汉诺夫经济管理学院（莫斯科高等国际商学院）名誉教授。1984年7月毕业于复旦大学国际政治系，曾在美国纽约州立大学洛克菲勒政治学院和美国哈佛大学肯尼迪政府学院学习，获博士学位。曾任第十二届全国政协委员，党的十六大、十八大代表。

周明伟历任复旦大学校长助理兼校长办公室主任、外事办公室主任（1994—1996年），上海市人民政府外事办公室副主任、主任（1996—2000年），中共中央台湾工作办公室、国务院台湾事务办公室副主任（副部长级）（2000—2003年），中国外文出版发行事业局常务副局长（副部长级）、局长（2004—2017年）。

周明伟还曾任孔子学院总部常务理事、中国西藏文化发展与保护协会副会长、中国生态文化协会副会长、第五届中日友好21世纪委员会中方委员和中国翻译协会会长。中国翻译协会自成立以来，充分利用自身资源优势，经常举办翻译行业的学术交流活动，积极开展翻译人才培训、翻译咨询服务以及与翻译工作相关的社会公益活动，开展与国际翻译界的交流与合作，并积极参与行业管理，推动中国翻译行业国家标准的制定与实施。

周明伟的主要研究方向为美国国会政治：院外集团、游说与国会决策；国际关系、美国政治、中美关系与台湾问题、国际传播、东西方文化比较等。

2023年8月22日，周明伟出席由中国社会科学院国家高端智库理事会秘书处主办的中西方文明交流与互鉴国际研讨会。与会专家围绕应用"共商共建共享"理念，推动中美两国文化交流、友好对话议题展开热烈讨论。2023年9月6日，周明伟参加在民族文化宫举办的"民族文化交流与传播国际研讨会"，围绕如何准确认识中华文明突出特性、如何铸牢中华民族共同体意识、如何推动民族文化国内国际传播、如何讲好中国故事促进中西交流对话等热点议题，展开深入的建设性讨论。国家民族事务委员会有关司局负责人列席了会议。

周锡生

第十二届全国政协委员
新华社原副社长兼常务副总编辑
中国搜索信息科技股份有限公司总裁

周锡生，第十二届全国政协委员，现任中国搜索信息科技股份有限公司总裁，兼任中国青年政治学院新闻传播学院院长，东南大学首批人文社会科学资深教授。毕业于上海外国语大学英语系，留学于希腊亚里士多德大学哲学系。1978年进入新华社工作，历任新华社国际部编辑，新华社雅典分社记者、首席记者，新华社《环球》杂志副总编辑、总编辑，新华社华盛顿分社记者、副社长，新华社联合国分社社长，新华社国际部副主任、新闻信息中心副主任。2000年初任新华网总裁，2000年9月任新华社网络中心主任，兼任中国互联网协会副理事长。2006年5月任新华社副秘书长兼新华网总裁、总编辑。2006年10月，在中华全国新闻工作者协会（以下简称中国记协）第七届理事会第一次会议上，当选为本届中国记协常务理事。2007年9月起任新华社党组成员、副社长兼常务副总编辑。

周锡生是1994年新华社首届"十佳国际编辑"，1997年获"全国百佳新闻工作者"称号，1998年获中国"范长江新闻奖"提名奖，2002年获国际项目管理（IPMP）A级资质证书、全国宣传文化战线"四个一批人才"、国家新闻出版总署首批全国创新领军人才，享受国务院政府特殊津贴。

周锡生长期从事国际报道和对外报道，曾任新华社常驻美国国会、白宫、五角大楼、国务院和华尔街记者，曾多次担任党和国家主要领导人出国访问报道的主要随团记者。周锡生采访过美国总统老布什、小布什和联合国前秘书长安南、俄罗斯总理梅德韦杰夫等国际政要，采访过华尔街一批经济金融大亨，采访报道了西方七国首脑会议、中美元首会晤、美国大选等一系列重大国际性会议活动；担任过奥巴马访华上海专场演讲会现场中英文直播报道总指挥、新华社达沃斯论坛报道总指挥、新华社北京奥运会、伦敦奥运会、上海世博会报道团总指挥。

周锡生长期从事互联网、新媒体、融媒体工作，创办了新华网、中国政府网、中国平安网、中国文明网等多个大型网站和APEC会议网站，对国内外网络媒体、网络文化、网络安全、社交媒体和数字经济等有深入研究，并长期担任中央有关部门和地方党政机关领导干部培训授课教师。

周锡生对国际问题、世界经济、国际金融贸易、"一带一路"和互联网、新媒体、数字经济、人工智能等有长期跟踪和深入的研究，发表过上千篇深度述评文章，目前在上海东方网"东方智库"开设有《周说天下》评论专栏，点评国际重大问题、热点问题，对国际重大事件的预测准确率高。

匡乐成

新华出版社有限责任公司党委书记、社长
中国财富传媒集团副总裁、党委委员、董事

匡乐成，新华出版社有限责任公司党委书记、社长、董事长、总裁，高级编辑，中国财富传媒集团副总裁、党委委员、董事。曾任新华社办公厅副主任，中国经济信息社副总裁，国家金融信息中心总经理，新华中经信用管理有限公司董事长。被聘为全国共享经济标准化技术委员会副主任委员，北京市、天津市社会信用建设标准委员会委员，河南省社会信用建设智库特聘专家，蓝迪国际智库专家委员会委员。

在中国经济信息社工作期间，牵头负责国家金融信息平台"新华财经"、国家级信用信息平台"新华信用"、国家级"一带一路"综合信息服务平台"新华丝路"的开发、建设和运营，负责经济智库、舆情监测与研判、大数据和技术建设等业务。在抗击疫情期间，组织策划的舆情分析和系列经济分析报告获得各界好评，多篇文章获得中央领导同志批示。

在新华社办公厅任职期间，曾任督察室主任、党委人事办主任、正处级秘书、调研室副主任等职，参与筹建中国政府网、中国搜索，参与有关加强互联网管理、新媒体建设、媒体融合发展、多媒体数据库建设、经济信息改革发展等专项调研，多次参加两会报道，调研报告被中央领导同志批示并获"新华社社级好稿"，推动新华社多媒体数据库建设和待编稿库采编发体制改革、经济信息业务体制机制改革。

在新华社机关党委工作期间，曾获得全国政协八届五次会议大会秘书处"精神文明标兵""新华社优秀团干部""新华社优秀公文一等奖"等荣誉。

新华出版社是新华社主管主办的以出版社科类图书为主的中央级综合出版社，主要编辑出版时政、社科、文教、新闻以及展览图片、画册等。编辑出版了唯一的综合性国家年鉴——《中华人民共和国年鉴》（中文和英文版），并面向全世界发行。建社以来，依托新华社优势，坚持正确导向，加强选题策划，打造新华版特色，编辑出版了一大批有较大社会影响的精品图书。近年来，推出了《习近平的扶贫足迹》《习近平的小康情怀》《治国理政新实践》《学习习近平关于新闻舆论的重要论述》《习近平经济思想的生动实践述评》《盛世大典》《百年庆典》等一批传播习近平主席重要思想和光辉形象的重点图书,编辑出版了《巨变:改革开放 40 年中国记忆》《初心:向共产党员张富清学习》《文明的冲突与世界秩序的重建》《细节决定成败》《大国悲剧》《盛世狼烟》《决胜新空间》《国富国穷》《对我们生活的误测》《我们的语文》等一批具有广泛社会影响的精品图书。

金 雷

新华社中国经济信息社经济智库事业部总经理

金雷,新华社中国经济信息社经济智库事业部总经理。2004 年进入新华社工作,熟悉高端智库运作,熟悉政策话语体系,带领团队长期从事宏观经济、产业经济、房地产、能源、农业经济等领域的政策研究分析工作。

中国经济信息社(以下简称中经社)是新华社下属的从事经济信息服务的企业。中经社于 1989 年 10 月注册成立,2016 年 4 月重组整合。目前已经成为国内权威性最强、服务领域最广、信息种类最全的经济信息服务机构。中经社信息采集点覆盖 180 个国家和地区,在国内 30 个省区市设分支机构,为全球 10 万多家机构用户、3000 多万个人用户提供经济信息服务,与用户共成长,与中国经济共发展。中经社围绕服务国家战略,建设了国家金融信息平台"新华财经","一带一路"综合信息服务平台"新华丝路网",国家级信用信息平台"新华信用",集成型指数编制发布综合服务体系"新华指数",以及涵盖政务、能源、农业、房地产、海洋、智能制造、烟草、舆情等领域的"中经智库"五大重点产品,承担了全国一体化政务服务和监管平台、"中国一带一路网"等国家级平台运营项目,打造了国际化能源交易平台上海石油天然气交易中心。中经社可为政府部门、大型企业、金融机构、科研院所等用户提供资讯、数据、研报、信用、指数、舆情,以及信息发布、融合传播、智库咨询、论坛策划、培训讲座等综合信息服务。

金雷长期从事新闻信息编审和智库研究工作,具有深厚的文稿写作功底和丰富的稿件审改经验,组织策划审发的许多报告得到党中央及地方决策层重视,如《商品房土地使用权续期无细则可循引发关注》《宜提升金融体系综合监管水平巩固楼市去杠杆成果》《抓住楼市企稳契机 从土地、租赁等方面加快房地产长效机制建设》《警惕部分城市"炒房"抬头、违规资金入市》《打造新时代高质量发展的新型城市样板——雄安新区规划与建设模式调研》《以品牌建设为统领 全面深入推进青稞产业高质量发展》等报告获得党中央及地方政府领导人重视,推动了政策形成,助力了相关行业供给侧结构性改革。

六、"一带一路"与国际合作

张冠梓

第十四届全国政协委员、民族和宗教委员会委员
中国社会科学院信息情报研究院党委书记、院长

张冠梓,现任第十四届全国政协委员、民族和宗教委员会委员,中国社会科学院大学历史学院教师,中国社会科学院信息情报研究院党委书记、院长,研究员(二级),博士生导师。2023年3月12日,担任民族和宗教委员会委员。享受国务院政府特殊津贴。

张冠梓1990年7月毕业于北京大学历史系,获历史学硕士学位;1998年7月毕业于北京大学法学院,获法学博士学位。2000—2007年在中国社会科学院法学研究所从事博士后研究,2008—2009年在美国哈佛大学肯尼迪政府学院做高级访问学者。历任中国社会科学院民族研究所民族历史研究室副主任,院团委书记,院党组办公室青年工作处处长、主任助理、副主任,院直属机关党委副书记、常务副书记,院人事教育局局长,中共广东省东莞市委常委、副市长(挂职),院历史理论研究所党委书记、副所长。

张冠梓长期担任中国社会科学院青年人文社会科学研究中心秘书长、理事长,中华全国青年联合会常委兼哲学社会科学届别组副主任、秘书长,中国法律史学会常务理事,中国民族史学会理事。

主要研究领域为中国传统法律文化、中国少数民族法制史、法律人类学与法律社会学、人才学、海外中国学、国家安全学、智库研究等。主要代表作有《论法的成长——来自中国南方山地法律民族志的诠释》《中国少数民族传统法律文献汇编》《作为法的文化与作为文化的法——南方山地民族传统法的演进》《多元与一体：文化背景下的中国法律》《多向度的法：与当代法律人类学家对话》《哈佛看中国》《哈佛中国学》《学问有道：学部委员访谈录》《国情调研》。

先后获北京大学"五四"青年科学论文一等奖，中国法律史学会优秀论文一等奖，中国社会科学院优秀科研成果二等奖1项和三等奖3项，中国社会科学院优秀对策研究成果特等奖、一等奖、二等奖多项，第一届中国青年法律学术奖（法鼎奖）金奖，国务院颁发的政府特殊津贴，第五届胡绳青年学术奖，第二届政府出版奖提名奖，第六届全国十大杰出青年法学家提名奖等荣誉。

吴 蒙

中国国际贸易促进委员会双边合作部部长
北京市大兴区政府党组成员、副区长

吴蒙，现任中国国际贸易促进委员会（以下简称中国贸促会）双边合作部部长、北京市大兴区政府党组成员、副区长。毕业于北京外国语大学英语语言文学系，曾在中央党校、井冈山干部学院进修。1996年参加工作，曾任中国贸促会驻港澳代表处副代表，中国贸促会国际联络部美大处副处长、处长。

中国国际商会是1988年6月经国务院批准成立、由在中国从事国际商事活动的企业、团体和其他组织组成的全国性商会组织，是中国贸促会开展各项工作的重要载体。主要职责是促进中外经贸交流与合作，代表中国工商界向国际组织和中外政府部门反映利益诉求，参与国际经贸规则的制定和推广，在企业界积极倡导社会责任与公益事业。其双边合作部负责运营中国贸促会、中国国际商会双边工商合作机制，建立和管理双边机制地方联络办公室，开发、策划、组织和执行双边机制活动；对接境外对口商协会，开展贸易投资促进工作，搜集经贸信息，服务企业"走出去"和境外企业"请进来"；发展和管理机制会员；承办中国贸促会和中国国际商会交办的其他工作。

吴蒙积极推动多双边工商界交流与合作，发挥代言工商的作用。担任中国—东盟商务理事会秘书长、中国—中东欧国家联合商会中方理事会秘书长、中国—拉美企业家理事会秘书长、上海合作组织中国实业家委员会秘书长、中国—葡语国家企业联合会秘书长等职务。他长期致力于贸易投资促进事业，是多双边问题专家，在举办大型多双边活动方面具有极为丰富的经验。曾牵头负责多场具有国际影响力的大型活动的组织筹备工作，其中包括2014年APEC、2016年二十国集团工商界活动（B20）、2017年美国总统特朗普访华期间中美工商领导人对话会、2018年中非企业家大会等。吴蒙有超过20年的中美双边关系工作经验，曾组织实施中美企业对接计划（Corporate Match-making Program，CMP）并获得相关国家级奖项。对中国企业对外投资战略、政策风险有深入的了解，并善于梳理国内外政府事务资源，为企业提供定制咨询服务。

李希光

清华大学教授、博士生导师
清华大学国际传播研究中心主任

李希光，清华大学国际传播研究中心主任、新闻与传播学院副院长、博士生导师，清华大学网络信息与社会管理研究中心首席专家，西南政法大学全球新闻与传播学院名誉院长，世界与中国议程研究院院长，喜马拉雅研究所所长，原卫计委应急专家委员会成员，联合国教科文组织媒介素养与文明对话教席负责人，中巴经济走廊网总编辑。

曾任清华大学新闻与传播学院常务副院长、清华大学国际传播研究中心主任，现工作于清华大学健康传播中心。兼任西南政法大学全球新闻与传播学院名誉院长、世界与中国议程研究院院长。中国人民解放军军事科学院特邀研究员，南京大学、北京外国语大学、四川大学、西南政法大学等校客座教授。李希光1990年曾跟随巴基斯坦杰出学者丹尼教授乘船来到卡拉奇，沿印度河采访考察古丝绸之路。而作为联合国教科文组织丝绸之路青年学者，李希光已在"海上丝绸之路"、"草原丝绸之路"、"沙漠丝绸之路"、阿尔泰游牧路线行走5万多千米，被誉为"走遍丝路第一人"。2010年以来，李希光分别受扎尔达里总统、吉拉尼总理、穆沙希德参议员等邀请，先后6次率领团组成员深入巴基斯坦访问考察，每年带领清华大学巴基斯坦文化与传播研究中心团队与巴基斯坦国家科技大学共同召开中国—巴基斯坦联合智库年会。

李希光著有《如何应对西方记者：发言人及新闻官国际工作手册》《转型中的新闻学》《政府发言人15讲》《软力量与全球传播》《艾滋病媒体读本》《畸变的媒体》《新闻学核心》《媒体的力量》《写在亚洲边地》《谁蒙上了你的眼睛：人人必备的媒介素养》《新闻采访写作教程》《初级新闻采访写作》《软实力与中国梦》《舆论引导力与文化软实力》《对话西藏：神话与现实》《新闻教育未来之路》《发言人教程》等。

曾获宝钢教育奖（2005）、国家精品课奖（2004）、中国十大教育英才（2004）、国务院政府特殊津贴奖励（2004）、清华大学学术新人奖（2003）、清华大学优秀教学奖（2001）、清华大学"良师益友"奖（2000）。主要学科及研究方向包括新闻学、国际传播、媒体与公共政策、新闻政治学、政治传播学。

黄仁伟

复旦大学"一带一路"及全球治理研究院常务副院长
南京大学华智研究院学术委员会主席

黄仁伟，现任复旦大学"一带一路"及全球治理研究院常务副院长、特聘教授，兼任南京大学华智研究院学术委员会主席，清华大学战略与安全研究中心学术委员，中国国际关系学会副会长，上海外国语大学国际关系与外交事务研究院院长，上海社会科学院原副院长、历史研究所所长，盘古智库顾问委员会高级顾问。

黄仁伟兼任国务院台湾事务办公室海峡两岸关系研究中心特聘研究员，国家创新与发展战略研究会副会长，上海市人民政府决策咨询专家，上海市国际关系学会副会长，上海市美国学会副会长，上海市台湾研究会常务理事、副会长，全国美国经济学会常务理事，全国美国历史学会理事、常务理事，浦东美国经济研究中心主任，上海国际问题研究中心副主任等。

2001年，荣获国务院政府特殊津贴。主要研究领域为国际关系与国际经济，其中包括中国国际战略、中美关系（含台湾问题）、国际关系理论、国际经济关系，是研究"中国和平崛起"的学者之一。参与浦东开发开放战略研究（1992—1993年）、21世纪上海发展战略研究（1994—1995年）、世博会与上海新一轮发展战略研究（2003—2004年）、上海中长期科技发展战略研究（2004—2005年）；中央台办有关课题研究（2004—2005年）；中央党校"中国和平崛起发展道路"研究（2003—2005年）；中国国际战略研究基金会中美战略对话（1997—   ），中国国际问题研究所中美日三边战略对话（1998—   ）；中台办中美台湾问题高层对话（2000—   ）；以及其他重大研究项目和重要战略对话。

出版著作有《罗斯福政言录》（1989年，吉林教育出版社）、《美国通史（第三卷）》（1991年，人民出版社）、《美国西部土地关系的演进》（1993年，上海社会科学院出版社）、《中美关系向何处去》（1993年，四川人民出版社）、《独立自主的和平外交政策》（1998年，上海人民出版社）、《中国崛起的时间与空间》（2002年，上海社会科学院出版社）、《国家主权新论》（2004年，时事出版社）、《中国国际地位报告》（2004—2009年，人民出版社）、《经济发展的前沿问题》（2004年，上海人民出版社）、《中国和平发展道路的历史选择》（2008年，上海人民出版社）以及其他大量论文、文章及研究报告。

李永全

中国社会科学院俄罗斯东欧中亚研究所原所长

李永全，中国社会科学院俄罗斯东欧中亚研究所原所长。1955年3月生于辽宁海城。1975年毕业于辽宁大学外语系，1990年毕业于莫斯科大学历史系。历史学博士，研究员、博士生导师。

历任中国社会科学院大学中俄关系高等研究院教授、中国社会科学院大学国际关系学院院长、中国俄罗斯东欧中亚学会会长、中国社会科学院"一带一路"研究中心主任、中国俄罗斯友好协会副会长、"长江—伏尔加河"高校智库联盟学术委员会主席。俄罗斯科学院《世界经济和国际关系》杂志外籍编委。1999—2004年、2009—2012年任《光明日报》驻莫斯科记者，2004年荣获中国新闻奖二等奖。中国社会科学院俄罗斯东欧中亚研究所研究员。

俄罗斯东欧中亚研究所是中国社会科学院所属的国际问题研究所之一，是国内最大的以俄罗斯和东欧中亚为研究对象的综合性学术研究机构。1965年6月30日建所，1966年划归中共中央联络部所属，1981年1月改属中国社会科学院。20世纪80年代至今，俄罗斯东欧中亚研究所适应对象国的变化和国内需要，先后围绕原苏东国家的政治经济体制改革、苏东剧变、俄罗斯东欧中亚国家的政治经济转轨、对象国的外交走向及其与中国的关系等重大历史性课题，展开了全面系统的深入研究，撰写、翻译和编纂了多部专著、译著和大型工具书，撰写了上百篇论文和研究报告等。

李永全主要研究方向为俄罗斯历史、当代俄罗斯政治、欧亚地区多边组织（上海合作组织、欧亚经济联盟）及欧亚一体化、中俄关系等领域。

主要著作有《俄国政党史：权力金字塔的形成》（1999）、《俄国政党史：权力金字塔的形成与坍塌》（2017）、《莫斯科咏叹调》（2005）；在国内外发表200余篇关于俄罗斯和国际问题的学术和政论作品；主编《俄罗斯黄皮书：俄罗斯发展报告》（2012—2017）、《丝路列国志》（2015）、《"一带一路"蓝皮书："一带一路"建设发展报告》（2016—2019）、《"俄罗斯学"在中国》（系列文集）等。

主要翻译作品包括瓦·博尔金《戈尔巴乔夫沉浮录》（1996年版）、尼·雷日科夫《大动荡的十年》（1998年版）、肖洛霍夫《他们为祖国而战》（2005年版）、伊·安·列昂诺夫《独臂长空》（2005年版）等。

张保中

中国海外港口控股有限公司董事长

张保中，中国海外港口控股有限公司董事长。自2013年起，任职中国海外港口控股有限公司董事长的张保中接手瓜达尔港口，港口运营11年多来，在积极建设瓜达尔自由区基础设施的同时，积极推进巴基斯坦联邦和地方政府落实经营协议中规定的税收优惠政策,为投资者创造良好的经商环境。

中国海外港口控股有限公司于2013年接管了瓜达尔港及其923公顷自由区的开发权和运营权。作为巴基斯坦的第三大港,瓜达尔港是南亚和中东地区的重要深水港,具备极其重要的战略位置,也是"中巴经济走廊"和"21世纪海上丝绸之路"的重要节点和旗舰项目。中国海外港口控股有限公司致力于将瓜达尔港及自由区发展成为区域范围内物流和加工制造的重要枢纽。

瓜达尔港作为中巴经济走廊最南端的印度洋天然海港,其战略地位非常重要。巴基斯坦将该港租给中国进行开发建设,而中国海外港口控股有限公司是瓜达尔港及自由区的投资、开发和管理运营单位,其在巴基斯坦的子公司负责瓜达尔港口、瓜达尔自由区、海事服务和物流领域的开发和经营。

作为共建"一带一路"的标志性项目,中巴经济走廊于2013年启动。2015年,习近平主席明确了中巴经济走廊对两国务实合作的引领作用,形成以走廊建设为中心,以瓜达尔港、能源、基础设施建设、产业合作为重点的"1+4"合作布局。迎来历史机遇期的瓜达尔港走上发展快车道,瓜达尔也从昔日偏远的小渔村逐渐发展成为重要的地区物流枢纽和产业基地。在瓜达尔港的发展布局中,自由区建设主要依托港口的地理区位、物流交通、减税政策等优势,聚焦商贸和产业发展,增强经济活力。

作为瓜达尔港开发商,张保中和他领导的中国海外港口控股有限公司始终以保护投资者利益为一切工作的出发点,积极为投资商创造便利条件,争取最优惠的投资鼓励政策,为投资商提供全面、细致的服务。他强调,中国海外港口控股有限公司期望与巴基斯坦本土商业巨子、阿里夫·哈比卜集团、阿斯卡里银行等国际著名的商业集团和商业银行加强合作,以期实现互利共赢,共同为瓜达尔地区经济的发展作出贡献。

王晓泉

中国社会科学院"一带一路"研究中心副主任
中国俄罗斯东欧中亚学会秘书长

王晓泉,法学博士,现任中国社会科学院俄罗斯东欧中亚研究所科研处处长、研究员、中国社会科学院"一带一路"研究中心副主任、中国俄罗斯东欧中亚学会秘书长。长期从事"一带一路"、欧亚战略、中俄关系等问题的研究,主编《"一带一路"蓝皮书:"一带一路"建设发展报告》《中国俄罗斯东欧中亚学会年鉴》,著有《"一带一路"建设中深化中俄战略协作研究》,发表《中俄结算支付体系"去美元化"背景与人民币结算前景分析》《中俄美大三角关系规律论析》《欧亚全面战略伙伴关系研究》《俄罗斯的文明属性及其战略影响考论》《大国战略博弈下上合组织走向何方?》等研究报告和论文超过百篇,获30余项省部级优秀成果奖。

张陆彪

农业农村部对外经济合作中心党委副书记、主任
中国国际贸易促进委员会农业行业分会秘书长
中国国际商会农业行业分会秘书长

张陆彪,农业农村部对外经济合作中心党委副书记、主任,兼任中国国际贸易促进委员会农业行业分会秘书长、中国国际商会农业行业分会秘书长。曾任中国农业科学院农经所副所长、中国农业科学院国际合作局局长、农业农村部国际合作司副司长、农业农村部农业贸易促进中心主任。

1992年获南京农业大学农业经济学博士学位,2002年任中国农业科学院农业经济学博士生导师,指导培育国内外近百位硕士、博士、博士后专业人才和学科带头人。

张陆彪应邀担任世界银行、非洲开发银行、国际农发基金、世界粮食计划署等国际组织和著名国际咨询公司的咨询顾问(专家)。LEAD会员和EEP-SEA研究员。在担任农业农村部国际合作司副司长期间,牵头完成《国务院办公厅关于促进农业对外合作的若干意见》《全国农业现代化规划(2016—2020年)》等多份顶层设计政策文件。

在担任农业贸易促进中心主任期间,撰写多篇研究中美贸易争端开展中美经贸摩擦对两国农产品出口影响、中美大豆贸易形势分析、美国大豆库存情况等聚焦美国农业重点领域的报告,获得部委领导肯定性批示。多篇密切跟踪美国农业支持政策走向的报告为领导决策提供了重要参考,得到中央领导的认可。

担任对外经济合作中心主任以来,推动建立农业走出去博士后工作站,聚焦中国农业对外投资合作，开展"十四五"发展规划研究、农业走出去总部基地建设、发达国家经验借鉴等一系列涉及发展方向的重要研究工作，成果得到部委领导高度认可。

张陆彪主持了世界银行、福特基金会、国家自然科学基金会等多项国际国内合作课题；撰写了50余篇中英文研究（咨询）报告，并在《经济学家》等杂志公开发表了30余篇学术文章。

贺建东

北京市第十三届、十四届政协委员
BEYOND 国际科技创新博览会联合创始人
澳门科技总会会长

贺建东，北京市第十三届、十四届政协委员，BEYOND 国际科技创新博览会联合创始人，中国航天基金会理事，广东省工商业联合会常委，全国工商联青年委员，澳门特别行政区政府经济发展委员会委员，澳门科技总会会长、京澳经济文化交流促进会副会长等。2016 年获美国南加州大学工程管理硕士学位。在校期间曾担任香港学生会主席，多方联动美国东西岸各校的香港学生进行学习和工作交流。

2018 年，作为创始人自主创立了科迪（杭州）科技服务有限公司。公司整合国内外资源优势、致力于科创企业孵化、天使投资、企业加速和高科技创新转化、以打造国际创业社区为目标，促进港澳创业青年来内地创业和引入国外优秀人才与项目。2018 年被选为北京市第十三届政协委员并担任京澳经济文化交流促进会副会长，主要负责结合青年特点从青年人的视角提出议案和建议，促进港澳年轻人更好地融入内地发展。曾参与"2019 京澳青年创新创业论坛"，澳门回归 20 周年纪念等活动。

贺建东长期关心社会、服务社会，为促进内地、香港、澳门的合作、交流和发展不遗余力。他积极联动国内企业并将其引荐到澳门特别行政区，发挥青年生力军作用推动澳门特别行政区产业多元化发展。2019 年作为全国工商联青年委员参加粤商大会讨论并作发言。积极推动青年创业家参与探讨深化粤港澳大湾区工商合作促进区域经济协调发展和高质量发展。

2021年,在贺建东的持续推动下,首届BEYOND国际科技创新博览会于澳门成功召开,博览会以"What's Next"为主题探讨与展望科技未来发展。在博览会现场有近5万平方米的展区,吸引全球逾2万名科技创新专业观众参与,成为亚太地区颇具影响力的科技创新交流平台。在2021年12月2—4日,基于未来科技,生命科学,影响力科技,新基建、智慧城市与生活四大主题,向到场观众展示来自世界300家大型跨国企业、独角兽创新企业以及新型初创企业最新的创新成果及未来技术方向。受新冠疫情影响,第二届BEYOND Expo于2022年9月21—27日以元宇宙形式举办,是迄今为止最大规模的国际化线上科技博览会,在多个方面开创了历史。2023年5月10—12日,以"重义科技Technology Redefined"为主题的第三届BEYOND Expo回归线下,在3天会议期间,累计参会人数超过1.5万人次,共有超过600家企业参与展示,海外展商占比30%,第三届BEYOND Expo 2023在规模、规格、国际化上都创出新高。

黄 平

中国社会科学院台港澳研究中心主任
香港中国学术研究院常务副院长
中国社会科学院欧洲研究所原所长

黄平,第十三届全国政协委员,现任中国社会科学院台港澳研究中心主任、香港中国学术研究院常务副院长、研究员、《读书》执行主编等,曾任中国社会科学院欧洲研究所所长,兼任中国与中东欧智库网络秘书长、中国社会科学院世界政治研究中心主任、台港澳研究中心主任,并担任中华美国学会会长、中国国际关系学会副会长、中国世界政治研究会副会长、全国港澳研究会副会长、中国人民对外友协理事、外交学会理事。

黄平于1991年毕业于伦敦经济学院,获社会学博士学位。历任中国社会科学院社会学研究所副所长、国际合作局局长、美国研究所所长。其间,曾任联合国教科文组织(UNESCO)社会转型管理政府间理事会副理事长(1998—2002年)、教科文组织重大科学项目国际评审委员(2003—2005年)、国际社会科学理事会副理事长(2004—2006年)和国际社会学会副会长

（2002—2012年）。

黄平在布鲁塞尔、巴黎、北京等地组织过四届"中欧文化高峰论坛"，在华盛顿、伦敦等地举办过"中国社会科学论坛"等国际问题圆桌或高端对话，负责过国家社科基金、中央部委委托课题、联合国粮农组织、联合国教科文组织、欧盟等委托的大量课题。他是国家"四个一批"和国家"万人计划"哲学社会科学领军人才，享受国务院政府特殊津贴。

黄平在社会发展、人口流动、城乡关系、中美关系、中欧关系、全球化、中国道路、现代性等领域长期从事专业研究，出版过《寻求生存》《未完成的叙说》《误导与发展》《与地球重新签约》《公共性的重建（上、下）》《农民工反贫困》《西部经验》《乡土中国与文化自觉》《本土全球化》《梦里家国：社会发展、全球化与中国道路》《家国天下：中国发展道路与全球治理》《华侨华人在中国软实力建设中的作用》《中国与全球化：华盛顿共识还是北京共识》以及 CHINA REFLECTED 等著作，还翻译过《现代性的后果》《亚当·斯密在北京》等重要著作。翻译作品有《第三条道路》《理性的实践：米歇尔·福科，医学的历史与社会学的理论》《全球社会学的基础》《社会学中几种不同的全球化概念》《社会学主义与哲学》《国际市民社会》等。

裴长洪

中国社会科学院经济研究所原所长
中国市场学会原会长
第十二届、十三届全国政协委员

裴长洪，中国市场学会原会长，第十二届、十三届全国政协委员，中国社会科学院大学（研究生院）经济学院博士生导师。曾任中国社会科学院经济研究所所长、党委书记，著名经济学家。裴长洪于1981年进入中国社会科学院经济研究所工作，后于1983年调入其他单位任职，并于2010年回到经济研究所工作。1995年，获得国务院政府特殊津贴、先后入选中宣部"四个一批"人才工程与中组部"万人计划"国家哲学社会科学领军人才。

长期以来，裴长洪专注于中国开放型经济相关领域的研究，包括国际贸易与投资、金融与服务经济、自贸试验区、全球经济治理等。他的研究大多立足于中国现代化建设的重大实践问题，力图作出理论解释并探讨政策领域的应用。就其具体的学术成果而言，他的博士论文《利用外资与产业竞争力》于 2000 年获得国务院学位委员会和教育部颁发的全国百篇优秀博士论文奖。

此外，裴长洪在《中国社会科学》《求是》《人民日报》《经济研究》《中国工业经济》《财贸经济》《国际贸易》等重要报纸杂志发表论文百余篇，同时在国内外英文期刊发表英文论文十几篇。代表性论文包括《我国对外贸易发展：挑战、机遇与对策》《从需求面转向供应面：我国吸收外商投资的新趋势》《习近平新时代对外开放思想的经济学分析》《中国公有制主体地位的量化估算及其发展趋势》《中国开放型经济新体制的基本目标和主要特征》《中国企业对外直接投资的国家特定优势》《中国特色开放型经济理论研究纲要》等。

裴长洪善于将其学术研究成果凝练为现实意义强、具有可操作性的政策研究报告，并报送党和国家的决策机构。这些研究成果产生了较大的社会影响力。自 2005 年以来，其研究成果获奖 20 多项；其中有商务部颁发的研究奖项、安子介国际贸易研究奖以及中国社会科学院设立的有关奖项。他提出的若干政策建议，曾得到习近平、李克强、温家宝、汪洋、马凯等党和国家领导人的批示。

裴长洪还积极为党和国家的决策研究提供理论支持，2005 年 5 月 31 日曾为第十六届中央政治局第 22 次集体学习讲解"经济全球化与国际贸易发展的新特点"；2011 年曾参与中央经济工作会议文件和 2012 年《政府工作报告》的起草工作。多次参加李克强总理、吴仪副总理、国家发展改革委、商务部、国家外汇管理局领导主持的专家座谈会，参与讨论有关领域的政策问题。

李进峰

中国社会科学院民族文学研究所原党委书记、副所长
中国社会科学院俄罗斯东欧中亚研究所原党委书记

李进峰，中国社会科学院民族文学研究所原党委书记、副所长，中国社会科学院俄罗斯东欧中亚研究所原党委书记，中国社会科学院研究生院上海合作组织研究中心执行主任，中国社会科学院"一带一路"研究中心副主任。历任工程师、项目经理、建筑公司经理、海外工程公司经理、建材贸易公司经理、大型建筑企业工程总承包部领导等职务，之后出任中国社会科学院研究生院副院长，新疆生产建设兵团建筑工程师副师长（援疆干部）。

2001年3月—2008年9月，在中国社会科学院研究生院任副院长；2007年12月，由中国社会科学院委托建设部高评委评为教授、研究员级高级工程师（研究员）；2008年9月—2011年8月，在新疆生产建设兵团第十一师任党委常委、副师长（中组部第六批援疆干部）；2009年9月—2013年7月，在北京大学教育学院经济管理专业在职攻读博士研究生；2011年9月—2020年4月，在中国社会科学院俄罗斯东欧中亚研究所任党委书记、副所长。

李进峰主要研究领域为应用经济（建筑经济），上海合作组织、"一带一路"，丝绸之路文化等。在企业从事国际商务工作期间和学术研究期间，多次赴南非、博茨瓦纳、赞比亚、津巴布韦调研。在中国社会科学院俄罗斯东欧中亚研究所工作期间，多次赴俄罗斯、哈萨克斯坦、吉尔吉斯斯坦、乌兹别克斯坦、塔吉克斯坦、印度、巴基斯坦、乌克兰、白俄罗斯、捷克、斯洛伐克等国家作学术访问和学术交流；主持多项省部级课题和国家相关部委的委托课题。2022年1月19日，荣获"文明之光·2021中国文化交流年度人物"。

主要学术专著有《转型期中国建筑业企业问题》《援疆实践与思考》《上海合作组织15年：发展形势分析与展望》等。主编《上海合作组织发展报告（2012—2020）》。最新研究成果主要有《上海合作组织扩员：挑战与机遇》《上合组织15年发展历程回顾与评价》《"一带一路"建设五周年发展回顾与展望》《"一带一路"高质量发展的新机遇》《中国在中亚地区"一带一路"产能合作评析：基于高质量发展视角》等。

七、公共卫生与医疗健康

毕井泉

第十四届全国政协常委、经济委员会副主任
中国国际经济交流中心理事长
国家食品药品监督管理总局原局长

毕井泉，第十四届全国政协常委、经济委员会副主任，中国国际经济交流中心理事长。中央党校研究生学历，北京大学中国经济研究中心高级管理人员工商管理硕士。

2001—2003年，分别任国家发展计划委员会经贸流通司以及经济贸易司司长；2005—2006年，分别任国家发展改革委秘书长、副主任、党组成员兼秘书长；2006—2008年，任国家发展改革委副主任、党组成员；2008—2015年，任国务院副秘书长、机关党组成员；2015—2018年，任国家食品药品监督管理总局局长、党组书记；2018年3—8月，任国家市场监督管理总局党组书记、副局长；2020年8月至今，任政协经济委员会副主任。

毕井泉在政府工作期间，参加了国务院近30年来历次重大医改决策过程，并参与相关调查及中央文件起草工作。在任国务院副秘书长期间，他推动国家药品安全"十二五"规划出台，明确开展仿制药一致性评价计划，为后续中国药品监管改革及产业发展奠定基础；在担任国家食品药品监督管理总局局长、党组书记期间，全力推动中国药品审评审批制度和监管制度改革，成为改革的开拓者。其中，推动了2015年《国务院关于改革药品医疗器械审评审批制度的意见》（国发〔2015〕44号）的出台，重新定义"新药"概念，改革临床试验审批制度等，从转变监管理念开始引导产业走向国际化发展；2017年主导起草中共中央办公厅和国务院办公厅《关于深化审评审批制度改革鼓励药品医疗器械创新的意见》（《两办文件》），成为中国药品监管制度改革的里程碑。此外，2017 年推动原国家食品药品监督管理总局正式加入国际人用药品注册技术协调会（ICH），并于 2018 年成功当选 ICH 管委会成员，逐步实施国际最高技术标准和指南，实现将我国的药品审评标准与国际接轨，为中国医药产品走向世界打下坚实基础。

中国国际经济交流中心成立于 2009 年 3 月 20 日，是经民政部批复成立的社团组织，主管部门为国家发展改革委。2015 年底，中国国际经济交流中心入选首批国家高端智库建设试点单位。主要职能是开展并组织研究重大国际国内经济问题，广泛开展国际交流与合作，为政府部门提供智力支持，为企业和社会各界提供经济交流平台。

张雁灵

中国医师协会原会长
世界华人医师协会终身名誉会长

张雁灵，中国医师协会原会长，世界华人医师协会终身名誉会长。于 1973 年 4 月加入中国共产党，1978 年毕业于第四军医大学临床医学系。曾任解放军 266 医院副院长、原北京军区联勤部卫生部部长、白求恩军医学院院长、小汤山"非典"医院院长兼党委书记、第二军医大学校长、原总后勤部卫生部部长等职。2012 年起，任中国医师协会会长。张雁灵被誉为中国疫情防控救治领域的标杆性人物。

2003 年，面对突如其来的"非典"疫情，张雁灵被任命为小汤山医院院长，深入抗击疫情第一线，为"非典"而生的小汤山医院，被称为"7 天建起来的中国奇迹"。小汤山医院收治了全国 1/7 的非典患者，患者治愈率达到 98.8%，1383 名医护人员无一人感染，被国际医学界誉为"世界奇迹"。2008 年，张雁灵任总后勤部卫生部部长。2010 年，张雁灵指挥青海玉树 7.1 级强震防疫工作，率领玉树抗震救灾领导小组前方工作组、后勤组工作人员飞抵玉树，与国家、地方卫生部门建立医学救援军地联合指挥机制，有效提高了医学救援的指挥效能和整体效益。2020 年，张雁灵再次临危受命，担任武汉建设新型冠状病毒感染的肺炎专科医院的专家顾问。主导参与火神山、雷神山医院的医护和管理培训工作。张雁灵积极投身公共卫生安全体系建设工作，推动抗震救灾工作。

张雁灵在全国医师定期考核方面作出了重要贡献。2012年，张雁灵担任中国医师协会会长，全面推进和实施医师定期考核，不断完善医师管理体系，以培养人才、提高素质、加强管理为重要抓手，推进定期考核工作与国际医师管理的接轨。同时在推动尊医重卫方面取得重要成果，通过法律武器救助受伤害医师71人，在全国进行法律巡讲300余场，推动医患共建有序医疗环境。张雁灵还积极推动世界华人医师平台建设。2016年，张雁灵担任世界华人医师协会会长，通过组织联系世界各国华人医师，整合世界华人医学资源，推动世界华人医师之间的交流与合作，提升华人医师在国际上的学术地位和华人医师组织的国际影响力，为中国医学乃至世界医学的发展作出贡献。他曾多次出席世界华人医师年会并作发言，被授予"世界杰出华人医师终身成就奖"。

曾 光

国家卫健委高级别专家组成员
中国疾病预防控制中心流行病学前首席科学家

曾光，国家卫健委高级别专家组成员、中国疾病预防控制中心流行病学前首席科学家、博士生导师，WHO传染病监测和应急反应科学委员会委员，中国现场流行病学培训项目执行主任，国务院政府特殊津贴获得者。兼任北京市政府参事，国家突发公共卫生事件专家组成员，原卫生部艾滋病专家咨询委员会委员，原国家人口计生委生殖道感染干预工程首席科学家，2008北京奥运会公共卫生顾问等职。

1970年毕业于河北医学院（今河北医科大学），1982年获得中国协和医科大学硕士学位；1983年自协和医科大学流行病学专业研究生毕业；1985—1986年，美国疾病控制与预防中心（CDC）访问学者。

曾光擅长现场流行病学和公共卫生对策研究，长期工作在疾病控制和应急反应一线，多次处理国内重大、复杂的公共卫生事件，关键时刻多次向国家提出重要的公共卫生对策建议。

2001年，创建了"中国现场流行病学培训项目"，为国家培养了有实战经验的高级流行病学人才；2003年任首都"非典"防治指挥部顾问，发挥了突出的作用；2019年末，新冠疫情暴发，深入武汉抗疫一线，为国家抗疫成功作出重要贡献。

中国疾病预防控制中心由国家卫健委划转国家疾控局管理，为国家疾控局直属事业单位。主要职责：开展疾病预防控制、突发公共卫生事件应急、环境与职业健康、营养健康、老龄健康、妇幼健康、放射卫生和学校卫生等工作，为国家制定公共卫生法律法规、政策、规划、项目等提供技术支撑和咨询建议；组织制定国家公共卫生技术方案和指南，承担公共卫生相关卫生标准综合管理工作；承担实验室生物安全指导和爱国卫生运动技术支撑工作；承担《烟草控制框架公约》履约技术支撑工作；开展健康教育、健康科普和健康促进工作；开展传染病、慢性病、职业病、地方病、突发公共卫生事件和疑似预防接种异常反应监测及国民健康状况监测与评价，开展重大公共卫生问题的调查与危害风险评估；研究制定重大公共卫生问题的干预措施和国家免疫规划并组织实施；承担疾控信息系统建设、管理及大数据应用服务技术支持等。

宋瑞霖

中国医药创新促进会执行会长
国务院法制办公室教科文卫法制司原副司长

宋瑞霖，绿叶制药非执行董事、中国医药创新促进会执行会长，兼任香港联交所生物科技咨询小组成员、中国罕见病联盟副理事长、中国国际经济贸易仲裁委员会仲裁员、中国国际商会常务理事、中国药学会理事；曾任国务院法制办公室教科文卫法制司副司长。中国政法大学法学学士、中欧国际工商学院工商管理硕士、中国药科大学博士。

宋瑞霖于1985—2007年历任国务院法制局工作人员、副处长，法制办公室教科文卫法制司处长、副司长职务。工作期间，宋瑞霖主要从事卫生医药方面的立法审查和研究工作，参与了1987—2006年中国卫生立法方面的所有活动,成为中国卫生医药法律专家;2007—2009年任中国药学会医药政策研究中心执行主任。2006年初,宋瑞霖作为访问学者赴澳大利亚悉尼大学研究医药卫生体制改革,两年后回国参与建立中国药学会医药政策研究中心的工作。2009年11月起,当选为中国医药创新促进会执行会长。

中国医药创新促进会是经民政部登记注册的非营利性全国性4A级社会组织,秉承"创新、产业化、国际化"的宗旨,以临床需求为导向,长期致力于"产学研用资"紧密结合,促进医药行业创新发展,已经成为集医药创新研发型企业、科研机构、临床研究机构、创新服务机构和医药投资机构于一体的医药创新产业化促进平台,目前有会员单位183家。中国医药创新促进会已成立了药物研发、药物临床试验研究、医药政策、医药创新投资、创新研发服务、心血管药物临床研究、国际创新药物监管、抗肿瘤药物临床研究、脑神经药物临床研究、医药企业合规、糖尿病与代谢性疾病药物临床研究、医药数字化、创新疗法及创新医疗器械专业委员会,形成了以创新为核心、以促进创新为目标的涵盖药物研发、生产、使用以及投融资的全链条组织构架。

宋瑞霖长期从事卫生与药物政策、法律研究,特别是在完善我国药品审评审批制度改革、医保报销制度改革和医药创新政策方面作出了重要贡献。2008年参与卫生部"健康中国2020"课题研究,任"药物政策组"副组长,组织撰写了《中国药物政策研究报告》;2008年11月—2011年1月主持研究《完善我国基本药物制度研究》;2011年8月,主持撰写《完善中国药品不良事件救济机制研究》(第1版);其主持出版的《中国新药杂志》对我国医药卫生体制改革面临的挑战提出深层思考。

李定纲

首都医科大学附属北京友谊医院普外科原副主任
北京陆道培血液病医院原执行院长

李定纲,北京陆道培血液病医院原执行院长、国际冷冻外科学会会员、中国医药生物技术协会理事、世界疼痛医师协会中国分会理事、《中国医药生物技术》杂志编委、中国抗癌学会北京分会会员、中华医学会北京分会普外科学会会员等。

1982年毕业于南京医科大学，其后就职于首都医科大学附属北京友谊医院普外科，先后任普外科住院医师、主治医师，从事临床与教学工作。1990—1995年，赴美国约翰斯·霍普金斯大学公共卫生学院临床流行病研究室与医学院肿瘤外科实验室，从事博士后研究工作；1995年5月，留美回国后继续就职于首都医科大学附属北京友谊医院普外科，任普外科副主任医师，从事临床、教学与科研工作；2004年5月，调至北京海淀医院创建肿瘤基因治疗中心并任中心主任、主任医师。

2007年4月，在北京燕化医院建立基因生物治疗与热疗+微创的综合治疗中心，任中心主任、首席医学专家、主任医师；2016年1月，任华润凤凰医疗集团凤凰牛津国际肿瘤中心首席专家；2015年9月，任北京陆道培血液病医院执行院长。专业特长包括肿瘤个性化综合治疗方案的设计与实施，如外科手术治疗、化疗方案的制定、肿瘤的中西医结合治疗、基因治疗、氩氦刀微创治疗、热疗及生物靶向治疗。在肺癌、乳腺癌、胃癌、胰腺癌、肝癌、头颈部肿瘤等实体肿瘤的治疗方面积累了丰富的临床经验。

李定纲从事肿瘤治疗30余年，在国内率先开展肿瘤基因治疗、肿瘤的综合个体化治疗，如放化疗、中医药治疗以及氩氦超冷微创治疗、热疗、生物治疗等多种疗法，对中晚期肿瘤患者的治疗有丰富经验。

陆家海

国家药品监督管理局疫苗及生物制品质量监测与评价重点实验室主任
中山大学公共卫生学院同一健康研究中心主任

陆家海，国家药品监督管理局疫苗及生物制品质量监测与评价重点实验室主任，中山大学公共卫生学院同一健康研究中心主任，海南医学院全健康中心主任，*One Health Bulletin* 主编、纽约州立大学和澳大利亚埃迪斯科文大学客座教授。

陆家海毕业于解放军农牧大学，中山大学教授、博士生导师，具有流行病学、疫苗学、病原生物学和兽医学的多学科教育背景。他长期从事新发传染病防控关键技术研究，主要研究方向包括"One Health"（新发传染病、抗生素耐药和食品安全）、流行病学评估、疫苗开发以及预防寄生虫病（如虫病）和人畜共患病（如 SARS、登革热、禽流感、狂犬病和布鲁氏菌病），以及该领域的预防和控制。

陆家海 5 次受 Nature、Science 之邀，专访探讨我国新冠疫情防控策略，近年来为海南医学院 One Health 中心建设、One Health Bulletin 创刊与发展、One Health 智库建设、One Health 传染病监测预警国家重点实验室申报乃至海南 One Health 世行贷款项目全局规划做了大量工作。曾担任多个广东省 SARS 公关项目和香港横向合作项目及其他相关研究项目的首席研究员。陆家海是中国 One Health 的倡导者和践行者。

新冠疫情发生后，陆家海和世界著名流行病学专家、哥伦比亚大学教授、有"病毒猎手"之称的利普金（W. Ian Lipkin）教授建立起国际合作关系，合作承担国家重点研发计划科技部对外战略合作重点示范项目等。

2023 年 10 月，陆家海教授与海南医学院公共卫生与全健康国际学院张荣光教授的分子流行病学团队（技术骨干有梁文娟、张惠娟、洪丽娟等）联合申报课题"基于监管科学 mRNA 疫苗评价的新工具、新方法、新标准研究"（科学部编号 7231101386），经国家自然科学基金委员会（NSFC）与比尔及梅琳达·盖茨基金会（BMGF）的通讯评审和联合会议评审，拟批准 2023 年度中美合作项目资助。

陆家海已获得 20 多个享有盛誉且具有竞争力的国家和国际资助项目，包括中国自然科学基金会以及各省、市和其他研究项目。发表了 200 多篇学术论文，其中包括 50 篇以 SCI 期刊（如科学、生理基因组学、呼吸研究、疫苗、BMC 传染病等）作为第一作者或通讯作者的出版物。他还是《中华医学杂志》（英文版）、《中国预防医学》、《国际病毒学》等杂志的审稿人（或编委）。

段 涛

上海市第一妇婴保健院原院长
博士研究生导师
"锦欣生殖"首席战略官

段涛,同济大学附属上海市第一妇婴保健院前任院长、教授、主任医师,博士研究生导师。1990年赴德国亚琛工业大学,1992年博士毕业于上海医科大学医学院博士联合培养。

2017年6月宣布创立"上海春田医院管理有限公司",专注妇儿医疗机构的投资、建设、运营与管理,目前为多家公立医院的妇产科和私立妇儿医院(集团)提供专业的管理、咨询、技术输出和委托管理的业务。目前担任香港上市公司"锦欣生殖"首席战略官。

曾经学术任职为世界卫生组织(WHO)产科专家组成员、国际妇产科联盟(FIGO)产科专家委员会成员、亚太母胎医学专家联盟主席、中国非公立医疗机构妇产科专业委员会主任委员、中华围产学会第六届主任委员、上海妇产科学会前任主任委员、上海围产学会前任主任委员。段涛是国内8本中文妇产科相关杂志的主编、副主编、编委,3本国际英文SCI妇产科杂志的编委,人民卫生出版社第九版《妇产科学》统编教材主编,国家重点研发计划"973计划"首席科学家;他曾主持5项国家自然科学基金面上项目,是国家临床重点专科(产科)负责人、上海市优秀学科带头人、上海市医学领军人才。

段涛长期从事妇产科临床医疗、教学、科学研究以及医院管理工作,擅长染色体异常的产前筛查、染色体异常和单基因遗传性疾病的快速诊断、染色体异常和单基因遗传性疾病的非侵入性产前诊断以及女性性功能障碍等。重点研究方向为出生缺陷的产前诊断、胎儿医学和产科危急重症的抢救等。研究的重点有子痫前期的预测与预防、早产、染色体异常的产前筛查、染色体异常和单基因遗传性疾病的快速诊断、出生缺陷的非侵入性产前诊断、成人疾病的胎儿起源。

段涛担任上海市第一妇婴保健院院长期间,管理三个不同规模大小的院区(60张床位的中高端院区、200张床位和550张床位的院区),在国内率先将产科分为母体医学、胎儿医学和普通产科三个亚专科,打造了一个具有国际水平的产科学科梯队,并将医院发展成为中国分娩量最大的妇产科医院,积极拥抱互联网,将医院打造成为全国最具互联网思维、市场意识和创新精神的公立医院之一,医院的口碑名列上海市所有三甲公立医院首位。段涛也涉及社交传媒领域,微信公众号"段涛大夫"拥有75万粉丝、微博"段涛医生"拥有198万粉丝、抖音"段涛医生"拥有169万粉丝、小红书"段涛医生"拥有22万粉丝。

八、工业信息与科技创新

张 立

工业和信息化部赛迪研究院党委副书记、院长
中国半导体行业协会常务副理事长兼秘书长

张立,现任第十四届全国人大代表,外事委员会委员,工业和信息化部赛迪研究院党委副书记、院长,中国半导体行业协会常务副理事长兼秘书长,管理学博士。

张立曾任中石化胜利油田有限公司东辛采油厂党委书记,宁夏回族自治区吴忠市委常委、副市长,宁夏内陆开放型经济试验区办公室副主任、宁夏博览局副局长,中国—阿拉伯国家博览会秘书处专职副秘书长,宁夏回族自治区信息化建设办公室副主任,工业和信息化部机关党委常务副书记。在宁夏回族自治区任职期间,努力推动宁夏内陆开放型经济试验区建设,积极参与打造中国与阿拉伯国家、穆斯林地区交流合作的新优势;牵头组织筹办中国—阿拉伯国家博览会,支撑中阿务实合作不断向前推进。

张立主要研究方向为电子信息产业规划、产业政策等,主编出版了《2019—2020年中国智能制造发展蓝皮书》《2019—2020年中国战略性新兴产业发展蓝皮书》等学术书籍,总结分析产业发展概况和特征,为各级工业和信息化主管部门提供参考。先后发表了《在高水平对外开放中提升供应链韧性》《构建网络安全生态圈》《加快工业数据分类分级促进工业数据治理体系建设》《企业文化撑起石油行业的蓝天》《企业遏制非伦理化经营的对策研究》《我国石油文化建设研究》等学术文章，在产业链安全、网络安全、企业管理等领域形成了一批研究成果。

工业和信息化部赛迪研究院（中国电子信息产业发展研究院）组建于2000年，是工业和信息化部直属事业单位。代部管理中国软件评测中心（工业和信息化部软件与集成电路促进中心），下设新型工业化（工业和信息化部新型工业化研究中心）、规划、工业经济、节能与环保、电子信息、集成电路等19个研究所，以及赛迪工业和信息化研究院（集团）有限公司、中国电子报社、中国电子工业科技交流中心等机构，拥有香港主板上市企业赛迪顾问及赛迪传媒、赛迪会展、赛迪时代、赛迪科工、赛迪数通等20余家全资或控股企业，在江苏、重庆、山东、天津、海南、四川等省（市）设有公司。

乔 标

工业和信息化部赛迪研究院副院长

乔标，1978年11月生，毕业于中国科学院地理科学与资源研究所，获理学博士学位。现任中国电子信息产业发展研究院（赛迪研究院）副院长、赛迪研究院副总工程师。历任中国电子信息产业发展研究院规划所所长、《工业经济论坛》杂志总编辑、中国电子信息产业发展研究院副总工程师。

乔标长期从事制造强国、经济和产业规划及产业政策研究，多次参与工业和信息化部有关文件的起草工作，主持国家部委重大研究课题20余项，主持北京、天津、江西、湖南、成都、南京等省（市）政府委托课题60余项，被天津、金华、黄山、湖州等城市聘为专家顾问。在产业发展工作中坚持认为推动区域经济高质量发展，是推动我国经济高质量发展的重要基础。应将发挥人才智力及平台优势，为发展做好顾问，为经济高质量发展贡献自己的力量。同时，坚持以创新推动新兴产业高质量发展，新兴产业是我国推动科技高水平自立自强和产业创新升级的重大突破，产业和技术的升级变革，需要不断提升创新能力。

乔标主持编纂了《图解中国制造2025》《制造业转型升级知识干部读本》《中国战略性新兴产业发展蓝皮书》等书籍。

董 凯

工业和信息化部赛迪研究院产业政策研究所（先进制造业研究中心）所长
赛迪顾问股份有限公司原副总裁

董凯，现任工业和信息化部赛迪研究院产业政策研究所（先进制造业研究中心）所长。曾任赛迪顾问股份有限公司副总裁、赛迪（上海）先进制造业研究院执行院长、赛迪研究院团委书记、软科学处副处长等职，并于2010—2012年在工业和信息化部机关挂职工作。

董凯长期从事先进制造业、装备制造业、智能制造领域的研究和资源协同工作。曾参与《中国制造2025规划纲要》《"十四五"智能制造发展规划》等10多个国家产业规划的编制支撑工作，主持编制了《中国智能制造发展蓝皮书》《中国智能制造发展趋势研究》《中国先进制造业城市（园区）发展指数》《AI赋能制造业发展研究》《中国工业大数据产业发展及投资价值分析》《中国工业机器视觉产业发展白皮书》等多个研究成果，以及《国家经济技术开发区智能制造产业集群研究》《沈抚改革创新示范区主导产业规划》《京津冀高新技术产业创新示范区产业规划》《上海市智能制造三年行动计划》等30多个地方产业发展规划。

陈俊琰

中国信息通信研究院华东分院人工智能与大数据事业部主任

陈俊琰，现任中国信息通信研究院华东分院人工智能与大数据事业部主任。东华大学工学博士学位，2016年从东华大学控制工程与科学博士后流动站出站,在学习期间长期从事工业生产过程中计算机模拟、控制和检测等方面的研究和工作。

陈俊琰在计算机视觉、机器学习等技术领域积累了较丰富的经验。具有超过7年的项目咨询、执行、管理经验,主要面向各地政府、企业、产业园区等不同客户群体提供人工智能与大数据、企业信息化规划等相关领域的整体规划设计及解决方案等咨询服务,对人工智能、工业互联网、大数据、物联网、云计算等技术领域的知识体系有较深刻的理解。在人工智能产业发展方面,按照"高端、数字、融合、集群、品牌"的产业发展方针,强化高端产业引领功能,以提升基础创新能力和拓展应用场景为双引擎,形成更广泛的"智能+"深度融合应用和技术迭代,加快产业链供应链锻长板、补短板,努力掌握产业链核心环节、占据价值链高端地位,打造具有国际竞争力的人工智能高端产业集群。

陈俊琰曾参与部级重点实验室项目1项,国家自然科学基金项目和市级科技攻关项目各1项,现负责多项省(市)级人工智能大数据相关政策编制、课题研究、项目咨询、专项建设工作,发表学术论文10余篇,申请发明专利10余件,软件著作权多项。

中国信息通信研究院始建于1957年,是工业和信息化部直属科研事业单位。多年来,中国信息通信研究院始终秉持"国家高端专业智库产业创新发展平台"的发展定位和"厚德实学 兴业致远"的核心文化价值理念,在行业发展的重大战略、规划、政策、标准和测试认证等方面发挥了有力支撑作用,为我国通信业跨越式发展和信息技术产业创新壮大起到了重要推动作用。

程 楠

工业和信息化部赛迪研究院规划研究所所长

程楠,工业和信息化部赛迪研究院规划研究所所长,清华大学博士后,产业经济学博士,研究员。主要研究方向为产业/园区规划、区域经济分析、产业政策研究等。长期从事产业规划、区域经济、产业政策等领域的研究。参与京津冀、长三角、国家新型工业化产业示范基地、先进制造业集群等国家级制造业规划、政策的起草编制工作,完成了"制造业供给侧结构性改革研究""制造强国建设实践研究""保持制造业比重基本稳定"等重大课题。

程楠认为,产业集群可以从鼓励开放式创新、发展生产性服务业、厚植产业三方面入手,围绕集群主导产业布局一批专业化创新载体,建立平台化、开放式创新网络,推动企业走"专精特新"之路。国家先进制造业集群通过构建深度融合的协同创新网络,形成世界一流创新能力,推动集群高端化、智能化、绿色化发展,以实现"促进我国产业迈向全球价值链中高端,培育若干世界级先进制造业集群"的目的;中小企业特色产业集群强调"促进中小企业高质量发展",目的是"增强中小企业核心竞争力、激发县域经济活力、提升产业链韧性和关键环节配套能力"。程楠表示,要保持企业的可持续发展,一定要鼓励企业走国际化发展道路,通过开拓国际市场实现企业的规模效益。

主要研究成果有《规划编制新理念新方法及实施机制研究》《高质量发展的空间布局和空间治理研究》《先进制造业集群白皮书》等。参与《京津冀产业协同发展规划》《新型工业化产业示范基地发展指导意见》《关于培育发展世界级先进制造业集群的意见》等国家级或部级规划、政策的起草编制工作,完成了"制造业供给侧结构性改革研究""制造强国建设实践研究"等部级重大课题,主持了福建、江西、海南、湖北、西藏等一批省级制造业规划项目和宁波、嘉兴、无锡、湖州等一批地方项目,先后在学术期刊和财经媒体上发表文章30余篇。

王铁宏

首都住房城乡建设领域新型智库首席专家
中国建筑业协会原会长

王铁宏,现任首都住房城乡建设领域新型智库首席专家、中国建筑业协会原会长、中国建设贸促会特聘智库专家。中共党员,哈尔滨工业大学毕业,教授级高级工程师、德国工学博士,岩土工程专业研究员。

兼任同济大学建筑产业创新发展研究院荣誉院长、清华大学互联网产业研究院转型升级顾问委员会委员、清华大学建设工程企业家创新发展高研班顾问。曾任住房城乡建设部总工程师、办公厅主任兼新闻发言人,中国建筑科学研究院院长。

代表著作有《建筑产业转型升级与哲学思辨》《中国建筑产业数字化转型发展研究报告》《中国城市建设数字化转型发展研究报告》《发展节能省地型住宅和公共建筑及推广绿色建筑工作指导文件汇编》《用全面和辩证的思维做好房屋震害研究分析》《转变建设领域发展方式的思考》。

中国建筑业协会成立于 1986 年 10 月,是经民政部登记注册,由全国各地区、部门从事房屋建筑业、土木工程建筑业、建筑安装业、建筑装饰装修和其他建筑业的企事业单位、社会团体,以及有关专业人士自愿结成的全国性、行业性、非营利性社会组织,是我国工程建设领域规模最大的社会团体之一。2009 年、2014 年两次被民政部评为 5A 级全国性行业协会。2020 年度为 4A 级。2010 年 2 月、2015 年 3 月,两次被民政部评为"全国先进社会组织"。现有单位会员 5081 个,个人会员 551 个。自成立以来,中国建筑业协会在中央和国家机关工委、住房和城乡建设部、民政部的指导和监督下,认真履行"提供服务、反映诉求、规范行为"职能,致力于促进建筑业高质量发展,维护会员合法权益,赢得了政府和企业的支持和信赖。

丁烈云

中国工程院院士
华中科技大学原校长

丁烈云,中国工程院院士、华中科技大学原校长(副部长级)、中华人民共和国第十三届全国人大代表、湖北省科学技术协会第九届全省委员会副主席。

1982 年 1 月,丁烈云从武汉工业大学工业与民用建筑专业本科毕业,获学士学位，后任武汉建材学院助教；1994年8月，任武汉城建学院副院长。1999年3月，任武汉城建学院党委书记、院长；2000年5月，任华中科技大学副校长，国防科技研究院院长，产业集团党委书记；2003年6月，任华中师范大学党委书记；2011年1月，任东北大学校长；2014年3月，任华中科技大学校长；2015年12月，当选中国工程院院士；2018年11月，不再担任华中科技大学校长。

丁烈云历任教育部科技委委员及管理学部副主任；中国建筑学会工程管理研究分会理事长；中国金属学会副理事长；住建部工程管理专业评估委员会主任；《土木工程与管理学报》编委会主任，Automation in Construction、Journal of Civil Engineering and Management、International Journal of Strategic Property Management 等国际学术杂志编委。

丁烈云主要研究方向为建设工程和房地产管理，工程管理信息化、风险与安全管理，长期从事数字建造、工程安全理论与技术研究工作。丁烈云提出工程安全风险"能量—耦合"理论，创建地铁工程安全风险"识、警、控"技术体系，研发数字轨道交通工程集成建设关键技术，构建工程质量精益控制模型、标准和平台。2022年7月中国工程院官网显示，丁烈云出版了3部著作，主编了1项国家标准，发表了百余篇论文。2022年7月中国工程院官网显示，丁烈云作为第一完成人获国家科技进步奖二等奖2项，荣获多项省部级科技进步奖一等奖，获发明专利9件。

丁烈云为推动工程建造数字化、智能化发展发挥了积极作用。重点科研项目包括数字轨道交通工程集成建设关键技术及应用、地铁工程施工安全风险识别及预警技术研究、地铁施工安全风险控制成套技术及应用、长大跨桥梁安全诊断评估与区域精准探伤技术等。

丁烈云多年来探讨高校管理改革，任高校工程管理专业指导委员会副主任。他在《基于流程再造的高校管理改革探析》等文中，多次提到管理水平和管理效益。

谭晓东

北京标研科技发展中心主任
中国认证认可协会（CCAA）TIC 特聘师资
中国检验认证集团（CCIC）政策法规合规性授课师资

谭晓东，北京标研科技发展中心主任、北京计量协会秘书长、中国信息协会卫健分会秘书长。2003 年毕业于武汉水利电力大学，获水利工程管理学士和法学学士双学位，2010 年毕业于北京交通大学，获项目管理在职研究生学位；国家级检验检测机构资质（CMA）主任评审员、评审组长，中国认证认可协会和湖北市场监管局培训中心特聘教师，曾任国家认监委认可技术研究所（CCAI）主任，长期从事认证认可技术工作。2010—2016 年任国家认监委认证认可技术研究所认可技术中心副主任。国家高级项目管理师、国家级水利造价工程师。

谭晓东是全国《检验检测机构监督管理办法》（国务院行政法规）主执笔人、全国《检验检测机构资质认定管理办法》（国家质检总局令第 163 号）释义编写专家、全国《检验检测机构资质认定评审准则》主要起草人及释义编写专家。他主导、规划和建设了我国多个行业国家级检验检测标准化机构以及我国检验检测评价技术人员培训体系。2012—2014 年，他牵头组织完成了我国检验检测行业统计制度设计和统计体系文件的编撰、发布和实施工作。

同时，谭晓东是全国《司法鉴定机构资质认定评审准则》以及《司法鉴定机构资质认定工作指南》（第一版/第二版）主执笔人，是国家公安刑事技术和司法鉴定领域全国师资课程规划及主讲人，培养了我国国家级司法鉴定领域和公安刑事技术领域资质认定评审专家 800 余名，指导建设国家级/省级司法鉴定机构百余家。

北京标研科技发展中心，作为蓝迪国际智库理事和质量发展技术支撑单位，基于国家质量基础设施（NQI）和原创国际质量合规性（IQC）双学理支撑，结合新兴产业链上企业全生命周期内在发展规律，创新性构建"NQI&IQC"促进区域经济和产业经济高质量协同发展路径，开展学理和企业运行模式，产业链强链、补链、增链等质量合规性发展研究及应用推广，并服务"一带一路"沿线国家对高质量协同发展诉求，为高校、研究机构、企业、质量服务机构等开展定制化培训，以及产业质量合规综合改进发展调研、咨询和规划报告编制等新型质量服务。

孙会峰

北京上奇数字科技有限公司创始人、董事长
北京智源人工智能研究院知识引擎创新中心主任
北京市海淀区工商联（商会）副会长

孙会峰，北京上奇数字科技有限公司创始人兼董事长、北京智源人工智能研究院知识引擎创新中心主任、北京市海淀区工商联（商会）副会长。

孙会峰兼任工业和信息化部运行局特聘专家，中信基金会资深咨询委员，国家开发银行评标专家。中国计算机行业协会副秘书长、中国企业家联合会管理咨询委员会特聘专家、云计算专业委员会秘书长、中关村青年企业家联合会委员、北京交通大学兼职教授；曾任工信部赛迪顾问总裁。

孙会峰多次受邀在世界互联网大会、世界人工智能大会、世界计算大会等作主题报告，作为首都优秀专家代表应邀参加国庆70周年庆典观礼，受邀主持30余项专题规划研究，曾被中国企业家协会评为"中国管理咨询十大领袖人物"。

研究方向为科技发展战略、区域科技创新、产业发展规划。受邀主持国务院参事室、国家发展改革委、工业和信息化部、科技部、中国工程院等部委，以及北京、上海、广州、成都、南京、武汉、合肥等地市产业咨询和规划课题。如"中国制造业重点领域产业链安全研究"获工信部一等奖，"高端制造业产业链创新研究"获中国工程院一等奖，"集成电路对外依存度研究"获高层领导重点批示。

近年来，在业界率先提出构建以"数据+算法"驱动的新型产业治理模式和治理体系，面向政府服务决策。主持研发全球首个"产业知识计算引擎"系统，主持"工业和信息化部产业大数据系统"、"深交所湾创100"指数、"北京行业知识图谱在线"等多个数据智能服务平台。

北京上奇数字科技有限公司是北京智源人工智能研究院重点孵化支持的创新型AI企业,致力于产业要素和关系的数字化、模型化和服务化,研发出全球首款"产业知识计算引擎",聚合了100余条产业链、5000万家企业、4000万件专利、200余万元投资、100余万元招标、20余万名人才、10余万种产品、4000多个区域统计信息以及投资机构、创新机构、产业政策等40余类数据集,综合应用自然语言处理、知识演化与推理、群智融合与增强、深度搜索和交互、智能描述与生成等AI技术,针对城市园区、重点产业、目标企业提供多维度、穿透式的实时画像、关系挖掘和知识发现,支撑精准决策、服务招商投资。

胡雄哲

中欧商业协会会长
北京高达资本合伙人

胡雄哲,中欧商业协会会长,北京高达资本合伙人,蓝迪国际智库青年专家委员会委员。1998年7月毕业于成都理工大学外语系,中共党员。1998—2000年任北京市125中学(现汇文实验中学)英语教师;2000—2008年,南洋教育集团国际部副总裁,负责和加拿大纽芬兰省政府、澳大利亚塔斯马尼亚州政府合作,在中国大连、青岛、太原、济南等城市先后开办7所中加国际学校和中澳国际学校。

2008—2010年,任新西兰英图科技中国区副总裁,协助开发VITAL ENGLISH远程教育项目并达成与英国剑桥大学出版社战略合作;2010—2012年,任美国麦格劳-希尔集团中国区投资总监,促成麦格劳-希尔集团和新东方集团成立合资公司并在纽约证券交易所举办敲钟成立仪式;2012年,共同发起成立法国中欧商业协会,并先后在法国、德国、美国、葡萄牙、意大利、西班牙、巴基斯坦、拉脱维亚、俄罗斯等国建立高级合伙人网络。

2016年,在法国前总理让-皮埃尔·拉法兰先生的支持下与南京江北新区筹建中法产业合作示范区项目,与德国前国防部长鲁道夫·沙尔平、南京经济开发区共同筹建南京中德产业园项目;重点负责空客、波音、罗罗等航空制造业项目的合作和引进工作；2017年，加入中国社会科学院蓝迪国际智库，负责部分国际合作项目联络工作；2019年，加入高达资本合伙人，负责高达产业基金的国际产业项目引进和资金募集工作。

中欧商业协会（SEIBA），是一家由多位欧洲前政要和世界500强企业前高管共同支持成立的协会机构，协会自2011年中欧全面战略合作伙伴协议签署前夕开始筹建，后正式在法国注册成立。首届专家委员会主席为法国前总理让-皮埃尔·拉法兰先生，现任执行会长为胡雄哲先生。

协会筹建10多年以来，坚持"聚焦世界五百强、聚焦投资决策人、聚焦项目落地"，在航空、新能源、生物医药、医疗器械等领域与行业龙头企业高层建立了多年的信任和合作关系，促成了天津中欧产业园、南京中德产业园、南京中法产业园等高级别中欧产业合作项目，促成了默克、GE医疗等多家世界500强企业项目落地中国。

李 凝

上海市信息服务外包发展中心主任
"一带一路"信息产业发展联盟秘书长
中国网+数字经济高级顾问

李凝，上海市信息服务外包发展中心主任，"一带一路"信息产业发展联盟秘书长，中国网+数字经济高级顾问。

2005年起，李凝致力于商务技术和服务外包等领域的研究工作，在海外市场、人力资源以及项目管理等方面有着长期的一线实践经验，与美国、加拿大、澳大利亚及印度的信息技术企业有着深入的合作。此外，李凝还是上海信息化发展研究协会和美国FIC咨询有限公司的高级顾问，在信息服务、电子商务、云服务、物联网等领域长期从事咨询工作，并参与多个城市和地区的产业规划项目。

李凝在数字经济国际合作领域拥有超过15年的专业经验，成功建立了由10多个国家官方参与共建的上海市"一带一路"产业链国际合作平台，并策划举办了"一带一路"信息产业国际合作高峰论坛（2017—2020）、上海软件贸易发展论坛（2016—2020）等一系列信息产业国际会议。自2017年起已承办了20多场"一带一路"国际市场拓展论坛，先后走进20多个国家政府驻沪机构并与当地国企业进行合作交流，并积累了一定的经验和资源，推动了"一带一路"信息产业发展联盟服务，更好地发挥专家和合作伙伴的浓厚实力。

曾任上海信息化发展研究协会秘书长，主持及参与了《上海市推进智慧城市建设"十三五"规划》、上海仪电集团"十三五"信息化规划等项目，译著有《企业云计算：商业和技术领导者的战略指南》（上海交通大学出版社）。

国家主席习近平在第二届"一带一路"国际合作高峰论坛上指出："我们要顺应第四次工业革命发展趋势，共同把握数字化、网络化、智能化发展机遇，共同探索新技术、新业态、新模式，探寻新的增长动能和发展路径，建设数字丝绸之路、创新丝绸之路。""一带一路"信息产业发展联盟以此为背景成立。联盟由"一带一路"共建国家和地区的信息技术企业、服务机构、研究单位、传统行业代表企业共同组建，旨在加强了解、增进友谊、促进合作，形成国际化、市场化、常态化协作机制。秘书长李凝致力于我国"一带一路"倡议在信息产业的发展研究和产业落地，是中国信息产业平台化国际合作的先驱者。

于建潮

新奥股份联席 CEO
新奥集团股份有限公司董事

于建潮，现任新奥集团股份有限公司董事、新奥股份联席 CEO。清华大学五道口金融 EMBA，中欧国际工商学院 EMBA，1997 年加入新奥集团，先后担任新奥集团首席财务官、新奥能源副总裁、新奥股份副总裁等多个职务。曾在全兴工业廊坊有限公司及日清中粮食品有限公司等多家外资企业任总会计师；新奥能源控股有限公司控股股东新奥国际之董事及总裁；曾任职安瑞科能源装备控股有限公司（一家于中国香港上市之公司，现名为中集安瑞科控股有限公司）执行董事。

2008年，于建潮被中共廊坊开发区工委、廊坊开发区管委会授予"2008年度企业管理精英奖"。2009年8月，获得新奥集团授予的"新奥骄傲奖"。2010年9月，被中国总会计师协会等机构评为"2010中国总会计师年度人物"。2012年12月，被中国电子企业协会评选为"中国优秀创新企业家"。于建潮作为新奥最早一批创业者，推动了新奥能源业务的规模化发展，并主导了其于2001年在香港成功上市。

新奥集团以"创建现代能源体系、提高人民生活品质"为使命，致力于成为一家受人尊敬的创新型智慧企业，以城市燃气为起点，逐步覆盖了分销、贸易、输储、生产、工程智造等天然气产业全场景，贯通清洁能源产业链；为了人民对美好生活的向往，新奥拓展了置业、旅游、文化、健康等业务，打造品质生活栖息地。

面向数智时代，新奥为客户提供家庭品质生活和企业"安能碳"管理的数智城市服务。基于丰富的产业实践，新奥以"场景是基础、物联是关键、数据是资源、平台是载体、智能是目的、安全是保障"为建设思路，聚焦"气—能—碳—安—城—质"产业场景，链接需求侧和供给侧，通过"恩牛+行业数智平台"，将场景数据、产业最佳实践共建打造成为产业智能产品，助力产业智能升级。

新奥能源在全国成功运营252个城市燃气项目，为2000多万居民用户和20万家工商业用户提供城市燃气及各类清洁能源产品与服务，铺设管道超过7.28万千米。历经30多年发展，新奥已经形成贯穿下游分销、中游贸易储运和上游生产的清洁能源产业链，旗下拥有新奥能源（股票代码：02688.HK）、新奥股份（股票代码：600803.SH）两家能源板块的上市公司，业务覆盖中国20个省、市、自治区及东南亚、南亚、非洲、大洋洲等地区。作为新奥股份联席CEO，于建潮正着力整合上、中、下游资源，推动企业数智化转型，积极构建天然气产业智能生态。

董志毅

中共十八大代表
中国民用航空局原副局长、党组成员

董志毅，中国民用航空局原副局长；高级经济师，华中科技大学管理学博士。中共十八大代表。1984年7月参加工作，有近40年的民航管理经验和20年民用机场管理经验。曾任民航内蒙古自治区管理局办公室主任，乌兰浩特航站站长、党委书记，1996年6月先后任民航内蒙古自治区管理局副局长、局长兼党委副书记。

2003年12月先后任内蒙古民航机场集团公司总经理兼党委书记、董事长，2005年7月先后任首都机场集团公司副总经理、党组书记、总经理，北京首都国际机场股份有限公司总经理兼党委书记、董事长，2014年3月—2022年9月任中国民用航空局副局长、党组成员，兼任民航局直属机关党委书记、中国民航工会全国委员会主席。

中国民用航空局的主要职责包括：提出民航行业发展战略和中长期规划、与综合运输体系相关的专项规划建议，按规定拟订民航有关规划和年度计划并组织实施和监督检查。起草相关法律法规草案、规章草案、政策和标准，推进民航行业体制改革工作；承担民航飞行安全和地面安全监管责任。负责民用航空器运营人、航空人员训练机构、民用航空产品及维修单位的审定和监督检查，负责危险品航空运输监管、民用航空器国籍登记和运行评审工作，负责机场飞行程序和运行最低标准监督管理工作，承担民航航空人员资格和民用航空卫生监督管理工作；负责民航空中交通管理工作。编制民航空域规划，负责民航航路的建设和管理，负责民航通信导航监视、航行情报、航空气象的监督管理；承担民航空防安全监管责任。负责民航安全保卫的监督管理，承担处置劫机、炸机及其他非法干扰民航事件相关工作，负责民航安全检查、机场公安及消防救援的监督管理。

九、文化旅游与宗教研究

单霁翔

文化和旅游部原党组成员、故宫博物院原院长
故宫学院院长

单霁翔,现任中国文物学会会长、故宫博物院学术委员会主任、青城山—都江堰文化遗产研究院名誉院长,故宫博物院原院长。毕业于清华大学建筑学院城市规划与设计专业,师从两院院士吴良镛教授,获工学博士学位。高级建筑师、注册城市规划师。被聘为北京大学、清华大学等高等院校兼职教授、博士生导师。历任北京市文物局局长,房山区委书记,北京市规划委员会主任,国家文物局局长,故宫博物院院长。为第十届、十一届、十二届全国政协委员。2005年3月,获美国规划协会"规划事业杰出人物奖"。

2000—2002年,在担任北京市规划委员会主任期间,主持制定了《北京旧城25片历史文化保护区保护规划》《北京历史文化名城北京皇城保护规划》,经北京市政府批准实施。还曾主持了《北京奥林匹克公园总体规划》《北京市区绿化隔离地区总体规划》《北京商务中心区控制性详细规划》等一批专业规划、详细规划的编制工作,主持了数十项重点建设工程的初步设计审查。

2014年9月,获国际文物修护学会"福布斯奖"。出版《文化遗产·思行文丛》《城市化发展与文化遗产保护》《从"功能城市"走向"文化城市"》等共计80部专著,同时在核心期刊上发表了数百篇学术文章,多次在国际学术会议上发表论文。

单霁翔在担任国家文物局局长期间,积极做好四件大事:第一,摸清文化遗产资源的家底;第二,注重文物保护的法治建设;第三,做好科技支撑和人才培养;第四,打击文物犯罪。在任故宫博物院院长期间,他大力推进制度改革,带领团队开始了各类创收活动。在他的推动下,故宫建设了数字博物馆和VR影院,在国内博物馆中率先采用VR技术介绍文物;2017年,故宫网站访问量达到 8.91 亿人次；推出"每日故宫""故宫展览""故宫社区"等 9 个 App，利用新媒体传播手段，提升了故宫文化的民间普及和亲和力。

杨小波

第十四届全国政协委员
民族和宗教委员会委员

杨小波，现任第十四届全国政协委员、民族和宗教委员会委员。曾任全国政协办公厅秘书局局长。中共党员。毕业于厦门大学化学系，后考入北京大学与国家行政学院首期研究生班，获得公共管理硕士学位。曾在中国文化书院中外文化比较研究班、中国社会科学院工业经济研究生课程班学习。曾赴美国杜克大学学习公共政策与管理。曾分别参加中央党校中青一班、中青二班学习，国防大学第 53 期国家安全研究班学习。

杨小波曾任公安部群众出版社编辑，参加中央讲师团赴云南工作一年。后长期在全国政协机关工作，历任经济委员会办公室副处长，研究室理论处副处长，机关团委书记兼精神文明办主任，挂任安徽省枞阳县委副书记，人口资源环境委员会办公室处长，办公厅秘书局总值班室主任、副局长兼机关青联主席，秘书局局长，曾兼任办公厅信息中心主任。

曾发表《中国全国政协和美国参议院政治协商功能比较分析》《协商政治初探》《"三个代表"与人民政协》《人民政协与协商民主》《创建三维度学习型党总支》《社会结构变化和政协界别设置》《全国政协"双周协商座谈会"初探》《人民政协与改革开放相偕相长》《对新时代人民政协的新认识》《"专门协商机构"是认识新时代人民政协的新钥匙》《把人民政协制度优势转化为治理效能》等多篇文章。

此外，多次应邀为全国政协干部培训班授课。就"学习党的十九大精神""学习中央政协工作会议精神""发挥人民政协专门协商机构作用""扎实做好政协民宗委工作"等主题为安徽、云南、山东、江苏、贵州、宁夏、甘肃、内蒙古、河南多地政协机关和中国浦东干部学院、延安干部学院、中央社会主义学院等院校做专题辅导报告。2019—2021 年分别在清华大学、中国人民大学、北京外国语大学所做的"人民政协的历史贡献和时代使命"辅导讲座，被列为中央宣传部、教育部联合组织的国际新闻传播硕士班精品课程。

郭 旃

国家文物局文物保护司巡视员兼世界遗产处处长
中国文物学会世界遗产研究会主任委员

郭旃，现任国家文物局文物保护司巡视员兼世界遗产处处长；中国文物学会世界遗产研究会主任委员、国际古迹遗址理事会（ICOMOS）前副主席以及 ICOMOS 理论委员会前副主席。1978 年于北京大学考古专业毕业，1982 年于中国社会科学院研究生院历史系硕士研究生毕业。

1982—2009 年，曾任国家文物局办公室主任、文物处长、世界遗产处长、文物保护司巡视员，先后承担文物古建筑和历史文化名城保护管理工作、世界文化遗产工作；2005—2014 年，任 ICOMOS 副主席以及该理事会理论委员会副主席；2014—2018 年，为英国伦敦学院（UCL）名誉教授。

曾承担澳门社会文化司和工务运输司遗产保护和规划顾问咨询工作。曾参与 ICOMOS《奈良真实性文件》《西安宣言》等国际文化遗产保护文献的研讨制定工作。1994 年，担任奈良真实性国际会议中国代表；2005 年，担任 ICOMOS《西安宣言》起草组成员；2007 年，担任东亚地区文物建筑保护理念与实践国际研讨会《北京文件》起草组主持人之一。多年来在我国文物系统从事文物的保护、研究、开发和管理工作。近年来，致力于我国世界遗产项目的申报评选，在世界遗产工作方面有着丰富的理论基础和实际工作经验。对于文化遗产的保护，郭旃表示所有修缮都应充分记录与存档、尊重原物、可逆、可识别和保护相关历史环境背景、景观氛围等。郭旃表示，近年来在文化遗产保护方面的持续探索，成果十分显著，体现了文物保护管理机制的健全，也体现了文化遗产整体保护的原则和理念，以及其在海内外文化交流方面的影响。郭旃表示人们要把视野放开，从人类共同文化遗产的更高层次进一步发掘它的价值。2023 年 5 月 20 日，中国工程建设标准化协会历史文化遗产保护专业委员会成立，郭旃担任学术顾问。

唐晓云

中国旅游研究院副院长、研究员、学术委员
国家旅游经济实验室负责人
旅游统计与经济分析中心主任

唐晓云，现任中国旅游研究院（文化和旅游部数据中心）副院长、研究员、学术委员；文化和旅游部优秀专家；国家旅游经济实验室负责人、旅游统计与经济分析中心主任，2017年6月获聘国家旅游局总统计师。分管科研管理部、国际交流与财务部（财务）。管理学博士、研究员、博士后合作导师。

唐晓云的研究领域涉及旅游统计与旅游产业经济、旅游数据与经济运行分析、科技进步与文旅产业创新、旅游影响与可持续发展。在 Tourism management、《光明日报》、《旅游学刊》、《旅游管理》等核心刊物及各类学术刊物上发表论文50余篇，出版专著3部，曾任《中国旅游评论》执行主编、《中国旅游经济蓝皮书》执行主编、《成都旅游经济蓝皮书》主编、《中国旅游大数据》执行主编。

唐晓云曾主持或作为执行组长承担国家社科基金课题、国家社科重大课题子课题、国家旅游局科研立项面上项目、国家旅游局人才项目、广西科技攻关项目，以及全国游客满意度调查、中国旅游经济监测与预警、中央财政预算国家旅游经济实验室等国家项目、部委及地方委托的研究课题，作为骨干成员参与国家社科基金重点课题、国家自然科学基金课题、全球环境基金课题"全球重要农业文化遗产（GIAHS）保护项目"、浙江旅游发展模式研究等纵横项目。参与了《国民旅游休闲发展纲要》《中国旅游业"十二五"发展规划纲要》等重要文件的研究和起草工作。

唐晓云先后荣获省部级及以上研究成果奖6次。目前，主持"十四五"旅游科技领域发展战略研究、面向入境旅游发展的国际数据智能采集和应用研究、基于互联网动态数据的旅游经济运行研究等课题的研究工作。

作为文化和旅游部直属的专业研究机构，中国旅游研究院（文化和旅游部数据中心）以"促进中国文化和旅游融合发展和国际交流的政府智库、业界智囊、理论高地"为建设宗旨，主要承担旅游业政策和理论研究、文化和旅游融合发展研究以及文化、旅游的统计和数据分析职责。自2008年建院以来，连续出版中国旅游经济蓝皮书，以及入境旅游、出境旅游、国内旅游、国民休闲、旅游集团、旅游住宿业、旅游景区、旅行服务9部年度发展报告。发行《中国旅游评论》《中国旅游大数据》等学术刊物。先后获得联合国世界旅游组织尤利西斯政府创新奖、技术创新奖，国家发明专利等学术荣誉。唐晓云主要讲授课程包括旅游统计与经济运行分析、旅游科技发展、旅游文化学等。

耿 静

中国华夏文化遗产基金会理事长
四川省历史学学会副会长

耿静，中国华夏文化遗产基金会理事长、四川省历史学学会副会长。自2010年开始致力于中国公益事业及文化遗产保护工作等。作为中国华夏文化遗产基金会理事长，耿静负责基金会日常运营并带领基金会落地实施多个项目及活动，如"东方之韵""两岸三地青年牵手丝绸之路行"等，曾多次率参访团赴巴基斯坦、日本、英国、美国、法国、北欧等国家和地区进行考察访问与文化交流。坚持以"唤醒公民保护文化遗产的意识及责任，配合政府调动民间力量修缮和保护中国文化、历史遗迹，推动社会发展和经济建设"为宗旨和"取之于民、用之于民、造福人类"的原则，鼓励唤醒公民保护文化遗产意识及责任，保护中国文化、历史遗产，协助、配合政府调动民间力量，推动社会发展和经济建设。

耿静坚持关注教育领域的公益行动，并长期开展助学活动。在她的组织带领下，基金会"小灯泡"公益项目为山区的儿童、红军小学的学生们多次举办夏令营，设立奖学金、助学金，并为其培训师资，成立"教师公益培训班"和"儿童暑期中医公益夏令营"。为公益之路，撒播一颗颗传承的种子，从红军小学开始，让师生们在理论和实践当中，感受温暖和浓厚的学习氛围，她还组织为山区儿童捐赠图书与学习用具，用温暖的光芒和力量，照亮孩子们前行的路。

2015年，耿静加入蓝迪国际智库平台，积极推进中巴文化走廊建设以及筹备基金会下属"一带一路"文化研究院，促进了中巴两国文化交流。

2023年12月22日，中国华夏文化遗产基金会理事长耿静出席巴基斯坦驻华大使馆举行的毛泽东和真纳雕塑揭幕式，并与巴基斯坦驻华大使哈什米及其夫人、毛泽东侄女毛小青女士等一道为雕像揭幕。耿静理事长不断发扬着楠竹般坚韧挺拔、昂扬向上精神，践行着民间外交生力军的使命担当，坚持让前辈埋下的中巴友谊种子，在文化浸润、加强交流中茁壮成长。她指出，中巴两国钢铁般的友谊来之不易，它经历了残酷而艰难的考验，而今才有霞光普照，才有几十年如一日的兄弟般铁的友谊。2023年是共建"一带一路"倡议提出10周年，也是中巴经济走廊启动10周年和中巴旅游年，这两尊雕塑的落成将进一步加深中巴两国人民的友好情谊。

陈奕名

国务院国资委中国商业经济学会理事、执行秘书长
五十六号文旅经济公路理事长

陈奕名，现任国务院国资委中国商业经济学会理事、执行秘书长，五十六号文旅经济公路理事长。著名经济学家，中国百名经济学家前二十成员，中国全面小康论坛特邀经济学家、国企改革专家。兼任文旅部中国建筑文化研究会理事、特聘专家；教育部中国人生科学学会理事、特聘专家；国务院国资委新闻中心中央企业媒体联盟理事单位——《现代国企研究》专家委员会副主任；丝路投资企业联盟常务副主席、首席经济学家；"一带一路"经济发展资深专家，曾作为国家发展改革委中俄丝路经济发展论坛的特邀经济学家接受俄罗斯国家电视台的专访。

陈奕名善于从社会学研究、企业绩效提升、区域经济增长等多个角度解读世界和中国的经济与产业发展。持续多年为中国地方政府和世界500强企业提供经济和投资咨询，其学术思想和研究成果多次获得中央及地方政府领导的支持和赞誉。

陈奕名持续推动国家在国内国际双循环经济布局下对大消费、大流通、大市场的调研整合,推动央地结合,在为地方政府经济发展作出顶层设计的同时,带领央国企进行地方产业的投资布局,全系统推动地方经济的高质量发展。在中国国企改革领域,尤其在央企混改领域,是我国首位兼具学术研究和运营实践于一体的资深专家。

陈奕名建立的五十六号文旅经济公路课题通过覆盖中国四大经济区域（海南、澜湄、西部、黄河）16个省份的城市群和大湾区、京津冀、长三角区域进行多层次的文化和经济联动,并在"一带一路"沿线国家的意大利、英国、日本、韩国、阿拉伯等国建立了秘书处,并重点通过澜湄经济区布局云南与东南亚各国的文化经济交流。

陈奕名的代表作有《新形势下必须正确创建产业发展规划》《企业经营战略制订的调焦法则》《从木桶定律说企业人力资源建设》《经济危机下的商业模式构建》《从北京暴雨看企业风险控制管理》《房地产商借养老产业圈地是思维短路》《领导力的三角形结构》《全球区域经济发展和企业竞争力布局的共同博弈本质》《从贸易行业的击鼓传花风险说起》《传媒行业的新机遇》《银行房地产信贷将逐步分批停止》《企业并购过程中如何应用手表定律》《投机时代之后的生死抉择,民营资产何去何从》等。

周泓洋

文化和旅游部中国艺术研究院副院长
国务院发展研究中心研究员、教授、博士生导师
中央改革办督察局副局长

周泓洋,文化和旅游部中国艺术研究院副院长、中央改革办督察局副局长。中共党员、经济学博士、教授、博士生导师。兼任国务院发展研究中心东方文化与城市发展研究所研究员、专家团成员研究员、北京大学光华管理学院WTO与中国经济研究中心研究员、新加坡经济研究院研究员、中国美国问题研究会理事、中国作家协会山东分会会员等。

周泓洋为历任人民日报社经济记者、国际经济记者、环球时报社副总编辑、中国作家出版集团总经济师兼文艺报副总编辑、中国作家出版集团总经济师兼事业部主任、国务院国资委企联干部兼中国企业报社常务副社长、中国艺术研究院纪律检查委员会书记兼图书馆馆长。

周泓洋三次获得中国新闻界最高奖"中国新闻奖",数次获得省部级新闻一等奖及特等奖;被林业部、中华新闻工作者协会表彰"林业宣传突出贡献奖",两次获得林业部的"绿色金质奖章"。周泓洋当年参加全国统一高考,语文科目以作文满分的成绩,为"全国文科压卷之作"。

周泓洋一直致力于文旅融合文化产业实践,2004年在人民大会堂成功举办首届中国文化产业论坛,提出"以草根之心做文化产业"。游历诸国进行合作研究、国内足迹遍布870多个县。主要著作有《潇洒赴试》《三元平恒》《现代西方商业银行管理与实务》《国有资产管理学导论》《谁来消费中国》《跨世纪生态战略》。参加国家社科基金"中国劳动力转移""生产资料市场监测"等多项课题研究工作。援藏期间作为五省藏区藏医药申遗工作组负责人向联合国成功申遗。

周泓洋主编的《中国文艺五十五年》多媒体光盘和类书,总结了新中国文艺55年的历史和成就,反映了几代中国文艺家在新中国建设时期的事迹和贡献,展示了50多年来中国文艺界的优秀作品,是向共和国55年国庆献礼而编纂的大型工具性类书和多媒体电子文件。

十、法律、标准与知识产权保护

吕红兵

第十四届全国政协委员
国浩律师事务所创始合伙人、首席执行合伙人
北京蓝迪"一带一路"发展研究院理事长

吕红兵,上海世茂股份有限公司第八届监事会监事长、世茂集团控股有限公司执行董事兼集团财务管理中心负责人、世茂服务控股有限公司非执行董事、中科寒武纪科技股份有限公司独立董事。

1998年至今就职于国浩律师(上海)事务所,历任律师、合伙人,国浩律师事务所首席执行合伙人。2017—2021年10月任全国律师行业党委委员、中华全国律师协会副会长,2018年至今任全国政协委员、社会和法制委员会委员。2021年11月至今任全国律师行业党委委员、中华全国律师协会监事长。目前,吕红兵带领着来自国浩律师事务所全球20个办公室的近1500名律师为境内外企业及各类客户提供全面的专业法律服务。

吕红兵曾任第七届上海市律师协会会长，中国共产党上海市第九次、十次代表大会代表；政协上海市第十一届、十二届委员会委员，社会和法制委员会副主任，上海市青年联合会第十届副主席，上海市青年企业家协会第六届副主席，中国证监会第六届股票发行审核委员会专职委员，上海证券交易所和深圳证券交易所上市委员会委员，上海国际贸易仲裁委员会暨上海仲裁委员会委员及仲裁员，上海金融仲裁院仲裁员和复旦大学、中国人民大学、华东政法大学、上海外国语大学、上海对外经贸大学、上海政法学院、上海金融学院等高校兼职或客座教授。

吕红兵曾获"全国优秀仲裁员""上海市优秀专业技术人才""上海市劳动模范""上海市优秀律师""上海市司法行政系统先进个人"等多项荣誉称号。

主编或参与的著作包括《民主立法与律师参与——以全面推进依法治国为背景》《企业投资融资：筹划与运作》《中国新型城镇化的法治思维》《新业务与新视角：中国产业律师实务》《新业务与新视角：现代商事律师实务》《新业务与新视角：金融证券律师实务》《如何存在：与青年法律人谈心》《律师眼中的注册制与证券法》《证券法律：投资银行律师实务》等。

李爱仙

中国标准化研究院党委委员、副院长
全国节能减排标准化技术联盟秘书长

李爱仙，现任中国标准化研究院副院长。曾任中国标准化研究院资源与环境分院常务副院长、中国标准化研究院首席研究员。兼任资环分院院长，全国节能减排标准化技术联盟秘书长、能效标识管理中心主任、标准馆馆长，中国标准化研究院科技委副主任，分管生产许可证审查中心、基础标准化研究所。还任全国能源基础与管理标准化技术委员会秘书长、全国太阳能和氢能标准化技术委员会副主任，中国能源研究会理事，中国节能协会常务理事、中国可再生能源学会常务理事等职。

李爱仙 2009 年入选"新世纪百千万人才工程"。长期从事标准化研究工作,先后承担科技部"九五"国家重点科技攻关计划,"十五"、"十一五"和"十二五"科技支撑计划,科技基础性工作项目等10余项,负责组织或参加制定了《节能产品评价导则》(GB/T15320—2000)等20余项节能方面的强制性和推荐性国家标准。近几年重点从事标准国际化研究工作,组织完成了"一带一路"背景下政策、规则和标准"三位一体"软联通及国家"十三五"国际合作产能指引标准化专题等研究工作。

标准化开放合作不断深化;标准"走出去"步伐更加坚定;标准互认领域不断扩大,推动成立一批国际标准化组织新技术机构,努力推动与沿线国家新发布一批互认标准,作为技术负责人参加了我国节能产品认证、能效标识制度以及节能产品惠民政策的研究、建立和实施工作。在工业、农业和服务业等领域打造一批海外标准化示范项目,实施一批援外标准化培训项目。

中国标准品牌效益明显提升,联合沿线国家制定国家标准不少于100项,成体系部署中国标准对外版制订计划或任务不少于1000项,开展的重点领域标准中关键技术指标比对数量力争达到2000个。

李爱仙翻译了《能源效率标识与标准:家用电器、设备和照明器具能源效率标识与标准指南》,并参与编写了《能源效率标识概论》等书籍;组织研究并协助建立了节能产品认证制度、强制性能效标识制度和节能产品惠民政策。获得省部级科技进步奖、国家质检总局科技兴检奖和中国标准创新贡献奖等奖项10余项。

贾怀远

德恒律师事务所高级合伙人
德恒迪拜分所主任

贾怀远,北京德恒律师事务所高级合伙人。毕业于中国矿业大学、英国曼彻斯特大学。贾怀远律师具有中国律师资格,也是中国唯一具有迪拜律师资格的律师。

贾怀远长期专注争议解决、国际工程与项目融资。从2004年代表德恒成立迪拜分所起,一直从事国际基础设施与国际项目融资领域的法律服务工作。律师所服务的国际工程项目及投融资项目达30余年,领域包括DDB(FIDIC

红皮书)、DB、EPC、EPC+Financing、EPC+Financing+Equity、BOT 及 PPP 项目等,跨越了国际工程及国际投融资项目的上下游领域及投资体系。服务项目遍及中东、非洲、欧洲、亚洲及南美洲近 50 多个国家和地区,包括世界最高层 Burj Khalifa 和 Kayan 水电站项目(中国最大海外水电工程项目)等;分别在伦敦国际仲裁院,ICC 国际仲裁院,中国贸仲,迪拜、新加坡、老挝、加纳等国际仲裁机构代理重大国际工程案件与国际投资争议案件,实操经验丰富、业绩卓越。

另外,贾怀远律师也是中国国际经济贸易仲裁委员会、中国海事仲裁委员会、北京国际仲裁委员会、深圳国际仲裁委员会以及海南国际仲裁中心的仲裁员、国际上的工程争议 DAB/DAAB 裁决员。

贾怀远律师自 2015 年起连续 6 年荣获国际律师评估机构 LEGALBAND 评选的"基础设施与项目融资"Band 1 排名及基础设施投融资专业"业界明星"称号;中国国家发展改革委及财政部 PPP 专家库双库专家。

在清华大学、北京大学、对外经济贸易大学、中国政法大学等高校授课国际工程法律规则及实践、国际项目投融资法律规则及实践以及英国证据法等课程。

德恒律师事务所是中国规模最大的综合性律师事务所之一,1993 年 1 月经中华人民共和国司法部批准创建于北京,原名中国律师事务中心,1995 年更名为德恒律师事务所。2021 年 6 月,中共中央发布了关于表彰全国优秀共产党员、全国优秀党务工作者和全国先进基层党组织的决定,授予北京德恒律师事务所党委"全国先进基层党组织"荣誉称号。

黄宁宁

国浩律师事务所合伙人
国浩律师事务所"一带一路"业务委员会主任
国浩律师事务所自贸港业务委员会主任
第十二届上海市律师协会副会长

黄宁宁,第十二届上海市律师协会副会长、国浩律师事务所上海办公室合伙人、国浩律师事务所自贸港业务委员会主任、香港办公室注册外地律师、全国律协涉外法律服务专业委员会副主任、香港基本法研究中心执委、华东政法大学律师学院特聘教授、上海对外经贸大学法学院兼职教授。

兼任中国国际经济贸易仲裁委员会、上海国际仲裁中心、香港国际仲裁中心、北京仲裁委员会/北京国际仲裁中心、海南国际仲裁院、上海仲裁委员会、深圳国际仲裁院、新加坡国际仲裁中心、重庆仲裁委员会仲裁员。曾任美国国际集团（AIG）及友邦保险（AIA）区域高管，对跨国公司内部控制、治理结构等有深入研究和实际经验。任友邦人寿保险有限公司独立董事。

自1997年开始从事涉外法律服务，2013年入选第一批全国律协涉外律师领军人才库，在跨境投融资、公司并购、金融服务创新、商务争议解决等领域有着丰富经验。服务客户类别广泛，包括大型国企、上市公司、跨国公司、金融机构、民营企业等。牵头领导境内外法律服务团队完成过许多结构复杂的交易项目。黄宁宁的服务包括跨境投资的结构搭建、境内外并购管理、金融服务，特别是金融创新服务，以及金融监管合规性服务。他还对新兴的中国自由贸易试验区的法律问题有很深入的研究，同时牵头协调国浩"一带一路"相关法律服务。

解 喆

波士顿咨询原副董事
埃森哲集团原副董事

解喆，拥有22年国际顶级咨询公司职业经验，包括波士顿咨询、德勤咨询、埃森哲等，任职副董事，专注企业战略和管理咨询经验，客户涵盖政府、高科技、互联网、文化旅游、地产、邮政、制造业和商业零售等。

政府战略和产业地产领域的资深专家，10年持续专注为政府客户和地产客户提供区域发展战略规划、产业发展规划、地产项目或园区规划、智慧城市规划和数字化平台设计。他服务过30多家部委、地方政府、园区管委会以及地产集团企业客户，成功实施过近50个此种类型的项目。

解喆具有丰富的顶层战略、业务规划、商业模式设计、组织管控、数字化规划等系统的经验，特别是为客户在不确定环境中进行战略重塑、业务创新、重构核心竞争力,并且为客户提供后续的融资支持、品牌营销、新业务孵化等关键落地服务。

在企业数字化领域,他为多个不同类型的客户提供数字化转型、商业模式创新、数字化营销等服务,能够帮助客户从顶层规划到落地实施。他负责过的项目包括消费品互联网营销、大健康业务数字化、汽车交易类平台、政府大数据云平台等。除了企业,同时也服务过20多家部委和地方政府。负责过横琴和前海多个成功项目。并于近期分别完成了北京大兴机场临空区和河北保定的生物医药及医疗健康产业发展规划。

十一、专家型企业家

刁志中

广联达科技股份有限公司创始人、战略发展顾问
全联房地产商会副会长及数字城市分会会长
中国建设工程造价管理协会第六届常务理事

刁志中,广联达科技股份有限公司创始人、战略发展顾问。全联房地产商会副会长及数字城市分会会长、中国建设工程造价管理协会第六届常务理事、中关村智慧建筑产业绿色发展联盟理事长、中国软件行业协会副理事长、中国建设教育协会副理事长、北京软件和信息服务业协会会长、中城产业创新联盟理事长、中关村数字经济产业联盟副理事长、中国企业家俱乐部副理事长。

1985年毕业于沈阳航空航天大学计算机学院(原沈阳航空工业学院),曾在北京石化工程公司设计中心任工程师,从事计算机信息化的研发工作,曾荣获"第二届海淀科技园区优秀青年企业家"称号。1998年创办广联达,公司于2010年5月在深圳证券交易所成功上市,成为中国工程建设信息化领域首家A股上市公司。在公司经营管理、战略管理、董事会建设等领域拥有较为丰富的实战经验,先后被评为"中国高新技术产业先锋企业家""北京市海淀科技园区优秀青年企业家""改革开放30周年自主创新优秀人物"。

刁志中在创立广联达之前,已经在 IT 行业工作了 10 年,秉承一颗科技报国的创业初心,经过对建筑行业信息化充分的调查研究,刁志中及其创业团队创立了广联达,树立了"用信息化改变建筑业""让预算员甩掉计算器"的创业初心,即便在 2010 年 IPO 融资之后,广联达也并没有寻求盲目多元化拓展,而是持续在建筑信息化领域专心深耕。2015 年工程造价行业岗位级信息化实现了全覆盖,标志着公司第一次创业目标的实现。

2017 年,带领团队开启广联达"二次创业",广联达正在为实现每一个工程项目都接水、接电、接数字建筑平台的二次创业理想而努力,广联达将以"数字建筑"为引领,持续助力建筑产业转型升级,用科技让每个工程项目都成功。

2021 年被评为中国上市公司经纬奖——"年度最佳公司领航人",2020 年荣获上市公司金牛奖、"2020 中国软件和信息服务业十大领军人物",2020 年被评为"金质量领袖企业家",2019 年荣获"金牛企业领袖奖",2009 年被评为"改革开放 30 周年自主创新优秀人物",2008 年被评为"北京市海淀科技园区优秀青年企业家",2007 年被评为"中国高新技术产业先锋企业家",2003 年被评为"中关村科技园区优秀创业者"。

孙 彤

布瑞克农信集团创始人
布瑞克农业互联网董事长兼 CEO
苏州市政协委员

孙彤,布瑞克农信集团创始人、总经理兼首席分析师,布瑞克农业互联网董事长兼 CEO,国际食品安全协会(GFSF)副会长兼秘书长,全国农村产业融合发展联盟常务副理事长,苏州市政协委员。

孙彤以独到的大宗农产品价格预测模型而闻名业内,2009 年以来承担了多个世界 500 强农业咨询项目,是光明食品集团并购广西凤糖集团项目首席顾问。2010 年开发布瑞克农业数据终端。2012 年在证监会与中期协期货市场服务三农活动中主讲《涉农企业如何利用期货市场》,同年提出智慧农业的概念,并向全国推广。2014 年获聘河南商水经济发展顾问,开展县级智慧农业解决方案试点，同年农产品集购网落地苏州高铁新城。2015 年应邀参加第二届世界互联网大会并发表演讲，同年获得"苏州高铁新城创业人才"称号。

近年来，孙彤始终专注于以"互联网+农业"改变中国农业传统模式，打造基于"大数据+"和产业互联网的县域智慧农业生态圈，他带领团队不断开拓创新，将大数据与传统农业深度融合。2016 年入选"B2B 2.0 时代 50 位领军人物"称号。2018 年，在首届中国新农人发展高峰论坛上，孙彤获评"大业农心，先锋人物"称号。2019 年在全国农业农村创新创业大赛中获江苏省第一名，全国总决赛第二名。带领布瑞克农业互联网连续两年获得苏州市"独角兽培育企业"称号，入选 2020 年苏州市民营企业 100 强。2022 年被评为江苏省互联网十大新锐人物，是农业农村部创业创新优秀带头人。2022 年入选农业农村部"大国农匠"。

布瑞克农业大数据科技集团有限公司位于江苏省苏州市相城区高铁新城，主要负责集团旗下针对中国县域的农业大数据平台建设运营业务，公司嵌套研究、技术、产品、业务及政府事务人员近 60 名。布瑞克核心团队成员来自北京大学各院系以及包括阿里在内的各大互联网企业以及数据、软件公司，擅长农业数据模型的开发应用。团队深耕中国农业数据信息体系化建设，逐步开发了布瑞克农业数据库终端应用软件以及数据管理系统（云端数据大脑）。公司目前已有近 10 万的商业用户，数据资源覆盖 200 多个国家和地区、国内超过 2000 个县域，数据总量超过 10 亿条，收录 500 种以上农产品数据，研究报告超过 1.6 万篇，是国内领先的农业数据库应用系统提供商。

钟睒睒

农夫山泉股份有限公司董事长兼总经理
养生堂有限公司董事长

钟睒睒，现任农夫山泉股份有限公司董事长兼总经理、养生堂有限公司董事长。钟睒睒在 20 世纪 80 年代曾经是一名财经记者，任职于《浙江日报》。1993 年，钟睒睒白手起家创立了养生堂保健品业务，推出以传统中药成分为特色的产品，一举赢得了市场成功和品牌认可。

1996 年，钟睒睒创立了农夫山泉，进入中国瓶装水和饮料行业。根据 AC 尼尔森的数据，自 2012 年起农夫山泉已连续 10 年保持中国包装饮用水市场占有率第一的领导地位，旗下茶饮料、功能饮料、果汁饮料在中国的市场占有率均位列前三。农夫山泉于 2020 年 9 月在香港证券交易所上市（股票代码：09633）。2001 年，钟睒睒收购了一家小型创业型企业北京万泰，正式进入医药领域。在钟睒睒的支持下，北京万泰已成为中国领先的体外诊断和疫苗研发生产企业之一。基于自主知识产权的大肠杆菌类病毒颗粒疫苗技术平台，北京万泰的疫苗子公司 Innovax 于 2012 年 10 月在中国上市了世界上第一个戊型肝炎疫苗 Hecolin©，2019 年 12 月上市了 HPV 双价疫苗 Cecolin©。HPV9 价疫苗已经进入三期临床阶段。2020 年 4 月北京万泰在上海证券交易所上市（股票代码：603392）。

钟睒睒从未忘记兼济天下的创业目标，每年都主动投入公益事业。1998 年养生堂参与救助长江特大洪灾被授予"人民不会忘记"奖牌；2006 年，农夫山泉发起"饮水思源"活动，筹集资金用于帮助水源地的贫困孩子，感恩水源地人民为保护水源作出的巨大贡献；2008 年 5·12 汶川大地震发生后，钟睒睒亲赴灾区一线"八天七夜"指挥公司救灾，累计向灾区捐款捐物合计人民币 2533 万元，并组织"母亲"救护队到当地医院，陪护受灾孤儿、残疾儿童，被授予"慈善突出贡献奖""抗震救灾最受尊敬十大企业"。钟睒睒也被评选为"2008 中国全面小康十大贡献人物"。2018 年 12 月钟睒睒以个人捐赠发起设立杭州市西湖区钟子逸教育基金会，先后向北京大学、浙江大学、厦门大学、西湖大学、美国芝加哥大学、浙江京昆艺术中心、杭州市残疾人福利基金会等累计捐赠超过人民币 2 亿元。钟睒睒一直牵挂着农村及经济欠发达地区的发展，通过推广脐橙、苹果的种植加工，帮助江西、新疆农民共同富裕；通过在经济欠发达地区投资新建现代化饮料工业企业，为当地创造大量就业机会，拉动当地财税收入的提升。

杨 剑

泰豪科技股份有限公司副主席兼总裁
泰豪科技（上市公司）董事长
北京蓝迪"一带一路"发展研究院副理事长

杨剑，泰豪科技股份有限公司总裁。中共党员，高级经济师。任江西省政协委员、江西省工商联常务委员、中国青年企业家协会副会长、江西省青年联合会副主席、江西省科技装备业商会会长、南昌大学江西校友企业联合会会长等职务。南昌大学管理科学与工程专业博士研究生。

泰豪科技股份有限公司成立于1996年3月，2002年7月在上海证券交易所上市，为江西省首家民营上市公司。经过多年的发展与积累，泰豪科技建立了较为完善的治理结构，形成了完整的内控制度，并在南昌、北京、上海、深圳、长春、济南、衡阳、龙岩等地拥有分公司、子公司40多家以及高科技产业园区10多个。他带领团队捕捉改革发展机遇，瞄准能源互联网领域，建立能源配套互联网产业链，以打造信息共享、用能优化、多能协同的能源互联网示范区为目标提升电力改革，形成智慧能源领域完整的产业链优势。在企业发展的同时，杨剑坚持践行社会责任，回馈社会。多年来，公司一直坚持精准扶贫，出资筹建希望小学，同时在清华大学、北京理工大学、对外经济贸易大学、南昌大学等国内20余所高校设立奖助学金，为培养高素质人才提供支持。公司每年会出资，用于教育资助、扶贫等公益事业，为社会的发展贡献力量。杨剑表示，将继续带领团队深耕主业，围绕"军民融合""一带一路"等国家战略，扎实做好军工装备和智慧能源两大领域的科技研发和人才队伍的建设，同时积极践行企业社会责任反哺社会，全力以赴开启公司的"二次创业"征程，引领公司向"中国的泰豪，世界的泰豪"迈进。

2022年5月，杨剑被评为"2021年度江西十大经济人物"；2023年4月，被授予"江西省五一劳动奖章"。个人先后被授予江西省"优秀企业家""江西省青年五四奖章""江西省优秀中国特色社会主义事业建设者""南昌市劳动模范"称号，第一财经"年度创新力特别人物奖""211企业经营管理人才""区直接联系人才"等荣誉。

田耀斌

中电科技国际贸易有限公司总经理

田耀斌,现任中电科技国际贸易有限公司总经理。2006—2010 年,田耀斌任中电科技国际贸易有限公司驻东南亚、南亚办事处负责人。任职期间负责多个军贸系统工程,带领团队积极推进重大国际项目落地建设,牢记职责与使命,以负责任的中国企业形象赢得了国际社会的尊重。

2011 年 12 月—2014 年 2 月,田耀斌任中电科技国际贸易有限公司亚太地区副总经理,兼北京华成昊普科技有限公司法人代表、总经理。任职期间带领团队开拓性地实现了中国电子科技集团有限公司(以下简称中国电科)首个在海外独立成功实施的太阳能电站 EPC 总承包工程、首单工程机械类出口项目、首单医疗卫生系统出口项目和首个大型综合承包工程项目等,完成了一批重大民品和海外工程项目的签约和执行工作。有力推动了与项目所在国的互联互通务实合作,为深化中国对外经贸合作关系产生了积极影响。

2017 年 1 月—2018 年 3 月,田耀斌任中国电科国际重大项目办公室高级项目经理、集团驻巴基斯坦代表处总代表(高级经理),中电科技国际贸易有限公司国际工程二部总经理。2018 年 6 月—2020 年 12 月,田耀斌任中电科技国际贸易有限公司副总经理。在新型全球化和"一带一路"倡议向纵深发展的时代背景下,深耕"一带一路"沿线新兴经济体和转型经济体市场,带领团队在国际贸易、国际产能合作等多个领域不断取得优异成绩。为电科国际、集团公司践行"走出去"战略,积极适应经济全球化、参与"一带一路"国际经济技术合作、提高中国企业国际竞争力作出了突出贡献,为国家和人民赢得了荣誉。

中电科技国际贸易有限公司是中国电科国际化经营平台和国际合作的主渠道,积极参与高质量共建"一带一路",持续打造"国家级电子信息进出口平台"。成立 20 年来,中电科技国际贸易有限公司围绕电子装备、网信体系、产业基础、网络安全四大重点业务板块,为客户量身定制高性价比的产品、技术和解决方案，具体涵盖空基信息系统、指挥控制、预警探测、网络通信、电子对抗、特种作战、公共安全、网络安全、应急救援、智慧城市、交通信息化、新能源等领域，成为系统级、装备级、器件级的电子信息全产业链服务提供商。

田耀斌先后获得中国电科国际先进个人、特别奉献奖、重大项目签约奖、电科国际之星、创新之星、优秀干部、青年岗位能手、十周年"十佳人物"、"七好"优秀共产党员、国防科技工业军品出口先进个人等荣誉称号。

袁正刚

广联达科技股份有限公司董事长、总裁

袁正刚，现任广联达科技股份有限公司董事长、总裁，广联达科技股份有限公司研发中心经理，欧特克中国研究院研发经理。中国科学院计算技术研究所博士研究生学历，曾任加拿大蒙特利尔大学博士后研究员。

袁正刚兼任中国图学学会副理事长、中国建筑业协会中小企业与供应链分会副会长、中国建筑业协会专家委员会智慧建造专业委员会副主任委员、国家数字建造技术创新中心理事会理事、同济大学—广联达智能建造联合研究中心管理委员会执行主任、华中科技大学客座教授、东南大学博士生导师、东南大学—广联达基础设施智慧建造与运维联合研发中心管委会主任、中国高等教育学会常务理事、智慧城市和数字政府建设战略咨询委员会专家委员。

袁正刚长期从事计算机图形学、CAD、BIM、建筑和城市数字化领域的技术和产品研究，在核心期刊上发表 20 余篇学术论文，担当 10 余部数字化转型专著编委。

1991—1995 年，本科就读于中国海洋大学机械设计及制造专业；1995—1998 年，北京航空航天大学航空飞行器设计专业硕士研究生；1998—2001 年，中国科学院计算技术研究所计算机应用技术专业博士研究生；2001—2002 年，为加拿大蒙特利尔大学博士后研究员。2002 年 9 月—2007 年 5 月，任广联达科技股份有限公司研发中心经理；2007 年 5 月—2011 年 10 月，任 Autodesk

高级开发经理；2011年10月—2013年1月，任广联达科技股份有限公司副总裁；2014年1月—2014年12月，任广联达科技股份有限公司董事、副总裁；2015年1月—2016年12月，任广联达科技股份有限公司董事、高级副总裁；2017年1月—2023年5月，任广联达科技股份有限公司董事、总裁；2023年5月至今，任广联达科技股份有限公司董事长兼总裁。

作为项目负责人牵头并参与科技部国家重点研发计划城市信息模型（CIM）平台关键技术研究及示范项目；作为项目负责人参与工信部2019年工业互联网创新发展工程项目；作为子课题负责人参与科技部国家重点研发计划绿色施工与智慧建造关键技术项目；作为技术中心主任主持和参与北京市科委、中关村管委会"未来建筑数字孪生技术创新中心"工作。

李仙德

晶科能源有限公司董事长
B20中国工商理事会副主席

李仙德，晶科能源有限公司董事长，晶科电力科技股份有限公司董事长，B20中国工商理事会副主席。2006年创办晶科能源控股有限公司，将产品战略扩展到硅片、电池、组件等光伏产业的上下游。

晶科能源2015年实现营业收入160多亿元人民币，跃升至2016年《财富》中国500强第330名。2011年7月，李仙德在上饶注册成立了上饶市晶科光伏科技工程有限公司，后于2017年6月更名为"晶科电力科技股份有限公司"，李仙德担任晶科电力科技股份有限公司董事长；2015年1月，因积极推动光伏行业的改革和创新，李仙德获评"2014中国改革优秀人物"；2015年10月19日，李仙德随国家主席习近平一行访问英国，李仙德作为清洁能源企业代表，并作为唯一的中国光伏企业代表参加中英能源对话。

2016年晶科成为全球最大的组件制造商，拥有中国江西、浙江、新疆、马来西亚以及葡萄牙、南非6个生产基地、16家海外子公司和18个销售办公室，全球员工人数达1.5万名，出口额超过10亿美金，被业界誉为"毛利润之王"。2010年，公司在美国纽交所上市。

李仙德曾获 2009 年"上饶市十大创业精英"、2010 年"第四届江西省十大经济人物"、"江西省 2012 年度优秀创业企业家"、2013 年"中国行业品牌十大创新人物奖"、2014 年"中国改革优秀人物奖""全球新能源杰出贡献人物"等奖项。

2017 年 1 月 25 日，李仙德获"第一届全球浙商金奖"。2022 年 7 月 29—30 日，江西省工商业联合会（江西省总商会）第十二次代表大会在南昌召开，李仙德当选为江西省工商联兼职副主席。2023 年 4 月，荣获"2023 年全国五一劳动奖章"。

张嘉恒

深圳市萱嘉生物科技有限公司创始人、董事长
中国工程物理研究院化工材料研究所客座教授

张嘉恒，哈尔滨工业大学（深圳）材料科学与工程学院教授、博士生导师，中国工程物理研究院化工材料研究所客座教授，哈尔滨工业大学青年拔尖人才、中国科学院珠海先进技术研究院生物材料中心特聘主任、深圳杉海创新技术有限公司创始人、协鑫集团首席科学家、超分子材料研究院院长。

张嘉恒为广东省珠江人才（青年拔尖）、深圳市孔雀人才 B 类。2013 年博士毕业于中国农业大学。博士毕业时，以第一作者身份发表 SCI 论文 8 篇。2012 年起，分别作为项目研究员助理和博士后研究员，在美国 University of Idaho 从事研究工作，合作导师为含能材料领域世界知名专家 Jean'ne M. Shreeve 教授；2015—2017 年，入选日本学术振兴会研究员，在日本横滨国立大学从事研究工作，师从世界知名离子液体和电化学专家 Masayoshi Watanabe 教授；2017 年 6 月起，全职回国并被聘为哈尔滨工业大学（深圳）材料科学与工程学院教授、博士生导师。

张嘉恒参与及主持了国家自然科学基金、广东省科技创新战略专项、工业和信息化部石墨烯制造业创新中心项目、深圳市科创委学科布局项目、深圳市诺贝尔科学家实验室项目等多个课题，主持项目经费总额达 3000 余万元。近年来，共发表 SCI 论文 110 余篇，论文他引次数 3500 余次，包括 J. Am. Chem. Soc.

（7篇）、Angew. Chem. Int. Ed.（5篇）及Chem. Rev.（1篇），h指数为35；申请专利50余件，授权10余件。

张嘉恒于2017年创办深圳市萱嘉生物科技有限公司，致力于绿色溶剂（离子液体、深度共熔溶剂及超临界流体）和超分子材料（脂质体、纳米乳及超分子催化剂）的产业化，通过技术转化为企业带来新增产值过亿元，新增纳税500余万元；2019年，作为创始合伙人与深圳市政府投资引导基金、深圳市龙华区政府及深圳市中小企业担保集团共同发起深圳市三号人才创新创业基金二期。

曾获得"第二十三届全国发明展览会银奖""广东省'众创杯'创业创新大赛三等奖""工业和信息化部'创客中国'韶关赛区二等奖""广东省向上向善好青年""哈尔滨工业大学（深圳）抗疫先锋"等荣誉称号。

刘家强

中国节能环保集团有限公司董事、党委副书记、总经理

刘家强，现任中国节能环保集团有限公司董事、党委副书记、总经理，中国科协生态环境产学联合体主席团副主席。1988年毕业于大连理工大学工业涡轮机专业；2005年，获得清华大学工商管理硕士学位，教授级高级工程师，国家注册一级建造师、监理工程师，曾任中国化学工程集团有限公司党委副书记、董事、总经理，中节能铁汉生态环境股份有限公司董事长。

1988—1994年，任中国化学工程重型机械化公司技术员；1994—1997年，任中国化学工程总公司劳资教育部干事；1997—2001年，任国家"九五"重点项目河南义马气化厂项目副总监；2001—2007年，任中国化学工程集团公司企业管理部副主任。其间，作为建设部特聘专家参与全国建筑业企业资质标准编制工作，并作为石化专业副组长主持全国建造师执业资格考试大纲和教材编制工作；2007—2012年，任中国化学工程集团公司总经理助理兼规划发展部主任，兼任科技部等六部门组织的"新一代煤（能源）化工产业技术创新战略联盟"秘书长，组织国家科技支撑计划煤制烯烃技术开发工作，并参与了国务院国资委《中央建筑企业布局与结构调整研究报告》编制工作。

刘家强表示，夯实产业基础，聚焦绿色低碳发展目标，加快布局战略性新兴产业，助力绿色低碳高质量发展新动能。

中国节能环保集团有限公司，作为唯一一家主业为节能减排、环境保护的中央企业，是中国节能环保领域最大的科技型、服务型产业集团。2010年3月，经国务院批准，中国节能投资公司与中国新时代控股（集团）公司实施联合重组，公司更名为中国节能环保集团公司，并将中国节能环保集团公司作为重组后的母公司。中国节能拥有各级子公司260余家，上市公司5家，分布在国内近30个省市及境外近40个国家和地区。依托规划设计和咨询方案制定，依托技术、产品和装备的研发和集成，依托工程设计和建设运营，打造节能环保的"全产业链"；在国内和国际市场为客户提供集成技术和高端服务。集团拥有集规划、设计、咨询、施工、装备制造、投资、运营于一体的全产业链服务模式，构筑了以技术平台、基金平台、产业平台为主的支撑体系，较好地发挥了中央企业在节能环保领域的控制力、影响力和带动力。2020年4月，入选国务院国资委"科改示范企业"名单。

谭丽霞

海尔集团董事局副主席、执行副总裁
中华全国妇女联合会第十三届常务委员

谭丽霞，现任海尔集团董事局副主席、执行副总裁，山东省妇联副主席，中华全国妇女联合会第十三届常务委员、青岛海尔生物医疗股份有限公司董事长、盈康生命科技股份有限公司董事长。

谭丽霞1992年毕业于中央财经大学；1992年8月加入海尔集团；1999—2006年任海尔集团海外推进本部副本部长、本部长，是海尔全球市场主要开拓者；2006—2010年任海尔集团副总裁、财务管理部部长、首席财务官，领导建立了海尔"事先算赢"财务管理体系，搭建了国内一流的财务共享中心。谭丽霞进入海外推进本部后，负责集团产品在海外市场的开拓。2005年，海尔集团提出"人单合一"概念，"人"是员工，"单"是用户价值，"人单合一"意在让员工在为用户创造价值的同时实现自身价值。

截至2006年,海尔已在海外建立8个设计中心、22家贸易公司、30个制造基地及45800多个营销网点,实现了设计、生产、营销三位一体的全球化布局。随着企业战略的变革,对财务模式也提出了新的要求。2006年,谭丽霞出任海尔集团CFO,在管理会计理念指导下,着力推动集团财务变革,建立了财务共享服务中心,创设了"共赢增值表",助推企业财务战略转型,获得世界会计论坛等专业组织的高度认可。

2011—2015年任海尔集团高级副总裁兼首席财务官,青岛海尔股份有限公司(股票代码:600690.SH)副董事长;现任海尔集团执行副总裁,海尔金控董事长。全面负责集团金融投资业务,涵盖金融、交易、投资、医疗康养、现代农业五大领域;分管集团财务审计、人力资源、法律事务及信息化流程等领域。2018年11月,当选全国妇联第十二届常务委员。2019年,当选山东省青岛市妇女联合会第十三届兼职副主席。2021年担任海尔集团董事局副主席、执行副总裁。先后获得"中国CFO年度人物""全国优秀企业家""全国三八红旗手""泰山产业领军人才"等荣誉称号,还曾荣获"泰山产业领军人才""山东省金融高端人才""福布斯中国杰出商界女性""山东省优秀共产党员"等称号。

王丽红

山东天壮环保科技有限公司董事长

王丽红,现任山东天壮环保科技有限公司董事长。2006年起投资组建塑料降解技术科研攻关团队,成功取得具有中国自主知识产权的发明专利技术——生态塑料技术,为普通塑料降解缓慢引发的"白色污染"问题找到了最佳的解决方案。

2008年,王丽红回国创业,此后历时10年对生态塑料技术进行应用领域研发,走出了一条从源头即实现塑料完全降解的创新之路。2009年,王丽红带领团队开发出"绿塑宝"系列纳米生态降解塑料产品,获得"中华人民共和国第十一届运动会指定降解塑料产品"殊荣。2010年,公司获得香港特区政府颁发的"2010绿色企业奖",并入选"网上世博山东省100家特色中小企业";后荣获"2011 年度中国留学人员创业园百家最具成长性创业企业"称号;公司于 2012 年建成中国博士后科研工作站,于 2015 年获得农业农村部(原农业部)中华农业科技奖二等奖。

山东天壮环保科技有限公司是一家集研发、生产、销售于一体的国家级高新技术企业,公司历经 11 年研发,成功打造出国内首创的氧化生物双降解生态塑料应用技术平台,拥有集"氧化-生物双降解塑料"系列产品的研究开发、实验测试和生产加工于一体的研发生产示范基地及 9000 多平方米现代化塑料加工生产车间,公司拥有国家级发明专利 5 件,主持及参与制定国家标准 4 项,荣获省部级奖励 10 余项,核心技术及产品先后通过了中国科学院王佛松院士的技术鉴定和工程院陈学庚院士的应用效果鉴定。目前公司形成了以"绿塑宝""君壮""天壮""EBP"为主的系列产品品牌,涵盖农业生产、商业零售、快递物流、食品加工、医疗卫生、建筑工程等领域,相关产品通过 30 余项国际国内检测认证,在满足各行业基本使用需求外,兼具可控降解与完全降解特性。目前产品覆盖全国 25 个省份,并远销美国、西班牙、新西兰、澳大利亚等国家和地区,自推广应用以来产生了巨大的经济效益、社会效益和生态效益。

王丽红为国家传统塑料包装行业新旧动能转换贡献出环保技术支撑。未来 10 年,她为公司制订的发展目标:一是实现每年治理 2000 万吨以上的塑料包装污染,创造绿色塑料包装产值过 5000 亿元,实现过 1000 亿元利税;二是以公司的环保技术积极解决全球一次性塑料造成的环境污染难题,让创新的生态塑料技术在"一带一路"发展中作出积极贡献,让"自然环保"成为"中国制造"的新名片。

孙小蓉

武汉兰丁智能医学股份有限公司董事长
中国妇幼保健协会妇女病防治专业委员会副主任委员

孙小蓉,现任武汉兰丁智能医学股份有限公司董事长。1977 年考入武汉同济医学院,在国内完成本科和硕士 8 年医学教育,然后分别在澳大利亚和美国完成 PhD 及博士后工作。1993 年，取得澳大利亚莫纳什大学博士学位，后于美国纽约 Sloan Kettering 肿瘤研究中心攻读博士后，主要研究领域为细胞病理学；2000 年，成立武汉兰丁医学高科技有限公司，任董事长。

孙小蓉带领武汉兰丁团队经十余年艰苦不懈的努力，公司的技术和产品已分别获中国 CFDA、美国 FDA 及欧盟 CE 认证。兰丁还通过与阿里巴巴合作，建立了宫颈癌筛查诊断云平台，首创将细胞病理的第三方临床检验服务工作移到云平台上完成，为国内外大规模宫颈癌筛查提供高质量、低成本的筛查服务，取得了领先世界的成绩，成为利用人工智能及大数据云计算平台进行癌细胞病理诊断的先驱。

武汉兰丁智能医学股份有限公司已入选工业和信息化部"2019 年新型信息消费示范项目"名单，被湖北省科技厅授予"湖北省工程技术研究中心"，被国家生物产业基地授予"科技贡献奖"，获得湖北省经信委授予的"隐形冠军"称号。

孙小蓉在 2011 年被中国政府授予"外国专家友谊奖""全国三八红旗手"。曾获中国侨联"科技创新人才奖"、湖北省"科学进步奖"、武汉市"黄鹤友谊奖"，并入选湖北省第一批"百人计划"、东湖高新区"3551 人才计划"。

目前，AI 大数据技术"超级算法"自动识别诊断结果并帮助医生做癌症筛查，兰丁股份入选 2022 年首批武汉市人工智能示范应用场景、2022 年度武汉市人工智能新锐企业，并走出国门，将武汉人工智能"筛查"设备出口到巴基斯坦，为万名当地妇女进行免费宫颈癌筛查。

2023 年 2 月，在首届"光谷企业家日"上，兰丁股份董事长孙小蓉等四位产业代表共同发出《光谷企业家倡议》。该倡议提出，实现高水平科技自立自强，提高国际市场开拓能力，助力"科学之城、追光之城、向往之城"建设取得新突破。

张国明

安世亚太科技股份有限公司董事长兼总裁

张国明，现任安世亚太集团的董事长兼总裁。1984年毕业于北京工学院力学工程系，获学士学位。毕业后他在兵器部第354厂科研所、教育培训中心、职工大学从事科研、教学工作。1996年成立ANSYS公司北京办事处，该办事处于2004年发展成为安世亚太科技有限公司。

张国明创立安世亚太20年来，一直致力于传播和推广先进的研发设计技术，为中国制造业信息化和两化融合作出了杰出贡献。他所倡导的精益研发思想是基于系统工程的综合研发体系，将知识、工具、质量方法与研发流程深度融合来提升研发价值和产品品质。安世亚太的发展其实是一个不断探索的过程。安世亚太具有26年的研发信息化工业软件开发和服务经验、8年的工业品先进设计和增材制造经验，是我国数字化研发的创新驱动者与践行者、企业仿真体系和精益研发体系创立者，在国内PLM、虚拟仿真领域处于领先地位。

安世亚太从成立、发展到现在，始终致力于工业软件、工业互联和数字孪生技术的研究，聚焦发展以正向设计为核心的数字化技术，引领中国自主仿真技术的创新发展，不断提升高端制造业数字化研发水平，伴随中国制造业高质量转型升级。未来，公司将以全球视野和格局进行资源整合、技术转化和生态构建，着力将公司建设成为一家生态化平台型企业。在与行业用户和专家的频繁接触中，逐渐地融入各行业，并且不断成长。企业注重人文感受和环境建设，企业愿景是"人们享受充分信任与尊重，通过团队高效合作和不断创新服务于社会"。创新是基本素质，是要求人的一种不断进取的精神；团结、尊重是联系在一起的，只有在尊重、团结的环境中才能发挥团队的战斗力；服务社会是最终的理想，这是安世亚太的理念。

在北京生态设计与绿色制造促进会第一届理事会召开之际，张国明当选为第一届理事会主席团主席。他在当选致辞中表示，任期内将与各会员单位携手共进，发挥各自优势，积极宣传绿色发展理念，推广绿色研发、制造技术，助力"中国制造2025"。

张 雷

远景科技集团创始人、CEO
第十三届全国人大代表

张雷,现任远景科技集团董事长,远景能源有限公司董事长,江阴远景企业管理有限公司董事长。本科毕业于上海理工大学管理学院国际企业管理专业,后获英国伦敦政治经济学院运筹学硕士学位。曾先后工作于法国道达尔石油公司伦敦能源交易部和英国巴克莱银行。

2007年创立远景科技集团,远景以解决人类可持续未来挑战为公司使命,致力开创美好能源世界。作为一家全球领先的绿色科技企业,远景旗下有智能风电科技企业远景能源、智能电池企业远景AESC、拥有全球领先智能物联操作系统的远景智能,以及电动方程式车队远景维珍车队。远景拥有全球化的一流研发实力,在美国、德国、丹麦、新加坡、日本等国家设立了研发创新中心。2021年,远景设计研发的首台160米高大直径分片式全钢塔筒智能风机在江苏射阳落地安装,这是中国最高的叶片超过170米直径的陆上智能风机。在张雷的领导下,远景能源积极探索新能源技术和商业模式的发展,致力于推动清洁能源的普及和应用,推进能源转型,为实现全球清洁能源的目标作出了重要贡献。

2021年11月,远景科技集团CEO张雷应邀到马德里首相府拜访了西班牙首相佩德罗·桑切斯(Pedro Sánchez Pérez-Castejón);2022年2月,拜会湖北省委领导,同十堰市政府签署战略协议,双方将围绕高端动力电池生产、智能换电网络及装备制造、零碳汽车技术研究等领域深入合作。

2009年10月,远景能源被《福布斯》评选为"中国科技先锋封面企业"。2011年9月经著名科学家周光召院士推荐,获得"中国科协求是杰出青年成果转化奖"。2012年8月央视《新闻联播》专题报道远景智慧创新发展模式。2013年12月,张雷被中宣部选为"中国梦"创业先进典型。2014年,《哈佛商业评论》英文版专题报道了远景独特的以解决挑战为导向的人才发展模式。

张雷被美国《福布斯》杂志中文版评为"中美年度创新十人"。在他的带领下,远景在2016年入选《财富》"定义中国未来50家商业先锋",并作为封面企业被报道。2019 年 6 月，远景荣登全球权威机构《麻省理工科技评论》"全球 50 家最聪明公司"榜单前十。2023 年 3 月，胡润研究院发布《2023 胡润全球富豪榜》，张雷以 350 亿元财富位列榜单第 583 位，2023 年 10 月，张雷以 160 亿元财富位列《2023 胡润百富榜》第 358 位。

十二、国际专家学者

让-皮埃尔·拉法兰（法国）
Jean-Pierre Raffarin

法国前总理
法国展望与创新基金会主席
2019 中华人民共和国"友谊勋章"获得者

让-皮埃尔·拉法兰，法国前总理、法国政府中国事务特别代表、法国展望与创新基金会主席。毕业于巴黎大学阿萨斯（Assas）法学院和巴黎高等商业学院法律专业，后于巴黎高等商业学院-欧洲管理学院（Ecole Supérieure de Commerce de Paris，ESCP-EAP）毕业。曾担任过巴黎政治学院讲师、贝尔纳·克里耶夫通信公司总经理。

2002 年 5 月 6 日—2005 年 5 月 31 日，拉法兰任法国总理，2011—2014 年任参议院副主席。拉法兰最初从政是于 1977 年当选普瓦捷市议员，1986 年当选普瓦图-夏朗特大区议员，1988—2002 年，任该大区议会主席；1989—1995 年，任欧洲议会议员，1995 年当选参议员，1997 年再度当选参议员；1993—1995 年，历任法国民主联盟发言人、副总书记、总书记；1995—1997 年，拉法兰被希拉克任命为中小企业、贸易和手工业部长；1997 年任自由民主党副主席，2002 年 11 月加入总统多数派联盟（后更名为人民运动联盟）。2002 年 5 月，拉法兰被希拉克总统任命为法国政府总理。

拉法兰长期致力于促进中法友好合作、增进中法友谊，拥有重要国际影响力，是中国人民的老朋友，在中国享有较高声誉。2010 年之前拉法兰已数次访华，曾作为法国总理在"非典"期间坚持如期访华，给予中国人民极大的政治支持和情感支持。在 2019 年新中国成立 70 周年之际，拉法兰获授中华人民共和国"友谊勋章"。在对华关系的认识上,他主张:"中国已摆脱神秘的形象,进入我们的日常传媒世界,整个世界都已意识到了'中国崛起'。法国想要对亚洲的前途预先保持清醒,它必须越过自己与中国关系的一个新阶段。法国和中国达成战略友好条约的时刻来到了。"

拉法兰还大力推动"一带一路"合作,曾作为法国总统代表出席首届"一带一路"国际合作高峰论坛,积极为法国、欧洲各界客观认识、积极参与"一带一路"合作建言献策。发挥"中国通"优势,利用各种场合和平台宣介中国,增进中法友谊,与夫人合著《中国的启示》一书并在中国出版。积极推动世界和平与发展事业,为解决国际和地区问题奔走努力。

2023年11月14日,苏州大学举行法国前总理让-皮埃尔·拉法兰受聘为苏州大学名誉教授的聘任仪式。

伊萨姆·沙拉夫(埃及)
Essam Sharaf

埃及前总理
沙拉夫可持续发展基金会主席
国际儒学联合会荣誉理事长

伊萨姆·沙拉夫,埃及前总理、沙拉夫可持续发展基金会主席。1975年获开罗大学土木工程学士学位,1980年去美国普渡大学学习,1984年获博士学位。

沙拉夫是埃及国家民主党政策委员会成员。2004—2005年,他担任埃及交通部长,后到开罗大学任教,其间曾受阿拉伯联合酋长国政府的邀请,前往阿布扎比参加阿联酋国家规划工作,并联合其他埃及科学家成立了埃及科学协会。

学术派出身的沙拉夫在交通领域成就突出,曾发表过上百篇交通运输领域的学术论文。他非常重视首都开罗的地铁工程,还提出在开罗和亚历山大等大城市之间建立磁悬浮铁路,他重视发展铁路,提高服务质量。他认为埃及交通领域的缺陷在于缺乏有效管理机制,造成了埃及每年1.2万人因交通事故而丧命,经济损失高达150亿埃镑(约合180亿元人民币)。他还多次要求制订连通埃及与其他非洲国家之间的交通计划。

沙拉夫同时也被称为改革家。在此前埃及国内的抗议民众代表与军方的对话中，沙拉夫一直被要求担任新政府的总理。这次授命出任看守政府的新总理，他的主要任务除了组建新内阁，还包括解决埃及国内的安全问题，以及振兴受到严重打击的国内经济。

2011 年 3 月，沙拉夫任埃及总理；2015 年，他成立了非政府组织——沙拉夫可持续发展基金会，目的是推动埃及的可持续发展，同时加强与中国非政府组织的合作；在 2016 年 G20 峰会和 C20 会议上，伊萨姆·沙拉夫与蓝迪国际智库、中国国际网络等开展深度合作交流，旨在推进中埃之间文化与经济的合作；2019 年，伊萨姆·沙拉夫成为国家发展改革委"一带一路"海外专家委员会成员；2021 年 12 月，伊萨姆·沙拉夫以视频方式出席"一带一路"国际合作高峰论坛咨询委员会 2021 年度会议，并在发言中重点阐述了他对"一带一路"倡议的理解。他在接受新华社记者专访时表示，"一带一路"倡议是一项互惠互利、推动全球发展的倡议，共建"一带一路"促进了各国共同发展。

鲁道夫·沙尔平（德国）
Rudolf Albert Scharping

德国国防部原部长
鲁道夫沙尔平战略咨询公司董事长

鲁道夫·沙尔平，德国国防部原部长、鲁道夫沙尔平战略咨询公司董事长，德国政治家、体育官员。1991—1994 年任莱茵兰-普法尔茨州州主席；1998—2002 年任德国国防部部长；研究方向包括国际政策、国家行为现代化进程、经济政策。代表作有《现在做什么》《我们绝不能无视科索沃战争和欧洲》等。

1993—1995 年，沙尔平任德国社会民主党主席，并于 1994 年在德国联邦议院选举中被推选为总理候选人。他从政期间多次访问中国，并且成为 1972 年中德建交后第一位访问中国的德国国防部长。

离开政坛，沙尔平作为中德经济文化交流的友好使者，多年来一直致力于促进和加强中德之间多领域技术与项目交流，尤其注重在环保、能源、智能制造以及高科技领域内的战略合作。关于中欧关系,沙尔平认为必须确保中欧关系的准则,建立在合作与共同利益之上,而不是建立在冲突和制裁之上。中欧之间需要的不是教导对方,而是从对方身上学习。中欧之间必须有一个以尊重和互相理解为基础的公平对话。

沙尔平在《鲁道夫·沙尔平:德中合作共创美好未来》中表示,近几十年来,中国同欧洲和德国在文化、政治、经济等方面开展了一系列交流。这些互动交流意义重大,极大地促进了各国之间、各大洲之间的相互了解,也对世界的发展产生了重大影响。我们永远不应该将德国和中国之间的关系、各欧盟成员国与中国的关系,以及欧盟成员国之间的关系,看作一种孤立的双边关系。中华人民共和国与德意志联邦共和国已建交50余年,是经历了漫长的历史发展过程。中国改革开放以来取得了人类经济史上前所未有的成功,这无疑得到了大家的尊重和高度认可。中国不仅使数亿人摆脱了贫困,延长了居民预期寿命,还让众多百姓获得了更多的教育机会和更好的医疗保障,各种进步不胜枚举。我对此非常赞赏。但是我也知道,随着这种发展,中国在转变为一个全球大国的进程中,同时面临许多新的要求和共同的挑战。

维尔特·伊恩·利普金(美国)
Walter Ian Lipkin

哥伦比亚大学流行病学教授
梅尔曼公共卫生学院感染与免疫中心主任

维尔特·伊恩·利普金,医学病毒学专家,美国哥伦比亚大学教授,梅尔曼公共卫生学院感染与免疫中心主任,世界卫生组织人畜共患病和新发传染病联合诊断中心主任。2016年1月8日,维尔特·伊恩·利普金获得"2015年度中华人民共和国国际科学技术合作奖"。

利普金教授是采用遗传学方法应对传染性疾病的先驱,他在传染病领域中率先使用消减克隆和高通量测序,发现和鉴定了800多个与人类、野生动物或家养动物疾病相关的病毒,并发明和实施了一系列诊断平台。在30多年的从业经验中,他发现和鉴定了沙粒病毒、博纳病毒、布尼亚病毒等,共计800多个与人类、家养动物或野生动物疾病相关的病毒。他也因此被权威科普杂志 Discovery 誉为"世界上最知名的病毒猎手"。

过去几十年来，利普金一直置身于世界疫情暴发的最前线，研究当地病毒，包括纽约西尼罗病毒（1999年）、中国 SARS 病毒（2003年）、中东 MERS 病毒（2012—2016年）、美国寨卡病毒（2016年）和印度脑炎病毒（2017年）。

利普金和中国一直保持着密切联系。2003年，利普金是首批应邀协助中国抗击 SARS 的国际知名专家，协助中国抗击 SARS 并指导相关研究，并将携带的1万个检测试剂盒赠予中国。他对促进中美双方在 SARS 领域的科研合作，以及最终找出战胜 SARS 的有效手段起到了积极的推动作用。利普金教授还与中国科学院和中国疾病预防控制中心开展了密切的科研合作，在建立上海巴斯德研究所、广州生物医药研究院、中国疾病预防控制中心病原发现联合实验室等工作中作出了重要贡献。

2013年，利普金与中国疾病预防控制中心病毒病预防控制所签约组建了病原发现联合实验室，在病毒发现、疾病诊断及疫苗研制等领域与中方展开了多方面的合作和交流。2016年1月，利普金在2015年度中国国家科学技术奖励大会上获得中国为外籍科学家颁发的最高荣誉奖项"中华人民共和国国际科学技术合作奖"。暴发新冠疫情的2019—2020年，他带领公共卫生学院感染与免疫中心的50~60名研究人员与中国的中山大学研究人员进行了合作。

2020年1月3日，中国驻纽约总领事黄屏向利普金转交了由中共中央、国务院、中央军委颁发的"庆祝中华人民共和国成立70周年纪念章"。

伊克巴尔·苏威（南非）
Iqbal Surve

南非独立传媒集团执行主席
Sekunjalo 集团创始人兼董事长

伊克巴尔·苏威，南非独立传媒集团执行主席、Sekunjalo 集团的创始人兼董事长。他是一名颇具影响力的非洲企业家，也是全球商业领袖和公认的慈善家。

Sekunjalo 集团是一家投资控股集团,由伊克巴尔·苏威创立于 1997 年,其在非洲拥有 70 多家私营和上市公司。Sekunjalo 集团在 2007 年被世界经济论坛提名为 125 个"新领军者之一",被称为全球成长型公司社区。在创立 Sekunjalo 集团之前,因为对种族隔离的受害者开展医疗救助,并为从罗本岛释放后的南非人提供医疗服务,伊克巴尔·苏威博士被亲切地称为"斗争医生"。1989 年,在巴黎的联合国教科文组织,伊克巴尔·苏威被授予"医疗模范和道德模范"的称号。

伊克巴尔·苏威因其卓越的贡献获得众多重要奖项,并被权威的非洲杂志评为"最具影响力的商业领袖之一",称其将"塑造非洲大陆的未来"。作为慈善家,伊克巴尔·苏威担任多个非政府组织的主席,大力支持社会企业家和在教育、艺术、体育、音乐方面有才能的年轻人。伊克巴尔·苏威同时是开普敦大学(UCT)商学院研究生院主席和 UCT 基金会主席。

伊克巴尔·苏威是非洲领导力倡议研究员、威尔士亲王商业与环境项目 HRH 研究员,他还是由克林顿总统任命的克林顿全球倡议治理委员会成员。他是世界经济论坛的参与成员、沙特南非商业理事会主席、南非—美国商业理事会/论坛的理事会成员。

南非是"一带一路"倡议在非洲的重要节点国家。作为非洲大陆上工业化程度最高的国家,南非是中国项目投资的最佳目的地。蓝迪国际智库高度重视与南非的交流合作并与南非独立媒体集团和 Sekunjalo 投资控股集团建立起了务实合作伙伴关系。

在新冠疫情防控期间,南非独立媒体集团和 Sekunjalo 投资控股集团主席伊克巴尔·苏威向蓝迪国际智库发来慰问信函,高度赞扬了中国人民和中国政府为抗击疫情所做的巨大努力,并表示将利用自身的媒体资源优势"确保准确发布和传播关于中国疫情的内容和消息,全力更正任何企图诋毁中国和中国政府的信息,抑制任何不实新闻的传播。进一步发布有关中国疫情防控机制的准确消息"。

图尔苏纳里·库兹耶夫（乌兹别克斯坦）
Tursunali Kuziev

乌兹别克斯坦原文化体育部长
乌兹别克斯坦新闻与大众传媒大学教授
乌兹别克斯坦卡里莫夫科学教育纪念馆副主任
乌兹别克斯坦国际象棋联合会副主席

图尔苏纳里·库兹耶夫，曾任乌兹别克斯坦文化体育部长。自 2017 年以来，他一直担任乌兹别克斯坦共和国前总统以卡里莫夫命名的科学教育纪念馆副主任，兼任乌兹别克斯坦国际象棋联合会副主席。

1969—1976 年，库兹耶夫就读于边科娃国家艺术学院艺术教育系；20 世纪 70 年代，曾在谢尔盖职业技术学校教授艺术课程，曾在尼扎米师范学院教授一年级学生素描与风景画；1982 年，库兹耶夫从奥斯特洛夫斯基塔什干剧院艺术学院图形系毕业；毕业后，在贾尔库尔干担任首席设计师；1987 年，任苏联文化基金会苏尔汗达里州分会主席；1992 年，任边可夫艺术学院院长并教授风景画与构图；1995 年，任乌兹别克斯坦共和国总统办公室顾问；1996—1997 年，任乌兹别克斯坦文化部第一副部长兼代理部长。

2000—2005 年，任乌兹别克斯坦最高议会议员；2011 年，被任命为共和国文化体育部部长。他还曾任乌兹别克斯坦国立世界语言大学国际新闻学教授，教授"媒体教育""文化学""国情学""精神学"等课程。

2001—2013 年，库兹耶夫担任"乌兹别克斯坦—越南"友好协会主席；自 2014 年起，领导帕尔万民族中心委员会；2016 年，任乌兹别克斯坦国际象棋联合会副主席。自 2017 年起，库兹耶夫作为中乌合作的重要联络人，积极参与跟中国企业合作的"光明行"行动，为乌兹别克斯坦的白内障患者带来了光明。

2021 年，库兹耶夫参加上合组织成员国元首理事会第二十一次会议，他表示，上合组织成员国倡导的"上海精神"是该组织成立以来取得的最重要成就。在"互信、互利、平等、协商、尊重多样文明、谋求共同发展"的"上海精神"指引下，上合组织吸引着具有不同文明、不同社会制度的国家纷纷加入，为构建新型国际关系和人类命运共同体作出宝贵的实践探索。这是中国对上合组织作出的巨大贡献，为上合组织提供了超越冷战思维、零和博弈和文明冲突的先进理念。

穆沙希德·侯赛因·萨义德（巴基斯坦）
Mushahid Hussain Syed

巴基斯坦前参议院外事委员会主席
巴基斯坦"丝路之友"俱乐部负责人
巴基斯坦中国学会（PCI）主席

穆沙希德·侯赛因·萨义德，现任巴基斯坦"丝路之友"俱乐部负责人、巴中学会主席。记者、地缘战略家、作家，获得前基督教学院学士学位和华盛顿乔治敦大学外交学院硕士学位，致力于优质教育工作。

在美国完成学业后，穆沙希德·侯赛因·萨义德成为巴基斯坦行政职员学院的指导人员，负责培训涉外服务人员。随后，他在巴基斯坦旁遮普大学担任政治科学系国际关系讲师。

1982年，他成为全国英语日报《穆斯林》最年轻的编辑。2009年，穆沙希德组建了致力于推动巴中友好的巴中学会。2015年以来，他组织巴中学会与中国驻巴使馆合作，多次举办中巴经济走廊媒体论坛。2017年，《习近平谈治国理政》乌尔都文版由中国外文出版社与巴中学会合作翻译出版，进一步促进了巴中两国的人民团结、发展和繁荣。

作为国际政治和战略问题专家，他的研究范围广泛，文章发表在各种国内和国际出版物上，包括《纽约时报》《华盛顿邮报》《国际先驱论坛报》《中东国际》等。他是伊斯兰堡政策研究所（IPRI）理事会的成员。该研究所是一个领先的智囊团。他还是伊斯兰会议组织（OIC）为2004—2005年改革设立的巴基斯坦知名人士委员会代表，是中间派民主党国际（CDI）亚太分会副主席。2006年1月27日，被菲律宾共和国众议院授予"国会成就奖章"。

目前，他任巴基斯坦穆斯林联盟平台参议员和秘书长，由其组建和领导的巴基斯坦中国学会（PCI）在"一带一路"中巴经济走廊建设中发挥着重大作用。2022年7月，入围首届国际传播"丝路奖"特殊贡献奖终评对象。

2023年，穆沙希德参加了2023"一带一路"媒体合作论坛并代表国际传播"丝路奖"获奖者发言。他在代表获奖者发言时说:"巴基斯坦非常幸运,能够有中巴经济走廊作为两国'一带一路'合作的重要支柱。如今,'一带一路'倡议不仅是一个理念,它已成为一股强大的力量,已经成为现实。"

穆沙希德长期关注中国发展。中巴命运共同体、中巴经济走廊、中国式现代化等,都是他深度研究的课题。他对中国人也有特殊的情感。他说:"中国人民非常充满活力,他们看到了稳定,他们看到了连续性,并期待着更加光明的未来。"

萨利姆·曼迪瓦拉（巴基斯坦）
Saleem Mandviwala

巴基斯坦投资促进局投资委员会原主席
巴基斯坦参议院副主席

萨利姆·曼迪瓦拉,巴基斯坦参议院副主席。2008—2013年担任巴基斯坦投资促进局投资委员会（BOI）主席；2012—2013年担任巴基斯坦政府国务部长；2013年任巴基斯坦联邦政府部长。自2012年起,一直担任巴基斯坦参议员；2018年,被选为巴基斯坦参议院副议长。萨利姆·曼迪瓦拉还曾任巴基斯坦财政部长、巴基斯坦工商联合会（FPCCI）管理委员会成员。

他致力于改善巴基斯坦的投资环境,并与外国建立经济和金融关系,使巴基斯坦成为外资投资的理想地,为巴基斯坦铁路项目和能源项目的国际投资作出了贡献。他主抓与美国国际开发署的合作,在巴基斯坦引入了国际基准投资激励措施；他不仅恢复了与俄罗斯的双边关系,还与上海合作组织进行了谈判。

举办了多次国际会议活动,如"贸易投资促进活动（意大利）""第十届世界知识论坛（韩国）""第三届科威特联合部长级委员会会议（科威特）""贸易投资活动（英国）""投资研讨会（马来西亚）""海外投资博览会（韩国）""圣彼得堡国际经济论坛（俄罗斯）"等,这些主题不同的商业论坛,促进了各国商业领域的密切合作。

通过巴基斯坦议会积极推动中巴经济走廊建设,多次组织议会多党对"一带一路"倡议进行讨论。自2015年起,萨利姆·曼迪瓦拉与蓝迪国际智库建立了密切合作关系，蓝迪国际智库多年来积极组织中巴高层交往、项目对接和智库合作，务实促进了中巴之间 G2G、B2B、T2T 的沟通交流。参加在新疆召开的克拉玛依论坛，推动巴基斯坦俾路支省、卡拉奇市与中国地方的合作，积极参加瓜达尔港建设，为中巴经济走廊建设、特别是民心相通工程建设作出了重大贡献。与此同时，蓝迪国际智库携手平台企业投身瓜达尔港公益项目，爱与信任拉近了蓝迪国际智库与巴基斯坦人民的距离。

巴基斯坦高度赞赏和支持"一带一路"倡议。"一带一路"倡议为各国提供了巨大的经济发展机遇，将改变数十亿人的生活。中巴经济走廊是连接"丝绸之路经济带"和"21 世纪海上丝绸之路"的纽带，是两国实现包容发展共同愿景的具体体现。巴基斯坦将致力于完成走廊项目，并欢迎所有潜在投资者关注经济特区的建设。

扎尔科·奥布拉多维奇（塞尔维亚）
Žarko Obradović

塞尔维亚议会外事委员会主席
塞尔维亚社会党副主席

扎尔科·奥布拉多维奇，现任塞尔维亚议会外事委员会主席、塞尔维亚社会党副主席。毕业于贝尔格莱德大学政治科学学院，拥有政治学博士学位，是塞尔维亚议会对华友好小组主席、首任中国—中东欧国家合作国家协调员，并曾任塞尔维亚教育、科学和技术发展部部长。

扎尔科·奥布拉多维奇长期关注中国发展。曾经到访中国 20 多次，对于中国共产党领导下的中国变化感触颇深，他认为这都得益于中国共产党成功的秘诀，那就是聆听人民的声音、努力响应他们的期望。

2017 年底来华参加中国共产党与世界政党高层对话会。2017 年 11 月，受邀赴北京出席中国共产党与世界政党高层对话会的塞尔维亚社会党副主席扎尔科·奥布拉多维奇在贝尔格莱德接受新华社记者专访时表示，这一政党高层对话会将是世界各国主要政党与中国共产党交流经验、互相取经的良机，将带来新鲜发展理念。

2018 年 3 月，扎尔科·奥布拉多维奇在接受新华社记者专访时表示，中国是世界经济发展的重要引擎,中国两会的召开及其成果不仅对中国自身发展至关重要,更将促进全球经济发展,为世界人民构建更美好的未来作出贡献。

2019年6月,他作为塞尔维亚议会外事委员会主席接受新华社记者专访时说,贸易冲突没有赢家,美国挑起的中美经贸摩擦也将影响美国自身经济,甚至冲击全球经济。

德西·艾伯特·马马希特(印度尼西亚)
Desi Albert Mamahit

印度尼西亚海军原三星中将
印度尼西亚国防大学校长
印度尼西亚原海岸警卫队司令

德西·艾伯特·马马希特,印度尼西亚原海岸警卫队司令、印度尼西亚海军总长特别参谋、印度尼西亚工商总会代表。1984年毕业于泗水海军学院(印度尼西亚海军学院),毕业后他广泛接受国内外的军事教育。

1987年,在法国滨海罗什福尔接受CIFR训练;1988年,在法国军舰GEAOM PH JEANNE D'ARC接受训练;1994年,学习英国HMS DRYAD的首席作战军官课程;1994年,在英国HMS DRYAD学习反潜作战课程;1998年,获得美国政府提供的奖学金后在美国加利福尼亚州蒙特利海军研究生院接受教育并获管理硕士学位;2000年,德西·艾伯特·马马希特参加印度尼西亚海军指挥与参谋课程学习;2001年,学习战略情报课程;2002年,学习国防武官课程;2009年,学习武装部队指挥参谋课程;2013年,学习国家复兴研究所课程,同年,在印度尼西亚茂物农业研究所(INSTITUT PERTANIAN BOGOR)完成管理与商业博士课程。

德西·艾伯特·马马希特曾在印度尼西亚海军西区舰队司令部和东区舰队司令部以及海军总部和武装部队总部的多艘海军军舰服役。2011年1月,晋升为第一海军上将、一星海军上将,在印度尼西亚海军西区舰队司令部担任海上安全部队司令;2012年,担任海军规划与预算参谋长副助理;2013年1月,晋升为海军少将、二星海军上将,并担任海军指挥和职员学院指挥官;2014年4月,晋升为海军三星中将,担任海上安全协调委员会日常事务执行主任。

2014年6月，德西·艾伯特·马马希特被任命为印度尼西亚国防大学校长。2014年7月至今，被任命为印度尼西亚最大的造船公司之一PT DOK & PERKAPALAN KOJA BAHARI（PT DKB）的总负责人，该公司隶属于印度尼西亚政府。2015年5月，被印度尼西亚总统任命为印度尼西亚海上安全机构（BAKAMLA）首席负责人，该组织由印度尼西亚总统直接领导。

2023年11月9—11日，德西·艾伯特·马马希特受邀参加在山东省青岛市举办的"第十二届APEC中小企业技术交流暨展览会"，他在接受海外网采访时表示，中国开放惠及世界，希望印度尼西亚与中国深化经贸、人文、科技等各领域的合作。

阿苏拉利耶·拉坦纳（斯里兰卡）
Ven. Athuraliye Rathana Thero

南亚佛教论坛主席
斯里兰卡佛教僧侣
斯里兰卡国会议员

阿苏拉利耶·拉坦纳，斯里兰卡佛教僧侣、国会议员，曾任南亚佛教论坛主席。13岁时在两位最著名的Nayaka Thero酋长Wadiye Sumangala Thero和Polathugoda Gnaanaloka Thero的带领下成为一名沙弥。接受小乘佛教传统寺庙教育（高等佛学院），课程包括巴利语和梵语、小乘佛教三藏、佛教哲学、瑜伽和内观冥想训练，并以优异的成绩通过了A/L考试，进入了佩拉德尼亚大学，获得佩拉德尼亚大学哲学学位。并继续攻读佩拉德尼亚大学哲学硕士，毕业论文为《大乘佛教与小乘佛教的比较分析》。

阿苏拉利耶·拉坦纳在大学时代积极参与社会主义政治，1992—1995年，开创名为"贾纳塔·米楚罗"（Janatha Mithuro）的绿色社会主义运动，并在1994年推翻联保党政府方面发挥了关键作用。

阿苏拉利耶·拉坦纳是印度生态需求基金会的联合主席。他参加了来自人民自由联盟（UPFA）的Gampaha区的竞选，并在2010年大选中当选为国会议员。作为政府无毒农业项目运营处的负责人，阿苏拉利耶·拉坦纳在国际论坛上发表了许多演讲。他表示将充分致力于可持续发展、保护环境和生物多样性领域的研究。

阿苏拉利耶·拉坦纳坚决反对伊斯兰瓦哈比极端主义，该极端主义在过去20年中在穆斯林摩尔人社区中传播，并在2019年复活节星期日炸弹袭击中暴露出其恐怖主义的面目。

阿苏拉利耶·拉坦纳在 Rajagiriya 建立了萨达哈姆·塞瓦纳佛教研究所，在 Elpitiya 建立了萨达哈姆·塞瓦纳森林修道院。萨达哈姆·塞瓦纳为人民的福祉组织了许多佛教和其他社会活动。

马凯硕（新加坡）
Kishore Mahbubani

新加坡国立大学亚洲研究院卓越院士
新加坡前常驻联合国大使
新加坡国立大学李光耀公共政策学院创始院长

马凯硕，复旦大学中国研究院春秋高级研究员，新加坡国立大学李光耀公共政策学院创始院长，新加坡前常驻联合国大使。

马凯硕生于1948年，1971年大学毕业后进入新加坡外交部工作，开始了长达33年的外交官生涯。他曾在柬埔寨、马来西亚、华盛顿和纽约等国家和城市工作。其中，1993—1998年，他出任新加坡外交部常任秘书；2001年1月—2002年5月，他曾担任新加坡驻联合国大使和联合国安理会主席两职；2019年4月，马凯硕被评为"美国人文与科学院的外籍荣誉院士"。离开政坛，他出任新加坡国立大学李光耀公共政策学院院长直至2017年11月退休。

2023年11月24日，中国学贡献奖由上海社会科学院组织评选，在世界中国学大会·上海论坛宣布并颁奖。该奖项旨在表彰那些在世界范围内，为推动中国学发展，弘扬中华文明，促进海内外中国学交流作出卓越贡献的人士。大会公布了2023年中国学贡献奖。复旦大学中国研究院春秋高级研究员、新加坡国立大学亚洲研究院卓越院士马凯硕成为该奖项获奖者之一。他表示，在我们的全球共同体中，特别是在西方，增进对中国的理解，是一项前所未有的紧迫需求。中国的回归，即一个世界上历史最悠久的连续文明体的回归，完全是一种自然的发展。一个不可否认的事实是，从公元初年到1820年，中国和印度一直是全球最大的两个经济体。人类历史上真正的异常状态是过去 200 年间的西方主宰。所有的异常状态都将自然终结。这解释了中国、印度和其他伟大的亚洲社会自然而然地复兴的原因。

马凯硕是世界知名的舆论领袖，著有《亚洲人会思考吗?》（CAN ASIANS THINK?）、《走出纯真年代——重建美国与世界的信任》（BEYOND THE AGE OF JNNOCENCE：REBUILDING TRUST BETWEEN AMERICA AND THE WORLD）、《新亚洲半球：势不可当的全球权力东移》（THE NEW ASIAN HEMISPHERE：THE IRRESISTIBLE SHIFT OF GLOBAL POWER TO THE EAST）、《大融合：东方、西方，与世界的逻辑》（THE GREAT CONVERGENCE：ASIA，THE WEST，AND THE LOGIC OF ONE WORLD）、《新加坡能存活吗?》（CAN SINGAPORE SURVIVE）5 本专著，且与孙合记（Jeffery Sng）合著《东盟奇迹》（THE ASEAN MIRACLE）一书。

格哈德·施罗德（德国）
Gerhard Fritz Kurt Schröder

第 33 任德国总理
德国社会民主党前党主席

格哈德·施罗德，第 33 任德国总理、德国社会民主党前党主席。1944 年 4 月 7 日出生于德国北威州德特莫尔德市莫森贝格镇。1958 年，施罗德进入一家瓷器店当学徒，到 1962 年，施罗德在工作之余参加了哥廷根夜校，并在第二年加入德国社会民主党（以下简称社民党）。1966 年，开始在哥廷根大学学习法律，并在 1971 年获得文凭。1969 年，当选为社民党格丁根地区青年社会主义者联合会主席，1970 年落选。施罗德于 1972—1976 年，通过第二次国家考试，获得律师资格，成为律师。1978 年当选为青年社会民主党主席，至 1980 年，任社民党青年社会主义者联合会主席。

1980—1986 年，施罗德任联邦议院议员，1986—1990 年，任下萨克森州社民党议会党团主席。1990 年，施罗德再次竞选成功，当选下萨克森州州长，直到 1998 年 4 月 17 日，在德国社民党特别代表大会上他被正式推举为该党联邦总理候选人。格哈德·施罗德担任社民党党魁时改变传统民主社会主义路线，提出"新中间派政策"。在德国国内，施罗德开启改革。在第一任期内采取了较为温和的改革措施，提出经济振兴计划，取得一定成效；在第二任期内推进"一揽子"改革方案"2010 议程"，着力削减福利、减轻国家负担，但引起了较大反对最终导致其下台。在外交政策上，跟随美国步伐参加阿富汗战争，但仍坚持国家利益，同时秉承前任科尔政府的对华友好政策，曾于 1999 年 5 月、11 月和 2001 年、2002 年 12 月和 2003 年 12 月来华访问。

2002 年 12 月 30 日，施罗德访问上海同济大学时，在授证仪式上被校长吴启迪授予同济大学名誉博士学位，这也是他首次接受国外大学的名誉学位称号。2006 年 10 月 25 日，德国霍夫曼·坎佩出版社出版了施罗德的回忆录《抉择：我的政治生涯》，施罗德在本书中回顾了红、绿联盟在执政 7 年中所经历的一些重大事件，总结了成败得失，并阐述了自己的看法。在德国第十四届联邦议院选举中，击败连续执政 16 年之久的科尔总理，成为德国新任总理，10 月 27 日宣誓就职。2002 年 10 月 22 日，他蝉联总理（至 2005 年 11 月）；2003 年 11 月 17 日，他再次当选社民党主席。2004 年 2 月 6 日，施罗德宣布辞去该党主席职务，2005 年宣布告别政坛；2006 年 3 月参与化解俄乌危机。

第八章　展　望

2024年是新中国成立75周年,是实现"十四五"规划目标任务的关键一年。中国正在谋划进一步全面深化改革重大举措,为推动高质量发展、推进中国式现代化持续注入强劲动力。

中国是全球发展的重要引擎

"今年发展主要预期目标是:国内生产总值增长5%左右",国务院总理李强于2024年3月5日在政府工作报告中庄严地提出GDP增长目标,并强调实现预期目标并非易事,需要政策聚焦发力、工作加倍努力、各方面齐心协力。

国家统计局数据显示,2023年我国国内生产总值(GDP)超126万亿元,比上年增长5.2%;全年货物进出口总额417568亿元,比上年增长0.2%。商务部数据显示,2023年全年,我国服务进出口总额65754.3亿元人民币,同比增长10%,服务贸易规模创历史新高。

据国际货币基金组织预测,2024—2028年,中国经济增速将持续高于全球增速,显著高于发达经济体增速,在新兴经济体和发展中国家中持续位居前列。国际金融论坛报告数据显示,2023年中国对全球经济增长贡献率达32%,超过第二位印度(15%)和第三位美国(11%)。正如世界经济论坛总裁博尔格·布伦德所言,"尽管世界经济当下面临严峻的挑战,但中国仍将是世界经济增长的重要引擎。中国拥有足够的政策工具来提振经济"。

不管世界形势如何演变,中国都主张普惠包容的经济全球化,顺应世界各国尤其是发展中国家的普遍诉求、支持各国走出符合自身国情的发展道路,一同破解阻碍世界经济发展的结构性难题,实现互利共赢和繁荣发展。随着中国式现代化的红利逐步凸显,特别是在新型城镇化、绿色转型和创新驱动等新政策的牵引下,我国将进一步发挥超大规模市场和强大生产能力的优势,为世界贸易和投资开拓更加广阔的空间。

向新质生产力要增长新动能

习近平总书记指出，"要牢牢把握高质量发展这个首要任务，因地制宜发展新质生产力"。从地方考察时首次提出"新质生产力"这一重大概念，到中央经济工作会议上作出重要部署，中央政治局集体学习进行系统阐述，再到2024年全国两会进一步深度阐释，习近平主席将发展新质生产力作为推动高质量发展的内在要求和重要着力点，进行了一系列重要论述和重大部署。

生产力是推动社会进步的最活跃、最革命的要素，生产力的迭代是人类文明发展的内生引擎。新质生产力已经在实践中形成并展示出对高质量发展的强劲推动力和支撑力。新质生产力是由创新起主导作用，摆脱传统经济增长方式、生产力发展路径，具有高科技、高效能、高质量特征，符合新发展理念的先进生产力质态。它由技术革命性突破、生产要素创新性配置、产业深度转型升级而催生，以劳动者、劳动资料、劳动对象及其优化组合的跃升为基本内涵，以全要素生产率大幅提升为核心标志，特点是创新，关键在质优，本质是先进生产力。

当前，以数字化、智能化、网络化为主要特点的新一轮科技革命，正在重构全球创新版图、重塑全球经济结构。重大科技创新成果加快向现实生产力转移转化。全球产业链供应链竞争呈现本土化、区域化、短链化等趋势，只有牢牢把握新一轮科技革命历史机遇，系统性重构产业体系，加快发展新质生产力，才能掌握未来发展主动权，塑造国际竞争新优势。

发展新质生产力是一项系统的经济和社会工程，需要营造勇于创新、善于创新的良好环境，努力打造善于学习新知识、掌握新技术、创新能力强的新型劳动者队伍，用好人工智能、机器人、虚拟现实等新型生产工具，打破先进生产要素自由流动的束缚，塑造适应新质生产力的新型生产关系，通过创新驱动新产业成长为主导产业、优势产业。

促进新型智库建设与时代同频

2013年4月，习近平总书记提出建设"中国特色新型智库"的目标，将智库发展视为国家软实力的重要组成部分，并提升到国家战略的高度。

2013年11月12日，中国共产党第十八届中央委员会第三次全体会议通过的《中共中央关于全面深化改革若干重大问题的决定》中明确指出："加强中国特色新型智库建设，建立健全决策咨询制度。"自2015年以来，《关于加强中国特色新型智库建设的意见》《关于加快构建中国特色哲学社会科学的意见》《关于社会智库健康发展的若干意见》等一系列支持智库建设的政策密集出台。

10年过去了，我国已初步呈现党政部门、军队、科技、企业及专业与社会智库协调发展的局面，基本形成定位明晰、特色鲜明、规模适度、布局合理的中国特色新型智库体系，产生了一大批具有较大影响力和国际知名度的高端智库和专业化智库，在咨政建言、理论创新、舆论引导、社会服务、公共外交等方面发挥重要功能，蓝迪国际智库在其8年的探索中形成了实践样本。

我们应清醒地看到，当今世界已进入一个新的动荡变革期，国际政治经济格局演进的不稳定性、不确定性持续上升，全球治理面临着前所未有的困难。世界百年未有之大变局的时代背景和民族复兴的使命任务，对中国智库的未来发展提出了很多新的课题和要求。

随着国家治理体系现代化、决策咨询服务专业化的发展，国家对智库的思想需求和人才需求也越来越强烈。数字化、智能化的经济社会变革、调研方法变革也在推动智库研究的理论和实践不断创新。

在变革时代，通过不断提高思想创新能力、增强国际交往能力、加强舆论塑造能力，积极投身全球治理研究、科技战略咨询和国际交流合作，新型智库必将与时代同频，取得更大发展。

十二届全国人大外事委员会副主任委员
蓝迪国际智库专家委员会主席 赵白鸽

2024年5月18日